Tout épices

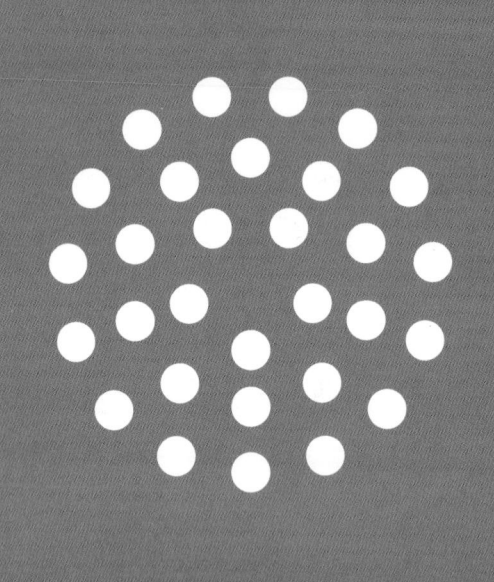

# Tout épices

MARABOUT

# sommaire

Des épices pour tous les goûts **6**

Pour parfumer **18**

Pour réveiller **90**

Pour enflammer **164**

Becs sucrés **230**

Mariages heureux **302**

Table des recettes **378**

# Des épices pour tous les goûts

Difficile de concevoir un monde sans épices : pas de poivre sur le steak, pas de vanille ni de réglisse dans la glace, aucune harissa pour relever le couscous, et le réconfortant vin chaud des soirs d'hiver qui se réduirait à un godet de liquide brûlant… Toute la cuisine du monde recourt aux épices, pour souligner la saveur d'un mets, lui donner du piquant, parfumer, adoucir.

De nos jours, leur grande abondance et leur prix relativement modique font oublier qu'elles ont été rares et très chères durant des siècles. Ces produits de luxe ne pouvaient guère être achetés que par les plus fortunés. Puis l'ouverture des pays sur des mondes éloignés, le développement des voies commerciales ont provoqué un accroissement de la demande. Le commerce des épices est devenu une industrie planétaire dont témoigne la création, au XVIIe siècle, de la Compagnie des Indes orientales en Angleterre. Cette entreprise, qui ne manqua pourtant pas de concurrents, devint l'une des plus importantes puissances marchandes du monde et une force politique redoutable.

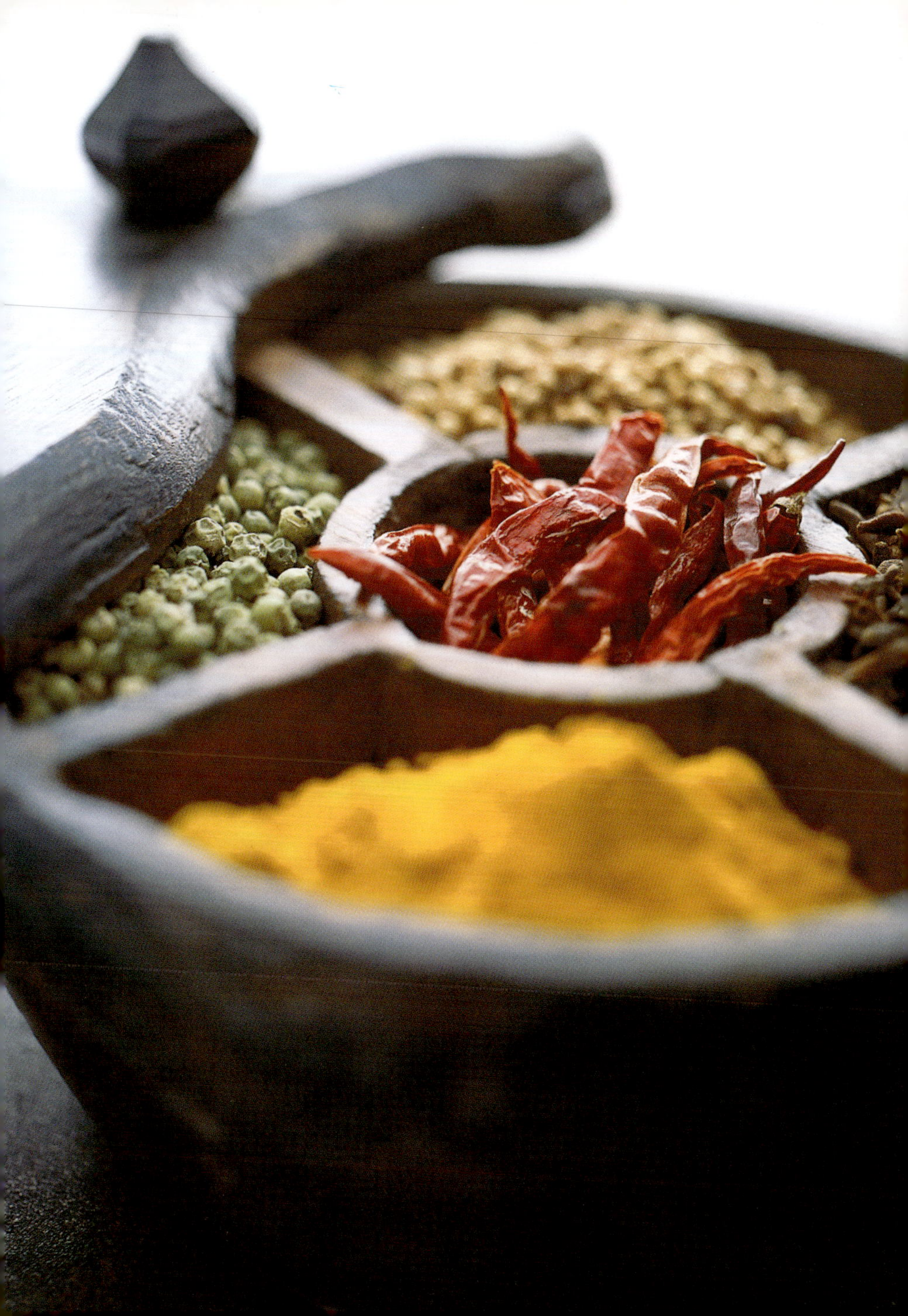

## De nombreuses variétés

Sous le nom d'épice, on range des baies (poivre en grains), des fruits (paprika), des boutons de plante (clou de girofle), des racines (gingembre), des graines (carvi), des écorces (cannelle), tous éléments aromatiques de diverses plantes dont la plupart croissent dans les contrées tropicales. Le safran, composé des stigmates d'une plante cueillie à la main, est également considéré comme une épice (c'est d'ailleurs la plus chère au monde). Les aromates, en revanche, sont habituellement constitués des feuilles et des fleurs, parfois des tiges, de plantes aromatiques non ligneuses. Quelques rares variétés de plantes fournissent à la fois un aromate et une épice. C'est par exemple le cas de la coriandre : ses feuilles, ses tiges et ses racines relèvent des aromates ; ses graines sont une épice utilisée dans de nombreux pays.

## La récolte

La façon dont on cultive et récolte les épices varie. Certaines, comme les gousses de vanille et les stigmates du safran, restent le résultat de processus complexes, au prix d'un travail manuel important. D'autres, tels le gingembre et la coriandre, exigent moins de temps et de labeur. La plupart de ces traitements sont demeurés inchangés et on continue aujourd'hui de récolter nombre d'épices à la main.

## L'utilisation

De nos jours, les épices s'emploient avant tout en cuisine. Néanmoins, leurs huiles essentielles ont aussi un usage en pharmacologie, dans l'industrie cosmétique ainsi que dans la parfumerie (pour renforcer les fragrances). Dans le passé, elles servaient en outre à l'embaumement et à la fumigation. Certaines, telles que le safran et le curcuma, permettent en outre de colorer les plats.

## La conservation

Les épices, jadis rares et coûteuses, garnissent aujourd'hui les rayonnages des supermarchés, en quantités toujours plus abondantes. Mais il est préférable de les acheter chez un fournisseur réputé pour qu'elles soient de la meilleure qualité possible : l'arôme et la saveur qu'elles dégagent vont amplement compenser le surcoût éventuel.

On les trouve sous trois formes : entières, pilées ou moulues. Ces deux dernières tendent à perdre rapidement leur parfum et leur saveur. Mieux vaut donc ne les acheter qu'en faibles quantités et les conserver dans des bocaux en verre ou dans des récipients hermétiques, voire dans des sachets de plastique. Ce type de stockage n'est cependant efficace qu'à condition d'en chasser l'air pour éviter que les épices ne s'éventent trop rapidement. Choisissez des petits contenants pour qu'il n'y ait pas trop d'air et renouvelez régulièrement vos achats.

Les sachets avec fermeture à glissière utilisés pour la congélation permettent de chasser facilement l'excédent d'air, ce qui réduira l'oxydation des ingrédients. Pour autant, les mélanges d'épices en poudre, comme le garam masala, ne se conservent pas très longtemps (1 mois environ). Ils posent par ailleurs un autre problème, dans la mesure où leurs divers composants perdent leurs parfums à des vitesses différentes, ce qui altère à terme la saveur de l'ensemble.

Chaque fois que c'est possible, achetez des petites quantités d'épices entières et grillez-les (si nécessaire) avant de les pulvériser au moulin à café ou dans un mortier. Veillez à ne moudre que la quantité strictement nécessaire pour un plat donné. Entières ou moulues, stockez-les au frais et à l'ombre, loin de toute source d'humidité et de chaleur, pour une durée maximale de 6 mois (moins quand elles sont moulues).

# Baies

Dans le sens des aiguilles d'une montre,
en partant du coin supérieur gauche :
sumac, poivre du Sichuan, poivre de la Jamaïque,
poivre en grains, genièvre.

# Racines et écorces

Dans le sens des aiguilles d'une montre, en partant du coin supérieur gauche : galanga, gingembre, curcuma moulu, cannelle, wasabi en poudre.

# Graines

Dans le sens des aiguilles d'une montre, en partant du coin supérieur gauche : cardamome, coriandre, macis, fenugrec, cumin, carvi, noix de muscade.

# Fruits

Dans le sens des aiguilles d'une montre,
en partant du coin supérieur gauche :
paprika, piment séché, piment de Cayenne,
badiane, vanille, piment frais, piment en flocons.

## Moulues ou entières ?

Les épices donnent du caractère aux recettes classiques de la cuisine mondiale par leurs parfums et leurs saveurs incomparables. On les utilisera plutôt entières dans les mets qui doivent mijoter longtemps car elles peuvent devenir amères après une cuisson prolongée. En poudre, on les emploie au dernier moment pour parfumer une préparation.

## Mélanges maison ou du commerce

Toutes les grandes surfaces proposent des épices en poudre et des mélanges industriels. Mais rien n'égale le résultat du rôtissage et de la pulvérisation maison. L'intensité des arômes et des saveurs est sans rapport avec le bouquet trop fade des préparations du commerce. Quand vous y aurez goûté, vous aurez sans doute une moins grande tolérance à l'égard des autres préparations.

## Les épices sautées à sec

Le bref passage des épices sur le feu libère leurs arômes et rehausse leur saveur. Employez une poêle à fond épais pour y faire sauter les épices à sec (sans matière grasse) sur un feu moyen à vif, jusqu'à ce que les parfums se libèrent. L'opération prend de 3 à 5 minutes, selon la taille et le type des épices. Retirez-les alors de la poêle pour les laisser refroidir.

Elles ne doivent pas griller trop longtemps, sinon elles perdent leur serveur et deviennent amères.
Pour de meilleurs résultats, mieux vaut rôtir chaque épice séparément. Car non seulement elles brunissent à des vitesses variables, mais elles répandent des bouquets différents (l'évaluation est plus difficile quand elles grillent dans le même récipient).

## DES ÉPICES POUR TOUS LES GOÛTS

## Les épices rôties au four

Pour faire rôtir les épices au four, préchauffez-le d'abord à 180 °C, étalez ensuite les épices sur une plaque de cuisson recouverte d'une feuille d'aluminium et faites-les colorer 5 minutes environ, jusqu'à ce que les arômes s'exhalent. Là encore, le rotissage doit se faire séparément pour chaque épice.

## La pulvérisation

On pulvérise les épices dans un mortier (avec un pilon), dans un moulin à épices ou dans un moulin à café. Réservez un moulin à café à la pulvérisation des épices car, une fois que vous l'aurez utilisé pour réduire en poudre cumin, cardamome, coriandre et autres baies odorantes, vous ne pourrez plus guère l'utiliser pour le café. Sauf à aimer le petit noir exotiquement parfumé…

L'emploi d'un pilon et d'un mortier offre davantage de contrôle sur le résultat final. Pour une poudre fine, l'opération prend du temps mais le mortier est idéal pour « froisser » des épices entières telles que les gousses de cardamome : en les écrasant légèrement, on fait juste éclater l'enveloppe extérieure, pour permettre aux arômes de passer dans le plat.

## Premiers pas

Commencez par essayer des associations classiques (agneau et cumin, cannelle et pomme) en apprenant à doser les quantités. Progressivement, rendez vos mélanges plus complexes en prenant soin de ne pas étouffer la saveur des viandes, poissons ou légumes sous des compositions trop chargées. Et notez toutes vos réussites.

TOUT ÉPICES

# Faites sauter à sec les épices

Faites chauffer à feu moyen une poêle à fond épais puis versez une catégorie d'épices entières.

Remuez de temps à autre en laissant la graine rôtir uniformément et évitez les chaleurs trop vives.

DES ÉPICES POUR TOUS LES GOÛTS

Les épices sont cuites quand
elles se colorent uniformément
en exhalant un parfum prononcé.

Retirez aussitôt les épices de la poêle
pour éviter qu'elles brûlent
et laissez-les refroidir avant de les piler.

# Pour parfumer

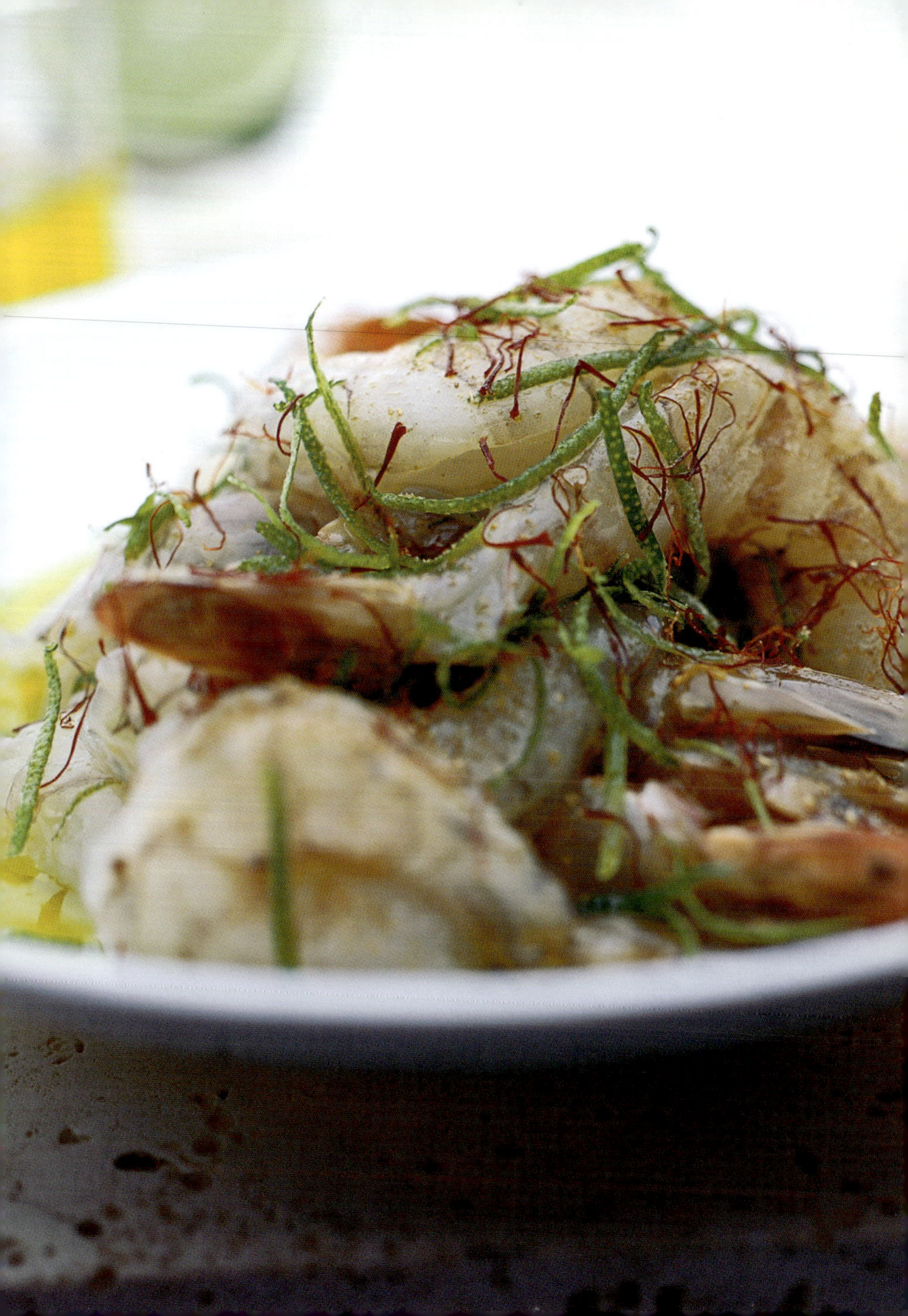

# Parfums célestes

La saveur des épices ajoute un accent chaleureux, presque oriental, à vos recettes. Mais leur parfum embaume aussi la maison, comme un signe avant-coureur des délices du repas. La coriandre est le dénominateur commun de nombreuses recettes du monde entier. Poêlées ou rôties, ses graines répandent un délicat parfum exotique qui suffit à allécher les gourmands. Bien dosée, une épice parfumée n'étouffe jamais le goût des aliments. Elle vient soutenir le principal héros de la préparation (qu'il s'agisse de viande, de volaille, de poisson ou de tofu) plutôt que d'en étouffer les saveurs. C'est un adjuvant raffiné, qui séduit l'odorat tout autant que le goût, à condition d'en maîtriser l'emploi.

POUR PARFUMER

De la famille de l'anis, le carvi
a une saveur aromatique prononcée.
se vend sous forme de graines ou de poudre.

La coriandre en graines s'utilise entière
ou moulue. Écrasées, ses graines forment
la base de nombreuses poudres et pâtes.

TOUT ÉPICES

Le cumin, doté d'un goût prononcé
et vif, s'emploie aussi bien
en Afrique du Nord qu'en Inde,
au Mexique ou au Japon.

Les baies de genièvre servent
à aromatiser le gibier, le porc et les pâtés.
On les froisse légèrement
avant de s'en servir en cuisine.

POUR PARFUMER

Le safran, formé des stigmates
d'un type de crocus, est l'épice la plus chère
du monde. Elle possède une senteur
reconnaissable entre mille
et un parfum légèrement âcre.

Le curcuma, épice assez douce
de couleur jaune, a une senteur boisée.
On l'extrait de la racine souterraine
d'une plante tropicale
de la famille du gingembre.

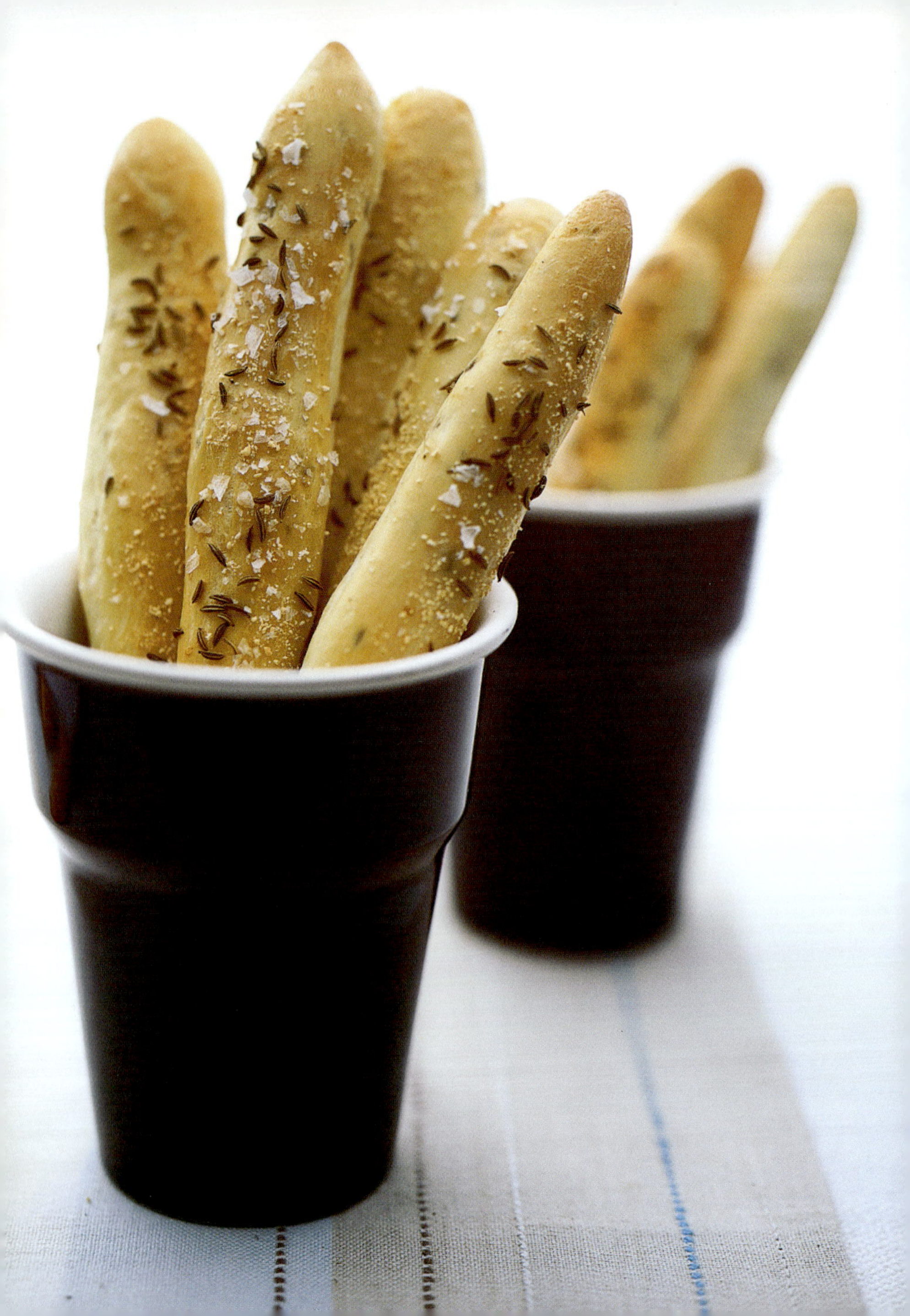

POUR PARFUMER  CARVI

# Gressins au carvi et au parmesan

*Pour 40 pièces*

2 c. à c. de levure de boulanger
1 c. à c. de sucre en poudre
350 g de farine de ménage
1/2 c. à c. de sel
2 c. à s. de graines de carvi
2 c. à s. d'huile d'olive
1 œuf légèrement battu
50 g de parmesan râpé
2 c. à c. de fleur de sel

1 Faites dissoudre la levure et le sucre dans 3 cuillerées à soupe d'eau tiède.

2 Versez la farine, le sel et 1 cuillerée à soupe de carvi dans un grand saladier. Creusez un puits au centre puis ajoutez la levure, 185 ml d'eau tiède et l'huile d'olive. Formez une boule molle.

3 Retournez la pâte sur une surface de travail farinée et pétrissez-la 5 minutes pour la rendre lisse et élastique. Placez-la dans un bol légèrement huilé, couvrez et laissez gonfler 1 heure dans un lieu tiède à l'abri des courants d'air, jusqu'à ce qu'elle ait doublé de volume.

4 Aplatissez-la pâte avec le poing et divisez-la en 40 portions égales. Roulez chacune en forme de cigare de 20 cm de long. Placez sur des plaques de cuisson huilées. Laissez gonfler 15 minutes. Préchauffez le four à 200 °C.

5 Badigeonnez les gressins d'œuf battu et saupoudrez du reste de carvi, de parmesan et de fleur de sel. Faites cuire au four 25 à 30 minutes, jusqu'à ce qu'ils soient croustillants et dorés.

TOUT ÉPICES

# Soupe de carottes et beurre au carvi

*Pour 6 personnes*

1 oignon haché
1 gousse d'ail écrasée
750 g de carottes détaillées en cubes
1 litre de bouillon de légumes
250 ml de jus d'orange

**Beurre au carvi**
1 c. à s. de graines de carvi
125 g de beurre ramolli

1 Pour le beurre au carvi, commencez par faire rôtir à sec les graines de carvi dans une poêle pendant 3 à 4 minutes, jusqu'à ce qu'elles commencent à brunir et libèrent leurs arômes. Laissez-les refroidir avant de les réduire en poudre. Mélangez-les avec le beurre puis formez une bûche roulée dans une feuille d'aluminium. Laissez raffermir 30 minutes au réfrigérateur.

2 Dans une casserole, portez à ébullition l'oignon, l'ail, les carottes, le bouillon et le jus d'orange. Couvrez et laissez frémir 25 minutes sur feu doux.

3 Quand les carottes sont tendres, mixez la soupe pour obtenir un mélange lisse. Remettez-la dans la casserole, salez et poivrez, réchauffez rapidement. Découpez le beurre en tranches de 5 mm.

4 Répartissez la soupe dans les bols, déposez sur le dessus deux tranches de beurre et servez sans attendre.

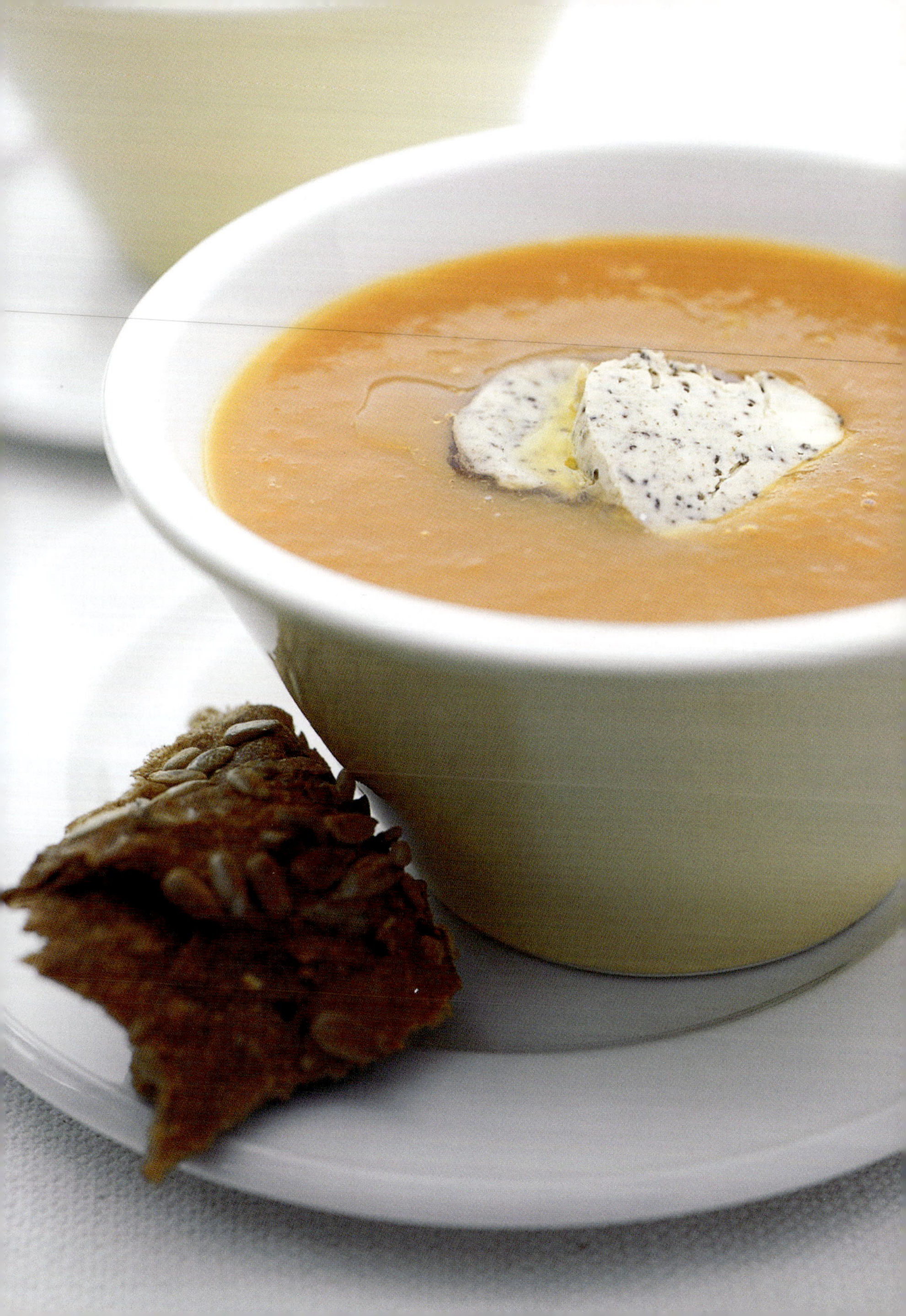

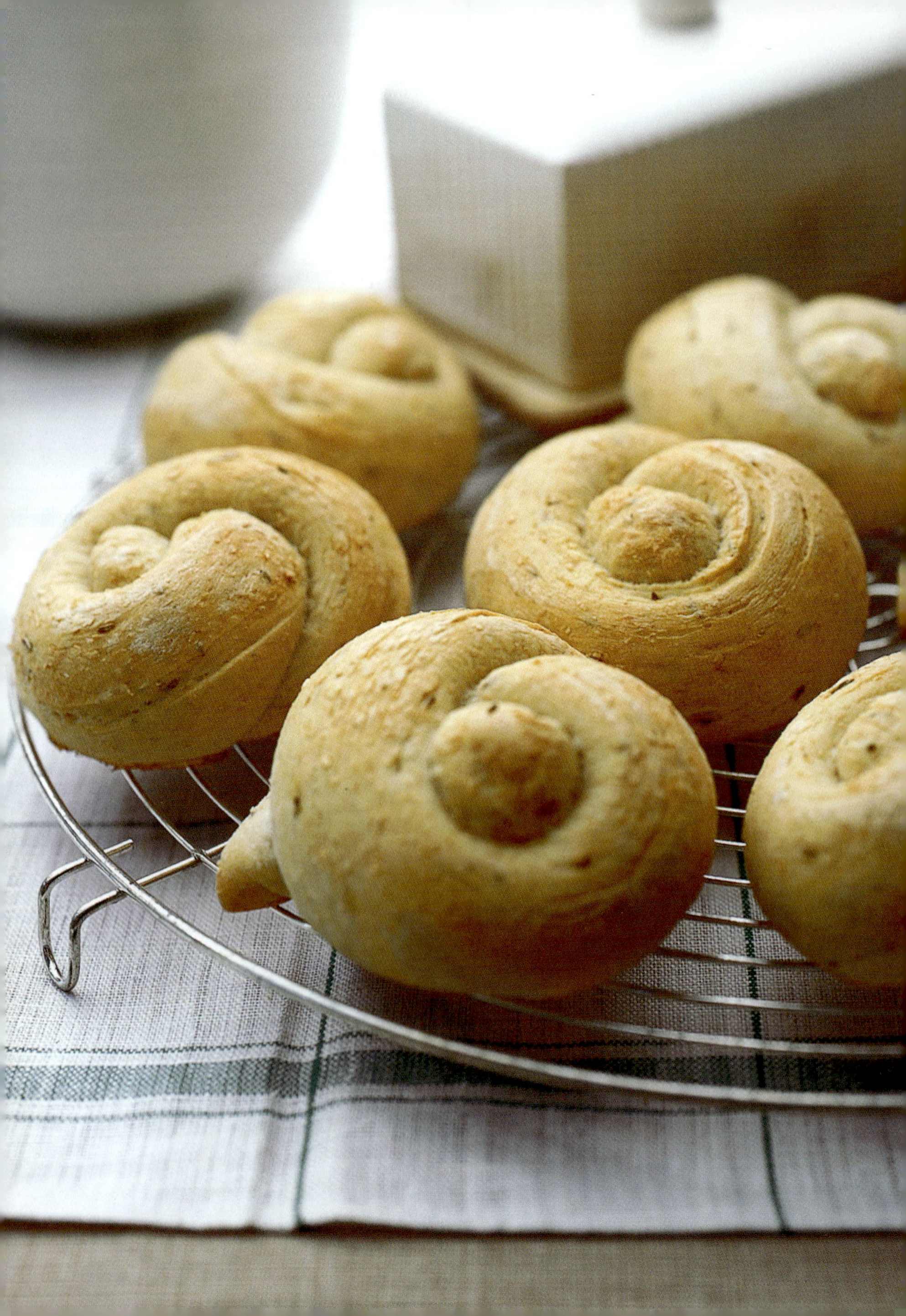

POUR PARFUMER   CARVI

# Rouleaux au carvi

*Pour 12 rouleaux*

**3 c. à c. de levure de boulanger**
**1 c. à c. de sucre en poudre**
**500 g de farine de ménage**
**1 c. à s. de graines de carvi**
**250 g de farine complète**
**2 c. à c. de sel**
**2 c. à s. de lait**

1 Délayez la levure, le sucre et 50 g de farine dans 125 ml d'eau chaude. Laissez reposer 10 minutes dans un endroit tiède, jusqu'à ce que le mélange mousse.

2 Pilez légèrement les graines de carvi dans un mortier pour en libérer l'arôme. Tamisez le reste de la farine de ménage et la farine complète dans un saladier avant d'ajouter le sel, le levain (étape 1), les graines de carvi et 250 ml d'eau tiède. Mélangez pour former une pâte molle que vous allez pétrir pendant 10 minutes.

3 Ramassez la pâte en boule, roulez-la dans un saladier huilé et couvrez d'un torchon propre. Laissez gonfler 45 minutes dans un endroit tiède, jusqu'à ce que la pâte ait doublé de volume.

4 Préchauffez le four à 220 °C. Posez la pâte sur une surface de travail légèrement farinée, aplatissez-la avec le poing et divisez-la en 12 pâtons. Formez alors 12 bûches de 25 cm de long, repliez-les en fer à cheval puis faites un nœud. Déposez ces rouleaux sur deux plaques de cuisson légèrement huilées, couvrez d'un film alimentaire huilé et laissez gonfler à nouveau 30 minutes.

5 Quand les rouleaux ont doublé de volume, badigeonnez-les de lait et passez-les au four entre 15 à 20 minutes. Ils doivent sonner creux quand vous en tapotez la base. Laissez-les refroidir sur une grille.

# Légumes-racines rôtis à l'ail et au carvi

*Pour 4 personnes*

2 betteraves en tranches épaisses
2 panais coupés en deux
dans le sens de la longueur
1 rutabaga en tranches épaisses
4 carottes coupées en deux
dans le sens de la longueur
1 1/2 c. à s. de graines de carvi
10 gousses d'ail en chemise
3 c. à s. d'huile d'olive
2 tranches de pain au carvi
sans la croûte
2 c. à s. de ciboulette
grossièrement ciselée

1 Faites blanchir les betteraves 20 minutes à l'eau bouillante. Égouttez-les. Préchauffez le four à 200 °C.

2 Dans un grand plat, mélangez tous les légumes avec le carvi, l'ail et 2 cuillerées à soupe d'huile d'olive. Salez et poivrez. Faites rôtir les légumes 30 minutes au four à 200 °C, retournez-les et faites-les cuire encore 30 à 40 minutes à 180 °C.

3 Étalez le reste d'huile sur le pain, des deux côtés, et passez-le au four 30 minutes en le retournant à mi-cuisson. Il doit être croustillant et doré. Laissez-le tiédir un peu avant de l'émietter grossièrement.

4 Sortez les légumes du four et saupoudrez-les de pain au carvi et de ciboulette. Servez sans attendre.

**PRATIQUE** Si vous utilisez du pain ordinaire, doublez la quantité de graines de carvi.

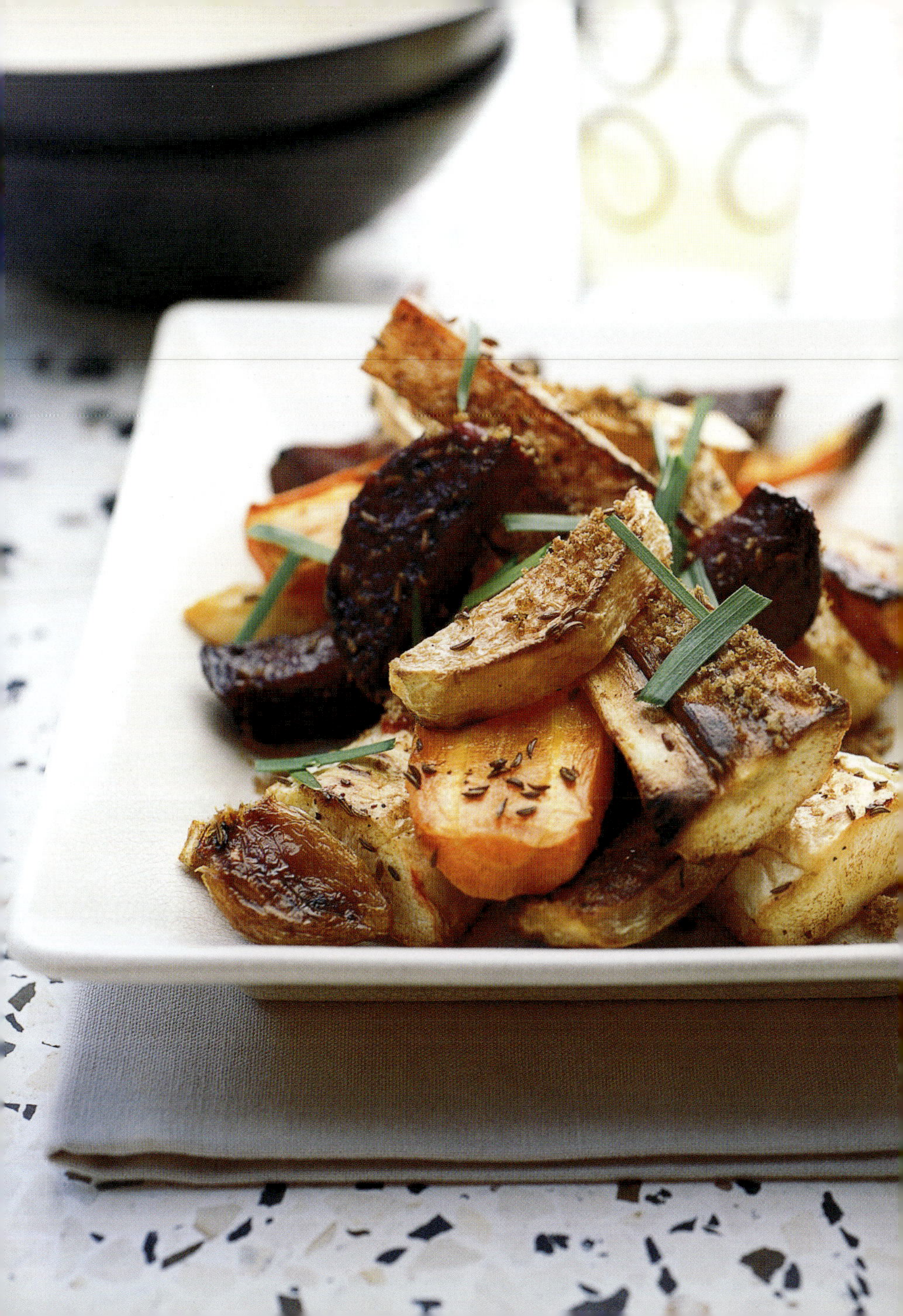

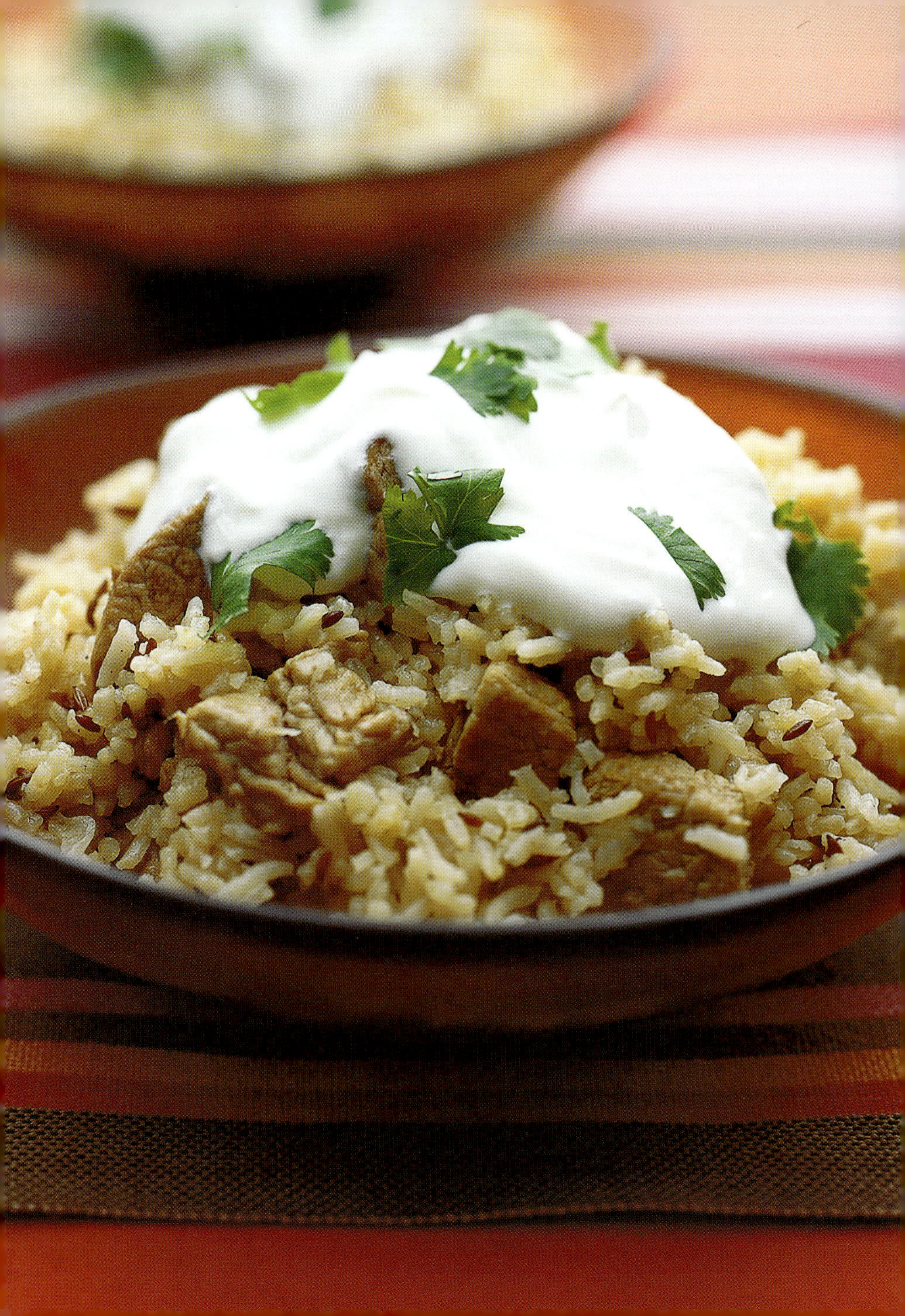

POUR PARFUMER   CARVI

## Pilaf de porc au carvi

*Pour 4 personnes*

2 c. à s. d'huile
400 g de porc maigre détaillé en cubes
1 gros oignon haché
2 gousses d'ail écrasées
1 c. à s. de graines de carvi
300 g de riz basmati parfaitement rincé
750 ml de bouillon de volaille
125 g de yaourt
2 c. à s. de coriandre ciselée

1 Dans une grande poêle, faites colorer le porc à feu moyen dans l'huile chaude puis réservez-le.

2 Dans la même poêle, faites revenir l'oignon et l'ail 5 minutes avant d'ajouter les graines de carvi et le riz. Laissez cuire 2 minutes en remuant souvent, jusqu'à ce que les épices embaument.

3 Remettez la viande dans la poêle, versez le bouillon et portez à ébullition. Réduisez le feu, couvrez et laissez frémir 15 à 20 minutes.

4 Salez et poivrez. Mélangez le yaourt et la coriandre. Servez avec le pilaf.

# Dukkah et pains plats

*Pour 6 personnes*

50 g de graines de sésame blanches
2 c. à s. de graines de coriandre
1 c. à s. de graines de cumin
50 g de noisettes broyées
de l'huile d'olive pour servir

**Pains plats**
250 g de farine de ménage
1 1/2 c. à c. de levure de boulanger
1 c. à c. de sel
1 c. à s. de romarin
2 c. à s. d'huile d'olive

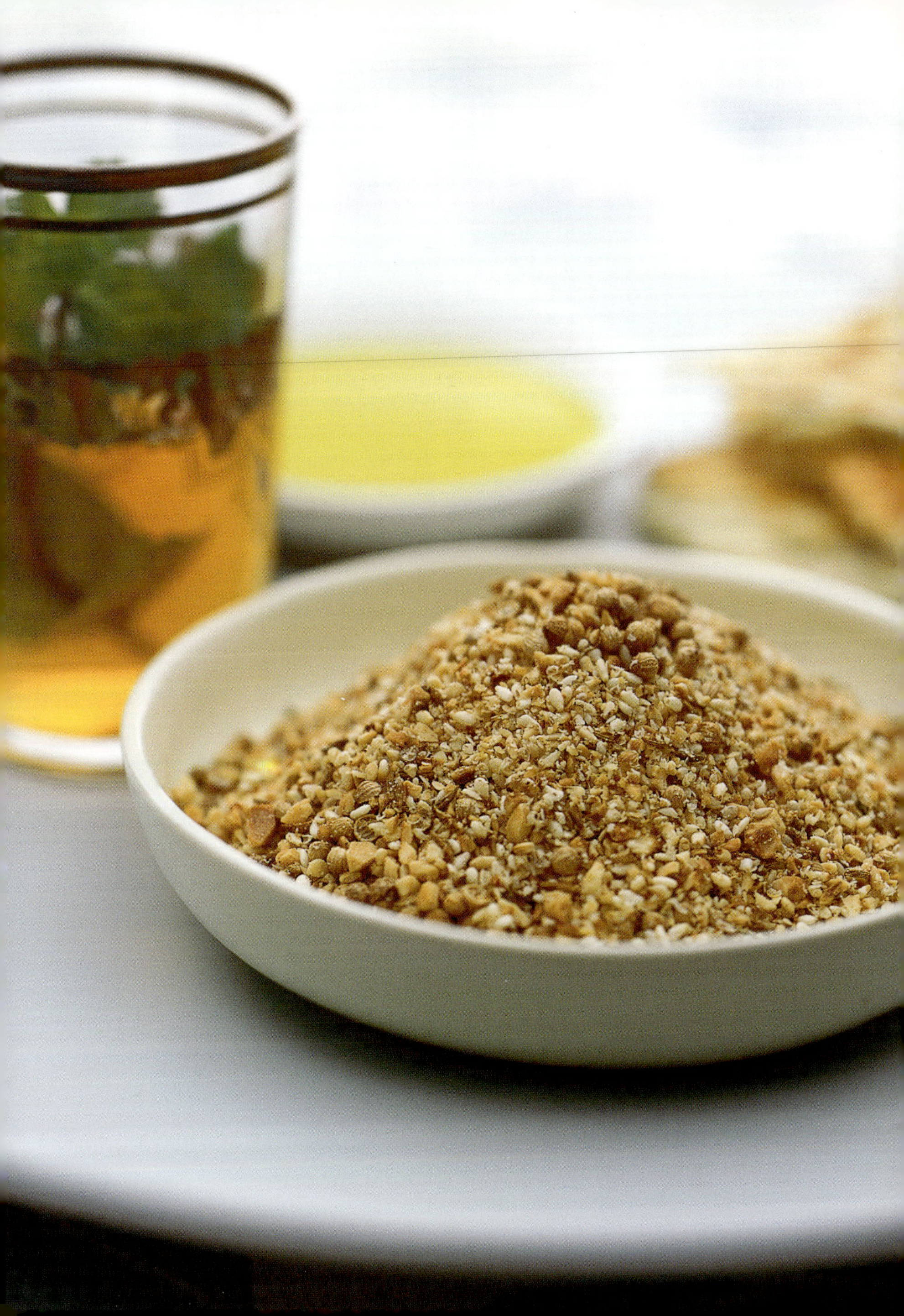

TOUT ÉPICES

Étalez en ovale
chaque portion de pâte
sur une surface farinée.

Faites cuire les pains 2 minutes
de chaque côté
sur une plaque en fonte.

POUR PARFUMER   CORIANDRE

1 Commencez par préparer la pâte à pain. Tamisez la farine dans le bol d'un robot muni d'une pale à pâte. Ajoutez la levure, le sel, le romarin, 125 ml d'eau chaude et l'huile. Pétrissez vigoureusement pendant 8 minutes pour obtenir une pâte lisse et élastique (ajoutez davantage d'eau si elle est trop compacte, mais pas plus d'une cuillerée à la fois). Ramassez la pâte en boule et faites-la rouler sur les parois d'un saladier légèrement huilé, couvrez-la et laissez-la gonfler 45 à 60 minutes dans un endroit tiède, jusqu'à ce qu'elle ait doublé de volume.

2 Faites dorer à sec les épices, séparément, en comptant entre 1 et 2 minutes selon les graines. Faites aussi griller les noisettes. Laissez refroidir le tout avant de le hacher grossièrement au robot ménager. Versez le mélange dans un bol, salez et poivrez.

3 Aplatissez la pâte avec le poing et divisez-la en 6 portions égales. Sur une surface de travail légèrement farinée, étalez chaque pâton en galette ovale et peu épaisse.

4 Badigeonnez les pains avec un peu d'huile et faites-les griller 2 minutes de chaque côté sur une plaque en fonte chaude, en remettant un peu d'huile si besoin. Servez la dukkah avec ces pains tièdes que vous pouvez napper d'huile.

**PRATIQUE** Originaire d'Afrique du Nord, la dukkah constitue un délicieux apéritif mais on peut aussi en parfumer des salades. Il se conserve plusieurs semaines dans un récipient hermétique.

# Boulettes de viande à la sauce tomate

*Pour 4 personnes*

3 tranches de pain sans la mie
125 ml de lait
4 c. à s. d'huile d'olive
1 oignon en tranches fines
2 gousses d'ail écrasées
2 c. à c. de thym ciselé
1 c. à s. de coriandre moulue
375 g de viande de porc hachée
375 g de viande de bœuf hachée
2 c. à s. de parmesan râpé
125 ml de vin blanc sec
400 g de tomates concassées en boîte
2 c. à s. de concentré de tomates

1 Faites tremper le pain 5 minutes dans le lait avant de l'écraser.

2 Dans une poêle, faites revenir 6 à 8 minutes dans la moitié de l'huile l'oignon, l'ail, le thym la moitié de la coriandre. Laissez refroidir.

3 Mélangez les viandes, la mie de pain trempée, l'oignon et le parmesan. Salez et poivrez. Façonnez 24 boulettes.

4 Versez le reste de l'huile dans une poêle et faites dorer les boulettes pendant 5 minutes en les retournant souvent. Ajoutez le reste de la coriandre et laissez cuire encore 1 minute, jusqu'à ce que le mélange embaume.

5 Versez le vin et laissez bouillir 2 minutes pour que le liquide réduise de moitié. Ajoutez alors les tomates avec leur jus et le concentré de tomates. Portez à nouveau à ébullition, couvrez et laissez frémir 20 minutes pour que la viande soit cuite à point et la sauce épaisse. Servez avec des spaghettis et du parmesan râpé.

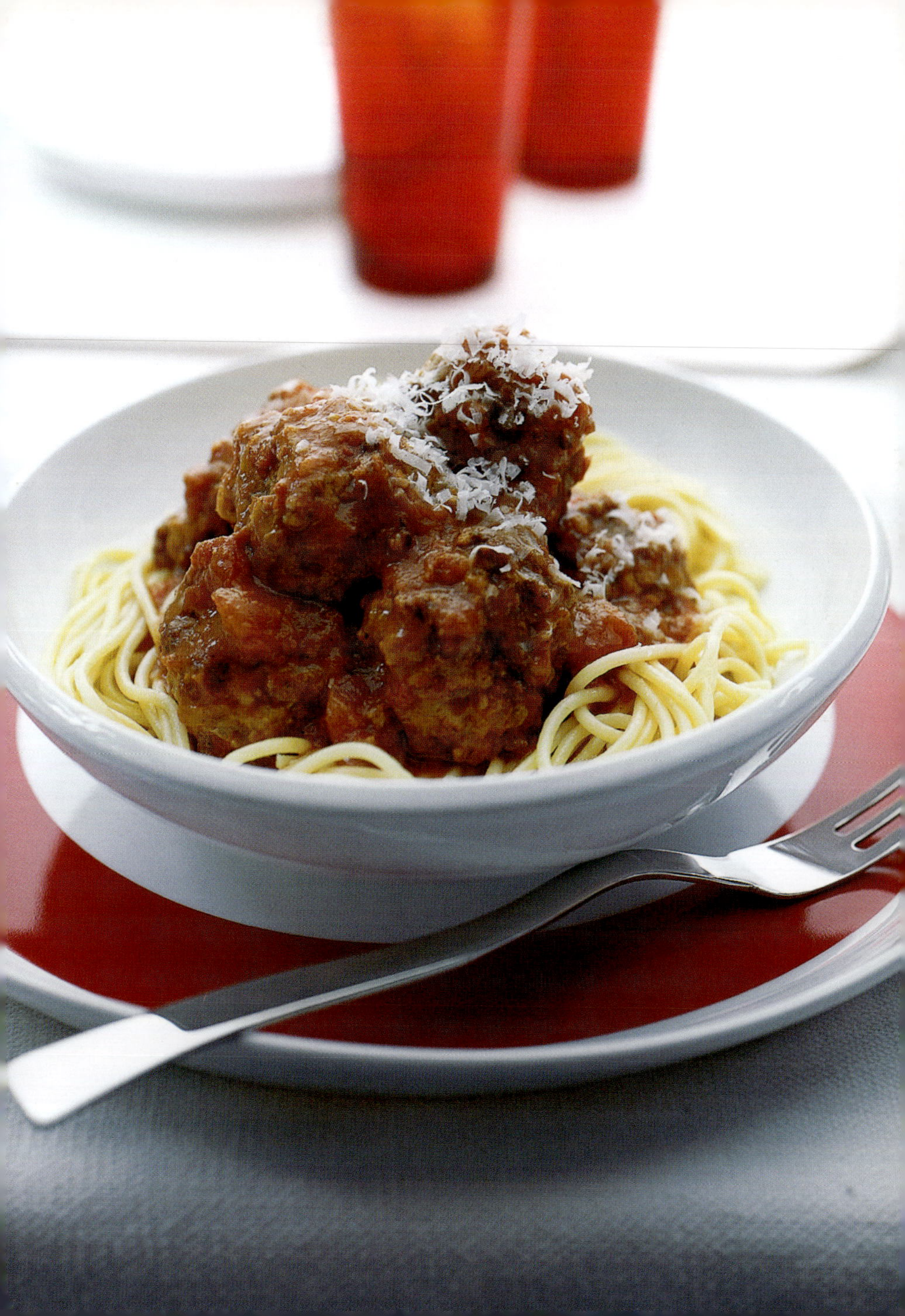

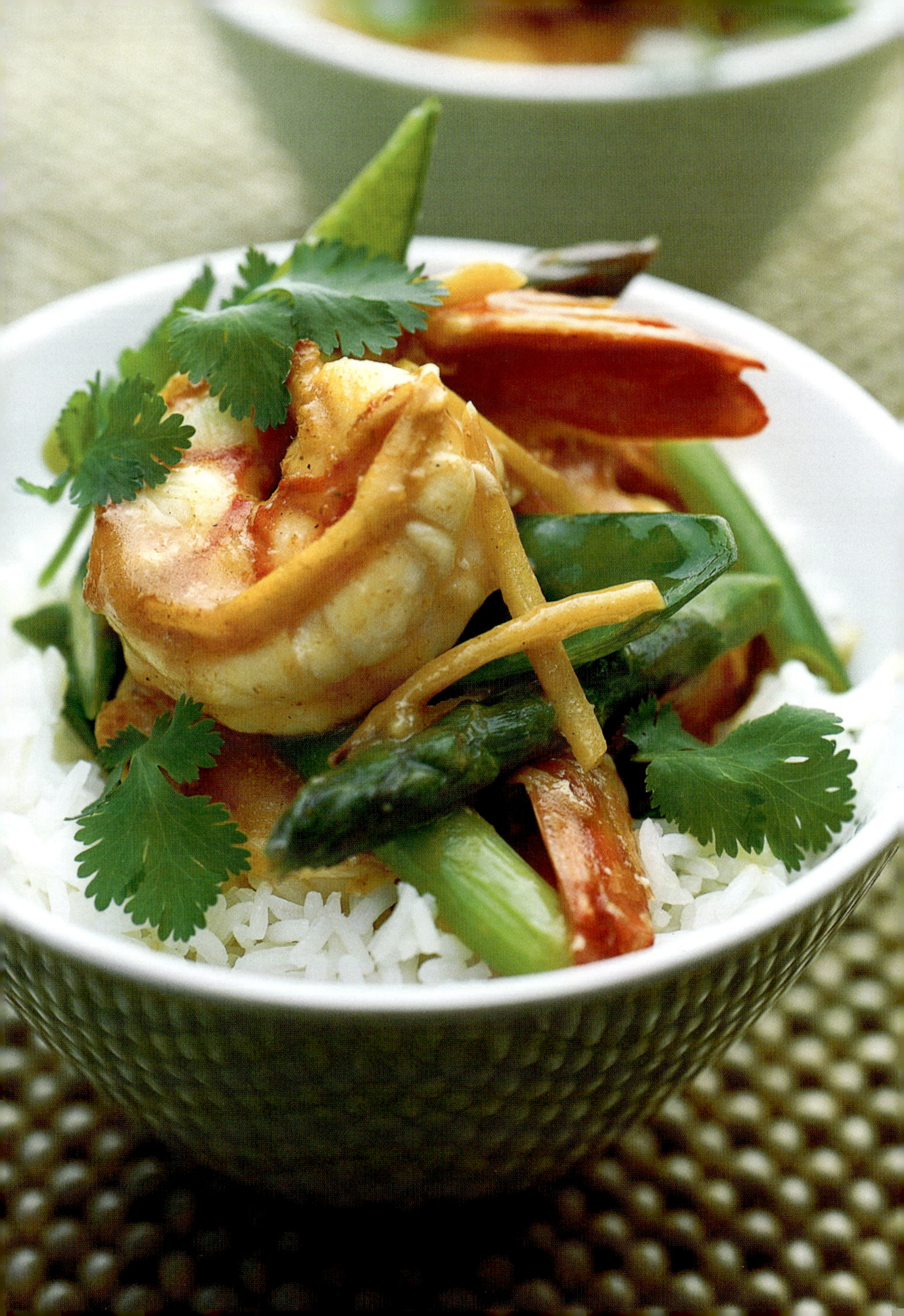

POUR PARFUMER   CORIANDRE

## Gambas sautées aux asperges et pois gourmands

*Pour 4 personnes*

1 kg de gambas crues
2 c. à s. d'huile d'arachide
3 c. à s. de jus de citron vert
2 c. à c. de coriandre moulue
200 g de pois gourmands
175 g d'asperges vertes
en tronçons de 3 cm
4 oignons verts
en tronçons de 3 cm
1 morceau de gingembre de 5 cm
pelé et détaillé en julienne
2 c. à c. de fécule de maïs
125 ml de bouillon de volaille
quelques feuilles de coriandre

1 Décortiquez les gambas en gardant les queues.

2 Fouettez 1 cuillerée à soupe d'huile avec le jus de citron et la coriandre moulue. Versez cette marinade sur les gambas et couvrez d'un film alimentaire. Réfrigérez 20 minutes.

3 Nappez du reste d'huile les parois d'un wok et laissez chauffer à feu vif. Égouttez les gambas en réservant la marinade et faites-les sauter 2 à 3 minutes, jusqu'à ce qu'elles rosissent. Réservez-les.

4 Dans le même wok, faites revenir à feu vif pendant 2 minutes les pois gourmands, les asperges, les oignons verts et le gingembre. Baissez un peu le feu. Délayez la fécule dans 1 cuillerée à soupe d'eau. Versez ce mélange dans le wok avec la marinade réservée et le bouillon. Laissez bouillir 1 minute. Incorporez enfin les gambas pour les réchauffer. Décorez de feuilles de coriandre avant de servir avec du riz blanc.

# Falafels et yaourt au tahini

*Pour 4 personnes*

**250 g de pois chiches secs
1 oignon en tranches fines
2 gousses d'ail écrasées
5 grosses poignées de persil plat
4 grosses poignées de coriandre
2 c. à c. de coriandre moulue
1 c. à c. de cumin moulu
1/2 c. à c. de levure chimique
de l'huile végétale
125 g de roquette**

### Yaourt au tahini
3 c. à s. de yaourt à la grecque
1 c. à s. de pâte de tahini
1 gousse d'ail écrasée
1 c. à s. de jus de citron
3 c. à s. d'huile d'olive

1 Laissez tremper les pois chiches toute une nuit dans l'eau froide. Rincez-les soigneusement puis réduisez-les en poudre grossière au robot électrique. Ajoutez l'oignon, l'ail, les herbes fraîches, les épices et la levure, mixez à nouveau puis salez et poivrez. Laissez reposer 30 minutes.

2 Mélangez le yaourt avec le tahini, l'ail, le jus de citron et l'huile. Salez et poivrez. Réservez au frais jusqu'au moment de servir.

3 Mouillez un peu vos mains pour façonner 24 boulettes avec le mélange aux pois chiches. Donnez-leur la forme d'un œuf et faites-les frire 3 minutes environ dans 5 cm d'huile végétale très chaude, en les retournant souvent. Égouttez-les sur du papier absorbant et gardez-les au chaud dans un four tiède.

4 Pour servir, répartissez la roquette sur les assiettes, répartissez les falafels dessus et nappez-les de yaourt au tahini. Proposez le reste du yaourt à part.

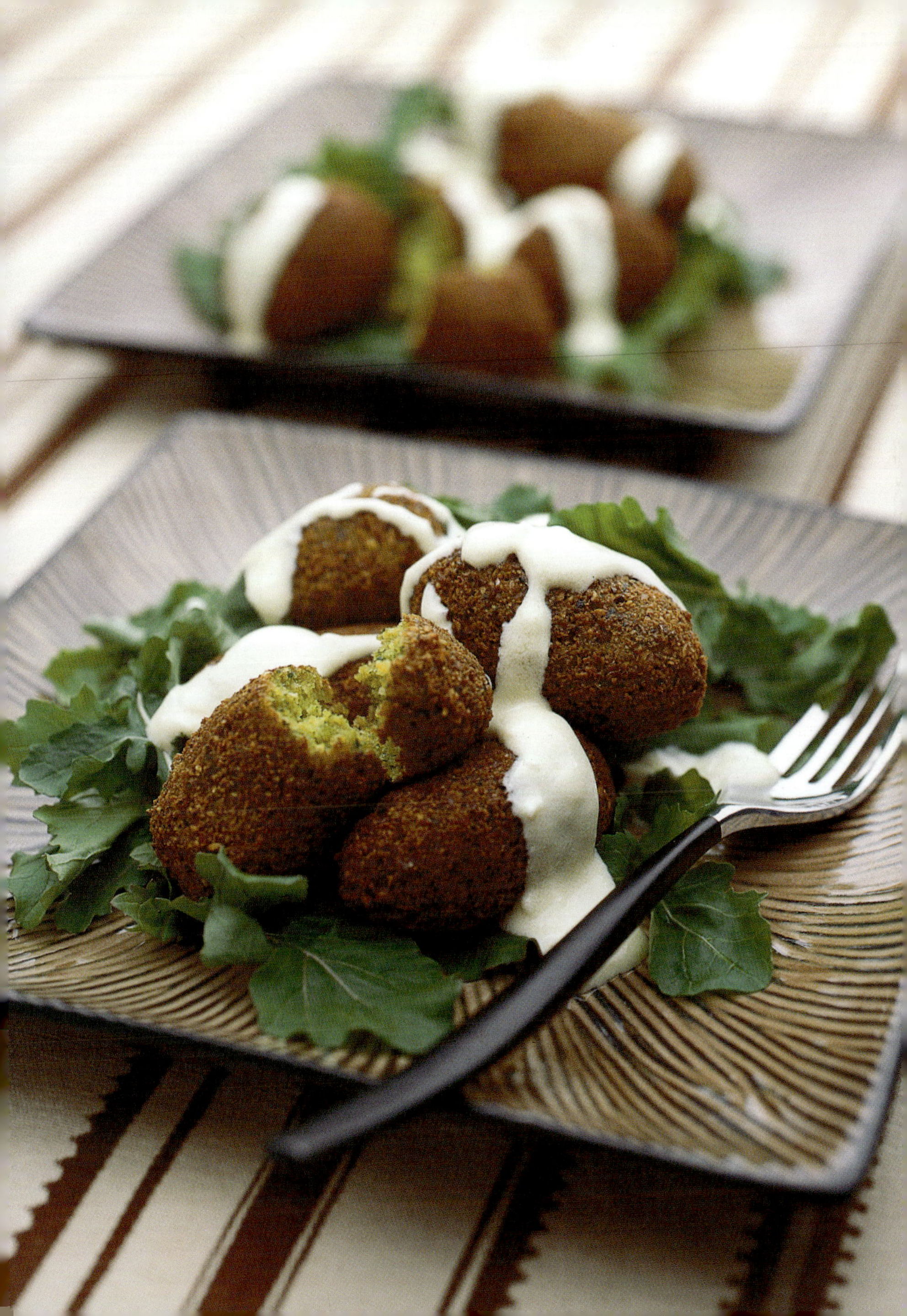

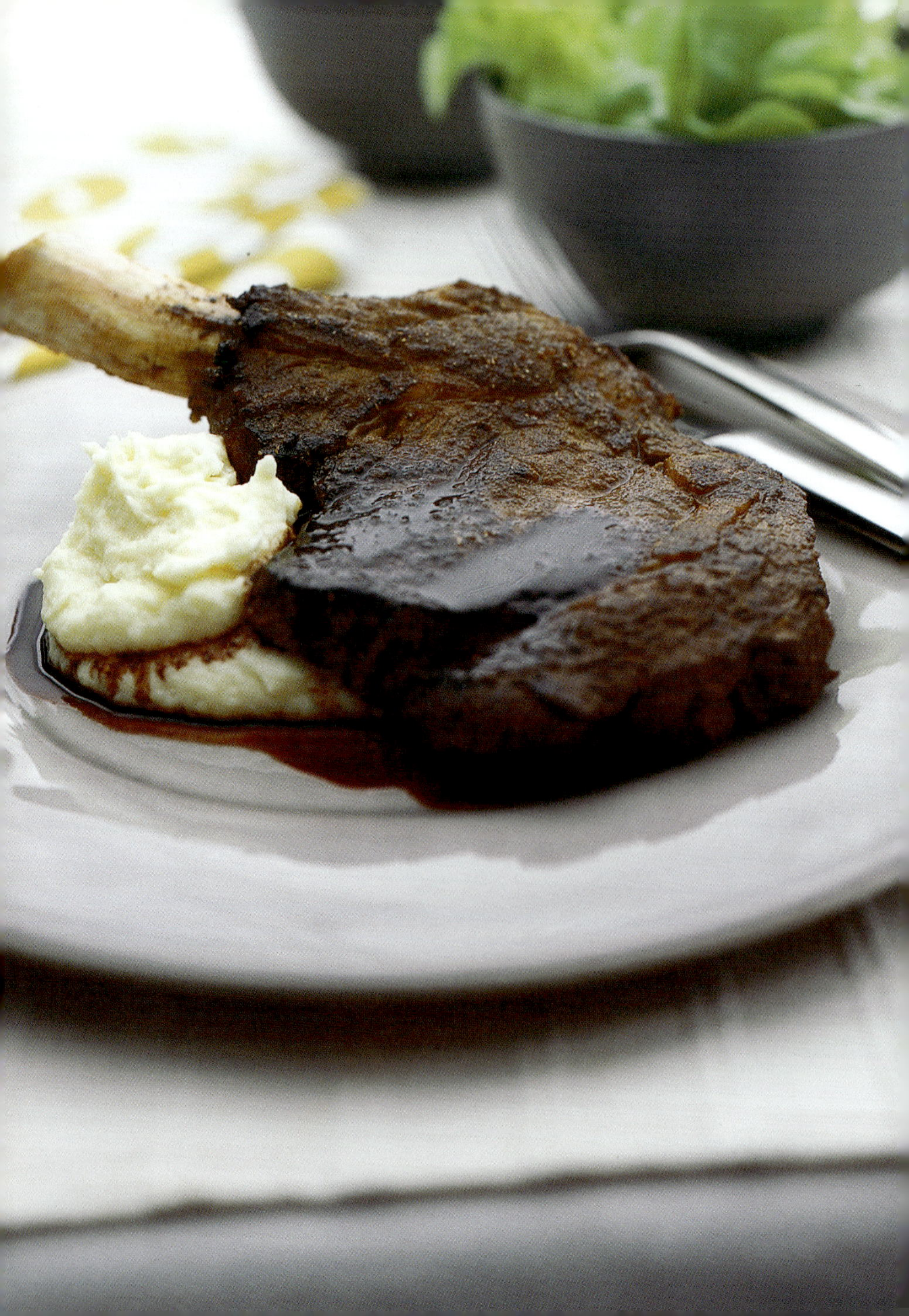

POUR PARFUMER    CORIANDRE

## Entrecôtes en croûte d'épices et purée de panais

*Pour 4 personnes*

2 c. à s. d'huile d'olive
1 c. à s. de coriandre moulue
2 c. à c. de cumin moulu
2 c. à c. de paprika fumé
2 c. à c. de cassonade
1 c. à c. d'ail en poudre
250 ml de bouillon de bœuf
250 ml de merlot
1 c. à c. de sucre en poudre
4 entrecôtes de bœuf
de 280 g chacune
450 g de panais pelés et coupés en tronçons
50 g de beurre
3 c. à s. de crème épaisse

1 Mélangez les épices avec la moitié de l'huile pour obtenir une pommade épaisse dont vous enduisez les entrecôtes en frottant bien. Couvrez et laissez pénétrer 30 minutes au frais.

2 Dans une casserole, portez à ébullition le bouillon, le merlot et le sucre. Laissez ensuite réduire la sauce d'un tiers à feu moyen. Salez et poivrez.

3 Faites cuire les panais 15 minutes à l'eau bouillante salée, jusqu'à ce qu'ils soient tendres. Égouttez-les et réduisez-les en purée avec le beurre et la crème.

4 Dans une grande poêle à fond épais, saisissez les entrecôtes à feu vif dans le reste d'huile d'olive (4 minutes sur chaque face pour une viande saignante, un peu plus pour une viande bien cuite). Laissez-les ensuite reposer dans un endroit tiède après les avoir couvertes d'une feuille d'aluminium.

5 Répartissez la viande et la purée sur les assiettes de service, nappez de sauce et servez aussitôt.

# Bœuf au curry

*Pour 4 personnes*

3 c. à s. d'huile d'olive
1 kg de gîte de bœuf
en morceaux de 3 cm
400 g de tomates concassées en boîte
2 c. à s. de concentré de tomates
300 ml de bouillon de bœuf
200 g de yaourt
2 grosses poignées de coriandre ciselée

**Pâte de curry**
2 c. à s. de graines de cumin
2 c. à s. de graines de coriandre
3 gousses de cardamome verte
2 c. à c. de grains de poivre blanc
2 c. à c. de gingembre fraîchement râpé
2 gousses d'ail écrasées
2 oignons rouges hachés
4 piments rouges allongés
2 grosses poignées de coriandre ciselée

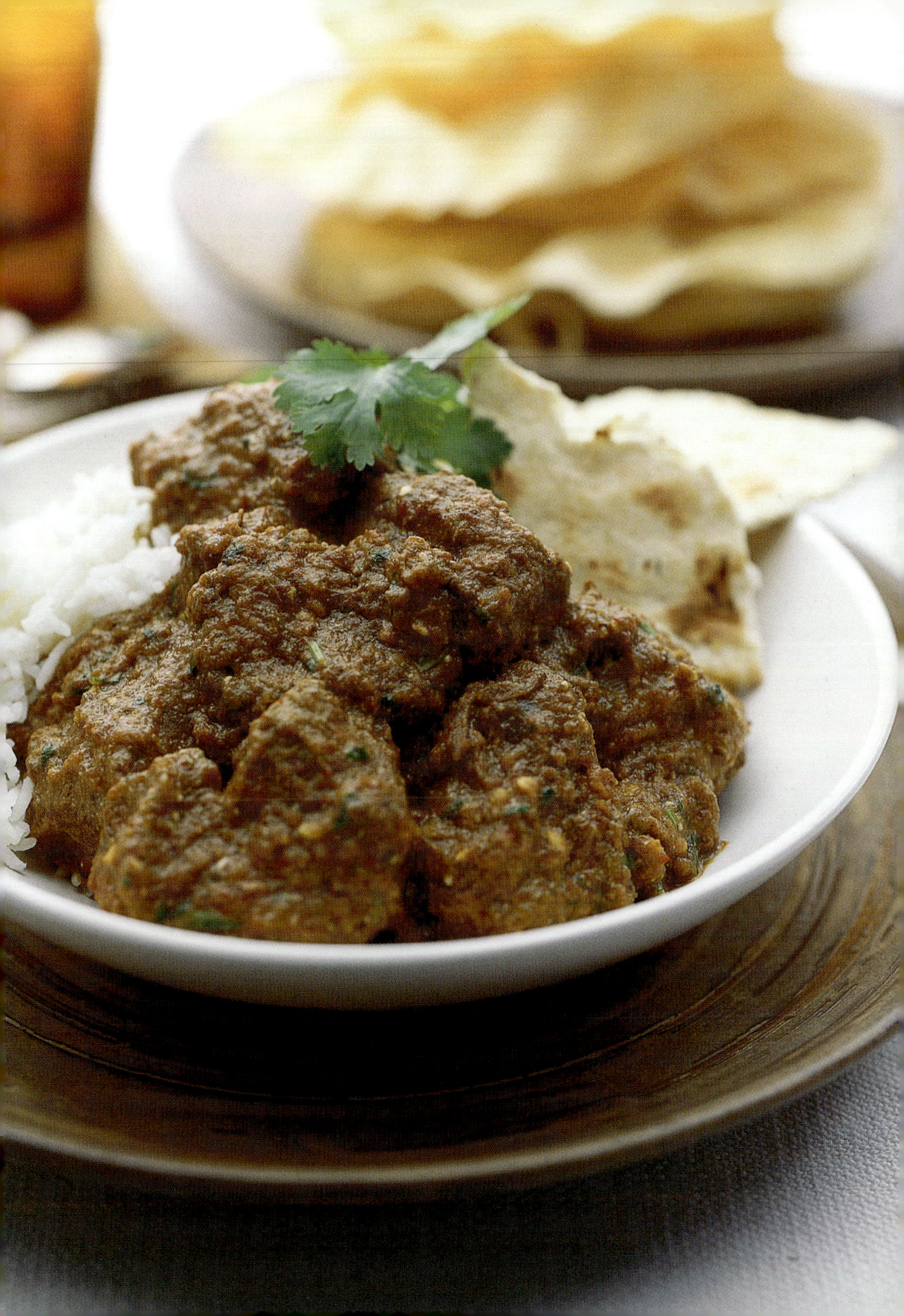

TOUT ÉPICES

Faites revenir les épices à sec jusqu'à ce qu'elles soient grillées et odorantes.

Retirez le curry du feu et incorporez le yaourt à la coriandre juste avant de servir.

POUR PARFUMER    CUMIN

1 Pour la pâte de curry, faites griller à sec les épices dans une poêle à fond épais, sans les mélanger. Quand elles ont refroidi, réduisez-les en poudre au moulin à épices ou dans un mortier.

2 Mixez ensuite cette poudre avec le reste des ingrédients pour former une pâte lisse. Si elle est trop épaisse, ajoutez 2 cuillerées à soupe d'eau pour la délayer un peu. Si vous utilisez un mortier, pensez à retirer les gousses de cardamome pour ne garder que les graines.

3 Dans une cocotte épaisse, faites colorer le bœuf dans 2 cuillerées à soupe d'huile puis réservez-le.

4 Réchauffez la pâte de curry 3 minutes dans la même cocotte, avec le reste d'huile, jusqu'à ce qu'elle embaume. Remuez régulièrement pour éviter qu'elle n'attache.

5 Ajoutez le bœuf, les tomates, le concentré de tomates et le bouillon. Baissez le feu, couvrez et laissez mijoter 1 heure en mélangeant de temps en temps.

6 Retirez le couvercle et laissez cuire encore 30 minutes à feu doux, jusqu'à ce que la viande soit fondante et que la sauce ait réduit de moitié. Salez et poivrez à votre goût.

7 Juste avant de servir, incorporez le yaourt et la coriandre (mélangez-les d'abord). Accompagnez ce curry de riz basmati et de pains indiens tièdes.

# Salade de thon et pommes de terre à la citronnelle et au cumin

*Pour 4 personnes*

2 c. à c. de piment moulu
2 gousses d'ail écrasées
2 c. à c. de cumin moulu
1 c. à c. de curcuma moulu
5 c. à s. de jus de citron vert
1 darne de thon frais
de 2 cm d'épaisseur (300 g environ)
125 ml d'huile d'arachide
8 pommes de terre nouvelles
pelées et coupées en deux
2 c. à s. de graines de cumin
légèrement grillées
2 échalotes roses coupées en deux
puis en tranches fines
2 blancs de citronnelle en bâtonnets
2 gousses d'ail finement hachées
2 petits piments rouges égrenés
et finement hachés
2 feuilles de combava déchiquetées
60 ml d'huile d'olive

1 Mélangez dans un saladier le piment, l'ail, le cumin, le curcuma et la moitié du jus de citron. Salez et poivrez le thon sur les deux faces avant de le retourner plusieurs fois dans la marinade, en pressant bien. Couvrez de film alimentaire et réfrigérez 4 heures environ.

2 Faites chauffer l'huile d'arachide dans une sauteuse et laissez cuire le thon 3 minutes de chaque côté. Sortez-le de la poêle et laissez-le refroidir un peu. Pendant ce temps, faites cuire les pommes de terre à l'eau bouillante salée.

3 Mélangez dans un saladier les graines de cumin, les échalotes, la citronnelle, l'ail, les piments et les feuilles de combava. Émiettez le thon dans ce mélange, ajoutez le reste du jus de citron et l'huile d'olive, puis les pommes de terre tièdes. Remuez délicatement et servez sans attendre.

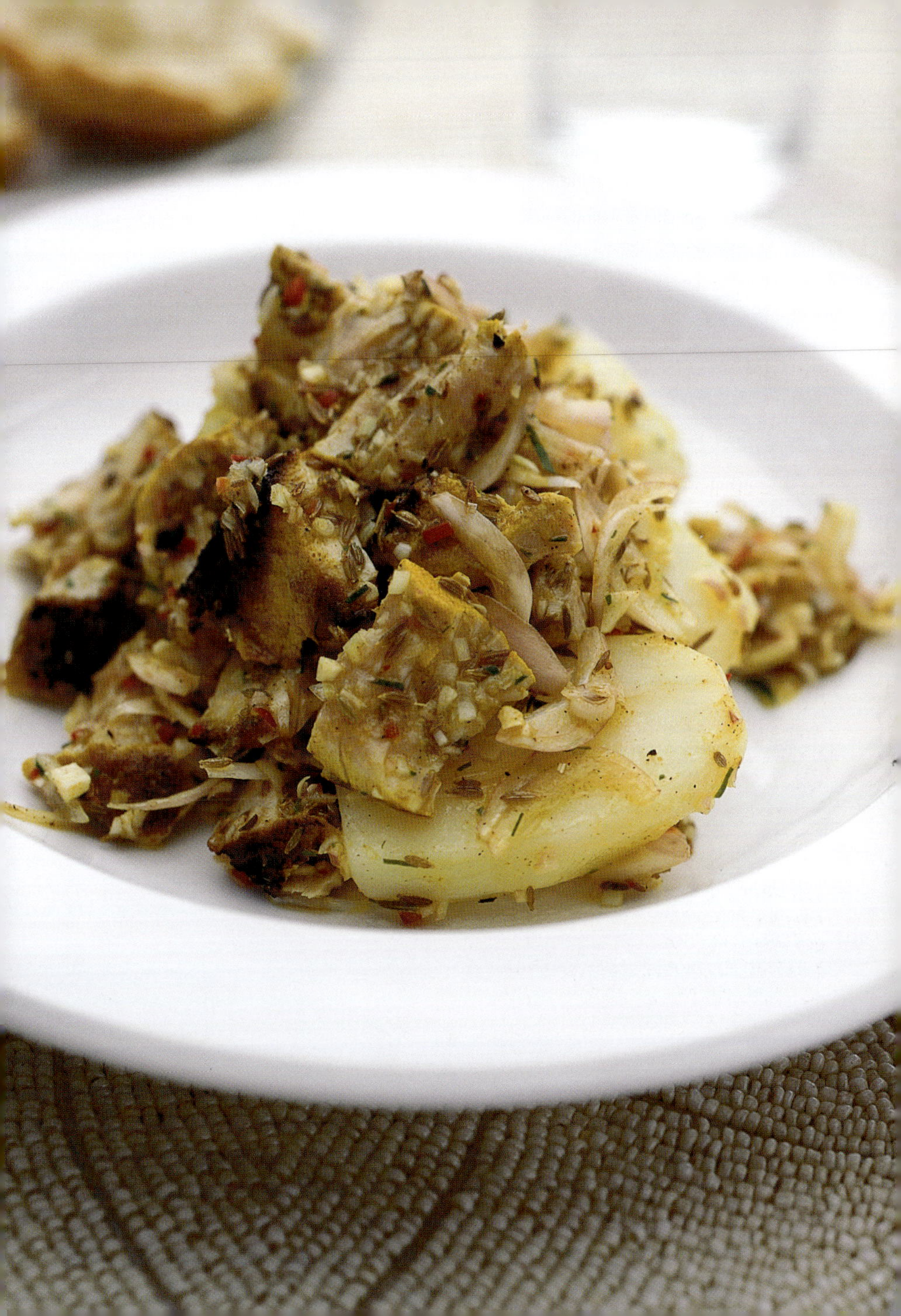

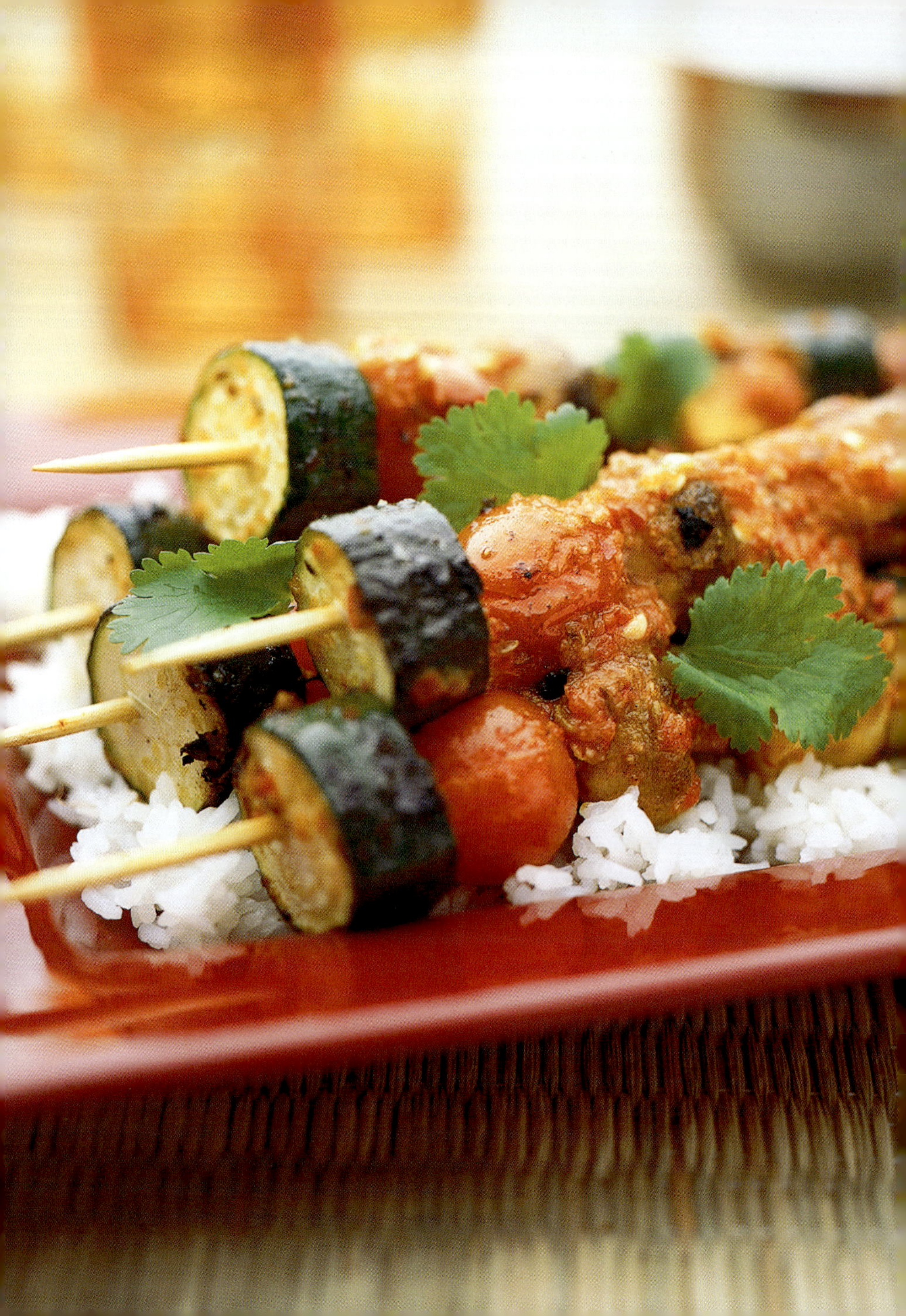

POUR PARFUMER   CUMIN

# Brochettes de légumes à la harissa

*Pour 8 brochettes*

1 aubergine en cubes de 2 cm
150 g de champignons de Paris
coupés en deux
250 g de tomates cerise
2 petites courgettes
en tronçons larges
125 g de yaourt à la grecque

**Harissa**
2 c. à c. de graines de cumin
1/2 c. à c. de graines de carvi
75 g de gros piments rouges
finement hachés
3 gousses d'ail écrasées
1 c. à c. de sel
50 g de concentré de tomates
4 c. à s. d'huile d'olive

1 Pour la harissa, poêlez à sec séparément pendant 30 secondes le cumin et le carvi, jusqu'à ce qu'ils brunissent et que leur parfum se dégage. Pilez-les ensuite en pâte épaisse avec les piments, l'ail, le sel, le concentré de tomates et 50 ml d'eau. Incorporez l'huile progressivement sans cesser de piler.

2 Préchauffez une plaque en fonte. Préparez 8 brochettes avec les légumes et badigeonnez-les généreusement avec la moitié de la harissa.

3 Faites cuire les brochettes 5 à 7 minutes de chaque côté. Servez-les avec le reste de harissa et le yaourt à la grecque. Accompagnez ce plat de riz blanc.

## Rouleaux de bœuf, riz et légumes frais

*Pour 20 rouleaux*

1 c. à s. d'huile d'olive
1 piment oiseau coupé en deux, égrené et détaillé en fines lanières
2 gousses d'ail écrasées
2 c. à c. de cumin moulu
2 pavés de bœuf de 180 g chacun
160 g de yaourt à la grecque
2 c. à s. de menthe ciselée
2 c. à s. de jus de citron
1 gros poivron rouge coupé en quatre et égrené
20 feuilles de riz rondes de 19 cm de diamètre
70 g de pois gourmands détaillés en fines lanières
1 petit concombre en julienne
1 grosse carotte en julienne
1 poignée de feuilles de coriandre

1 Mélangez l'huile d'olive avec le piment, l'ail et le cumin, sel et poivre. Frottez-en les pavés de bœuf avant de les laisser reposer 2 heures au frais, sous un film alimentaire. Dans un bol, mélangez le yaourt, la menthe et le jus de citron. Réfrigérez.

2 Faites griller les morceaux de poivron 4 minutes de chaque côté, sur une plaque en fonte préchauffée. Quand ils commencent à noircir, mettez-les à refroidir dans un sac alimentaire bien fermé puis pelez-les et détaillez-les en fines lanières.

3 Sur le même gril, faites saisir la viande 4 à 6 minutes sur chaque face avant de la laisser reposer sous une feuille d'aluminium. Découpez-la ensuite en très fines lamelles.

4 Plongez une feuille de riz dans un bol d'eau tiède pour la faire ramollir puis posez-la à plat sur le plan de travail. Déposez au centre un peu de poivron, de pois gourmands, de concombre, de carotte, de lamelles de bœuf et de coriandre. Nappez de yaourt à la menthe et fermez le rouleau. Faites ainsi 20 rouleaux avec le reste des ingrédients. Servez avec le yaourt à la menthe.

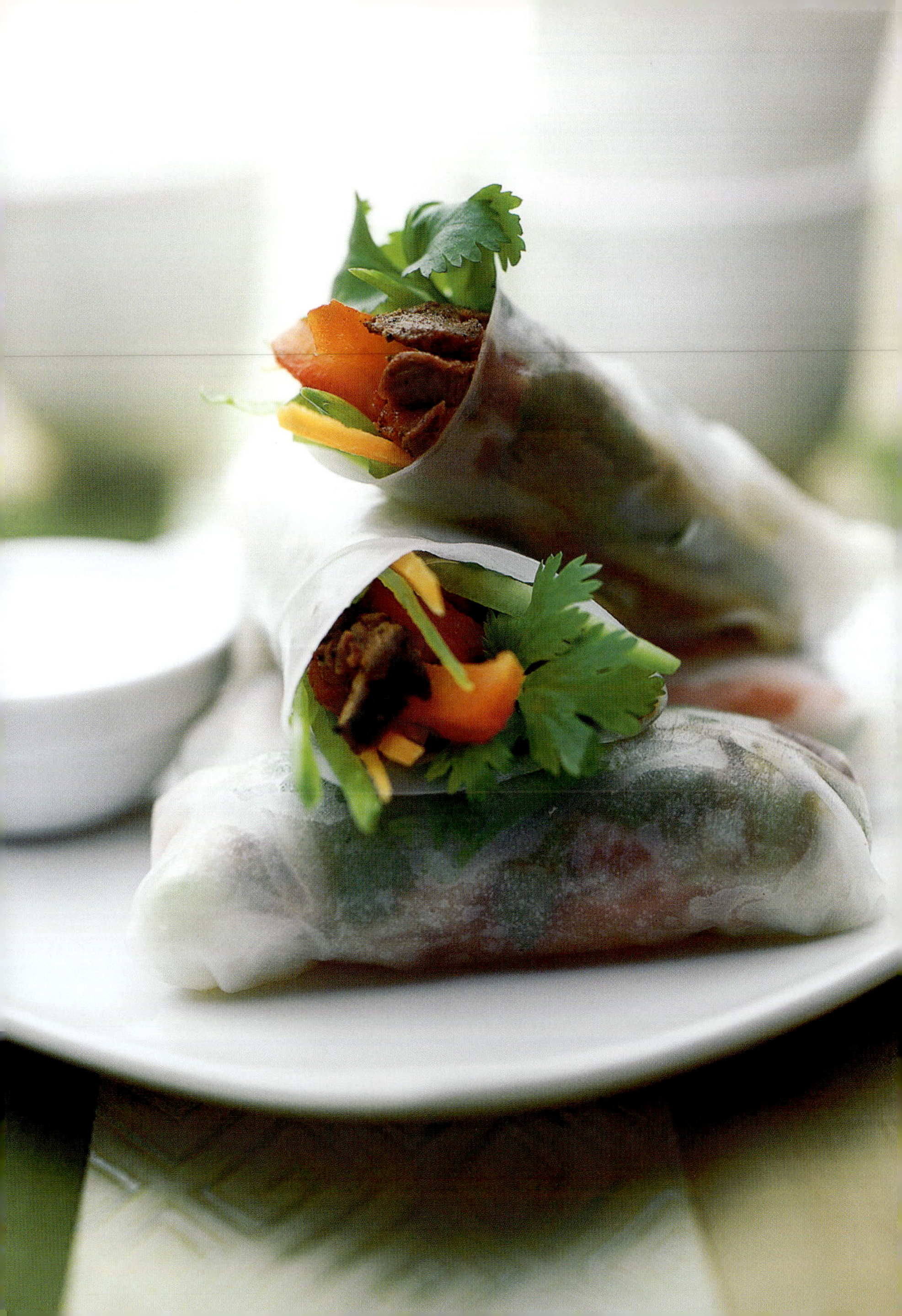

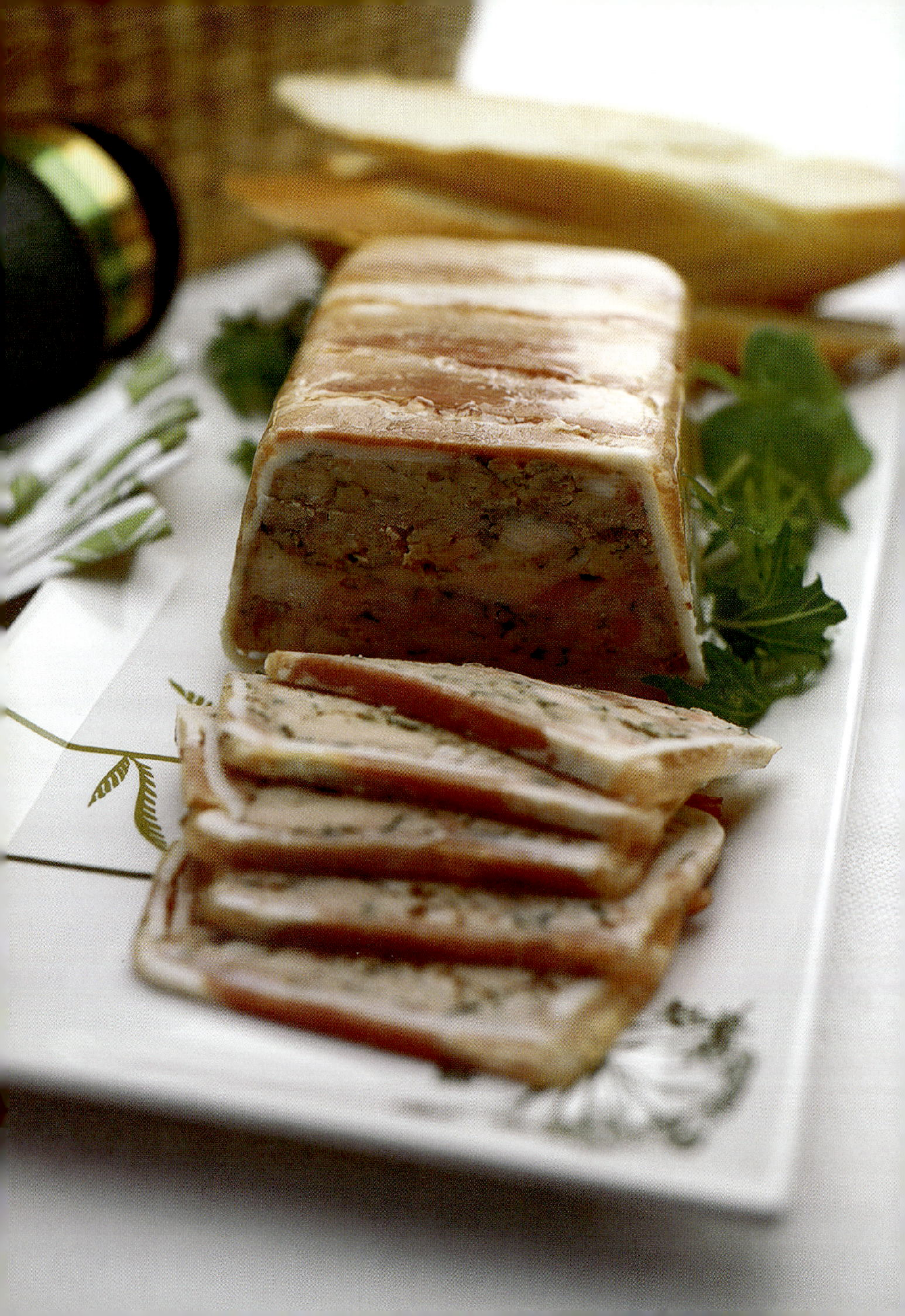

POUR PARFUMER  GENIÈVRE

## Terrine de porc au genièvre

*Pour 12 personnes*

**500 g de lard fumé en tranches fines
500 g de poitrine de porc détaillée en dés
500 g de porc maigre détaillé en dés
1 petit oignon en tranches fines
2 gousses d'ail écrasées
4 c. à s. de vin blanc sec
2 c. à s. de cognac
1 c. à s. de thym ciselé
2 c. à s. de persil ciselé
1/2 c. à c. de noix de muscade râpée
8 baies de genièvre écrasées**

1 Découennez les tranches de lard et tapissez-en le fond et les parois d'un moule rectangulaire. Réservez quelques tranches pour recouvrir la terrine. Détaillez en dés les tranches restantes.

2 Hachez grossièrement ces dés de lard avec la poitrine de porc et le porc maigre. Dans un grand saladier, mélangez ce hachis avec le reste des ingrédients. Couvrez et laissez reposer 1 heure au frais pour que les saveurs se mélangent.

3 Préchauffez le four à 150 °C. Étalez le hachis dans le moule et lissez la surface avec une spatule. Couvrez avec les tranches de lard réservées, enveloppez dans une feuille d'aluminium et laissez cuire 1 heure au four, dans un bain-marie chaud, puis encore 30 minutes sans le papier d'aluminium. Piquez le centre de la terrine avec une brochette pour vérifier si elle est assez cuite et laissez encore quelques minutes au four si la brochette est juste tiède.

4 Sortez la terrine du four. Laissez-la refroidir à température ambiante puis mettez-la toute une nuit au réfrigérateur, en posant des poids dessus (couvrez-la d'une feuille de papier sulfurisé).

5 Démoulez la terrine et coupez-la en tranches très fines. Servez avec une salade verte et du pain frais.

# Pavés de chevreuil au genièvre

*Pour 4 personnes*

20 g de beurre
1 c. à s. d'huile d'olive
2 pavés de chevreuil de 400 g chacun

**Sauce au vin rouge**
250 ml de vin rouge
250 ml de fumet de gibier
ou de bouillon de veau
8 baies de genièvre écrasées
2 gousses d'ail aplaties
4 brins de thym +
quelques brins pour décorer
50 g de beurre détaillé en petits cubes

1 Préchauffez le four à 200 °C. Dans une casserole, portez à ébullition tous les ingrédients de la sauce, à l'exception du beurre. Laissez ensuite réduire 10 minutes à feu doux avant de passer le mélange au chinois. Juste avant de servir, vous terminerez la sauce de la manière suivante : réchauffez le liquide récupéré puis ajoutez le beurre en plusieurs fois, en le travaillant au fouet pour obtenir une sauce lisse et épaisse.

2 Poêlez au beurre et à l'huile les pavés de chevreuil pour les dorer en surface. Terminez la cuisson au four pendant 15 minutes, puis laissez-les reposer 10 minutes sous une feuille d'aluminium.

3 Au moment de servir, coupez les filets de chevreuil en tranches fines et répartissez-les sur les assiettes. Nappez-les de sauce et accompagnez d'une purée de pommes de terre et de haricots verts croquants.

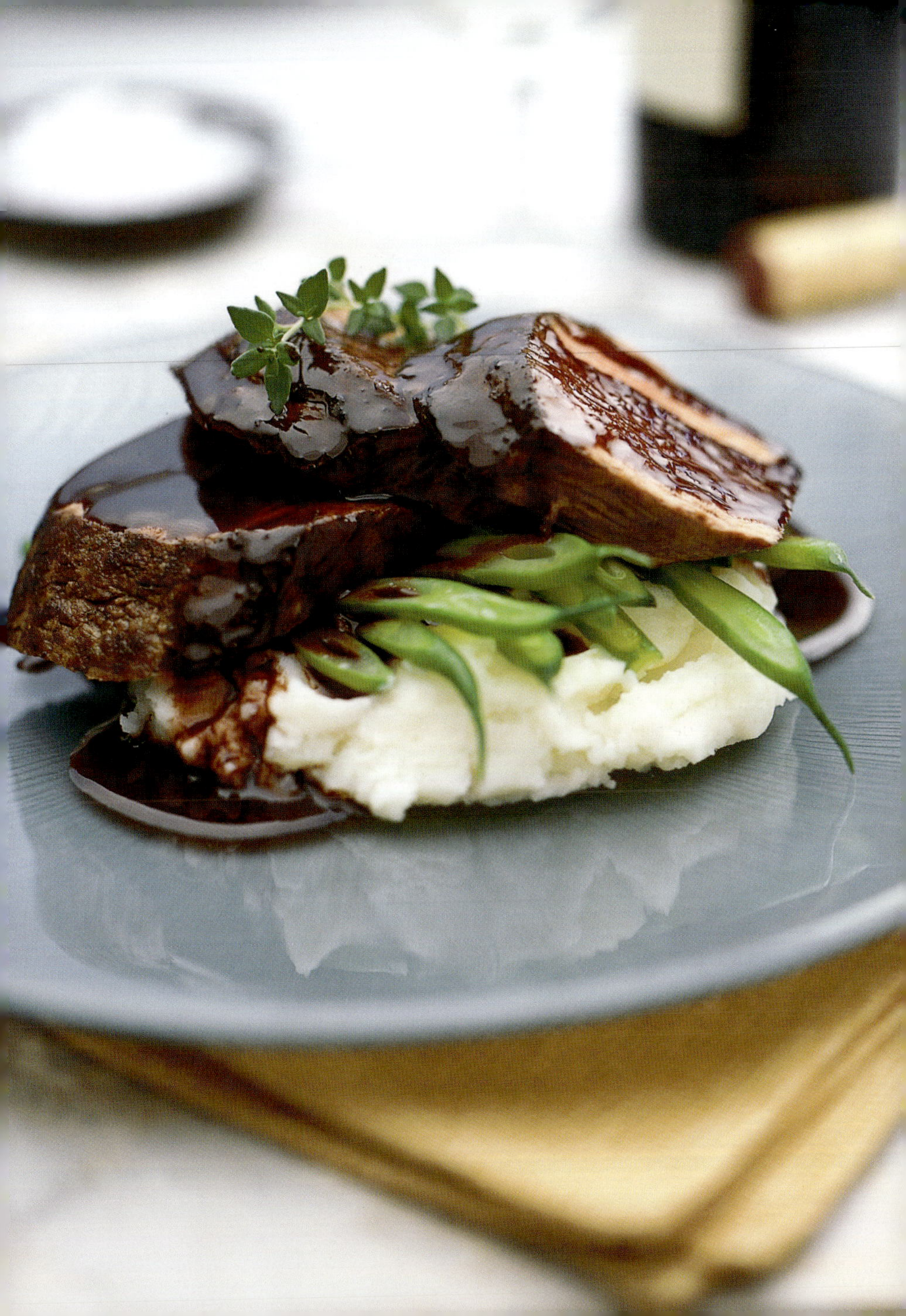

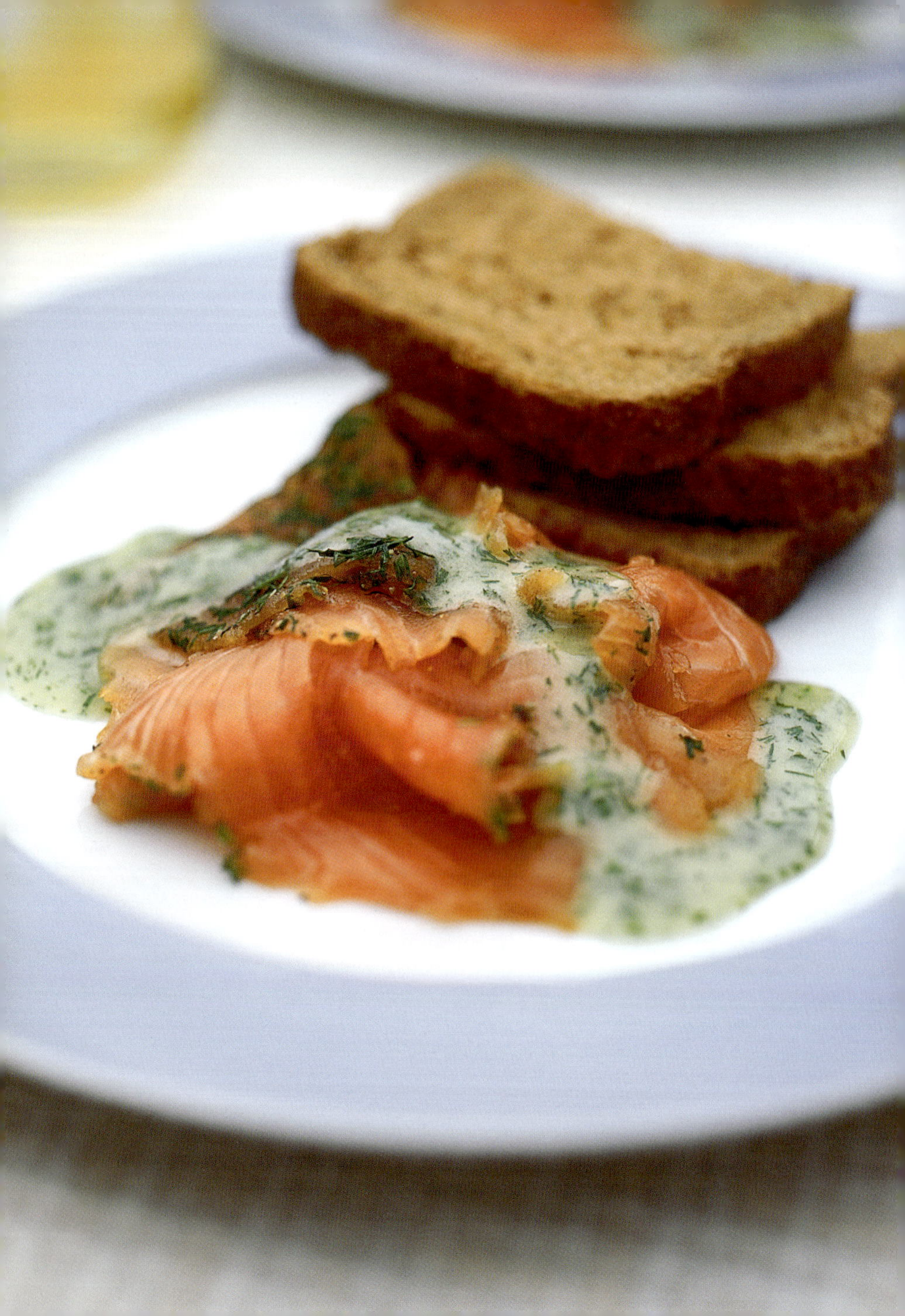

POUR PARFUMER  GENIÈVRE

# Saumon mariné au genièvre

*Pour 6 à 8 personnes*

10 baies de genièvre
2 c. à s. de gros sel
80 g d'aneth ciselé
le zeste râpé de 1 citron vert
2 c. à c. de poivre noir moulu
3 c. à s. de vodka
3 c. à c. de sucre en poudre
500 g de filet de saumon
sans arête ni peau

### Sauce moutarde à l'aneth
1 c. à s. de moutarde forte
1 c. à c. de sucre en poudre
100 ml d'huile de tournesol
2 c. à c. de vinaigre de vin blanc
2 c. à s. d'aneth ciselé

1 Pilez grossièrement les baies de genièvre puis mettez-les dans un grand plat en verre avec le sel, l'aneth, le zeste de citron vert, le poivre, la vodka et le sucre. Étalez ce mélange sur le fond et les parois du plat avant d'ajouter le filet de saumon. Couvrez ce dernier d'un film alimentaire, posez un plat dessus et disposez dans ce second plat des poids. Laissez 2 jours au réfrigérateur en retournant le filet toutes les 12 heures.

2 Pour la sauce, fouettez la moutarde et le sucre dans un récipient, versez l'huile en filet fin sans cesser de battre puis incorporez le vinaigre, l'aneth et 1 cuillerée à soupe d'eau bouillante. Salez et poivrez à votre goût.

3 Retirez le saumon de sa marinade, rincez-le à l'eau froide et épongez-le bien. Coupez-le en très fines tranches, en biais, avec un couteau tranchant.

4 Pour servir, nappez le saumon de sauce moutarde à l'aneth. Servez avec du pain de seigle.

## Côtelettes d'agneau au porto et au genièvre

*Pour 4 personnes*

500 ml de bouillon de volaille
150 g de polenta
12 côtelettes d'agneau
1 c. à s. d'huile
185 ml de porto
5 baies de genièvre
50 g de beurre détaillé en cubes

1 Portez à ébullition 375 ml d'eau salée, versez la polenta et laissez cuire 10 minutes en remuant tout le temps avec une cuillère en bois.

2 Versez un filet d'huile sur chaque côtelette et frottez bien. Salez et poivrez. Faites-les cuire à feu vif dans une grande poêle chaude, environ 2 minutes de chaque côté pour une viande juste rosée. Réservez au chaud.

3 Déglacez la poêle avec le porto et 3 cuillerées à soupe d'eau. Mélangez bien pour délayer les sucs de cuisson puis ajoutez les baies de genièvre. Laissez frémir 5 minutes à feu moyen pour faire réduire cette sauce. Incorporez enfin le beurre en plusieurs fois, en fouettant vivement pour que la sauce reste homogène et lisse.

4 Répartissez la polenta et les côtelettes sur des assiettes chaudes, nappez de sauce et servez aussitôt.

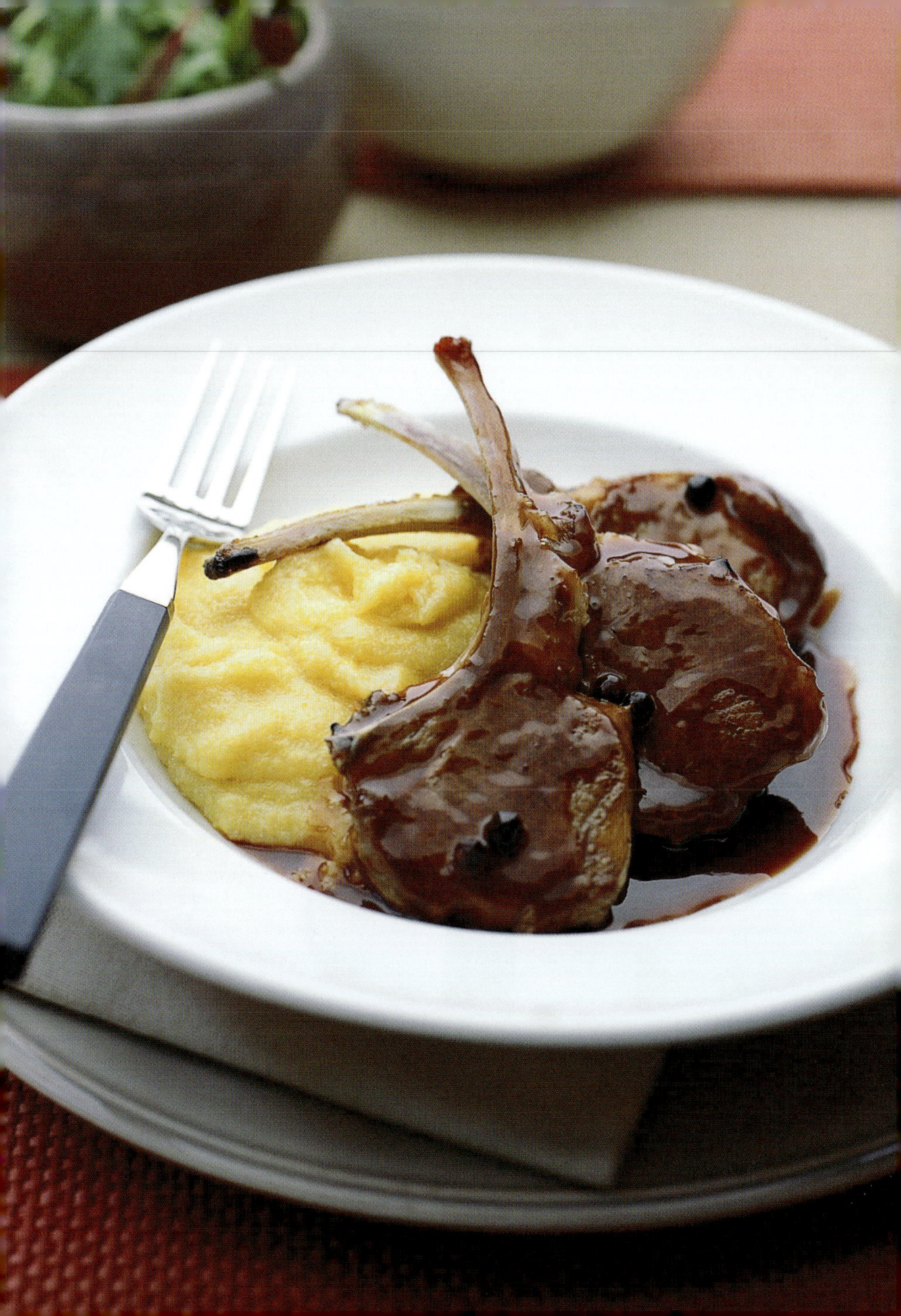

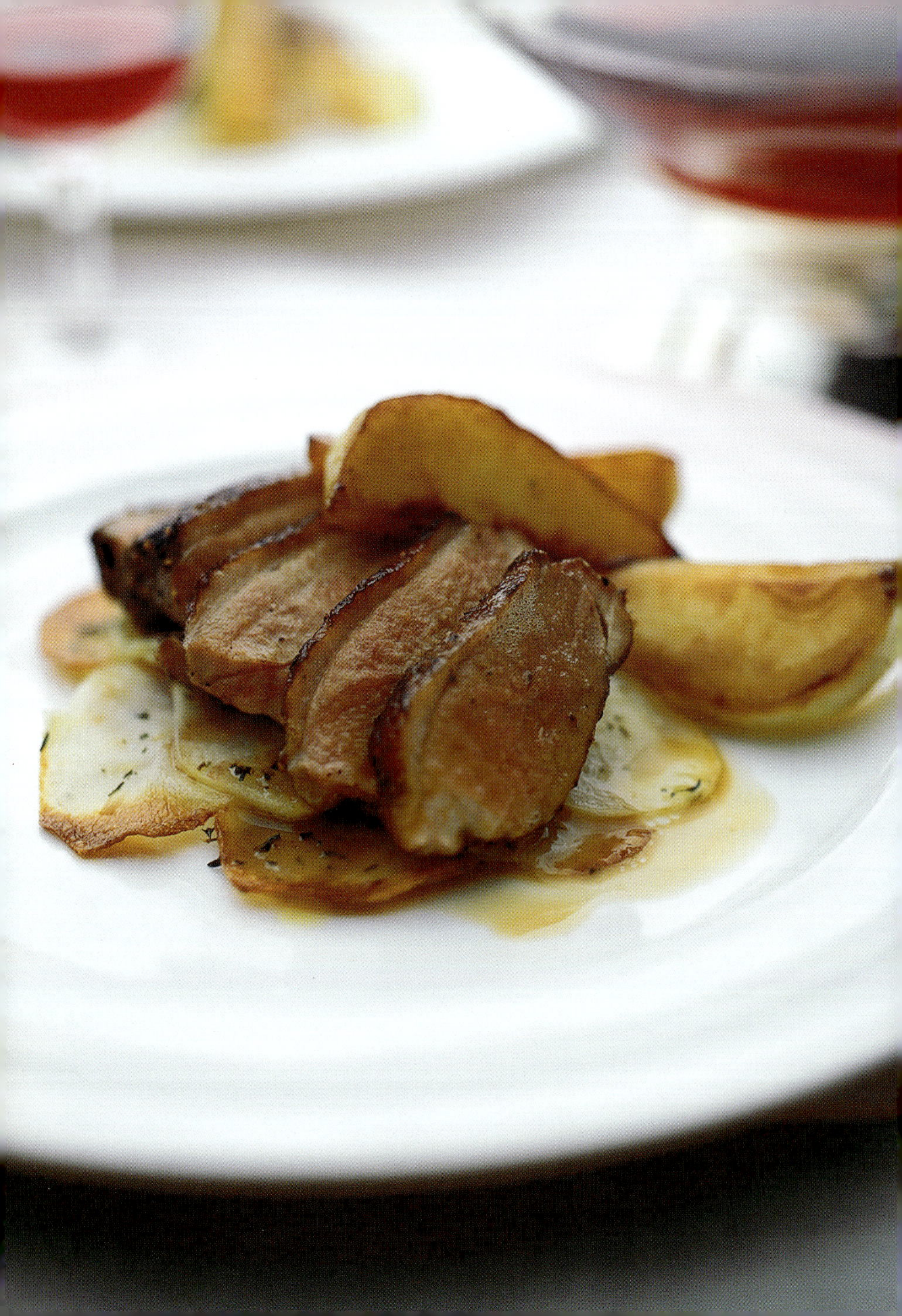

POUR PARFUMER   GENIÈVRE

# Magrets de canard aux épices et galettes de pommes de terre

*Pour 4 personnes*

4 magrets de canard avec la peau
300 g de pommes de terre
70 g de beurre détaillé en cubes
1 c. à s. de thym ciselé
1 c. à s. d'huile d'olive
2 poires fermes
2 c. à c. de sucre en poudre
2 c. à c. de jus de citron
400 ml de fumet de gibier
2 c. à s. de cognac

**Marinade**
1 c. à s. de baies de genièvre écrasées
1 c. à s. de grains de poivre noir écrasés
1 c. à s. de miel
2 c. à s. de cognac
1 petite pincée de noix de muscade râpée
2 c. à c. de sel de mer

## TOUT ÉPICES

1. Mélangez tous les ingrédients de la marinade dans un saladier et plongez-y les magrets. Couvrez d'un film alimentaire et réfrigérez 8 heures, en retournant la viande de temps en temps.

2. Préchauffez le four à 200 °C. Pelez les pommes de terre et coupez-les en tranches très fines. Chemisez une plaque de cuisson de papier sulfurisé. Étalez les tranches de pommes de terre de manière à former quatre disques de 8 cm de diamètre, en glissant entre les tranches un peu de thym et des petits morceaux de beurre (réservez-en 40 g pour la cuisson des magrets et la sauce). Salez et poivrez. Faites cuire les pommes de terre au four, 25 minutes environ, jusqu'à ce qu'elles soient croustillantes et dorées.

3. Essuyez les magrets avec du papier absorbant. Dans une grande poêle, faites chauffer l'huile et la moitié du beurre réservé. Saisissez les magrets à feu vif, 3 minutes sur la peau puis 3 minutes côté chair. Terminez la cuisson au four pendant 6 minutes (un peu plus pour une viande à point).

4. Pelez les poires, épépinez-les et découpez-les en huit quartiers. Mélangez-les avec le sucre et le jus de citron puis faites-les dorer à la poêle, après avoir vidé la graisse de cuisson des magrets. Laissez dorer 8 à 10 minutes à feu moyen.

5. Dans une casserole, faites réduire le fumet et le cognac. Détaillez le reste du beurre en cubes et incorporez-le au fouet dans la sauce. Laissez épaissir 3 à 4 minutes, jusqu'à ce que la sauce nappe la cuillère.

6. Découpez les magrets en six escalopes. Dressez une galette de pommes de terre au centre de chaque assiette, garnissez de tranches de magret et de quartiers de poire, nappez de sauce et servez aussitôt.

**PRATIQUE** On trouve du fumet de gibier chez les bons bouchers. Vous pouvez aussi utiliser du bouillon de volaille.

POUR PARFUMER   GENIÈVRE

Disposez les tranches
de pommes de terre
en galettes sur le papier.

Laissez dorer les magrets
à feu vif dans un mélange
d'huile et de beurre.

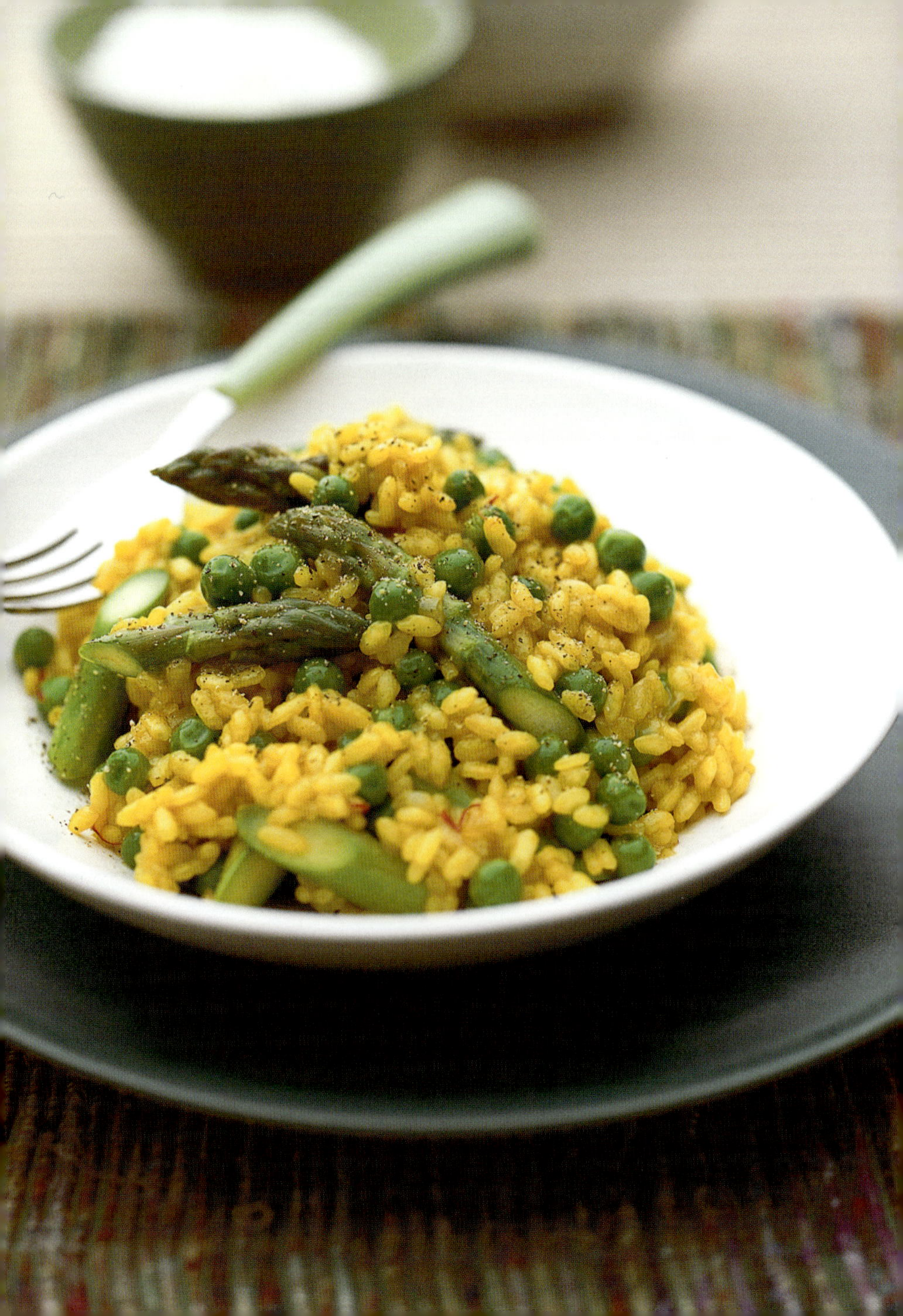

POUR PARFUMER     SAFRAN

# Risotto aux petits pois, asperges et safran

*Pour 4 personnes*

175 g d'asperges vertes
250 g de petits pois surgelés
1 pincée de filaments de safran
2 c. à s. d'huile d'olive
1 oignon en tranches fines
440 g de riz à risotto
1,5 litre de bouillon de légumes
30 g de parmesan râpé

1 Coupez les asperges en tronçons de 4 cm. Ébouillantez les petits pois et les asperges pendant 3 minutes puis égouttez-les bien. Laissez infuser le safran dans 3 cuillerées à soupe d'eau bouillante.

2 Dans une grande casserole à fond épais, laissez chauffer l'huile pour y faire revenir l'oignon pendant 5 minutes. Ajoutez le riz et remuez 1 minute sur le feu pour le napper d'huile.

3 Dans une autre casserole, portez à ébullition le bouillon puis laissez-le frémir à feu doux.

4 Versez 1 petite louche de bouillon chaud sur le riz et remuez constamment. Quand tout le liquide est absorbé, versez une autre louche de bouillon, et ainsi de suite jusqu'à ce qu'il n'en reste plus. Comptez 25 minutes pour obtenir un riz fondant. Cinq minutes avant la fin de la cuisson, versez le safran infusé et ajoutez les petits pois et les asperges.

5 Quand le riz est cuit, retirez la casserole du feu et incorporez le parmesan. Donnez un tour de moulin à poivre et mélangez délicatement. Servez sans attendre.

# Bourride au fenouil

*Pour 4 personnes*

4 c. à s. d'huile d'olive
1 gros oignon en tranches fines
1 bulbe de fenouil en tranches fines
2 gousses d'ail hachées
2 brins de thym
1 pincée de flocons de piment
le zeste râpé de 1/2 orange
3 c. à s. de pastis
400 g de tomates pelées en boîte
300 ml de fumet de poisson
1/2 c. à c. de filaments de safran
250 g de poisson blanc sans la peau
250 g de darne d'espadon
12 grosses gambas
25 g d'olives noires hachées
2 c. à s. de persil ciselé

1 Faites revenir dans l'huile chaude l'oignon, le fenouil, l'ail, le thym, le piment et le zeste d'orange. Quand le fenouil est tendre, mouillez avec le pastis et laissez bouillir la sauce pendant 3 minutes pour la faire réduire de moitié.

2 Ajoutez les tomates avec leur jus, le fumet de poisson et le safran. Portez à ébullition, couvrez et laissez mijoter 30 minutes.

3 Découpez le poisson en gros morceaux. Décortiquez les gambas.

4 Plongez les morceaux de poisson et les gambas dans le bouillon ajoutez les olives et le persil. Laissez cuire 5 à 10 minutes (selon la taille des morceaux de poisson). Poivrez à votre goût. Laissez reposer 5 minutes avant de servir. Vous pouvez accompagner ce plat de pâtes fraîches ou de riz.

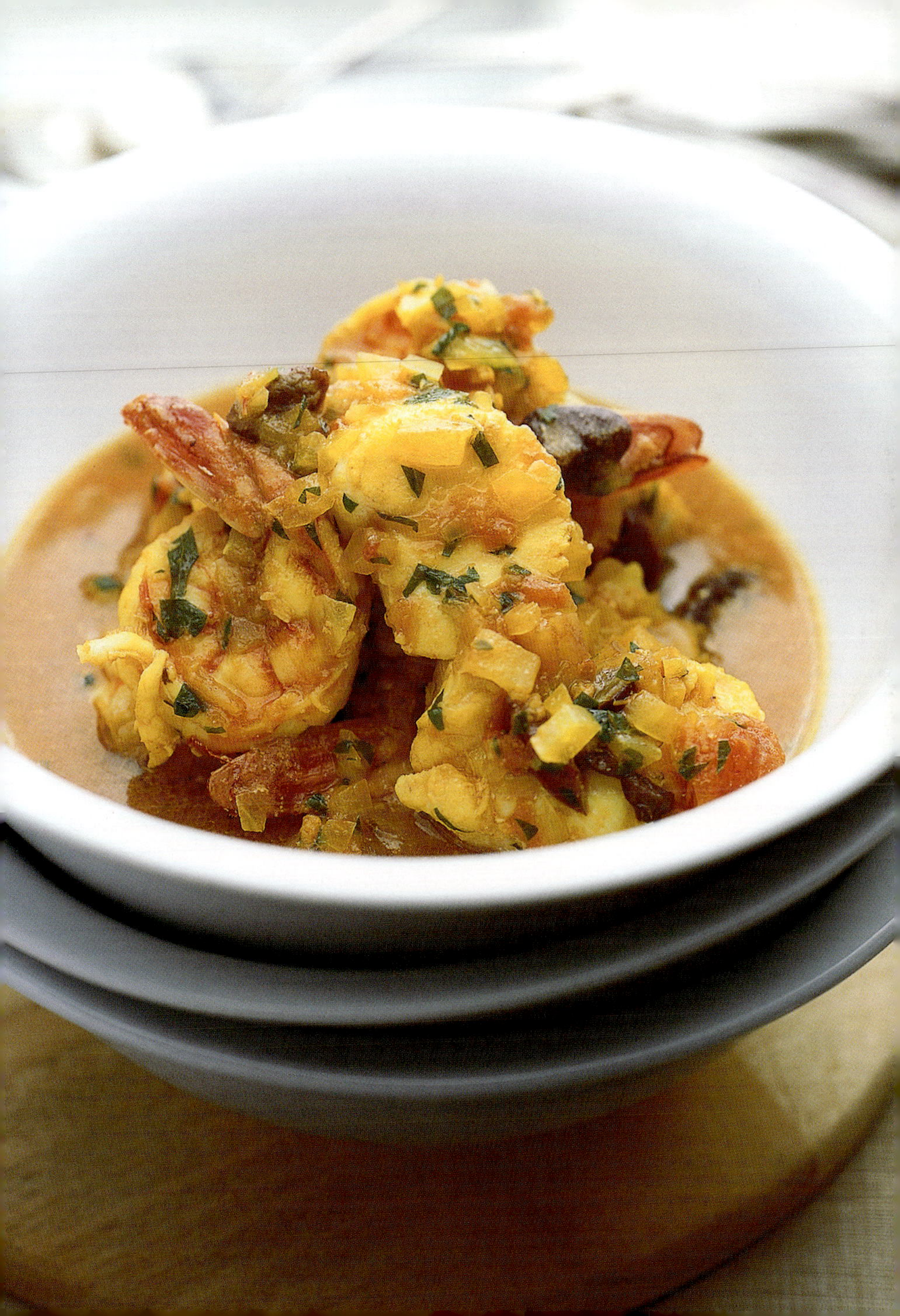

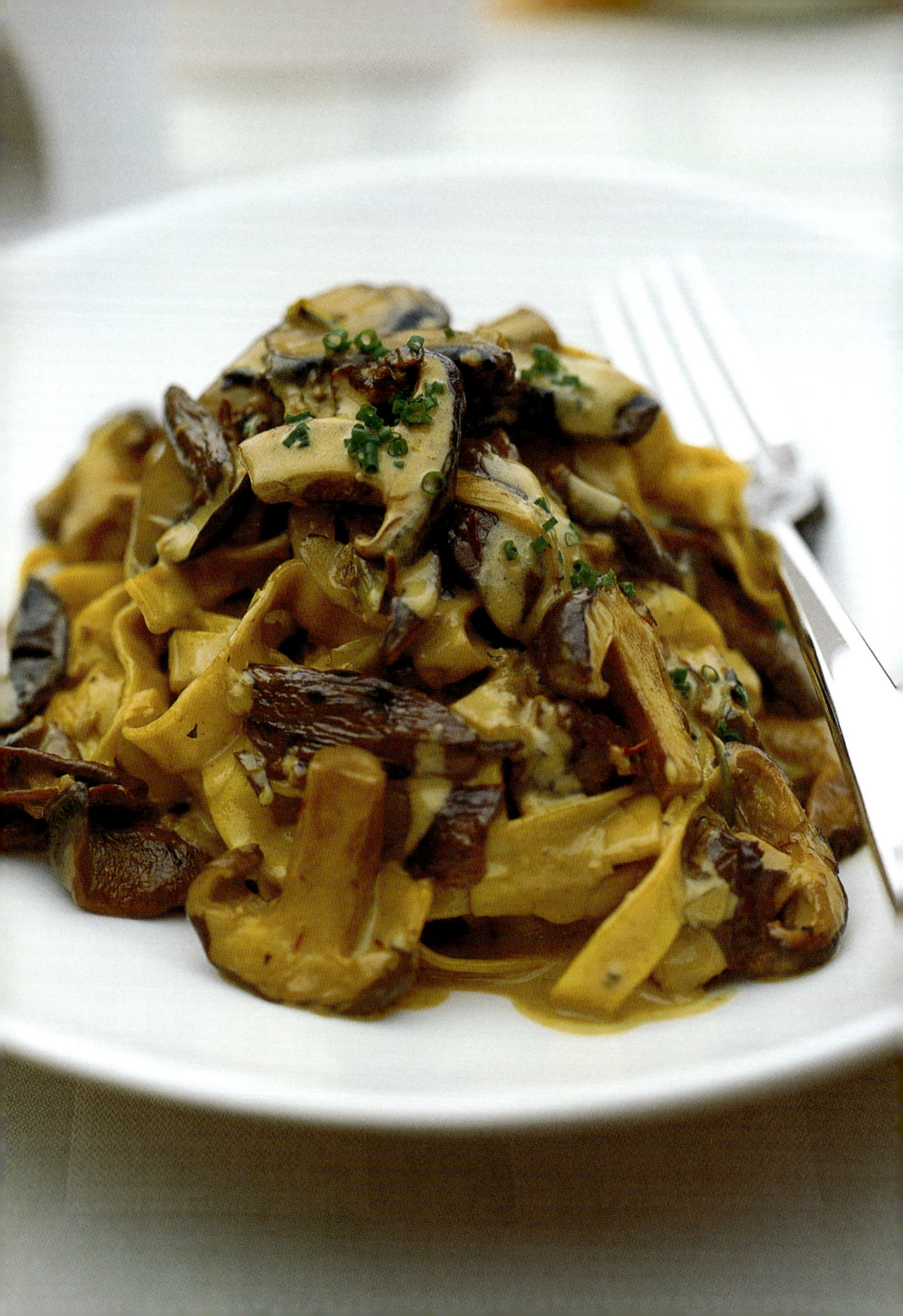

POUR PARFUMER    SAFRAN

# Tagliatelles aux champignons et crème au safran

*Pour 4 personnes*

15 g de cèpes séchés
30 g de beurre
250 g de champignons de Paris blonds en tranches épaisses
150 g de pleurotes émincés
3 bulbes d'oignons verts en tranches fines
2 gousses d'ail écrasées
125 ml de vin blanc sec
1/2 c. à c. de filaments de safran
1 pincée de piment de Cayenne
300 ml de crème fraîche épaisse
400 g de tagliatelles fraîches
2 c. à s. de ciboulette ciselée
du parmesan râpé pour servir

1 Laissez tremper les cèpes 30 minutes dans 3 cuillerées à soupe d'eau. Sortez-les de l'eau pour les couper en fines tranches (réservez leur liquide de trempage).

2 Faites mousser le beurre à feu moyen dans une poêle à fond épais. Ajoutez les champignons, les oignons et l'ail. Laissez cuire 5 minutes en remuant. Versez le vin blanc, le liquide de trempage des cèpes, le safran, le piment et la crème. Réduisez le feu et laissez mijoter 7 minutes en remuant de temps à autre, jusqu'à ce que la sauce épaississe un peu. Salez et poivrez à votre goût.

3 Faites cuire les pâtes 5 à 6 minutes dans de l'eau bouillante salée puis égouttez-les.

4 Versez la sauce sur les pâtes, parsemez de ciboulette et servez sans attendre. Proposez le parmesan à part.

# Noix de Saint-Jacques au beurre safrané

*Pour 6 personnes en entrée*

**24 noix de Saint-Jacques
dans leur coquille avec leur corail
200 g de beurre mou
1/2 c. à c. de filaments de safran
2 c. à s. de jus de citron vert
2 petits concombres
1 c. à s. d'aneth ciselé
2 c. à c. d'huile d'olive**

1 Travaillez en pommade le beurre, le safran et la moitié du jus de citron. Salez et poivrez. Formez une bûche fine, enveloppez-la dans du papier sulfurisé et faites-la raffermir au réfrigérateur.

2 Détaillez les concombres en rubans fins, sans les peler. Mettez-les dans un saladier avec l'aneth, le reste du jus de citron et l'huile. Salez à peine, poivrez à votre convenance.

3 Déposez les coquilles Saint-Jacques sur la plaque du four et garnissez-les d'une fine tranche de beurre safrané. Passez-les 5 minutes sous le gril très chaud pour que le beurre fonde. Les noix de Saint-Jacques doivent être juste cuites.

4 Dressez un peu de salade de concombres au centre des assiettes de service et disposez 4 coquilles autour.

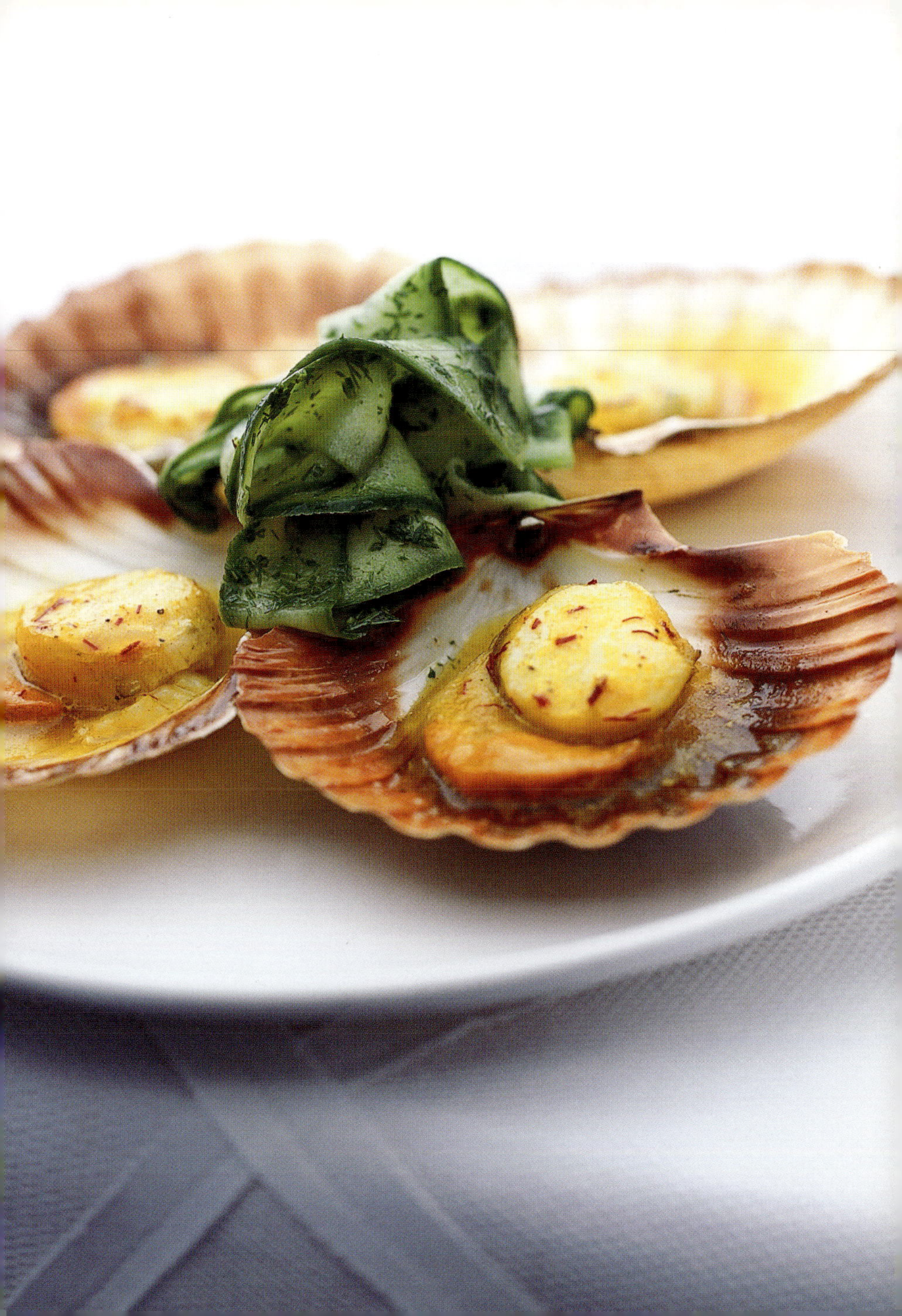

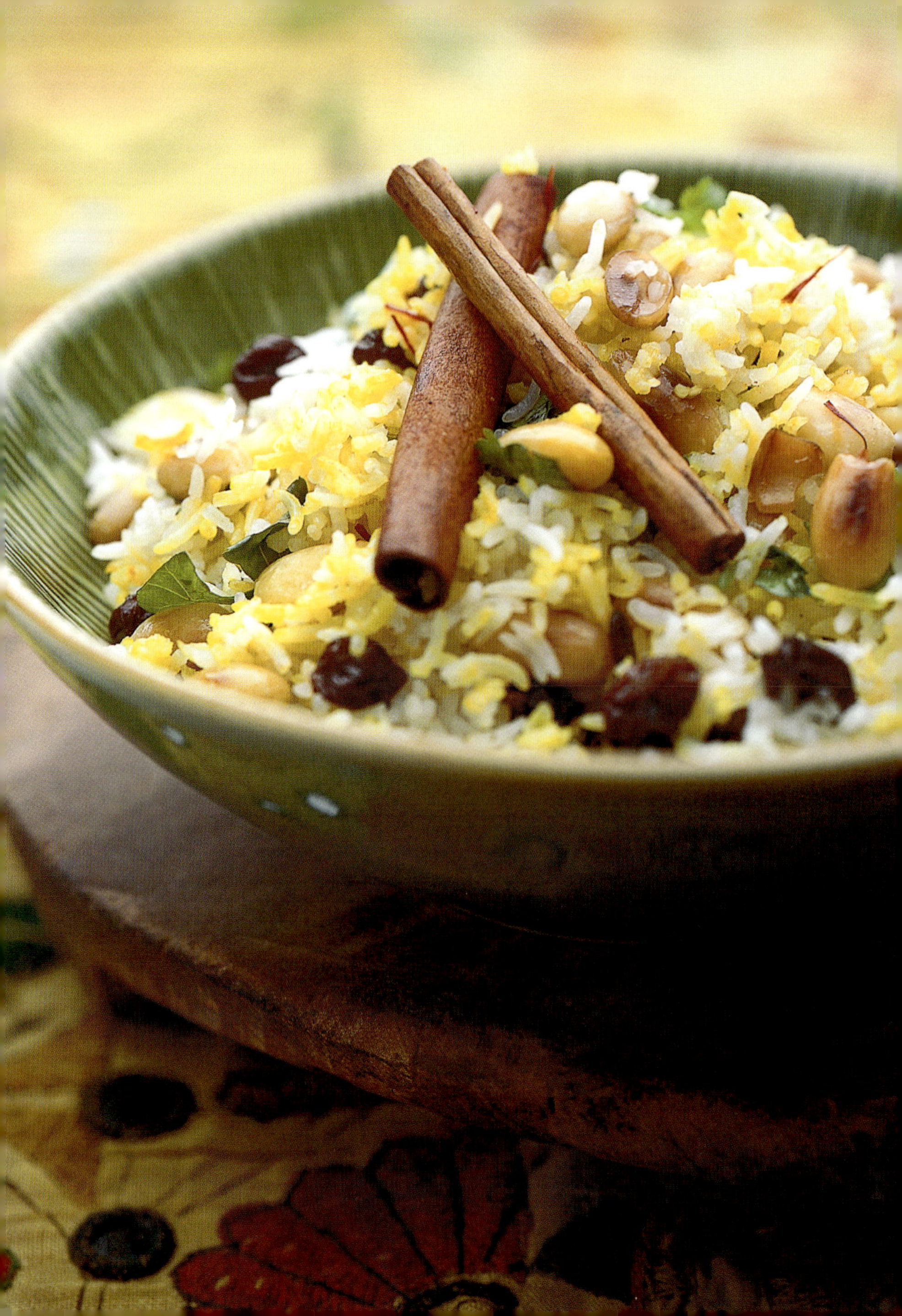

POUR PARFUMER   SAFRAN

# Riz au safran et aux noix

*Pour 4 personnes*

1 pincée de filaments de safran
250 g de riz basmati
2 c. à s. d'huile végétale
2 bâtonnets de cannelle
6 gousses de cardamome écrasées
6 clous de girofle
75 g d'amandes mondées et grillées
75 g de raisins secs
2 c. à s. de coriandre ciselée

1 Faites infuser le safran dans 3 cuillerées à soupe d'eau bouillante. Rincez le riz à l'eau froide jusqu'à ce que celle-ci soit complètement claire.

2 Dans une casserole, faites sauter les épices dans l'huile à feu moyen, jusqu'à ce qu'ils embaument. Ajoutez le riz, les amandes et les raisins secs. Mélangez bien. Versez 500 ml d'eau froide, salez et portez à ébullition. Couvrez et laissez cuire 15 minutes à feu doux.

3 Retirez la casserole du feu, ôtez le couvercle et versez l'eau safranée. Couvrez et laissez reposer 10 minutes. Incorporez la coriandre avant de servir.

# Beignets de légumes et chutney à la coriandre

*Pour 4 personnes*

650 g de légumes variés (courgettes, poivron rouge, patate douce et oignons)
125 g de besan (farine de pois chiches)
1 c. à c. de sel
2 c. à c. de curry en poudre
1 c. à c. de curcuma moulu
1 c. à s. d'huile de tournesol
1 c. à s. de jus de citron
de l'huile végétale pour la friture

### Chutney à la coriandre
4 grosses poignées de coriandre
1 gros piment vert égrené et finement haché
1 gousse d'ail écrasée
250 g de yaourt à la grecque
1 c. à s. de jus de citron

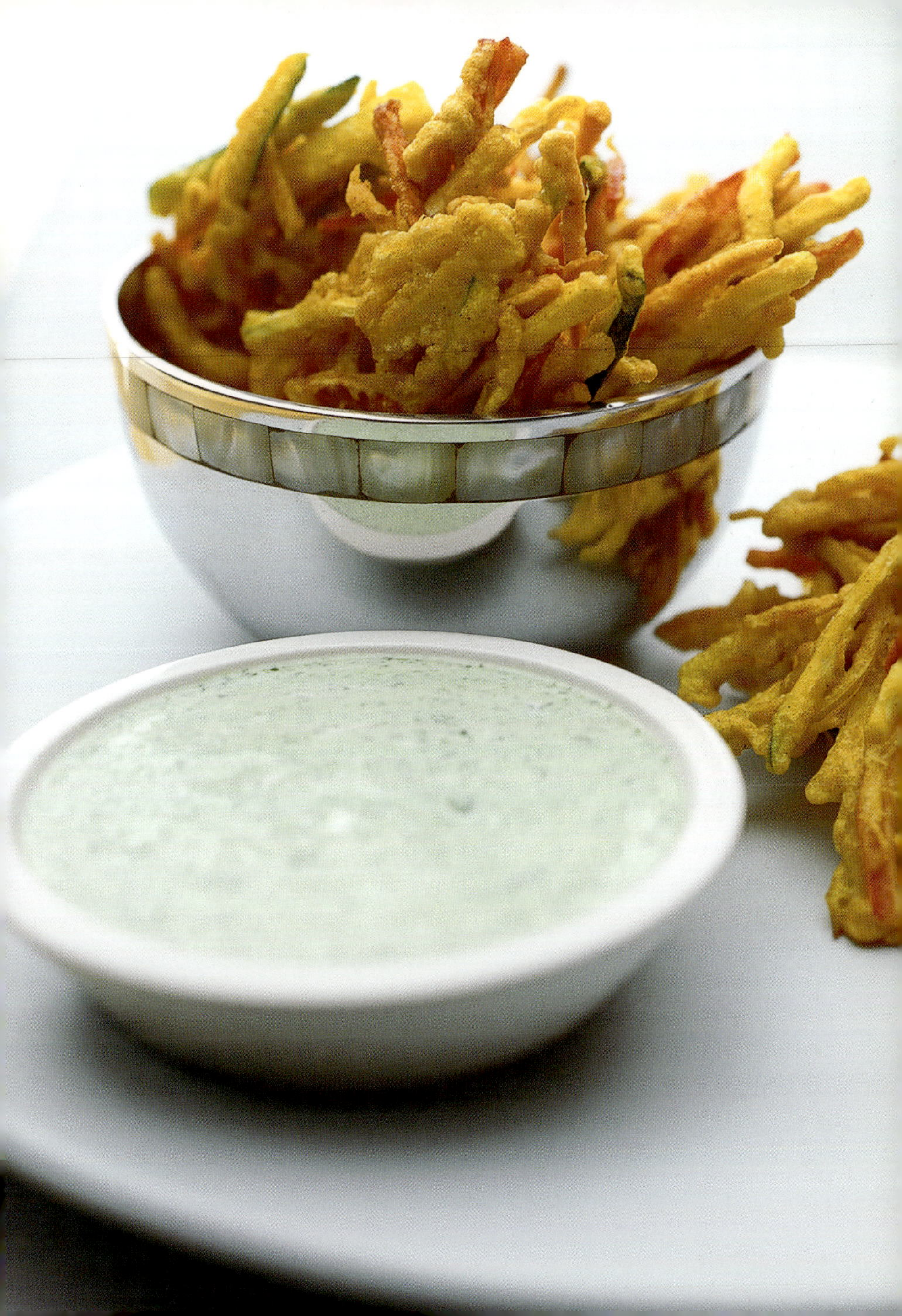

TOUT ÉPICES

Incorporez au fouet l'huile,
le jus de citron et l'eau
pour obtenir une pâte lisse.

Utilisez une pince pour plonger
les beignets de légumes
dans l'huile brûlante.

POUR PARFUMER - CURCUMA

1 Pelez les légumes (si besoin) et détaillez-les en fines lanières. Tamisez la farine de pois chiches dans un saladier, incorporez le sel, le curry et le curcuma. Creusez un puits au centre et versez graduellement l'huile de tournesol, le jus de citron et 185 ml d'eau, en fouettant toujours pour obtenir une pâte lisse de la consistance d'une crème.

2 Pour le chutney, mixez la coriandre, le piment et l'ail avec 2 cuillerées à soupe d'eau froide. Versez dans un saladier avant d'incorporer le yaourt et le jus de citron. Salez et poivrez. Réservez au frais.

3 Versez 5 cm d'huile dans une sauteuse et portez-la à 180 °C (un cube de pain doit y brunir en 15 secondes). Fouettez la pâte avant d'y plonger les légumes. Sortez-les avec une pince pour les faire frire en petits fagots dans l'huile chaude, 3 minutes environ. Procédez en plusieurs fournées, sinon les beignets seront tout mous. Égouttez-les bien et gardez-les au chaud dans le four pendant que vous faites cuire le reste des beignets.

4 Servez-les beignets avec le chutney à la coriandre.

## Brochettes de poulet au citron vert, gingembre et curcuma

*Pour 4 personnes*

**8 cuisses de poulet désossées et sans la peau
4 citrons verts**

### Marinade
250 ml de lait de coco
2 c. à c. de curcuma moulu
2 c. à s. de gingembre frais râpé
1 c. à s. de citronnelle en tranches fines (partie blanche seule)
2 gousses d'ail écrasées
le jus de 1 citron vert
1 c. à s. de sauce de poisson
2 c. à c. de sucre de palme râpé

1 Détaillez le poulet en cubes de 3 cm. Mélangez tous les ingrédients de la marinade dans un récipient, ajoutez les morceaux de poulet et mélangez bien. Couvrez et laissez mariner la viande 2 heures au frais. Pendant ce temps, faites tremper des brochettes en bambou dans l'eau froide, pendant 1 heure environ pour éviter qu'elles brûlent.

2 Enfilez le poulet sur les brochettes. Coupez les citrons verts en deux.

3 Faites cuire les brochettes 5 minutes de chaque côté sur un gril en fonte. Faites aussi griller les citrons 5 minutes sur la face coupée jusqu'à ce qu'ils caramélisent.

4 Servez les brochettes avec les citrons verts. Accompagnez de riz basmati.

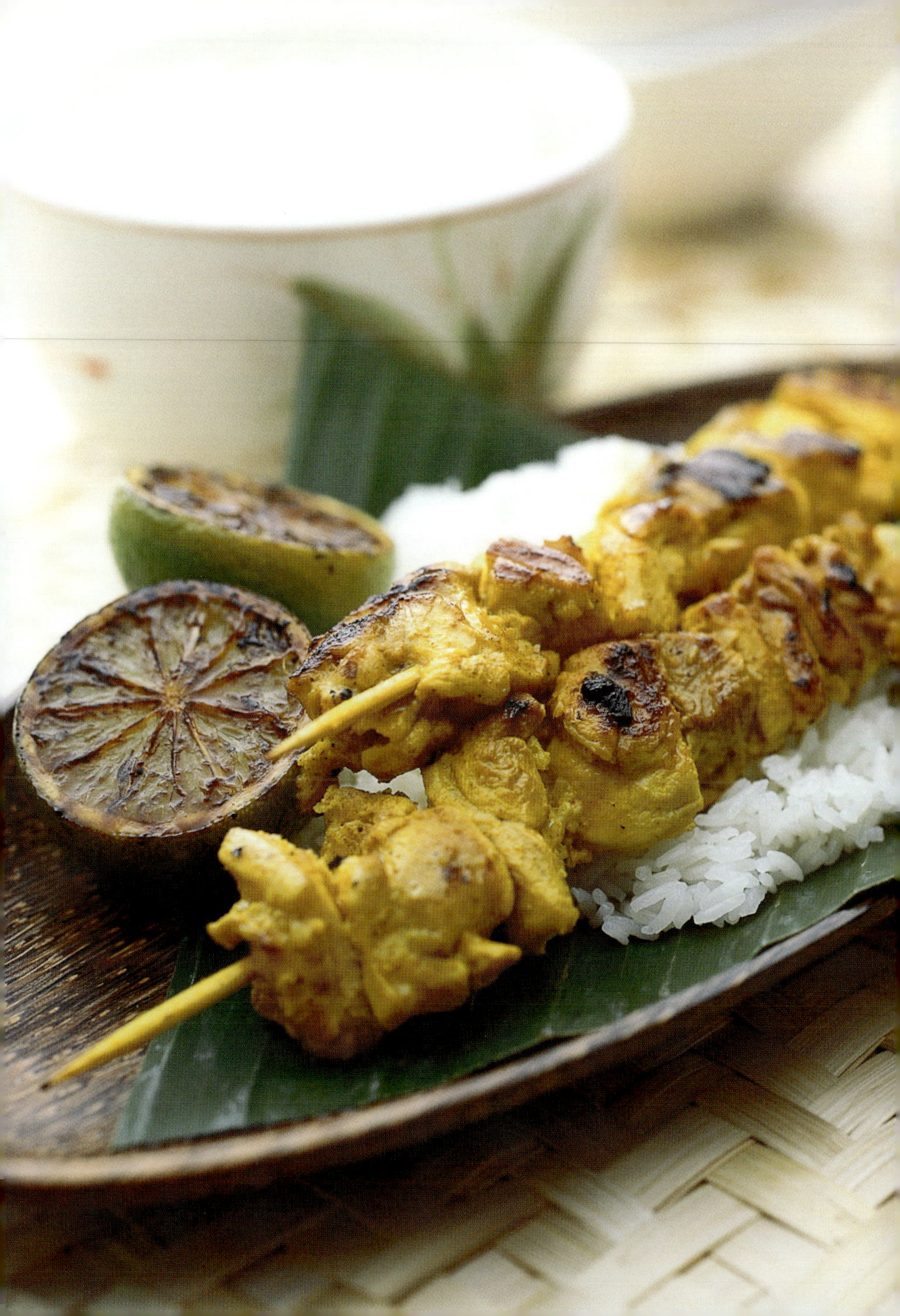

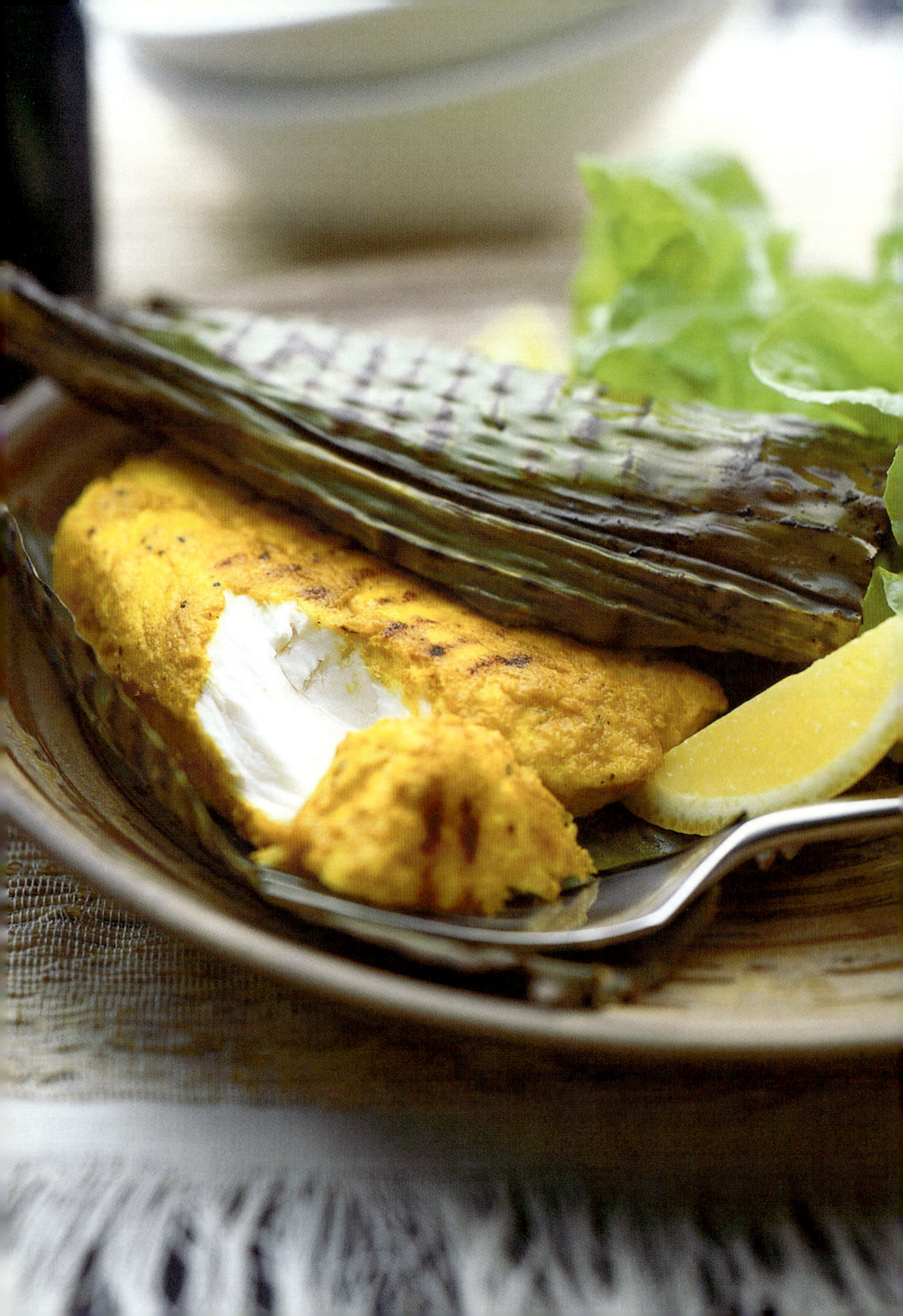

## Poisson mariné en feuilles de bananier

*Pour 6 personnes*

6 filets de poisson blanc de 200 g chacun
12 carrés de feuilles de bananier

**Marinade**
2 c. à c. de curcuma moulu
2 c. à s. d'huile d'olive
1 gousse d'ail écrasée
le zeste râpé de 1 citron
2 c. à s. de jus de citron
1/4 de c. à c. de piment de Cayenne

1 Mélangez tous les ingrédients de la marinade dans un récipient, salez et poivrez. Ajoutez les filets de poisson en les retournant plusieurs fois pour les couvrir de marinade, couvrez et réfrigérez 1 heure.

2 Égouttez le poisson. Déposez chaque filet sur un carré de feuille de bananier. Recouvrez d'un autre carré et fermez avec des cure-dents.

3 Sur une plaque de fonte chaude, laissez cuire le poisson 8 à 10 minutes à feu moyen, en le retournant une fois. Servez avec une salade verte et des quartiers de citron.

# Curry de légumes et pois chiches

*Pour 4 personnes*

1 c. à s. d'huile d'arachide
1 oignon en tranches fines
2 gousses d'ail écrasées
1 1/2 c. à c. de cumin moulu
1 c. à c. de curcuma moulu
1 1/2 c. à c. de coriandre moulue
1 piment vert épépiné et tranché
2 grosses pommes de terre
en tranches épaisses
2 carottes en tronçons de 4 cm
400 g de tomates concassées en boîte
80 g de petits pois surgelés
420 g de pois chiches
en boîte rincés et égouttés
500 ml de bouillon de légumes
90 g de jeunes feuilles d'épinards

### Riz au safran et à la cardamome
500 ml de bouillon de légumes
6 à 8 filaments de safran
6 gousses de cardamome
400 g de riz basmati

1 Faites revenir l'oignon et l'ail dans l'huile chaude pendant 3 minutes. Quand l'oignon est tendre, ajoutez le cumin, le curcuma, la coriandre et le piment. Mélangez toujours jusqu'à ce que les épices embaument. Retournez plusieurs fois les pommes de terre et les carottes dans ce mélange puis incorporez les tomates, les petits pois, les pois chiches et le bouillon de légumes. Couvrez et laissez cuire 20 minutes en remuant de temps à autre.

2 Ajoutez les feuilles d'épinards, salez et poivrez. Réservez au chaud.

3 Dans une autre casserole, portez à ébullition le bouillon puis ajoutez le safran, la cardamome et le riz. Quand le liquide recommence à bouillir, baissez le feu, couvrez et laissez étuver 20 minutes. Aérez les grains de riz à la fourchette et servez avec le curry de légumes.

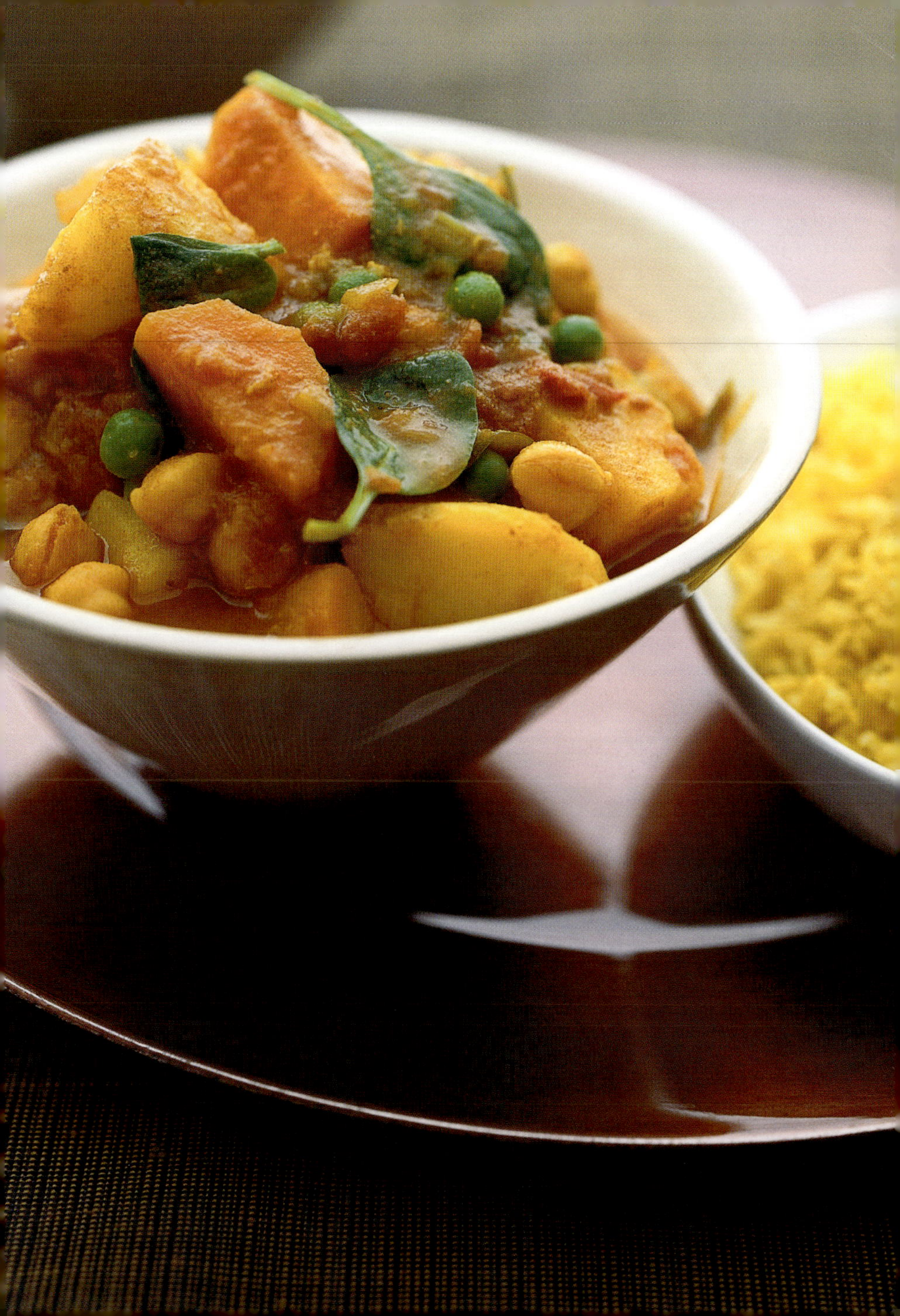

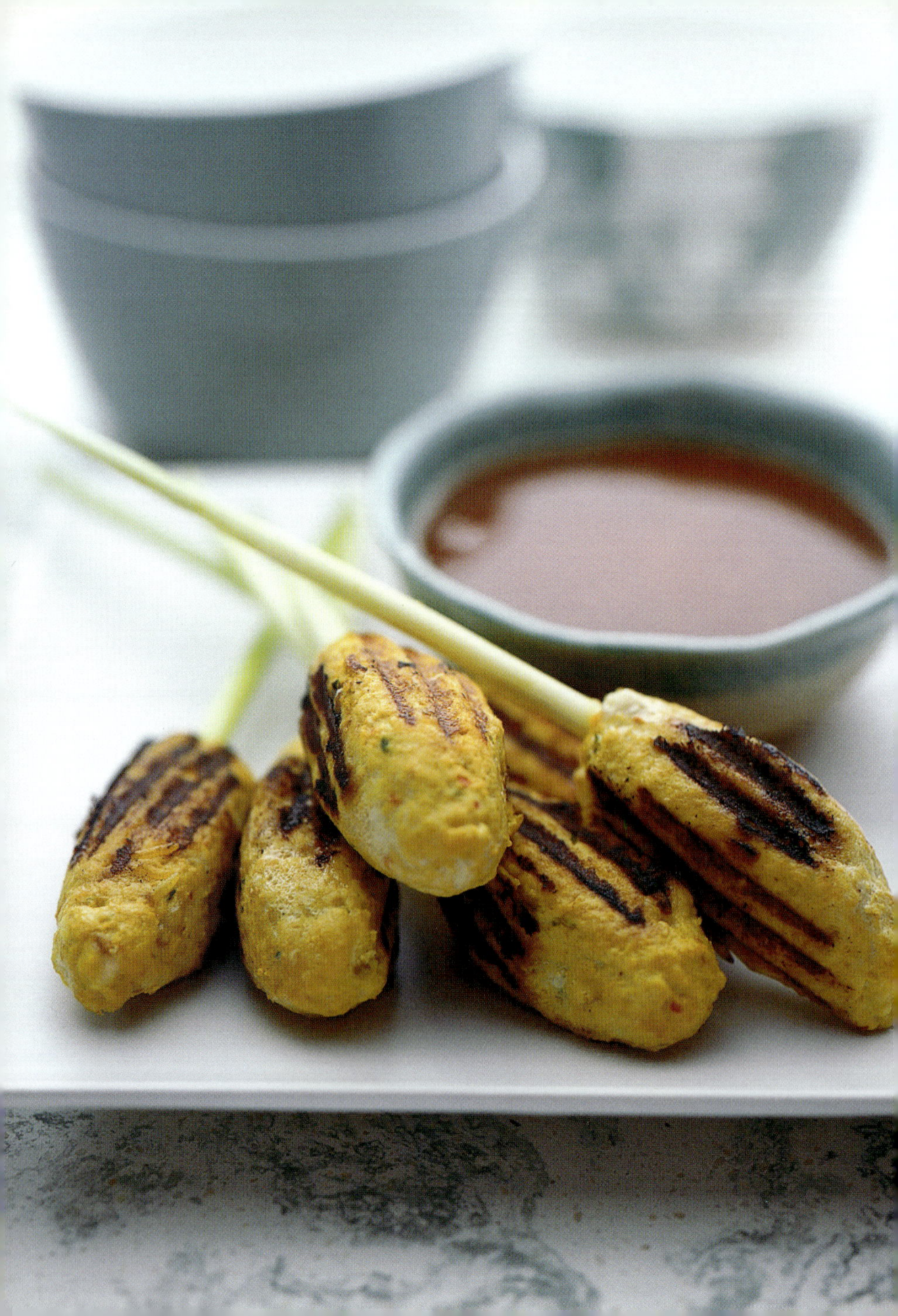

POUR PARFUMER    CURCUMA

## Quenelles de poisson en brochettes de citronnelle

*Pour 15 quenelles*

6 gros piments rouges
épépinés et tranchés
6 gousses d'ail en tranches fines
4 échalotes en tranches fines
50 g de curcuma frais pelé
et grossièrement haché (voir Pratique)
50 g de gingembre frais pelé et râpé
50 g d'arachides non salées
1 tomate coupée en deux et épépinée
2 c. à c. de coriandre moulue
125 ml d'huile d'arachide
2 c. à s. de sucre de palme râpé
500 g de filets de poisson blanc
4 feuilles de combava ciselées
15 tiges de citronnelle
de la sauce aux piments doux

1 Mixez en pâte grossière les piments, l'ail, les échalotes, le curcuma, le gingembre, les arachides, la tomate, la coriandre et 125 ml d'eau. Versez ce mélange dans une casserole à fond épais, ajoutez l'huile et le sucre de palme, laissez colorer 15 à 18 minutes à feu moyen. Laissez refroidir complètement.

2 Retirez toutes les arêtes des filets de poisson. Mixez les filets avec les feuilles de combava et 125 ml de pâte d'épices (réservez le reste pour un autre usage). Salez à votre convenance. Vous devez obtenir une pâte grossière.

3 Enlevez les feuilles extérieures des tiges de citronnelle et coupez les extrémités pour obtenir des bâtons de 20 cm de long. À l'extrémité de chaque tige, façonnez une quenelle de poisson avec une pleine cuillerée à soupe de hachis. Faites griller les quenelles 3 minutes de chaque côté sur une plaque en fonte chaude et légèrement huilée. Servez immédiatement avec la sauce aux piments doux.

**PRATIQUE** Si vous ne parvenez pas à vous procurer du curcuma frais, remplacez-le par 2 cuillerées à café de curcuma moulu. Cette recette vous permet de préparer 375 ml de pâte d'épices ; vous pouvez congeler le surplus ou le garder 1 semaine au réfrigérateur pour une autre recette. Les tiges de citronnelle permettent de parfumer les quenelles mais vous pouvez aussi utiliser des brochettes en bambou toutes simples (pensez à les faire tremper au moins 30 minutes dans l'eau froide).

Pour réveiller

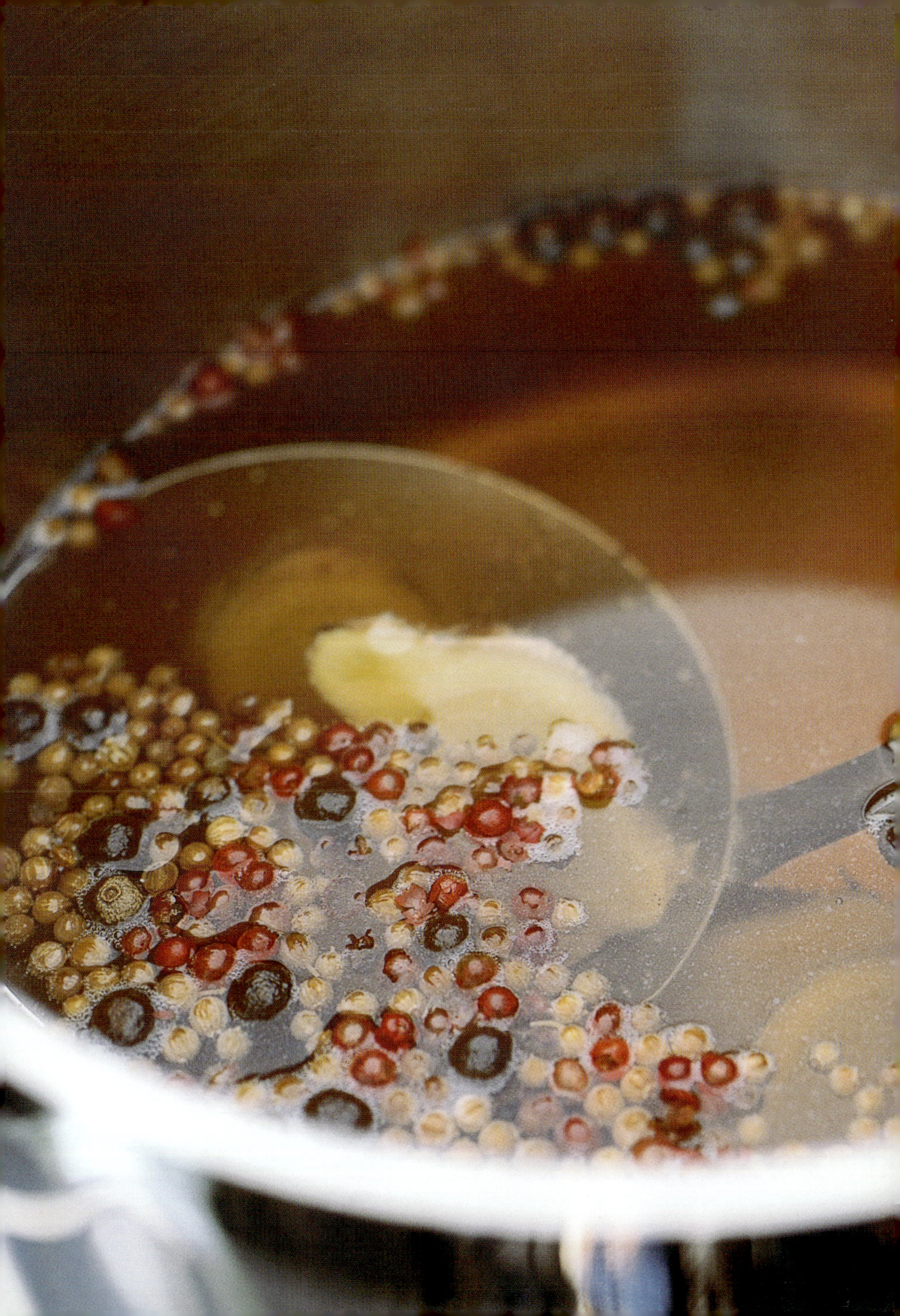

# Puissance des épices

Voici des épices avec du mordant. Non pas le feu léger du piment, mais l'intensité soutenue de l'arôme et de la saveur. Elles s'emploient avec circonspection. Si les épices parfumées sont délicates, celles que voici sont plus rudes, moins raffinées. La modération est la règle pour leur utilisation, car leur force risque de couvrir la saveur des autres ingrédients. Prêtez un peu de leur robustesse à votre préparation, laissez les arômes se développer, puis goûtez le résultat. Rien n'est pire que d'étouffer un plat bien préparé sous un déluge de saveurs surpuissantes.

D'une senteur moins opulente que les épices parfumées, cette superbe collection saura pourtant chatouiller vos narines. Mais leur véritable attrait tient à cette impression de force par laquelle elles réveillent les papilles.

POUR RÉVEILLER

La senteur du poivre de la Jamaïque,
originaire des Antilles,
unit les accents de la noix de muscade
à ceux de la cannelle, des clous de girofle
et du poivre noir.

Le fenugrec provient de la cosse garnie
d'une plante de l'Asie occidentale.
On en renforce la saveur
en le grillant légèrement.

TOUT ÉPICES

Le galanga, disponible sous forme
de racine fraîche, séchée ou moulue,
est un composant particulier
des cuisines de l'Asie du Sud-Est.
Il rappelle un peu le gingembre.

L'enveloppe de la noix de muscade,
appelée macis, présente un goût
similaire mais plus délicat.
Le macis se trouve le plus souvent
sous forme de poudre.

POUR RÉVEILLER

La saveur du paprika
s'étend de la braise au velours
(on l'appelle alors paprika doux),
suivant le type de poivrons employé.

Épice d'emploi courant
au Liban et en Turquie,
le sumac est une baie d'un rouge violacé,
à la saveur fruitée et légèrement astringente.

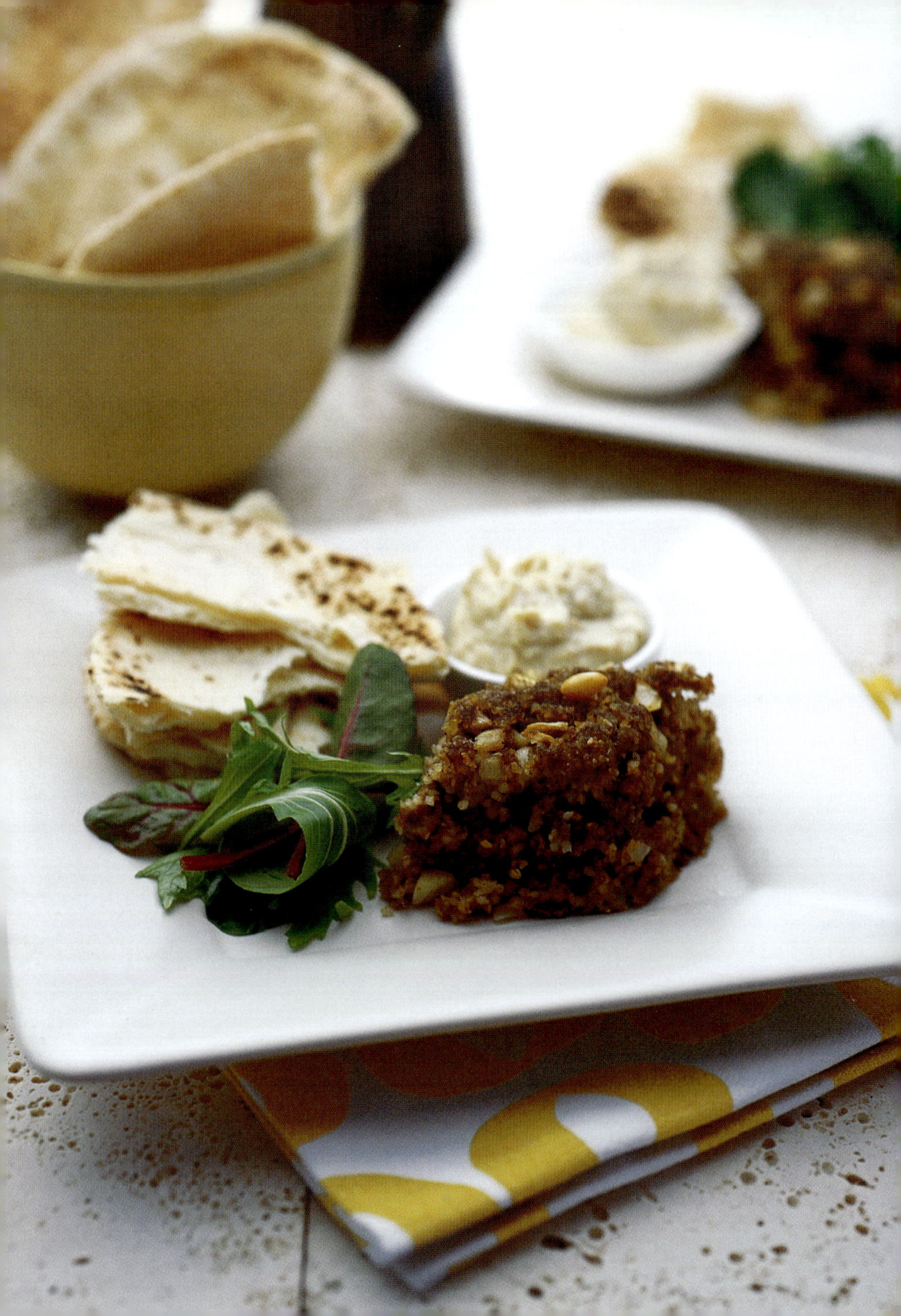

POUR RÉVEILLER    POIVRE DE LA JAMAÏQUE

# Kibbeh d'agneau

*Pour 6 personnes*

235 g de boulgour
500 g de viande d'agneau hachée
2 oignons en tranches fines
2 c. à c. de poivre de la Jamaïque moulu
1 c. à s. de pignons
4 c. à s. de beurre clarifié

### *Farce*
1 c. à s. de beurre clarifié
1 petit oignon en tranches fines
1 c. à c. de poivre de la Jamaïque moulu
1/2 c. à c. de sel
1/2 c. à c. de poivre noir moulu
1 c. à c. de noix de muscade râpée
250 g de viande d'agneau hachée
80 g de pignons

1 Préchauffez le four à 180 °C. Faites gonfler le boulgour 15 minutes dans de l'eau. Rincez-le et pressez-le bien pour en éliminer le plus d'eau possible.

2 Mélangez dans un saladier le boulgour avec l'agneau, les oignons, le poivre de la Jamaïque, 100 ml d'eau froide, sel et poivre à votre convenance.

3 Pour la farce, faites revenir 3 minutes l'oignon et les épices dans le beurre clarifié, en remuant souvent. Ajoutez l'agneau et laissez cuire 5 minutes environ. Quand le mélange a changé de couleur, incorporez les pignons. Laissez tiédir.

4 Dans un plat à four légèrement huilé, disposez une couche de boulgour à l'agneau puis une couche de farce. Couvrez avec le reste du boulgour. Formez des losanges de 4 cm de côté avec la pointe d'un couteau et disposez un pignon au centre de chaque losange.

5 Nappez le kibbeh de beurre clarifié fondu et enfournez 1 h 30, jusqu'à ce qu'il soit parfaitement cuit. Couvrez-le d'une feuille d'aluminium si la surface se dessèche. Pour servir, découpez-le en losanges. Accompagnez d'une salade verte, d'houmous et de pain pita.

## Grillades de porc à la façon des îles

*Pour 4 personnes*

1 c. à s. de poivre de la Jamaïque moulu
3/4 de c. à c. de cannelle moulue
1/2 c. à c. de noix de muscade râpée
1/2 c. à c. de piment en poudre
2 petits piments rouges en tranches fines
2 gousses d'ail écrasées
4 c. à s. de jus de citron vert
1 c. à s. d'huile d'olive
4 côtes de porc de 185 g chacune

1 Mélangez dans un saladier en verre le poivre de la Jamaïque, la cannelle, la noix de muscade, le piment en poudre, les piments en tranches, l'ail, le jus de citron et l'huile d'olive. Frottez les côtelettes de porc avec cette marinade. Couvrez et réfrigérez 4 à 6 heures.

2 Préchauffez un gril en fonte à feu moyen. Déposez les côtes de porc dessus, baissez le feu et laissez-les cuire au moins 3 minutes sur chaque face (selon l'épaisseur). Transférez-les sur une assiette, couvrez-les d'une feuille d'aluminium et laissez-les reposer 5 minutes.

3 Servez avec du riz et une salsa de mangue et papaye verte.

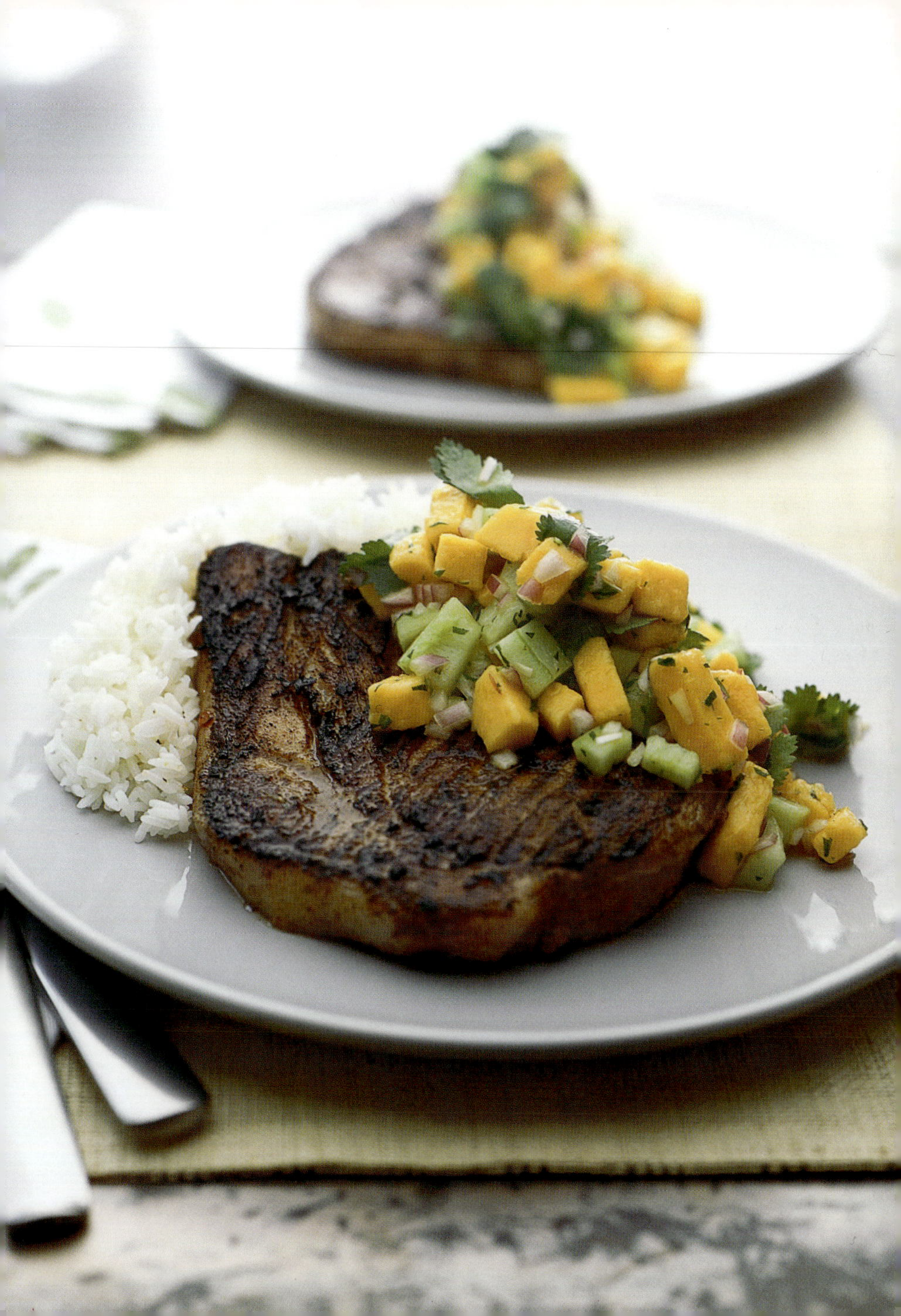

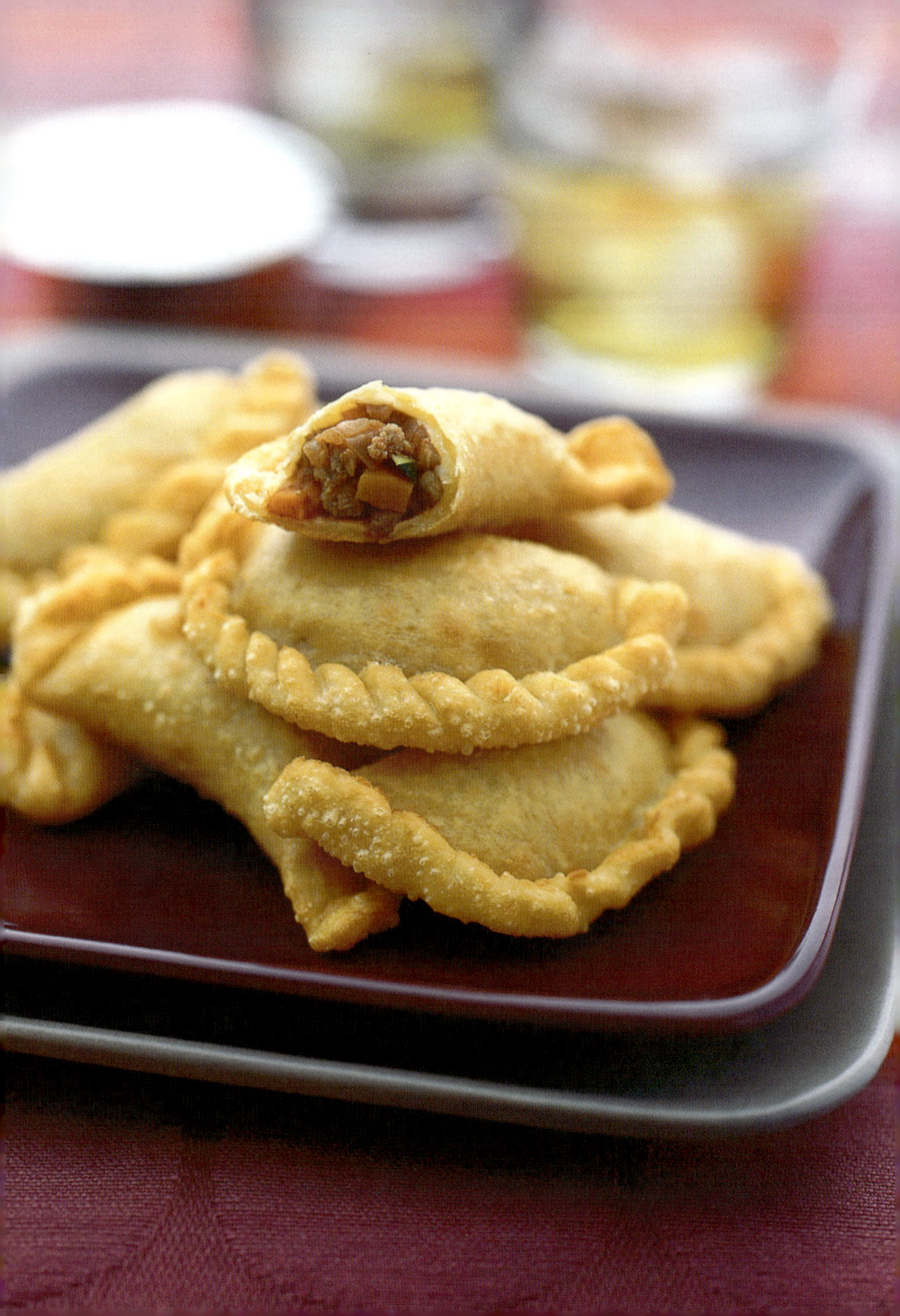

POUR RÉVEILLER   POIVRE DE LA JAMAÏQUE

# Chaussons au bœuf et aux légumes

*Pour 25 chaussons*

1 c. à s. d'huile d'olive
1 petit oignon en tranches fines
2 gousses d'ail écrasées
1/2 c. à c. de poivre noir fraîchement concassé
1/4 de c. à c. de cannelle moulue
1/2 c. à c. de poivre de la Jamaïque moulu
250 g de viande de bœuf hachée
250 g de coulis de tomates
1 petite carotte détaillée en cubes
1 petite courgette détaillée en cubes
20 g de raisins secs
2 c. à s. de vinaigre de cidre
5 feuilles de pâte sablée
1 œuf légèrement battu
de l'huile végétale pour la friture

1 Faites revenir l'oignon, l'ail et les épices 2 minutes dans l'huile d'olive. Ajoutez la viande hachée et laissez colorer 5 minutes. Incorporez enfin le coulis de tomates, les légumes, les raisins secs et le vinaigre. Réduisez la flamme et laissez mijoter à couvert 15 minutes, puis retirez le couvercle et faites cuire jusqu'à épaississement. Réservez pour laisser refroidir.

2 Découpez dans la pâte 25 disques de 9 cm de diamètre. Déposez au centre 1 cuillerée à soupe de farce, badigeonnez de jaune d'œuf tout le pourtour et fermez les chaussons en pinçant les bords.

3 Versez une bonne quantité d'huile végétale dans une sauteuse et faites-la chauffer à 180 °C (un cube de pain doit y brunir en 15 secondes). Faites frire les chaussons 2 à 3 minutes, en procédant en plusieurs tournées, jusqu'à ce qu'ils soient croustillants et dorés. Égouttez-les sur du papier absorbant. Dégustez chaud ou tiède.

## Salade de nouilles chinoises au poulet

*Pour 4 personnes*

450 g de blancs de poulet sans la peau
1 morceau de 6 cm de gingembre frais
6 baies de poivre de la Jamaïque
1/2 c. à c. de graines de coriandre
400 g de nouilles chinoises aux œufs (hokkien)
160 g de haricots verts coupés en tronçons
115 g de mini-épis de maïs coupés en deux dans la longueur
100 g de pois gourmands émincés dans la longueur
1 piment vert épépiné et coupé en tranches fines (facultatif)
1 grosse poignée de menthe
1 grosse poignée de coriandre

### Assaisonnement
2 c. à s. de tamarin
le jus de 1 citron vert
1 c. à s. d'huile de sésame
2 c. à c. de cassonade

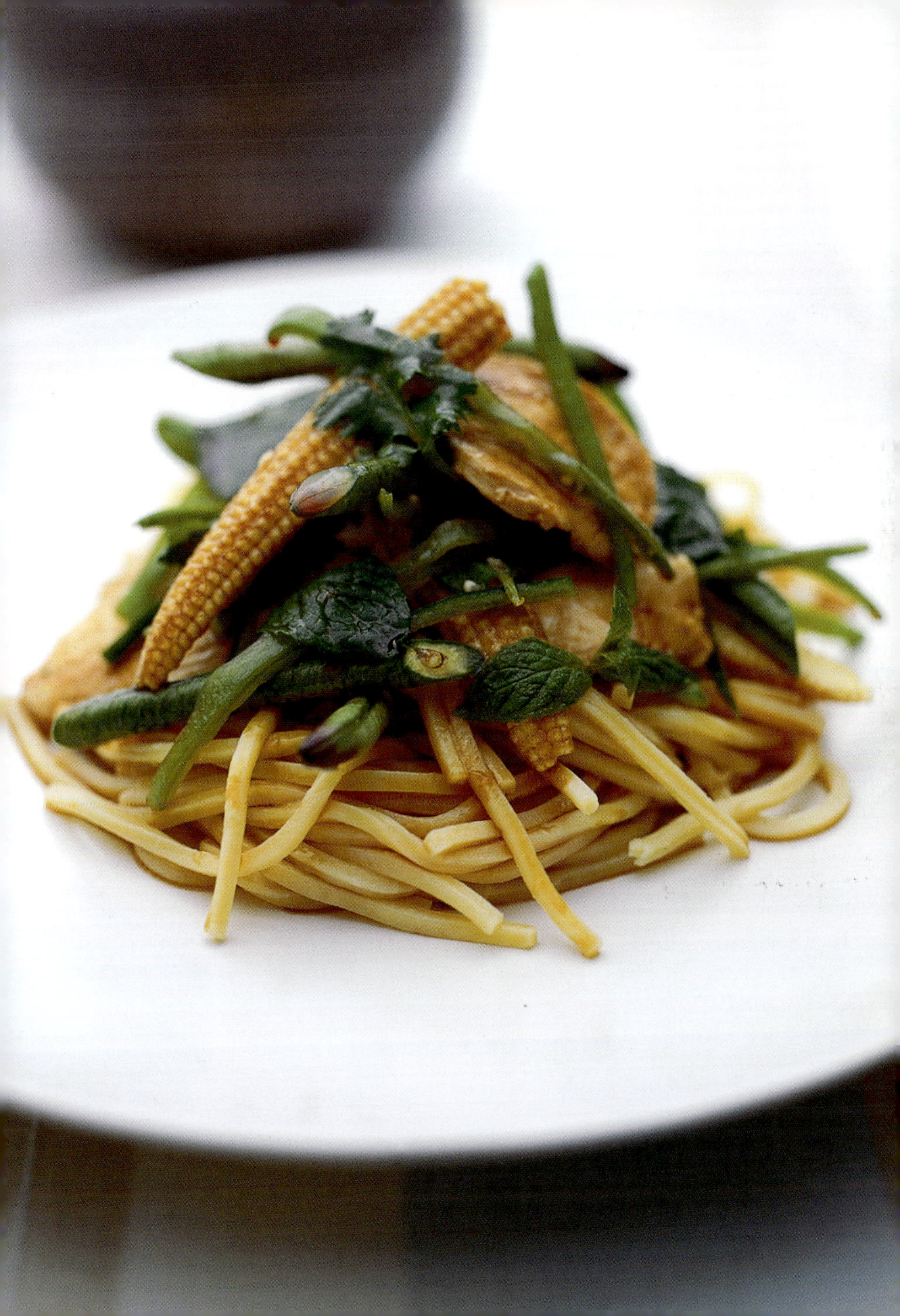

TOUT ÉPICES

Versez de l'eau sur les blancs de poulet ; elle doit tout juste les recouvrir.

Laissez tremper les nouilles 2 minutes avant de les séparer.

## POUR RÉVEILLER  POIVRE DE LA JAMAÏQUE

1 Mettez dans une casserole les blancs de poulet, le gingembre, le poivre de la Jamaïque et les graines de coriandre. Versez de l'eau pour tout juste les recouvrir, portez à ébullition puis laissez frémir 12 minutes. Laissez la viande tiédir dans son bouillon avant de la détailler en fines lamelles.

2 Faites tremper quelques minutes les nouilles dans un grand saladier d'eau bouillante. Quand elles sont souples, séparez-les à la fourchette avant de les égoutter.

3 Mélangez le poulet, les haricots, le maïs, les pois gourmands, le piment, la menthe et la coriandre dans un saladier. Fouettez dans un bol les ingrédients de l'assaisonnement, versez cette sauce sur la salade de poulet et remuez délicatement.

4 Répartissez les nouilles dans des bols de service. Dressez la salade dessus et servez immédiatement.

# Tajine d'agneau et couscous aux amandes

*Pour 4 personnes*

4 c. à s. d'huile d'olive
1 kg de viande d'agneau en cubes
1 oignon en tranches
2 gousses d'ail écrasées
2 c. à c. de poivre de la Jamaïque moulu
1 c. à c. de curcuma moulu
1/2 c. à c. de piment en poudre
2 c. à c. de cumin moulu
1 grosse carotte en bâtonnets
2 c. à s. de miel
2 lanières de 5 cm de zeste de citron
2 c. à s. de jus de citron
375 ml de bouillon de volaille
85 g de dattes sèches dénoyautées

**Couscous aux amandes**
300 g de graine de couscous
1 c. à s. d'huile d'olive
3 c. à s. de persil ciselé
2 c. à c. de zeste de citron râpé
40 g d'amandes effilées grillées

1 Laissez colorer l'agneau à feu vif dans la moitié de l'huile chaude, pendant 3 à 4 minutes environ. Si votre cocotte n'est pas assez grande, procédez en plusieurs tournées. Réservez-le ensuite au chaud.

2 Dans le reste d'huile, faites sauter l'oignon, l'ail et les épices 5 minutes. Replacez la viande dans la cocotte avant d'ajouter la carotte, le miel, le zeste et le jus de citron, le bouillon et 125 ml d'eau. Portez à ébullition, couvrez bien puis laissez mijoter 1 heure à feu doux, en remuant de temps à autre. Ajoutez les dattes, couvrez de nouveau et laissez cuire encore 30 minutes.

3 Versez le couscous dans 375 ml d'eau bouillante et l'huile d'olive. Couvrez et laissez gonfler 5 minutes. Aérez la graine à la fourchette avant d'incorporer le reste des ingrédients. Servez avec le tajine.

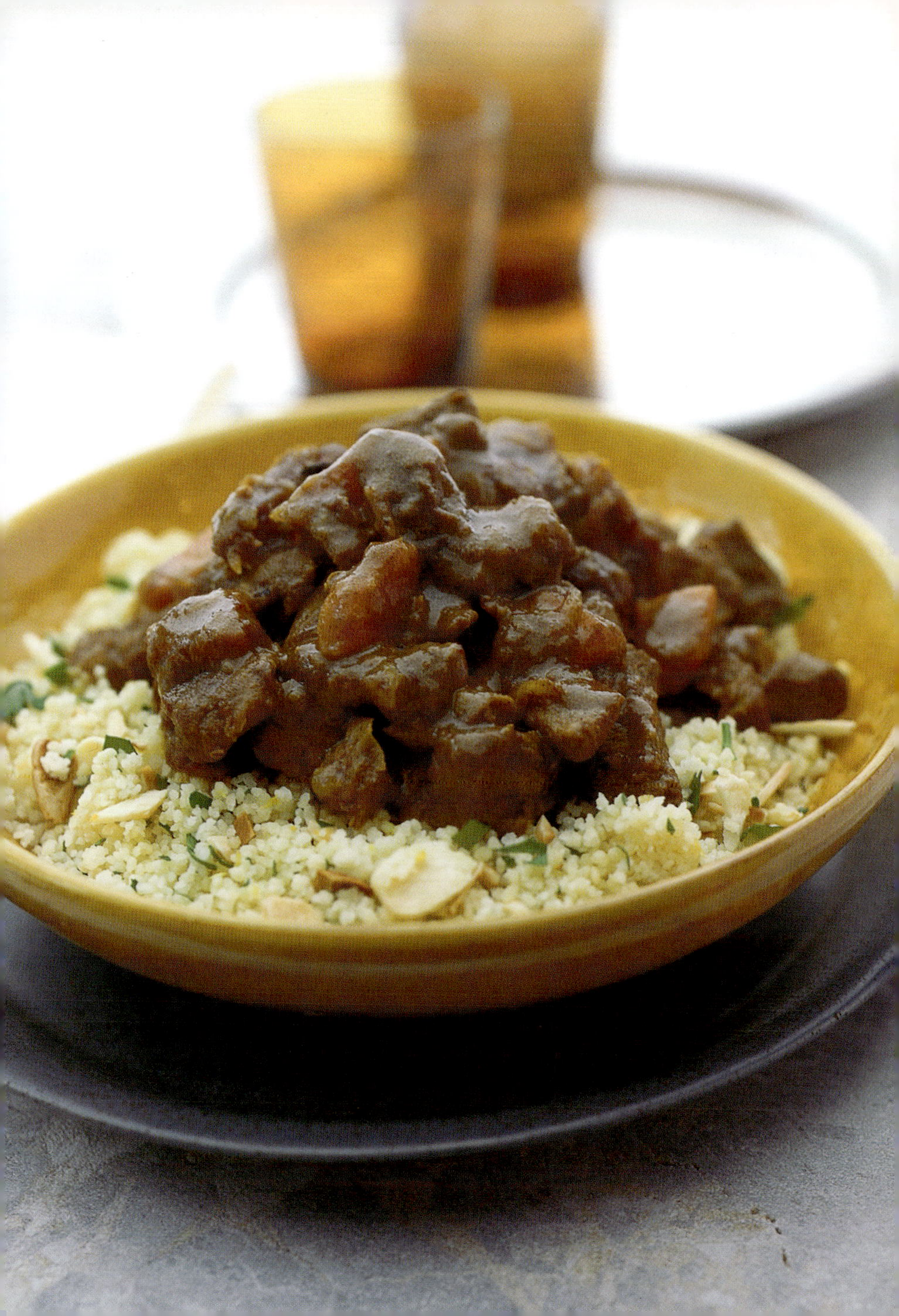

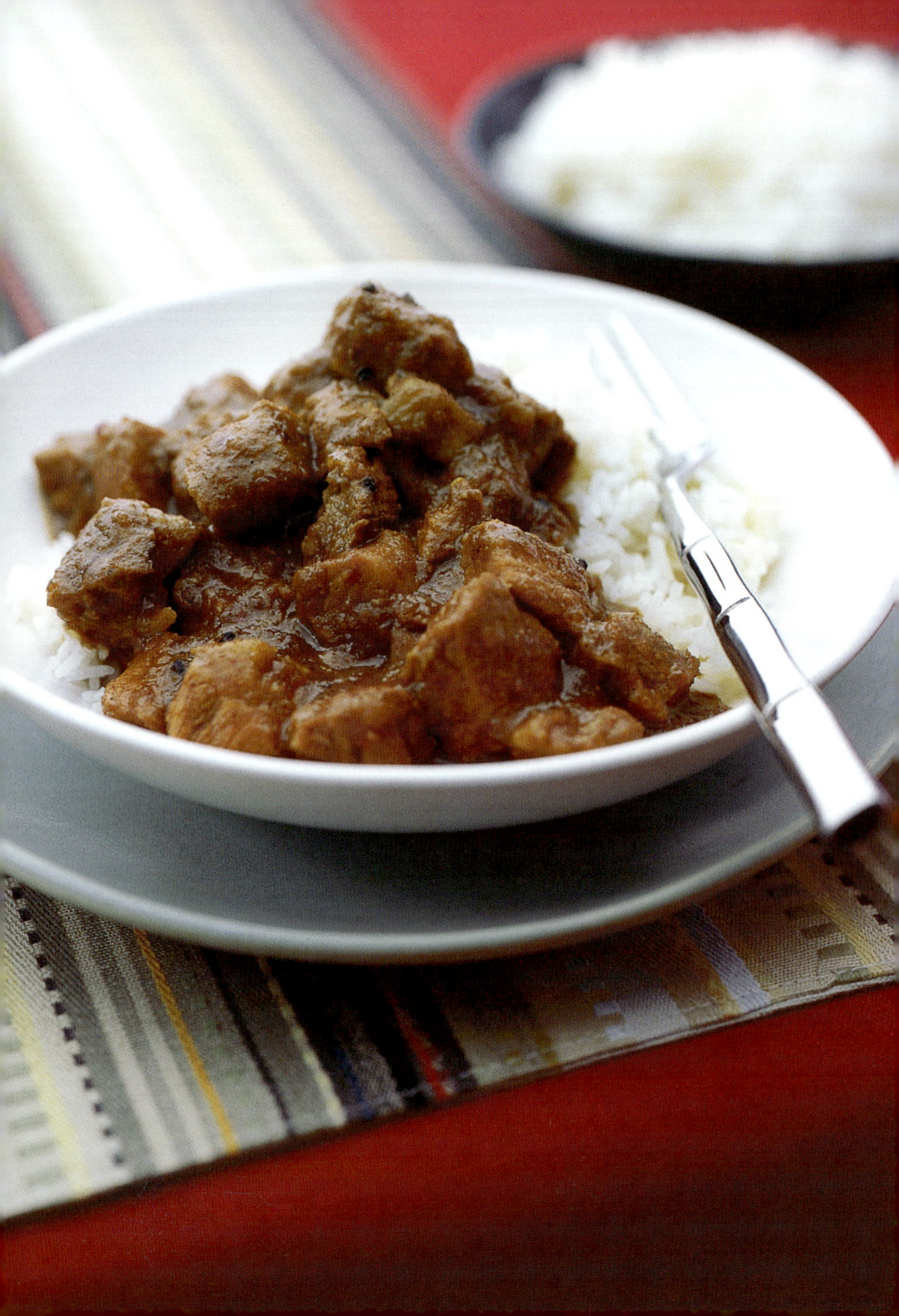

POUR RÉVEILLER    FENUGREC

# Porc vindaloo

*Pour 4 personnes*

1 kg d'échine de porc en cubes
3 c. à s. de vinaigre blanc
1 morceau de 3 cm de gingembre frais pelé et finement râpé
5 gousses d'ail écrasées
1 c. à s. de fenugrec en poudre
2 c. à c. de cumin moulu
1 c. à c. de cannelle moulue
1 c. à c. de flocons de piment
1/2 c. à c. de cardamome en poudre
1/2 c. à c. de poivre noir moulu
1 c. à c. de sel
2 c. à s. de beurre clarifié
1 oignon en tranches
75 cl de bouillon de bœuf
1 c. à c. de fécule de maïs
20 g de sucre de palme

1 Mélangez dans un saladier le porc, le vinaigre, le gingembre, l'ail, le poivre, le sel et les épices. Couvrez et réfrigérez 2 heures au moins.

2 Faites colorez le porc à feu moyen dans le beurre clarifié. Quand il a bruni sur toutes les faces, sortez-le de la cocotte et mettez l'oignon à revenir à la place. Au bout de 3 minutes, remettez le porc dans la cocotte avec le bouillon. Portez à ébullition. Salez puis réduisez le feu au maximum. Couvrez et laissez mijoter 1 h 30 environ, jusqu'à ce que la viande soit tendre.

3 Délayez la fécule de maïs dans un peu de bouillon avant de la verser dans la cocotte. Remuez et laissez épaissir le fond de sauce à petits bouillons. Incorporez enfin le sucre de palme et mélangez sur le feu jusqu'à dissolution complète. Servez le porc avec du riz basmati.

TOUT ÉPICES

# Lentilles à l'indienne

*Pour 6 personnes*

150 g de lentilles jaunes
150 g de lentilles corail
1 c. à s. de beurre clarifié
1 oignon en tranches
2 gousses d'ail écrasées
1 c. à s. de graines de fenugrec
2 c. à c. de cumin moulu
2 c. à c. de coriandre moulue
1/2 c. à c. de curcuma moulu
400 g de tomates concassées en boîte
750 ml de bouillon de légumes
2 carottes détaillées en bâtonnets
250 g de bouquets de chou-fleur
150 g de haricots verts
coupés en deux
2 c. à s. de crème fraîche liquide
2 c. à s. de coriandre ciselée

1 Rincez séparément les lentilles à l'eau froide puis égouttez-les bien. Faites-les ensuite tremper 30 minutes dans un saladier d'eau froide avant de les égoutter encore.

2 Laissez revenir l'oignon et l'ail 3 minutes dans le beurre clarifié en remuant souvent.

3 Quand l'oignon est tendre, ajoutez les épices. Mélangez-les vivement sur le feu jusqu'à ce qu'elles embaument. Incorporez enfin les lentilles, les tomates et le bouillon. Portez à ébullition puis réduisez le feu au maximum, couvrez et laissez frémir 20 minutes.

4 Ajoutez les carottes et le chou-fleur. Couvrez et faites cuire encore 10 minutes. Terminez par les haricots verts que vous laisserez frémir 5 minutes pour qu'ils soient juste croquants. Incorporez la crème fraîche et la coriandre hors du feu. Servez avec du riz basmati et du pain indien plat (naan).

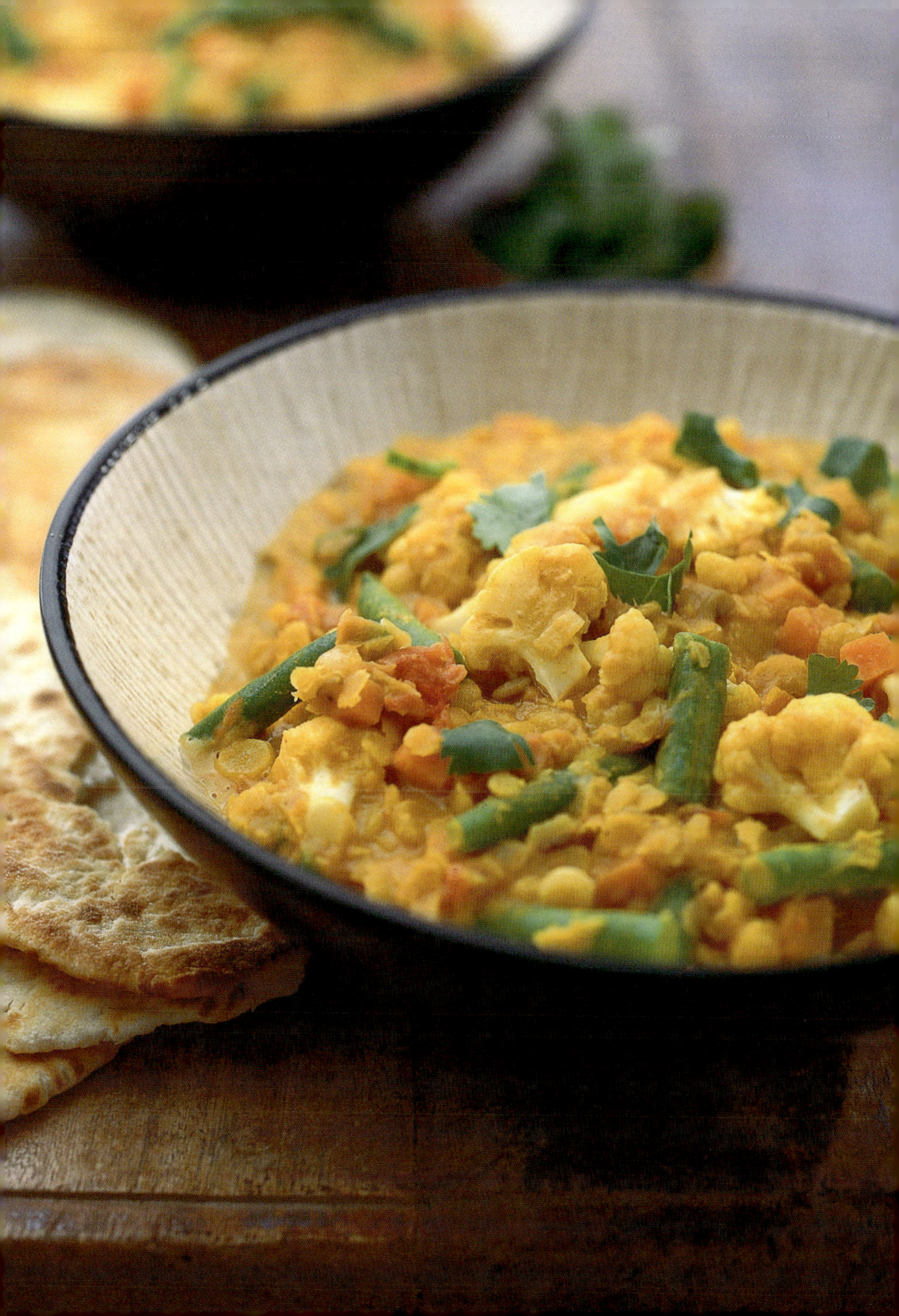

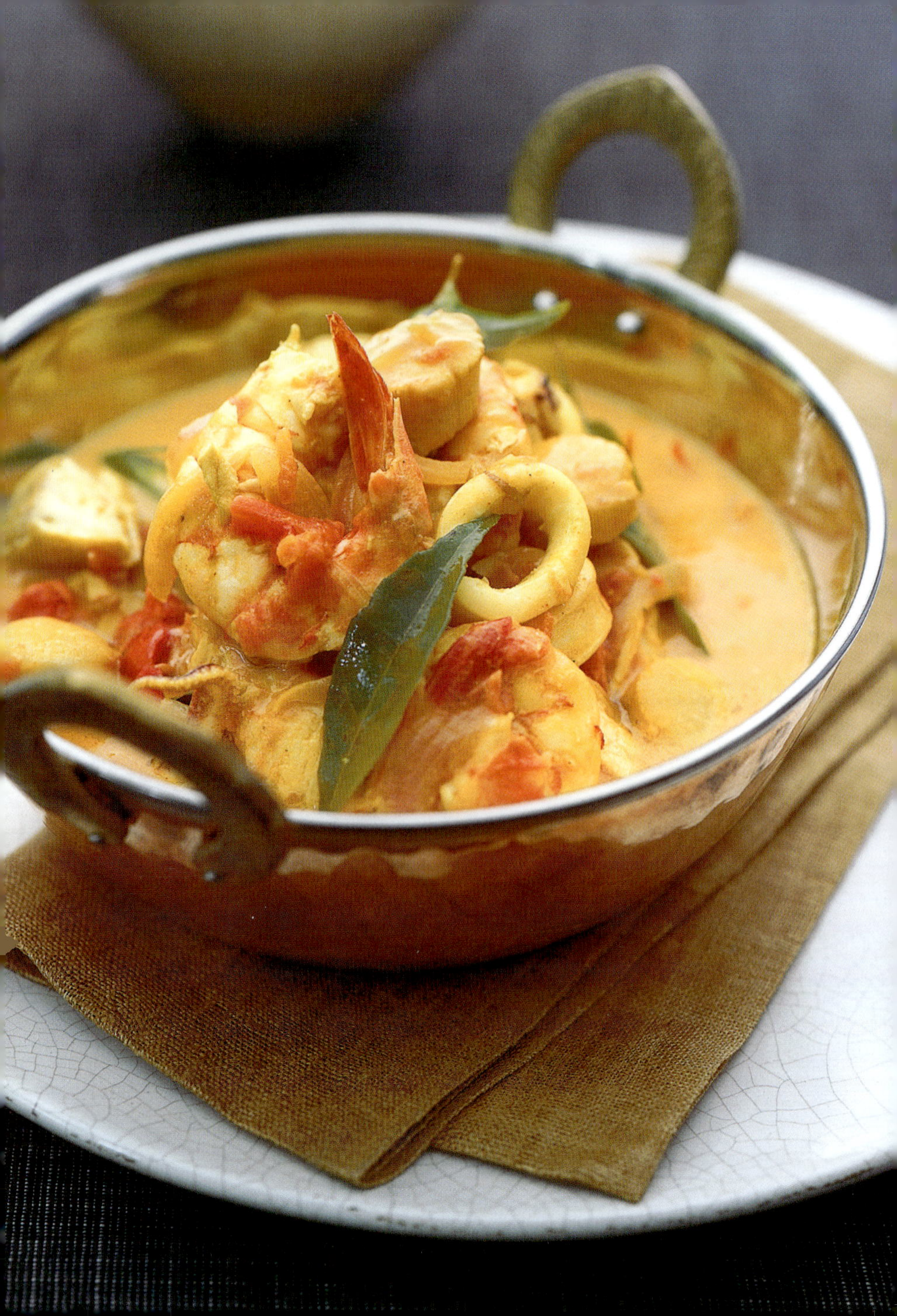

POUR RÉVEILLER  FENUGREC

# Curry de la mer

*Pour 4 personnes*

2 c. à s. d'huile végétale
1/2 c. à c. de graines de fenugrec
10 feuilles de cari fraîches
2 piments verts coupés en deux dans la hauteur
1 oignon rouge en tranches
1 c. à s. de concentré de tamarin
1/2 c. à c. de curcuma moulu
1/2 c. à c. de paprika
1/2 c. à c. de sel
1/2 c. à c. de poivre noir moulu
375 ml de lait de coco
200 g de poisson blanc en cubes
200 g de crevettes crues décortiquées
200 g d'anneaux de calamars
200 g de noix de Saint-Jacques sans corail
400 g de tomates pelées en boîte

1 Faites éclater à couvert dans l'huile chaude les graines de fenugrec. Ajoutez ensuite les feuilles de cari, les piments et l'oignon. Laissez fondre 8 minutes, jusqu'à ce que l'oignon soit tendre.

2 Incorporez le tamarin, le curcuma, le paprika, sel, poivre et la moitié du lait de coco. Portez à ébullition puis baissez le feu jusqu'à ce que le mélange frémisse tout juste. Mettez alors le poisson et les fruits de mer dans la casserole ; laissez-les cuire 8 minutes environ.

3 Versez les tomates avec leur jus et le reste du lait de coco. Couvrez et faites cuire encore 4 minutes pour que la sauce épaississe légèrement et que les fruits de mer soient tendres.

## Pommes de terre rôties aux épices

*Pour 6 personnes*

1,5 kg de petites pommes de terre coupées en quatre
2 c. à s. de beurre clarifié
2 c. à c. de fenugrec en poudre
1 gousse d'ail écrasée
1 c. à c. de gingembre frais râpé
1 c. à s. de graines de moutarde noire
1 pincée de filaments de safran
80 g de pousses d'épinards

1 Préchauffez le four à 180 °C. Faites précuire les pommes de terre à l'eau pour qu'elles soient juste tendres puis égouttez-les bien.

2 Dans une petite casserole, faites sauter 1 minute au beurre clarifié le fenugrec, l'ail, le gingembre, les graines de moutarde et le safran. Salez et poivrez. Remuez sur le feu jusqu'à ce que les arômes se dégagent.

3 Disposez les pommes de terre dans un grand plat, ajoutez le mélange d'épices en remuant pour qu'elles en soient recouvertes et faites cuire 1 heure au four. Quand les pommes de terre sont légèrement caramélisées et croustillantes, sortez-les du four pour les mélanger avec les pousses d'épinards. Servez sans attendre.

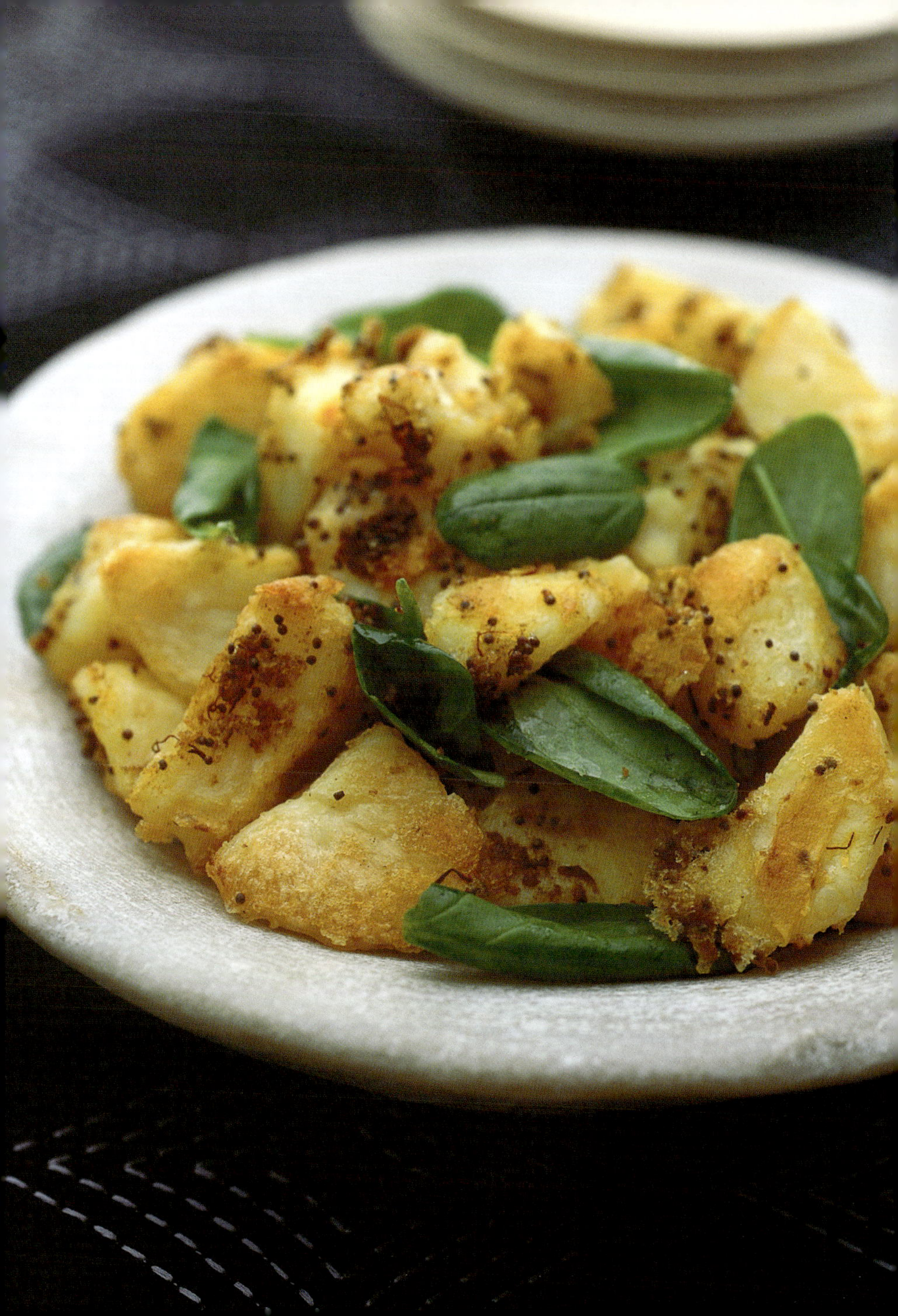

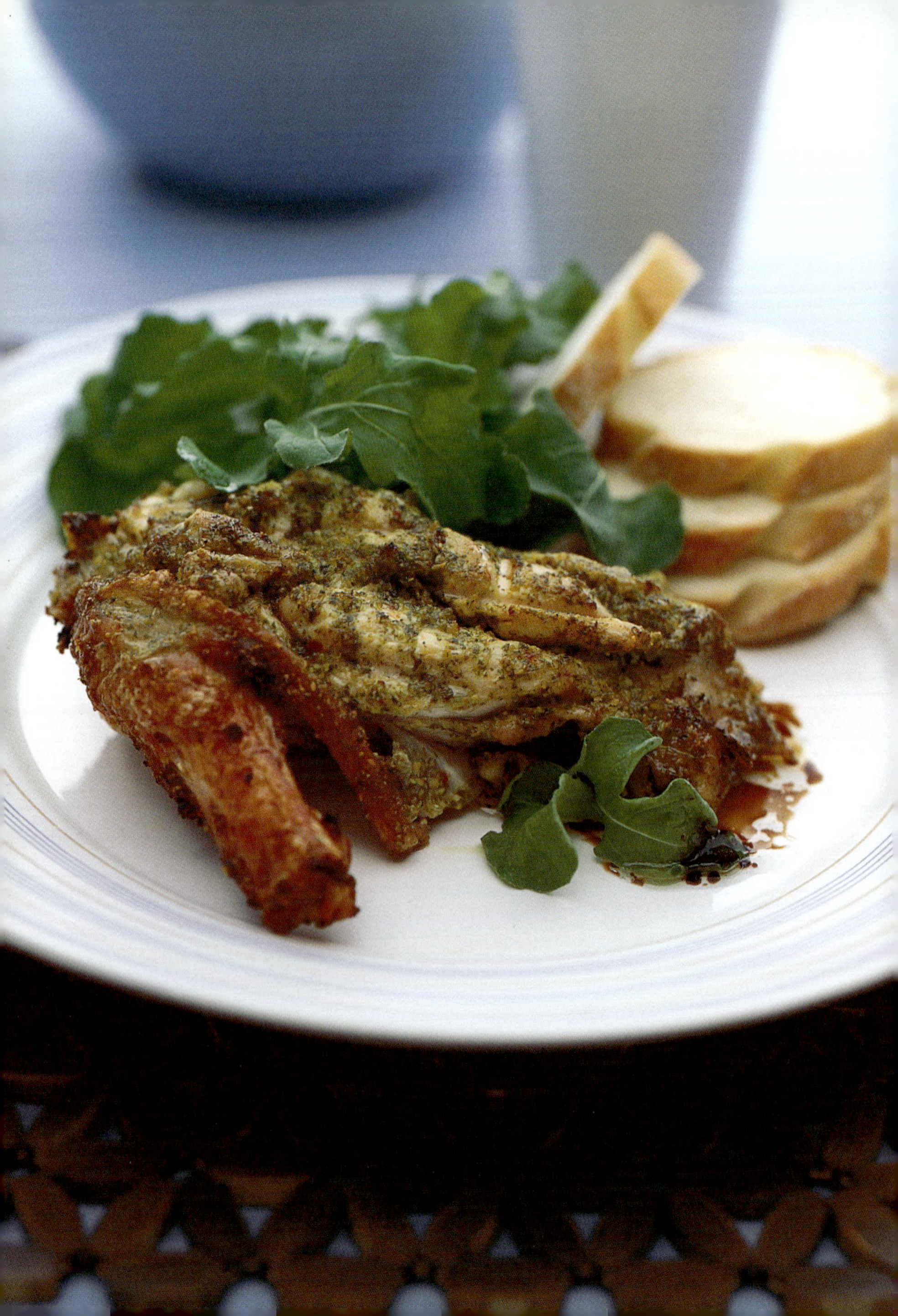

POUR RÉVEILLER    FENUGREC

# Poulet rôti au fenugrec et à la coriandre

*Pour 4 personnes*

2 c. à s. de graines de fenugrec
1/4 de c. à c. de graines de cardamome
1/4 de c. à c. de graines de carvi
1/4 de c. à c. de graines de coriandre
1 petit piment rouge épépiné et haché
2 c. à s. d'ail haché
1 grosse poignée de coriandre ciselée
2 c. à s. de jus de citron
2 c. à s. d'huile d'olive
1 c. à c. de sel
1 poulet entier de 1,6 kg environ

1 Faites gonfler toute une nuit les graines de fenugrec dans un peu d'eau froide pour en retirer l'amertume. Elles vont former une masse gélatineuse. Égouttez et rincez.

2 Poêlez à sec la cardamome, le carvi et les graines de coriandre jusqu'à ce que le mélange embaume.

3 Dans un robot ménager, mélangez en pâte homogène le fenugrec, les épices poêlées, le piment, l'ail, la coriandre ciselée, le jus de citron, l'huile d'olive et le sel.

4 Fendez le poulet en deux de part et d'autre de la colonne vertébrale et aplatissez-le avec la paume de la main. Badigeonnez-le généreusement de pâte d'épices (intérieur et extérieur) avant de le laisser mariner une nuit au réfrigérateur.

5 Préchauffez le four à 200 °C. Déposez le poulet sur une grille, au-dessus de la lèchefrite, et faites-le rôtir 60 à 70 minutes, en le retournant à mi-cuisson.

6 Quand il est cuit (les sucs qui s'en écoulent doivent être clairs), laissez-le reposer 10 minutes sous une feuille d'aluminium. Découpez-le et servez-le avec une salade, des pommes de terre rôties ou des légumes verts.

# Salade de fruits de mer au galanga

*Pour 4 personnes*

**250 g de filet de saumon**
**250 g de corps de calamars coupés en tronçons de 5 cm**
**8 noix de Saint-Jacques sans corail**
**4 grosses gambas décortiquées avec la queue**
**1 gros avocat détaillé en cubes**
**150 g de pois gourmands détaillés en fines lanières**
**60 g de germes de soja**
**1/2 petit oignon rouge en tranches fines**
**150 g de pousses d'épinards**

### Assaisonnement
**4 fines tranches de galanga hachées**
**1 piment vert long épépiné et coupé en tranches fines**
**1 gousse d'ail écrasée**
**2 c. à s. de jus de citron vert**
**1 c. à s. de vinaigre de riz**
**1 c. à s. de sauce de poisson thaïe**
**1 1/2 c. à s. de mirin**
**1 c. à c. de sucre**
**3 c. à s. d'huile d'olive**

**1** Pour l'assaisonnement, pilez le galanga dans un mortier puis ajoutez le piment vert et l'ail pour former une pâte épaisse. Transférez cette dernière dans un bol pour y incorporer le reste des ingrédients en fouettant avec une fourchette.

**2** Poêlez le saumon à feu vif dans 2 cuillerées à soupe d'huile, environ 1 minute sur chaque côté. Réservez au chaud.

**3** Dans le reste d'huile, faites cuire séparément les tronçons de calamars, les noix de Saint-Jacques et les crevettes. Mélangez les fruits de mer cuits dans un saladier, versez 2 cuillerées à soupe de sauce et remuez délicatement.

**4** Ajoutez les légumes et le saumon émietté grossièrement, versez le reste de sauce et mélangez. Servez sans attendre.

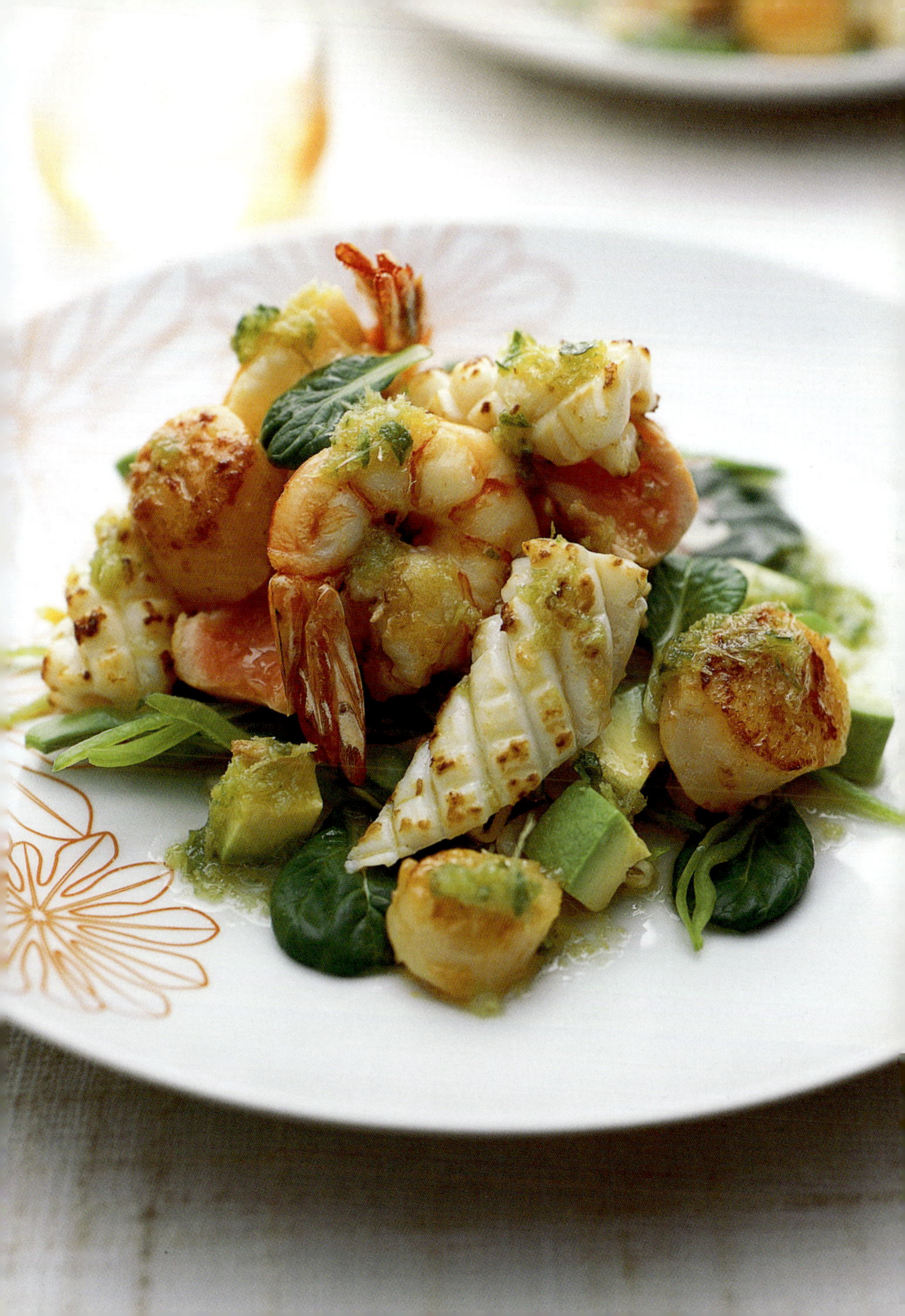

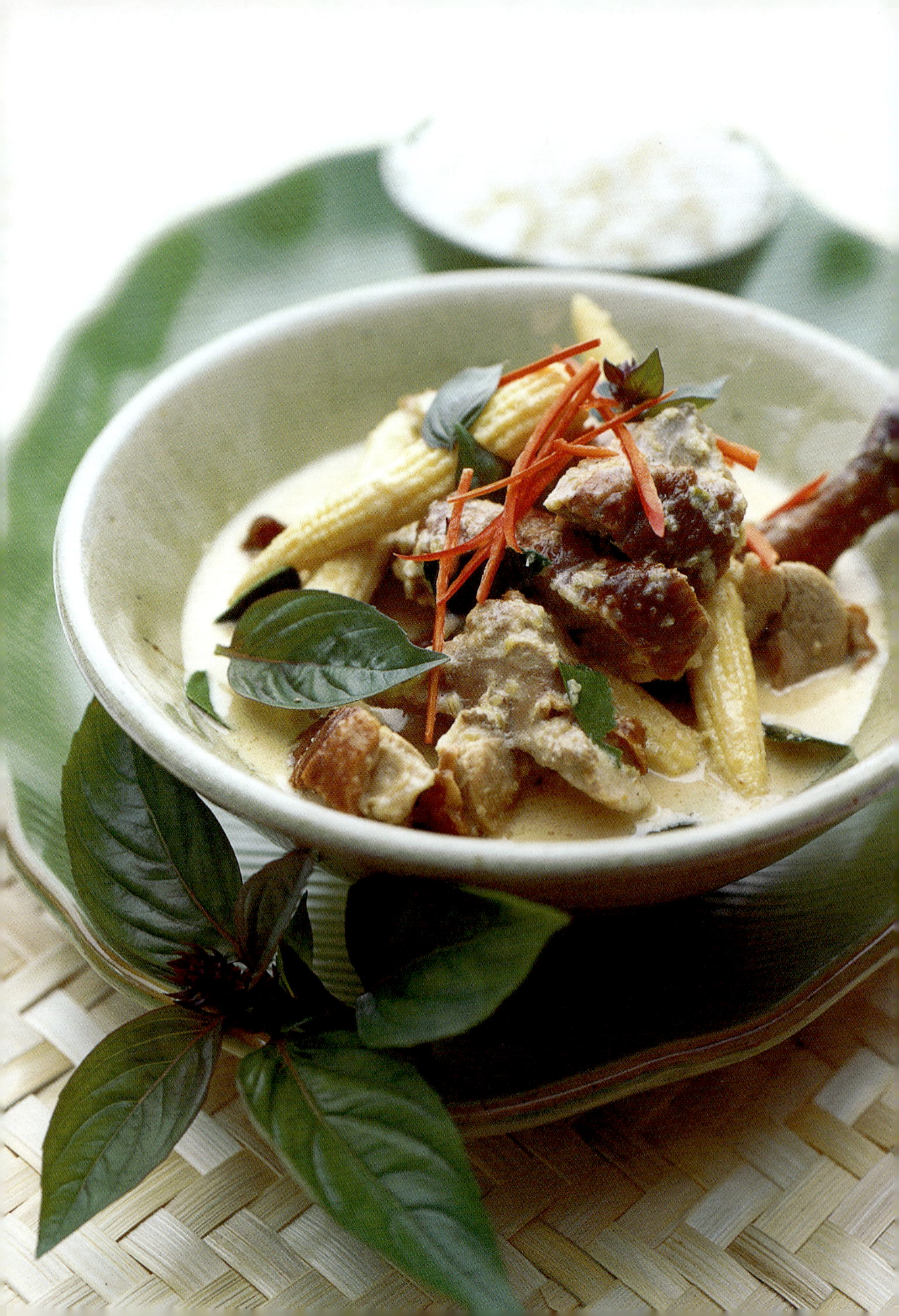

POUR RÉVEILLER   GALANGA

# Curry vert de canard

*Pour 4 à 6 personnes*

500 ml de crème de coco
2 c. à s. de sauce de poisson thaïe
1 1/2 c. à s. de sucre de palme râpé ou de sucre brun
250 ml de lait de coco
250 ml de bouillon de volaille
1 canard laqué détaillé en morceaux de 2 cm
125 g de mini-épis de maïs
2 c. à s. de jus de citron vert
3 feuilles de combava déchiquetées
2 piments rouges en tranches
1 grosse poignée de basilic thaïlandais

**Pâte de curry vert**
1/2 c. à c. de graines de coriandre grillées
1/4 de c. à c. de graines de cumin grillées
12 grains de poivre blanc
1 c. à s. de piment oiseau épépiné
1 c. à c. de sel
1 c. à s. de galanga frais
2 c. à s. de blanc de citronnelle
1 c. à s. de racine de coriandre
1/2 c. à c. de zeste de combava
3 c. à s. d'échalotes roses en tranches
2 c. à s. d'ail écrasé
1 c. à c. de pâte de crevettes grillée

## TOUT ÉPICES

1 Pour la pâte de curry, commencez par piler dans un mortier les graines de coriandre, de cumin et de poivre blanc. Travaillez ensuite en purée dans un robot ménager le piment, le sel, le galanga et la citronnelle. Ajoutez le reste des ingrédients et des épices. Continuez de travailler en versant de petites quantités d'eau pour détendre la pâte : celle-ci doit être assez épaisse. Il vous en faudra 3 à 4 cuillerées à soupe pour cette recette ; réservez le reste au frais.

2 Faites chauffer à feu vif dans un wok la crème de coco, en remuant tout le temps, jusqu'à ce qu'elle commence à tourner et que l'huile se sépare.

3 Ajoutez alors 3 à 4 cuillerées à soupe de pâte de curry et laissez cuire 3 minutes environ en remuant sans cesse pour empêcher qu'elle attache. Elle va dégager de puissants arômes. Versez la sauce de poisson et le sucre puis laissez cuire encore 1 à 2 minutes.

4 Mouillez avec le lait de coco et le bouillon, ajoutez le canard et le maïs, portez à ébullition. Baissez ensuite le feu et laissez frémir 4 à 5 minutes, avant de verser le jus de citron vert.

5 Juste avant de servir, garnissez de feuilles de combava, de piment et de basilic. Accompagnez ce curry de riz basmati ou de riz jasmin.

**PRATIQUE** La pâte de curry se garde 1 semaine au réfrigérateur, dans un récipient hermétique. Elle peut se congeler 2 mois.

POUR RÉVFILLER   GALANGA

Réduisez le mélange d'épices et aromates
en purée grossière
avec un peu d'eau.

Mélangez sans cesse la crème de coco
en ajoutant les ingrédients
pour éviter qu'elle n'attache.

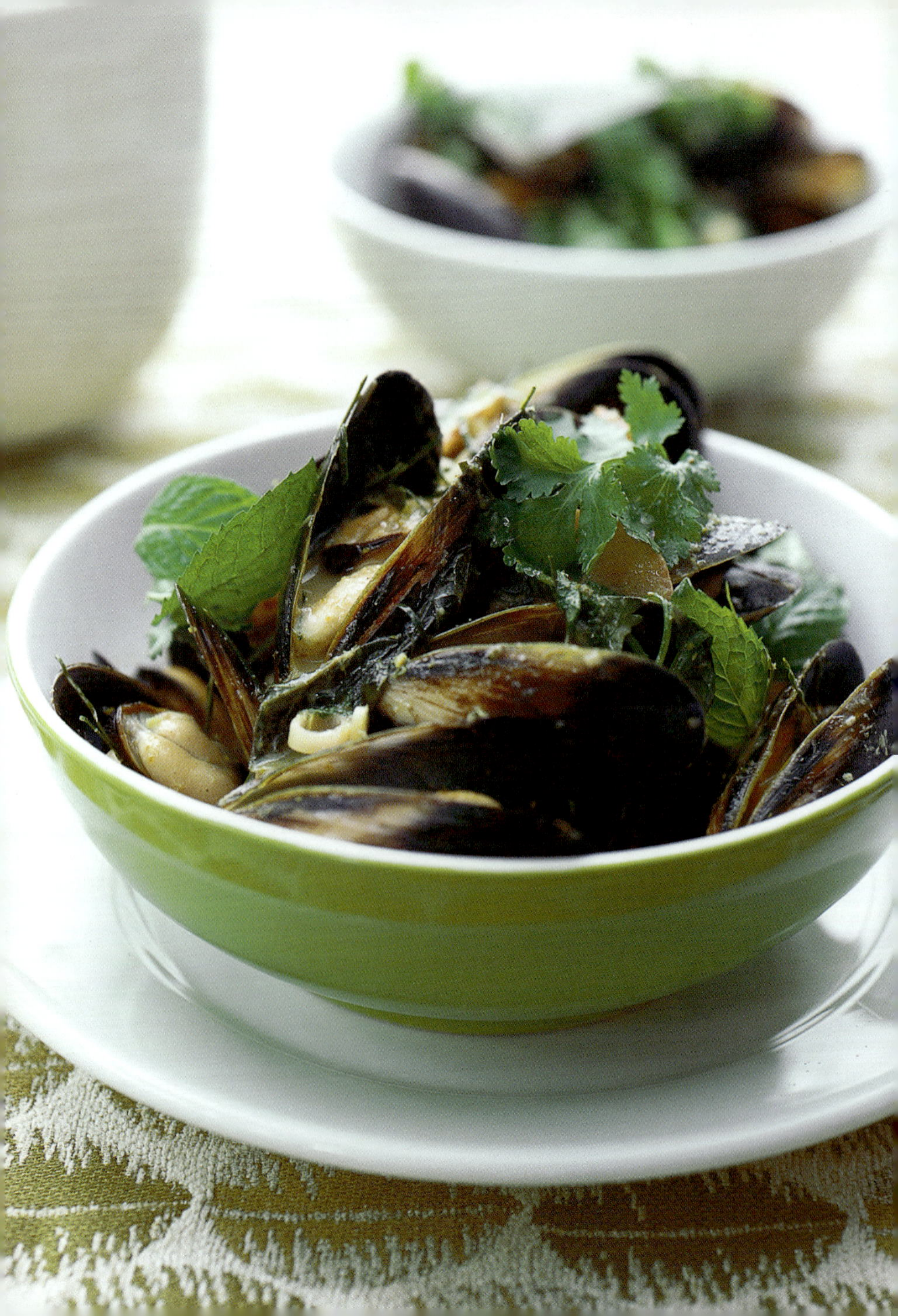

POUR RÉVEILLER  GALANGA

## Moules au galanga et au combava

*Pour 4 personnes*

1 morceau de 6 cm de galanga frais pelé et tranché
1 blanc de citronnelle en tranches fines
1 kg de moules nettoyées et ébarbées
270 ml de lait de coco
2 c. à s. de pâte de curry vert (voir pages 121-122)
4 feuilles de combava déchiquetées
2 c. à c. de sucre
3 à 4 c. à c. de sauce de poisson thaïe
1 poignée de coriandre ciselée
1 poignée de menthe ciselée

1 Plongez le galanga et la citronnelle dans 500 ml d'eau bouillante pendant 2 minutes. Ajoutez les moules, couvrez hermétiquement et laissez cuire 3 minutes en agitant le récipient. Jetez les moules qui ne s'ouvrent pas. Réservez 250 ml de liquide de cuisson ainsi que le galanga et la citronnelle.

2 Portez à ébullition le lait de coco dans un wok. Ajoutez la pâte de curry, les feuilles de combava et le sucre. Remuez et laissez frémir 3 minutes. Incorporez la citronnelle et le galanga, laissez mijoter encore 2 minutes puis mettez les moules dans le wok pour les réchauffer en les nappant de sauce. Versez la sauce de poisson et un peu de bouillon réservé, en goûtant pour n'en mettre que la quantité souhaitée.

3 Pour servir, répartissez les moules dans des bols avant de les décorer de coriandre et de menthe ciselées.

# Brochettes de bœuf sauce satay

*Pour 4 personnes*

**650 g de rumsteck en tranches fines
4 quartiers de citron vert
2 c. à s. de coriandre ciselée**

**Sauce satay**
**2 c. à c. d'huile d'arachide
1 petit oignon en tranches fines
2 c. à s. de blanc de citronnelle haché
2 c. à s. de galanga frais râpé
1 piment oiseau rouge
en tranches fines
140 g de beurre d'arachide
avec morceaux
250 ml de lait de coco**

1 Si vous utilisez des brochettes en bambou, faites-les tremper 20 minutes au moins dans l'eau froide pour éviter qu'elles ne brûlent. Enfilez ensuite dessus les morceaux de rumsteck.

2 Pour la sauce, faites chauffer l'huile dans une casserole et laissez revenir l'oignon 3 minutes. Quand il est tendre, ajoutez la citronnelle, le galanga et le piment. Laissez cuire encore 1 minute en remuant avant d'incorporer le beurre d'arachide et le lait de coco. Continuez de mélanger à feu doux pour que la sauce soit homogène.

3 Faites griller les brochettes sur un gril en fonte huilé ou au barbecue, jusqu'à la cuisson désirée. Pour servir, décorez-les de coriandre. Présentez à part la sauce satay et les quartiers de citron vert.

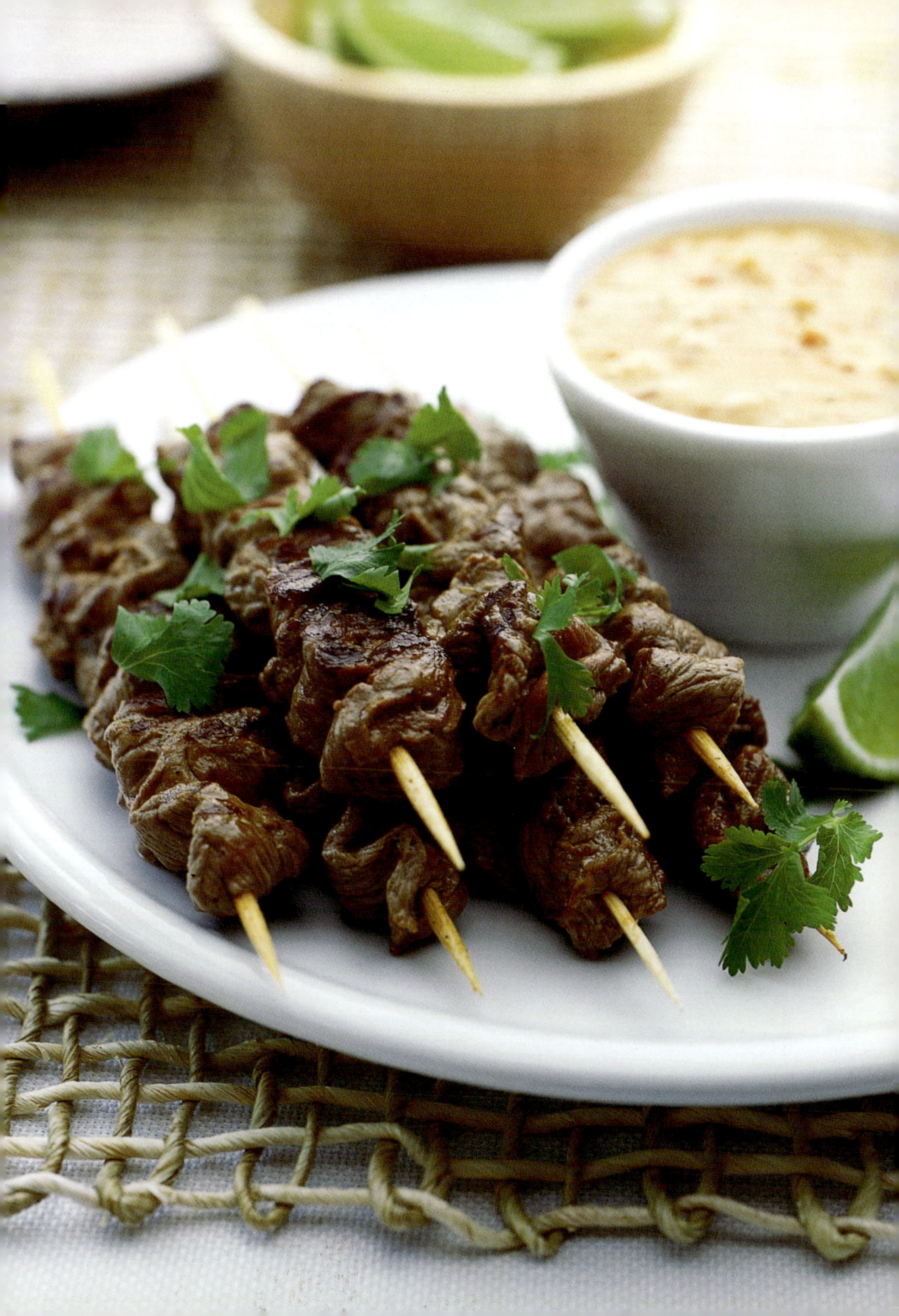

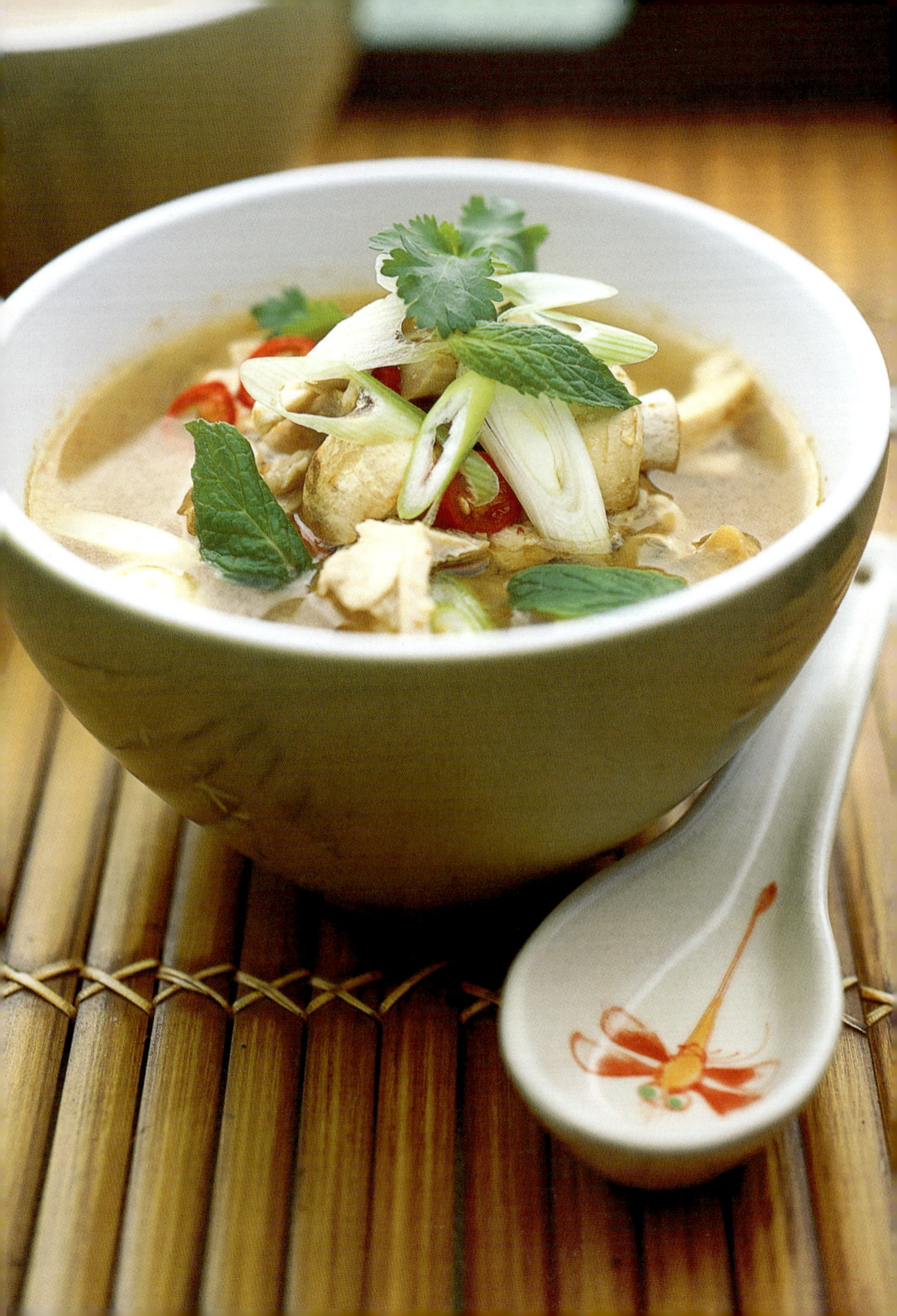

## Soupe de poulet thaïe

*Pour 4 personnes*

350 g de cuisses de poulet
1,25 litre de bouillon de volaille
4 tronçons de galanga frais
de 5 cm environ
4 feuilles de combava finement déchiquetées
1 blanc de citronnelle
en tranches fines
4 c. à s. de jus de citron vert
3 à 4 c. à c. de sauce de poisson thaïe
2 c. à c. de pâte de curry rouge
1 petit piment rouge en tranches fines
12 petits champignons de Paris
coupés en deux
1 poignée de coriandre
1 poignée de menthe
3 oignons verts en tranches fines

1 Désossez les cuisses de poulet et ôtez la peau. Coupez la viande en petits morceaux.

2 Portez à ébullition le bouillon, ajoutez le galanga, les feuilles de combava et la citronnelle puis laissez cuire 8 minutes. Baissez le feu pour incorporer le jus de citron, la sauce de poisson et la pâte de curry. Laissez frémir encore 2 minutes.

3 Faites pocher la viande 8 minutes dans ce liquide puis réservez-la au chaud. Goûtez le bouillon et rectifiez l'assaisonnement ; vous pouvez y ajouter davantage de sauce de poisson ou de jus de citron si vous aimez les saveurs prononcées.

4 Passez le bouillon dans un tamis fin avant de le reverser dans la casserole. Ajoutez le piment, les champignons et les morceaux de poulet. Réchauffez rapidement la soupe puis servez-la décorée de coriandre, de menthe et d'oignon vert.

TOUT ÉPICES

# Frittata au chou et à la ricotta

*Pour 4 personnes*

150 g de cavolo nero
(chou noir italien)
1 c. à s. d'huile d'olive
1 petit oignon en tranches fines
2 gousses d'ail écrasées
250 g de ricotta
6 œufs
1/4 de c. à c. de macis moulu
2 c. à s. de parmesan finement râpé

1 Préparez le chou en séparant les feuilles de la tige. Lavez les feuilles, épongez-les soigneusement puis détaillez-les en grosses lanières. Faites revenir l'oignon 5 minutes dans l'huile, dans une grande poêle antiadhésive, avant d'ajouter l'ail. Laissez cuire 1 minute de plus.

2 Mettez la moitié du chou dans la poêle pour le faire suer à feu moyen puis ajoutez le reste. Mélangez sur le feu jusqu'à ce que les feuilles soient tendres.

3 Fouettez la ricotta avant d'incorporer les œufs et le macis, en fouettant toujours. Ajoutez alors le chou et le parmesan, salez un peu, poivrez généreusement.

4 Transférez le mélange dans la poêle chaude et faites-le prendre 8 minutes à feu moyen. Passez ensuite la poêle au four (si elle ne supporte pas les fortes températures, faites glisser la frittata dans un grand plat adapté à la cuisson au four) et laissez dorer 4 minutes sous le gril chaud. Piquez la frittata au centre pour vérifier que les œufs sont cuits avant de la sortir du four et de la retourner sur un plat de service. Découpez-la en triangles et servez avec du pain et une salade verte.

**PRATIQUE** Le cavolo nero est un chou italien dont la saveur rappelle celle du cardon.

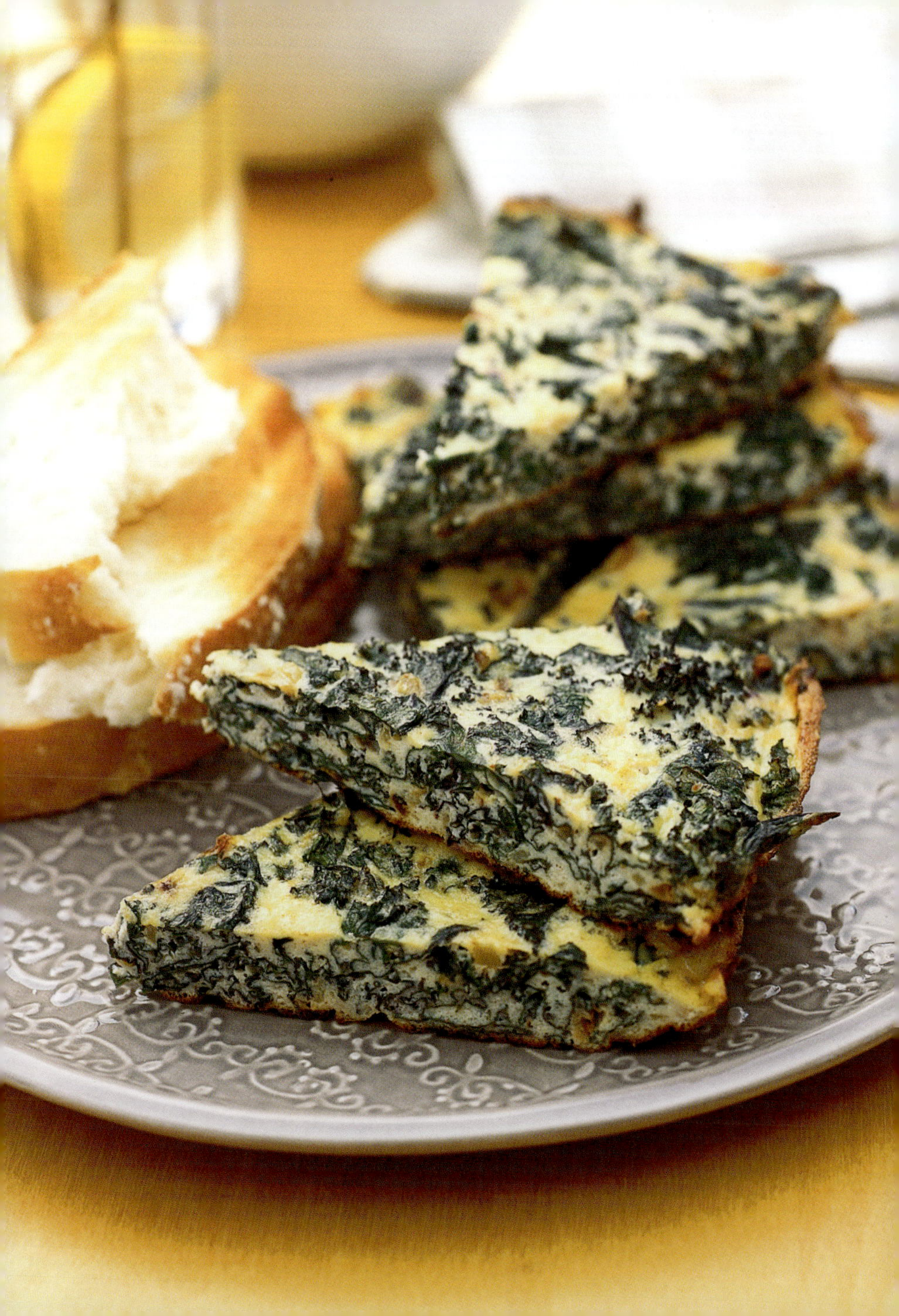

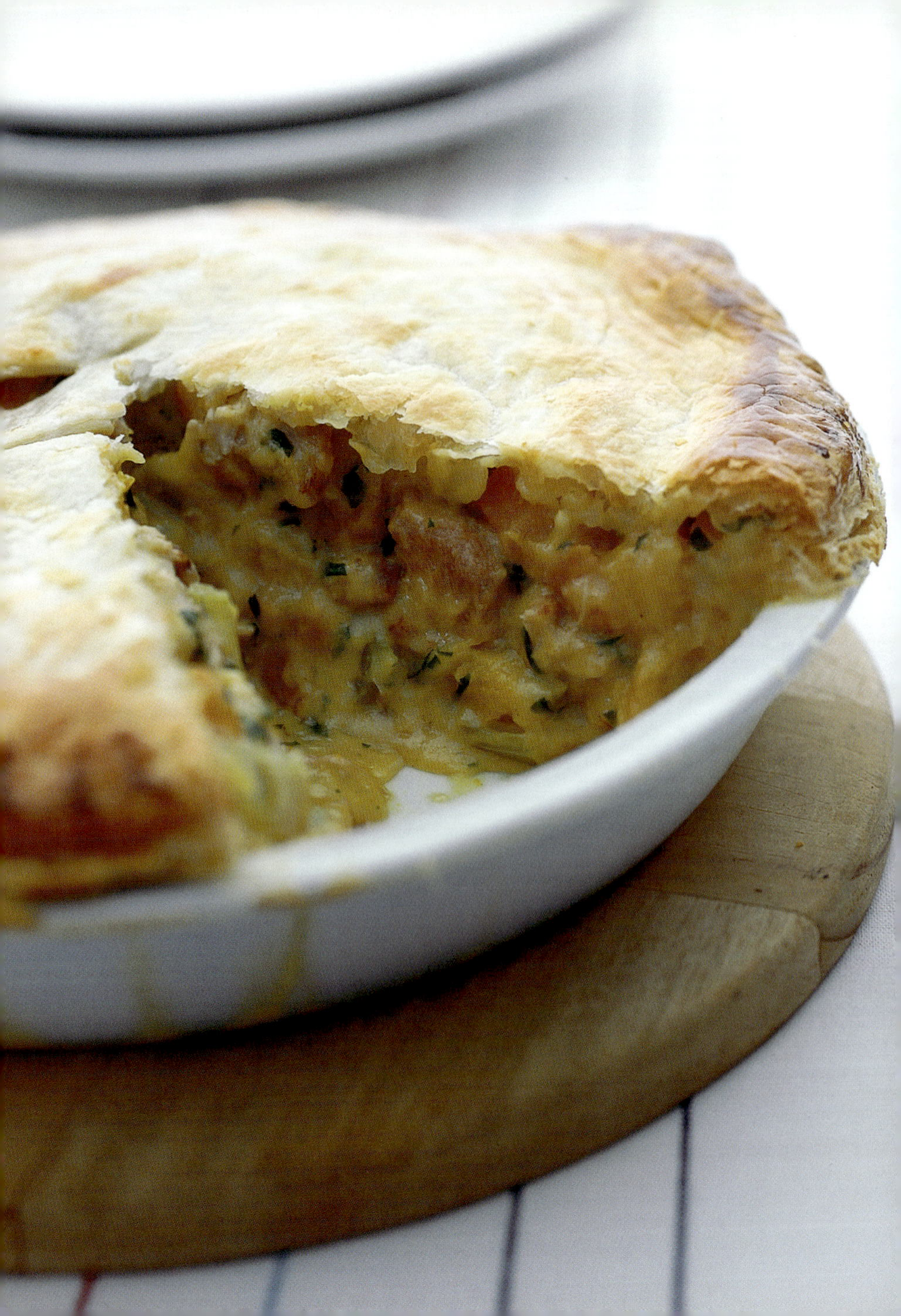

# Tourte au poulet et légumes d'hiver

*Pour 6 personnes*

1 kg de cuisses de poulet
1 c. à s. de farine de ménage
4 c. à s. d'huile d'olive
1 gros poireau en tranches fines
2 branches de céleri en tranches fines
2 gousses d'ail écrasées
2 carottes en tranches fines
200 g de chair de potiron en gros cubes
2 morceaux de macis sec
500 ml de bouillon de volaille
3 c. à s. de crème fraîche
3 c. à s. de persil ciselé
2 rouleaux de pâte feuilletée
1 œuf légèrement battu

1 Désossez les cuisses de poulet, retirez la peau et coupez la viande en morceaux de 2 cm. Farinez généreusement.

2 Faites revenir la viande 5 minutes dans la moitié de l'huile puis réservez-la. Versez le reste d'huile dans la même poêle pour y laisser fondre le poireau, le céleri et l'ail pendant 4 minutes. Remettez la viande dans la poêle avec les carottes, le potiron, le macis et le bouillon. Portez à ébullition puis baissez le feu au maximum et laissez frémir 30 minutes sans couvrir. Incorporez enfin la crème et le persil.

3 Préchauffez le four à 180 °C. Tapissez le fond d'une tourtière avec une feuille de pâte en recoupant les bords qui dépassent, versez la préparation au poulet et recouvrez d'un autre disque de pâte en pinçant bien les bords pour fermer hermétiquement la tourte. Faites deux cheminées sur le dessus pour laisser la vapeur s'échapper, dorez à l'œuf et enfournez 30 minutes.

4 Laissez la tourte reposer 5 minutes hors du feu avant de la découper.

# Poisson au lait de coco et au macis

*Pour 4 personnes*

2 dorades entières vidées
1 c. à c. de poivre noir fraîchement concassé
1/2 c. à c. de paprika doux
1/2 c. à c. de curcuma moulu
270 ml de lait de coco
2 morceaux de macis sec
1 gros piment vert coupé en deux
1/4 de c. à c. de sel
3 à 4 c. à c. de jus de citron vert
100 g de pois gourmands détaillés en julienne
1 petit poivron rouge détaillé en julienne
1 petit poivron jaune détaillé en julienne
1 poignée de basilic
1 poignée de coriandre

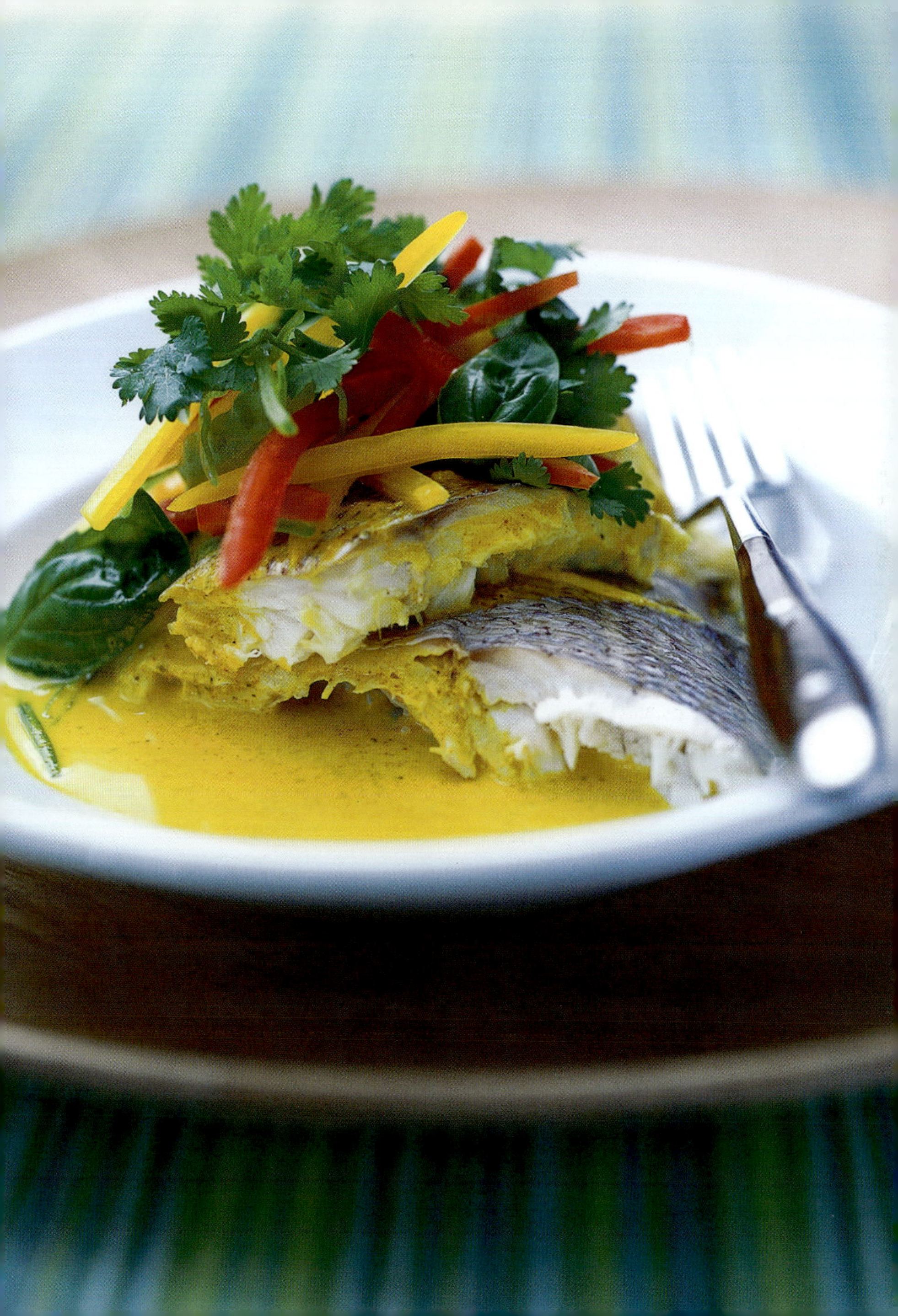

TOUT ÉPICES

Entaillez les parties
plus épaisses des poissons
pour faciliter la cuisson.

Le poisson est cuit
quand la chair se détache
facilement de l'arête centrale.

POUR RÉVEILLER    MACIS

1 Préchauffez le four à 200 °C. Coupez la queue et les nageoires des poissons, incisez profondément la chair en trois endroits et mettez les poissons dans un grand plat tapissé de papier sulfurisé.

2 Faites-les cuire 20 minutes au four. La chair doit se décoller de l'arête principale quand vous l'écartez avec la pointe d'un couteau.

3 Poêlez à sec le poivre, le paprika et le curcuma pendant 2 minutes environ, pour que les arômes se dégagent. Réduisez la flamme et ajoutez le lait de coco, le macis, le piment et le sel. Laissez frémir 4 minutes, jusqu'à ce que l'huile remonte à la surface. Versez le jus de citron et réservez au chaud.

4 Dans un saladier, mélangez les pois gourmands, les poivrons, le basilic et la coriandre.

5 Levez les filets des poissons et disposez-les sur les assiettes de service. Enlevez le macis de la sauce. Nappez le poisson de sauce puis garnissez-le de salade de poivrons, pois gourmands et herbes.

TOUT ÉPICES

# Agneau de quatre heures

*Pour 4 personnes*

**2 c. à s. d'huile d'olive**
**4 souris d'agneau**
**1 oignon haché**
**2 gousses d'ail écrasées**
**2 c. à c. de macis moulu**
**2 c. à c. de garam masala**
**500 ml de sauce tomate**
**375 ml de bouillon de bœuf**
**1 c. à s. de thym**

1 Préchauffez le four à 150 °C. Faites colorer les souris d'agneau 5 minutes dans l'huile chaude, dans une grande cocotte, puis réservez-les. Gardez l'huile pour y faire revenir l'oignon et l'ail 3 minutes environ. Ajoutez le macis et le garam masala, mélangez 30 secondes sur le feu.

2 Remettez la viande dans la cocotte avec la sauce tomate et le bouillon. Portez à ébullition puis couvrez hermétiquement.

3 Enfournez 4 heures environ, en retournant deux fois la viande durant la cuisson. Pour servir, saupoudrez-la de thym. Accompagnez d'une purée de pommes de terre.

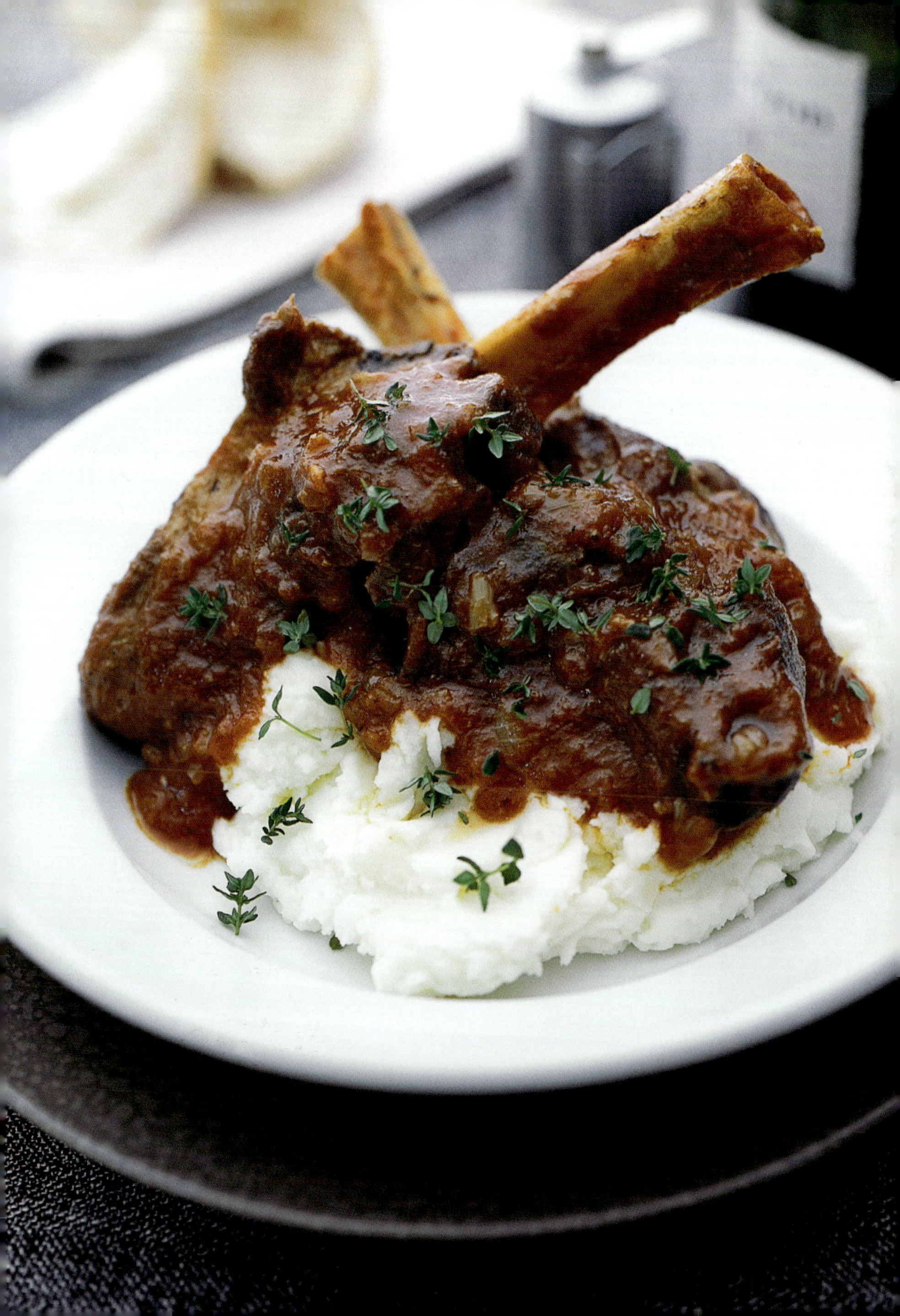

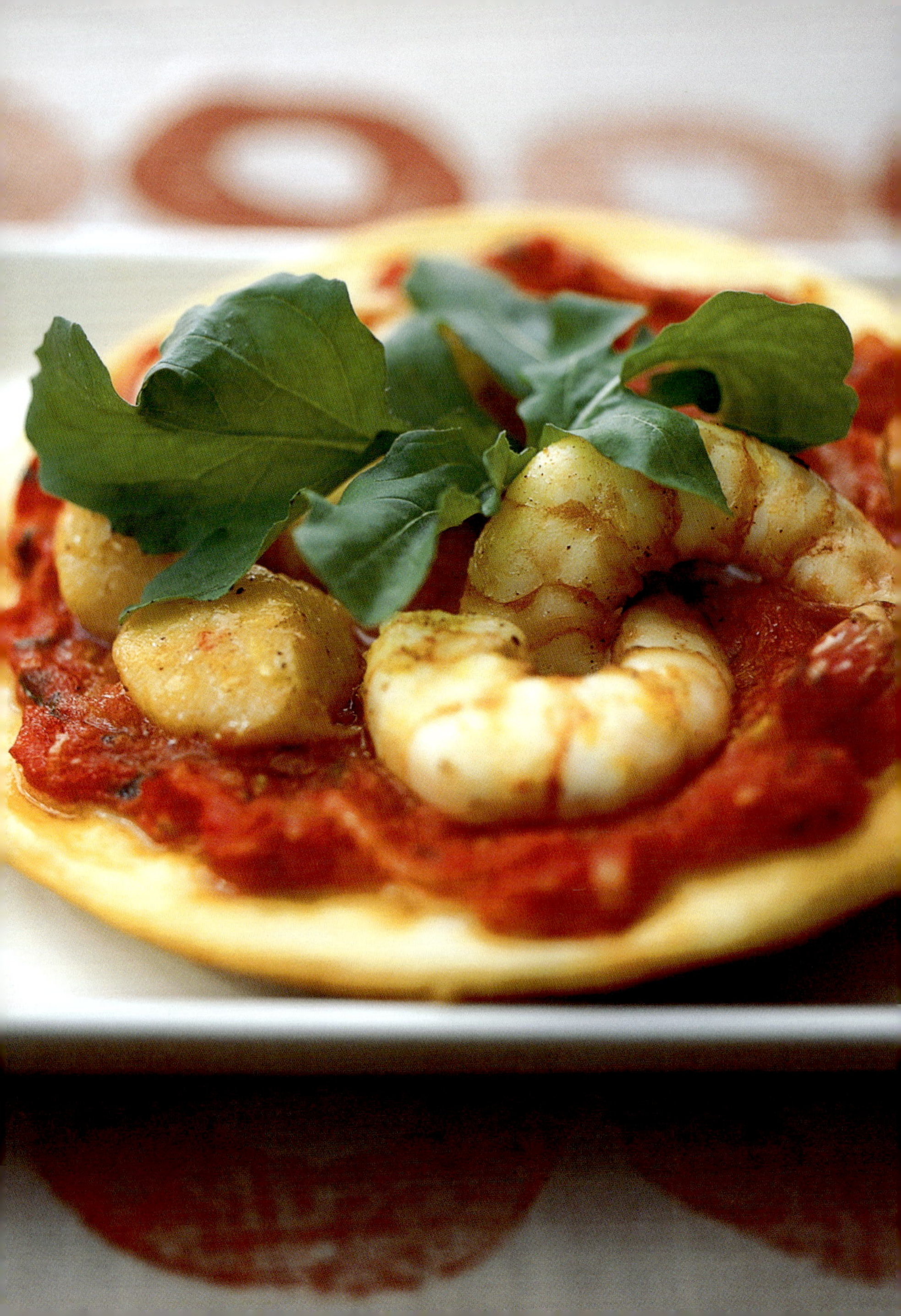

# Pizza de la mer

*Pour 8 personnes*

1 1/2 c. à c. de levure de boulanger
500 g de farine de ménage
1 c. à c. de gros sel
1 c. à s. d'huile d'olive
+ un peu d'huile en supplément
24 grosses gambas décortiquées avec leur queue
24 noix de Saint-Jacques
le zeste de 2 citrons
1 c. à s. de macis moulu
100 g de roquette

### Sauce tomate épicée
800 g de tomates pelées en boîte
1 oignon en tranches
2 gousses d'ail hachées
3 c. à s. d'huile d'olive
3 c. à c. d'origan haché
1 petit piment rouge en tranches fines

1 Préchauffez le four à 210 °C. Dans un robot ménager, pétrissez 5 minutes la levure, la farine et le sel avec 250 ml d'eau tiède et l'huile (comptez 10 minutes pour un pétrissage à la main). Formez une boule et mettez-la dans un saladier huilé. Couvrez et laissez reposer 1 heure dans un endroit tiède ; la pâte doit doubler de volume.

2 Pour préparer la sauce, mélangez dans une casserole les tomates avec leur jus, l'oignon, l'ail, l'huile, l'origan et le piment. Portez à ébullition puis laissez frémir 20 minutes pour que la sauce épaississe. Salez et poivrez.

3 Pétrissez la pâte sur une surface farinée pour la lisser avant de former 8 disques de 18 cm de diamètre. Laissez reposer encore 10 minutes.

4 Répartissez la sauce tomate sur les pizzas. Ajoutez les gambas et les noix de Saint-Jacques avant de les badigeonner d'huile. Saupoudrez de zeste de citron et de macis. Passez au four 15 minutes. Décorez de roquette avant de servir.

# Salade de pois chiches à l'agneau

*Pour 6 à 8 personnes*

300 g de pois chiches secs
1 épaule d'agneau de 2 kg environ
1 c. à s. d'huile d'olive
3 c. à s. de zeste de citron confit haché
1 oignon rouge en tranches fines
1 poivron rouge en tranches
1 piment oiseau rouge
en tranches fines
2 grosses poignées de persil ciselé
2 c. à s. de coriandre ciselée

**Sauce au paprika**
3 c. à s. d'huile d'olive
125 ml de jus de citron
2 c. à c. de paprika doux de Hongrie
1 gousse d'ail écrasée
1 c. à c. de sucre en poudre

1 Faites tremper les pois chiches toute une nuit dans l'eau froide puis égouttez-les.

2 Préchauffez le four à 180 °C. Plongez les pois chiches dans une grande casserole d'eau, portez à ébullition puis laissez frémir 40 minutes ; ils doivent être cuits à point. Égouttez-les bien.

3 Mettez l'épaule d'agneau dans un grand plat, badigeonnez-la d'huile, salez et poivrez. Faites-la rôtir 1 h 30 au four. Laissez-la ensuite reposer 5 minutes sous une feuille d'aluminium avant de la découper en cubes.

4 Pour la sauce, mélangez tous les ingrédients dans un bocal et secouez. Mettez les pois chiches, l'agneau, le citron, l'oignon, le poivron, le piment, le persil et la coriandre dans un saladier. Arrosez de sauce et remuez. Servez tiède ou froid.

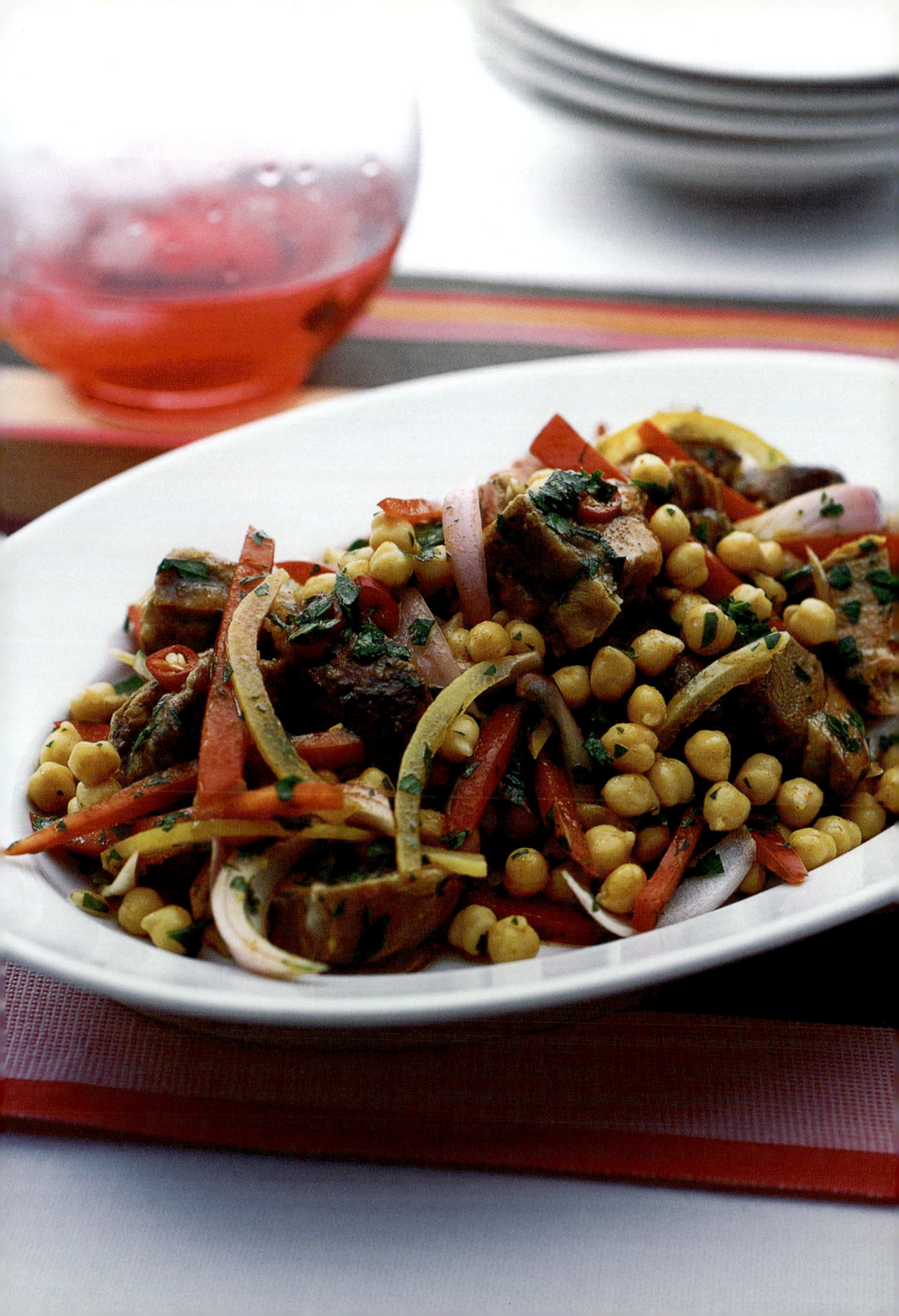

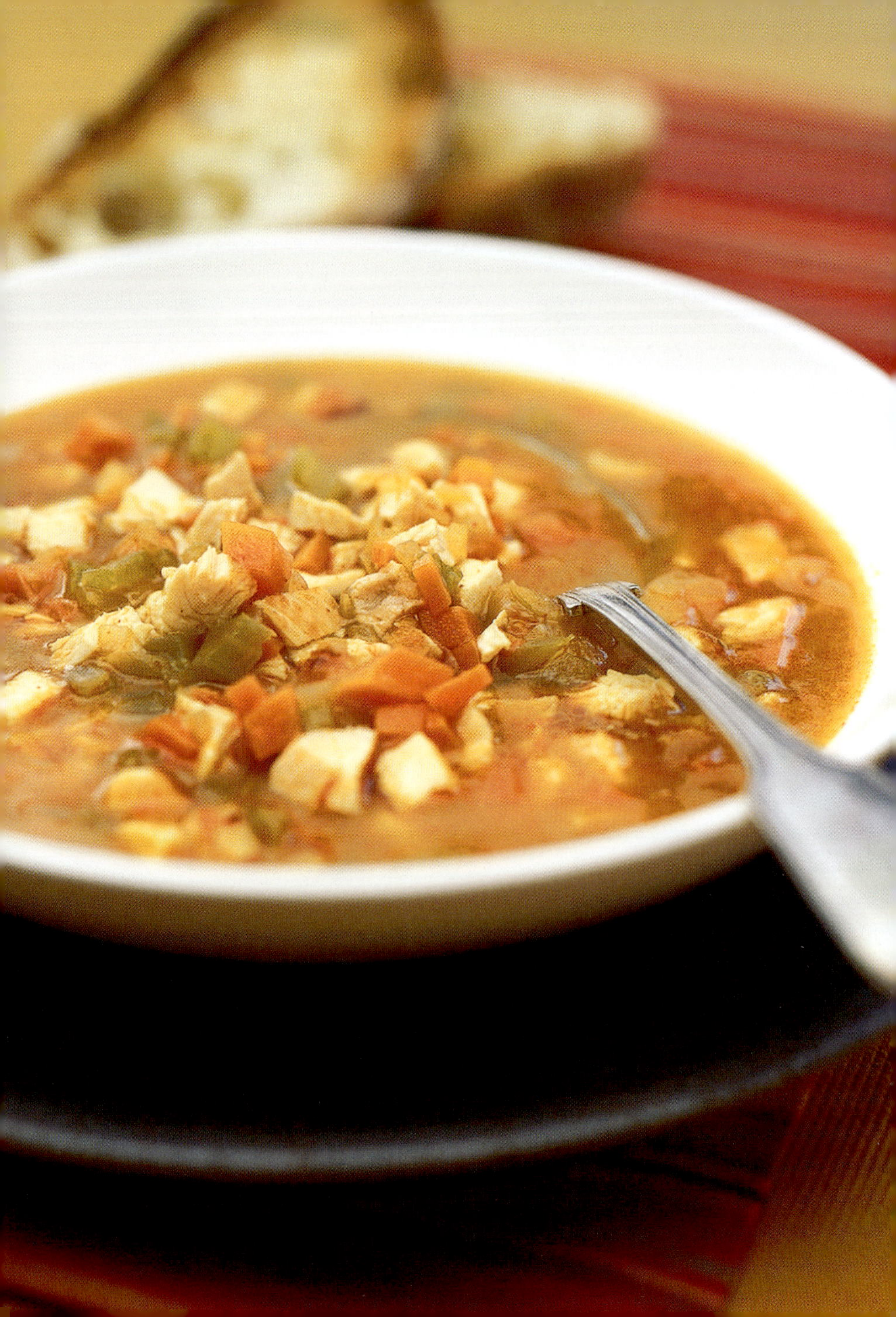

## Soupe au paprika et au poulet

*Pour 4 à 6 personnes*

60 g de beurre
1 oignon en tranches fines
1 branche de céleri en tranches fines
1 petite carotte en tranches fines
2 c. à s. de paprika doux de Hongrie
40 g de farine de ménage
2 litres de bouillon de volaille
125 ml de crème fraîche
300 g de blancs de poulet cuits détaillés en fines lamelles

1 Faites revenir 5 minutes dans le beurre l'oignon, le céleri et la carotte. Ils doivent être juste tendres.

2 Ajoutez le paprika et laissez chauffer 1 minute pour que les arômes se dégagent. Incorporez rapidement la farine et remuez pour bien mélanger. Faites cuire encore 1 minute.

3 Hors du feu, versez un tiers du bouillon en mélangeant bien pour obtenir une pâte épaisse. Replacez la casserole sur la flamme et faites épaissir la sauce en versant progressivement le reste du bouillon. Mélangez toujours vivement pour qu'il n'y ait pas de grumeaux (si vous n'avez pas pu les éviter, passez cette base dans un tamis fin avant de la remettre sur le feu).

4 Portez à ébullition puis laissez frémir 45 minutes à couvert.

5 Retirez la casserole du feu pour ajouter la crème fraîche et le poulet. Salez et poivrez à votre goût. Servez avec du pain de campagne.

TOUT ÉPICES

# Goulasch de bœuf

*Pour 4 personnes*

1 kg de bœuf à bourguignon en gros cubes
50 g de farine de ménage
2 c. à s. d'huile végétale
1 oignon rouge en tranches fines
2 gousses d'ail écrasées
800 g de tomates pelées en conserve
250 ml de bouillon de bœuf
1 c. à s. de concentré de tomates
1 1/2 c. à s. de paprika doux de Hongrie
2 feuilles de laurier
2 pommes de terre en cubes
3 c. à c. d'origan ciselé

1 Farinez la viande puis faites-la colorer en plusieurs tournées dans l'huile chaude. Réservez-la pendant que vous laissez revenir à sa place l'oignon et l'ail. Remuez 2 minutes pour qu'ils commencent à devenir tendres.

2 Remettez le bœuf dans la cocotte. Ajoutez les tomates avec leur jus, le bouillon, le concentré de tomates, le paprika et le laurier. Baissez le feu, couvrez et laissez frémir 30 minutes, en remuant de temps à autre. Incorporez les pommes de terre et laissez mijoter encore 20 minutes.

3 Terminez la cuisson sans couvercle, 5 minutes environ, pour faire épaissir la sauce. Ajoutez l'origan, salez et poivrez à votre goût.

**PRATIQUE** Ce goulasch de bœuf se réchauffe très bien. Vous pouvez donc le préparer à l'avance (la veille) ou le congeler.

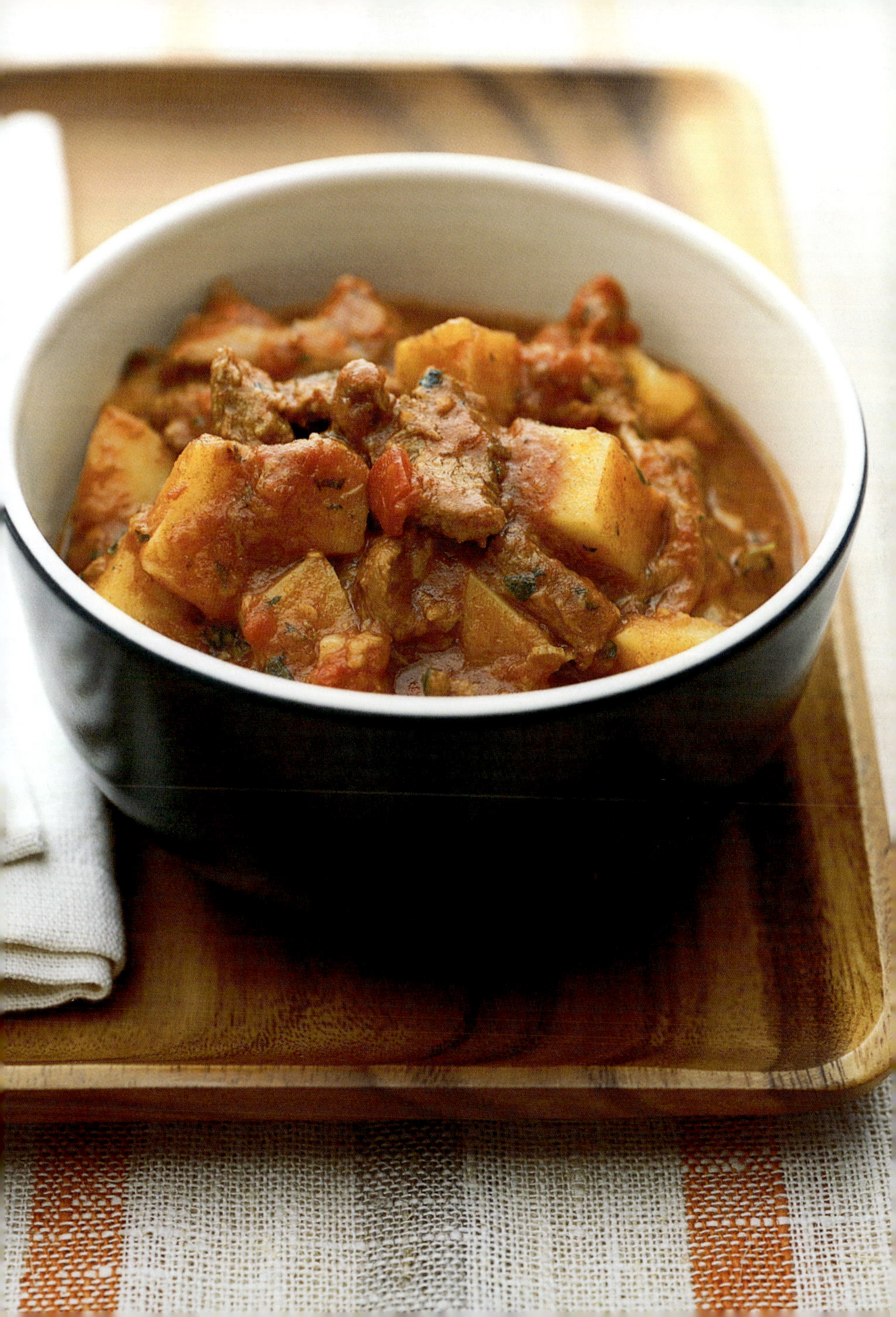

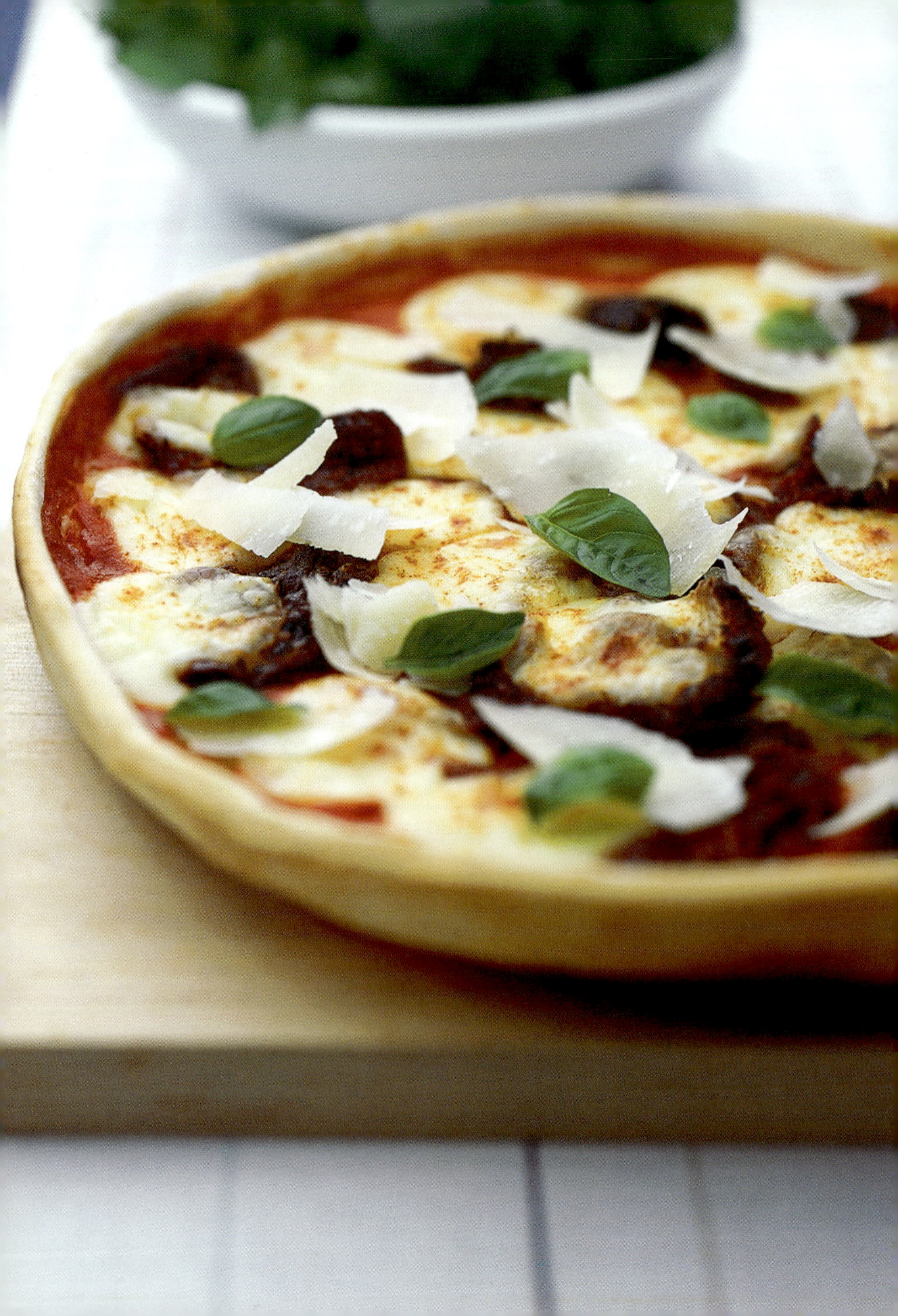

# Pizza aux tomates confites et bocconcini

*Pour 4 à 6 personnes*

3/4 de c. à c. de levure de boulanger
1 c. à c. de sucre en poudre
185 g de farine ordinaire
1/2 c. à c. de sel
1 c. à s. d'huile d'olive
3 c. à s. de sauce tomate
4 bocconcini en tranches
120 g de tomates confites à l'huile, bien égouttées
1/2 c. à c. de paprika doux fumé
25 g de parmesan en copeaux
1 petite poignée de basilic

1 Mélangez dans un récipient la levure, 100 ml d'eau et le sucre. Couvrez et laissez reposer 10 minutes dans un endroit tiède pour que le mélange mousse. Tamisez la farine et le sel dans un saladier, incorporez la levure avec l'huile et formez une pâte homogène. Pétrissez-la 10 minutes sur un plan de travail fariné pour la rendre plus souple. Ramassez-la ensuite en boule et mettez-la à gonfler dans un endroit tiède, dans un saladier légèrement huilé, en la recouvrant d'un torchon propre. Elle doit presque doubler de volume.

2 Préchauffez le four à 200 °C. Abaissez la pâte sur le plan de travail fariné et formez un disque de 30 cm de diamètre. Nappez-le de sauce tomate avant de le garnir de tranches de bocconcini, de tomates confites et de paprika. Passez au four 20 minutes environ.

3 Décorez de copeaux de parmesan et de feuilles de basilic. Servez sans attendre.

**PRATIQUE** Les bocconcini sont de petites boules de mozzarella. Vous les trouverez chez les traiteurs italiens.

# Poisson au four à la provençale

*Pour 4 personnes*

1 c. à s. d'huile d'olive
1 oignon rouge en petits cubes
3 c. à c. de paprika doux
1 feuille de laurier
100 ml de vin blanc sec
300 ml de fumet de poisson
400 g de tomates pelées en boîte
2 petits bulbes de fenouil en tranches fines
4 filets de poisson blanc ferme sans la peau
le zeste râpé de 1 citron
8 tranches fines de baguette
80 g de parmesan râpé
60 g d'olives noires
1 petite poignée de persil

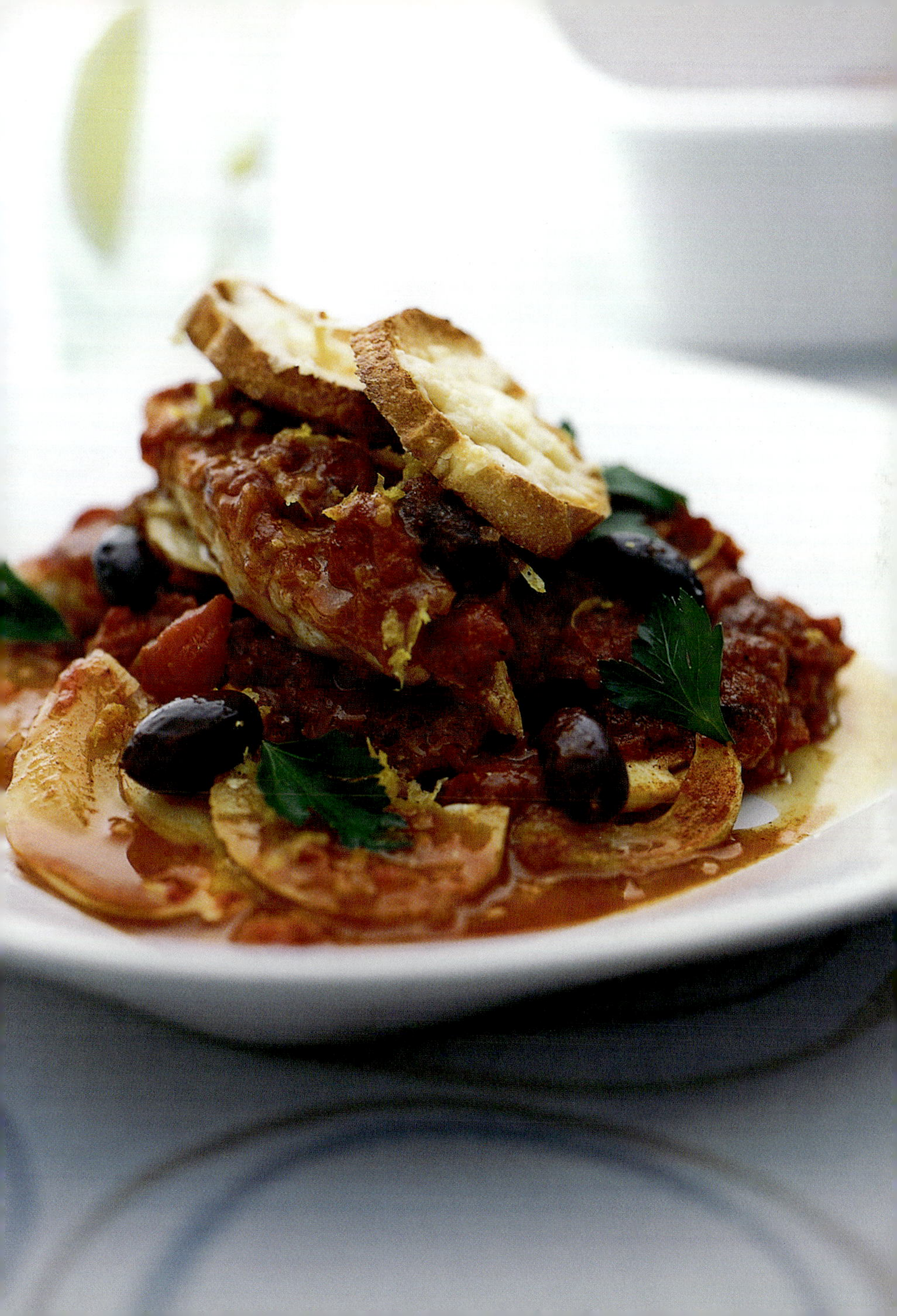

TOUT ÉPICES

Laissez chauffer
le paprika et le laurier
2 minutes pour libérer les arômes.

Faites griller le pain
avant de le saupoudrer de parmesan.
Repassez-le au four.

1 Préchauffez le four à 180 °C. Faites revenir 6 minutes l'oignon dans l'huile, jusqu'à ce qu'il soit tendre et légèrement doré. Ajoutez le paprika et le laurier. Laissez chauffer 2 minutes pour que les arômes se dégagent. Versez le vin, mélangez 1 minute sur le feu, puis incorporez le fumet de poisson et les tomates. Dès l'ébullition, baissez le feu et laissez frémir 15 minutes.

2 Disposez les tranches de fenouil dans le fond d'un grand plat, ajoutez les filets de poisson, nappez de sauce tomate et répartissez dessus la moitié du zeste de citron. Enfournez 20 minutes pour que le poisson soit cuit à point.

3 Faites griller légèrement le pain avant de le recouvrir de parmesan. Repassez-le rapidement au four pour que le fromage fonde.

4 Pour servir, répartissez le poisson et le fenouil dans les assiettes, nappez-le de sauce tomate et garnissez-le d'olives. Décorez avec le reste du zeste de citron et le persil. Présentez avec le pain gratiné au fromage.

## Salade de tomates rôties et pancetta

*Pour 4 personnes*

**8 tomates olivettes
coupées en deux dans la longueur
1 c. à s. de sumac
4 c. à s. d'huile d'olive
100 g de pancetta en tranches
80 g de roquette
1 petit oignon rouge en tranches fines
1 grosse poignée de basilic déchiqueté
3 c. à s. de vinaigre balsamique
1 c. à c. de sucre brun**

1 Préchauffez le four à 180 °C. Retournez les tomates plusieurs fois dans un grand plat où vous aurez versé la moitié de l'huile puis posez-les sur la peau dans ce même plat, saupoudrez de sumac, salez et poivrez. Faites rôtir au four 30 minutes.

2 Poêlez la pancetta 3 minutes à feu moyen pour qu'elle dore des deux côtés. Dégraissez-la sur du papier absorbant et brisez-la en morceaux.

3 Mélangez les tomates, la pancetta, la roquette, l'oignon et le basilic dans un saladier. Fouettez le vinaigre, le reste d'huile et le sucre dans un bocal et versez cette sauce sur la salade. Remuez délicatement. Servez sans attendre.

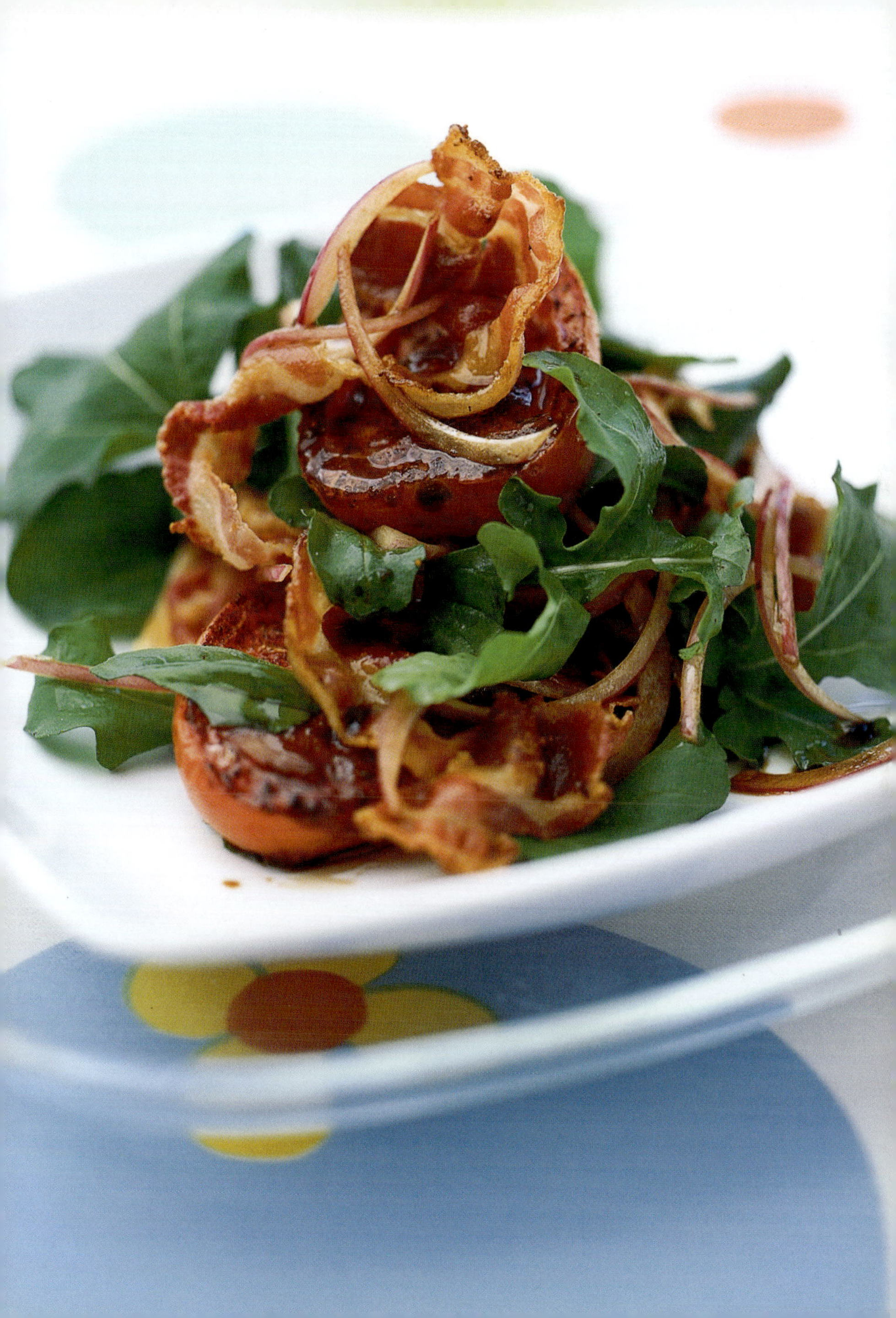

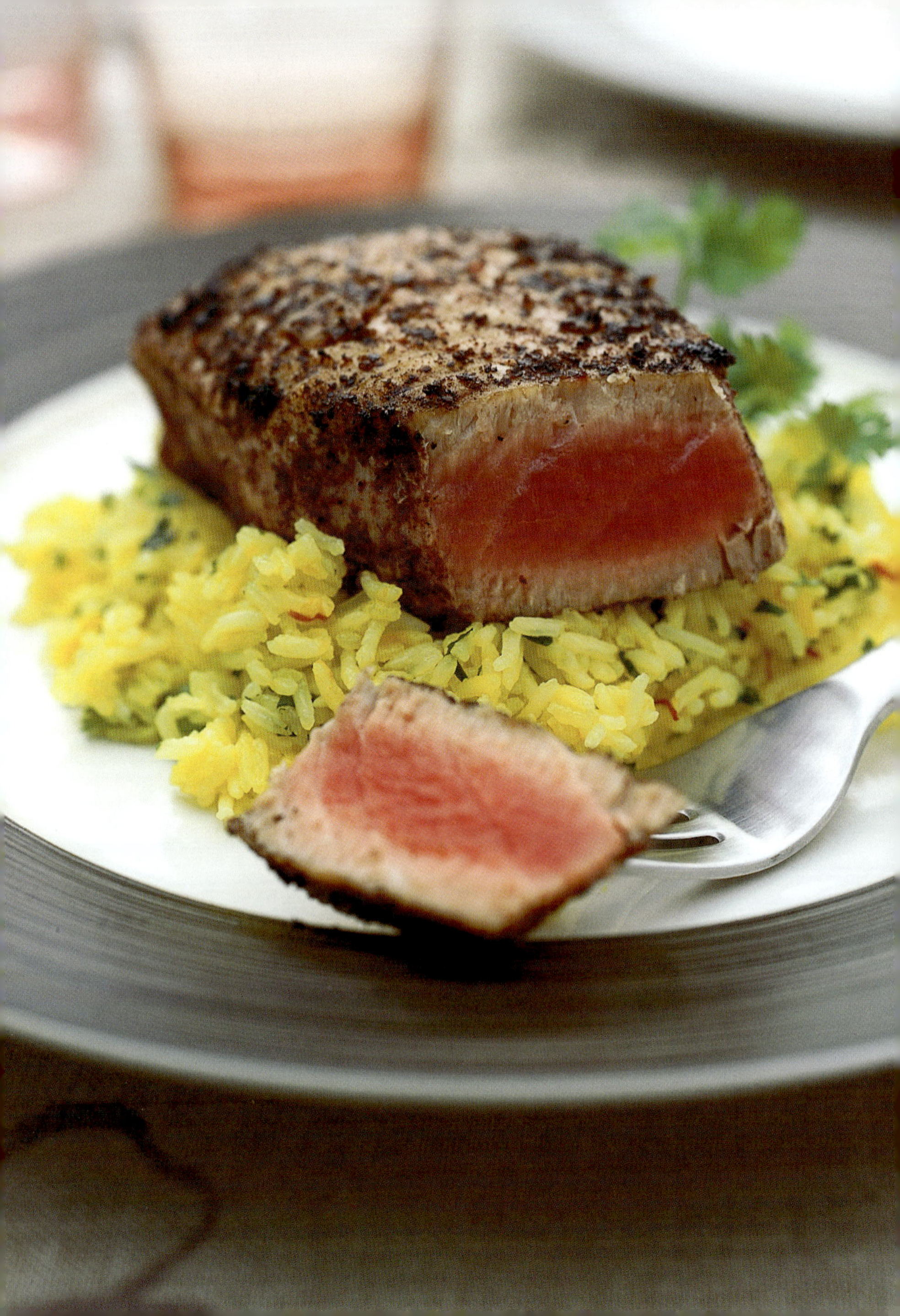

# Thon poêlé au sumac et riz safrané

*Pour 4 personnes*

2 c. à s. d'huile d'olive
1 c. à s. de sumac
1 gousse d'ail écrasée
2 pavés de thon de 200 g

**Riz safrané**
300 g de riz jasmin
1 pincée de filaments de safran
1 gousse d'ail écrasée
3 c. à s. de coriandre ciselée
+ quelques feuilles pour décorer

1. Frottez les pavés de thon avec un mélange d'huile, de sumac et d'ail. Salez et poivrez. Saisissez-les à feu vif sur un gril en fonte, 4 minutes de chaque côté pour que le cœur reste mi-cuit.

2. Mélangez le riz, 750 ml d'eau, le safran et l'ail dans une casserole, portez à ébullition, couvrez puis laissez cuire 15 minutes à feu doux. Aérez le riz à la fourchette avant d'incorporer la coriandre ciselée.

3. Servez les pavés de thon avec le riz. Décorez éventuellement de feuilles de coriandre entières.

TOUT ÉPICES

# Salade fattoush

*Pour 4 personnes*

1 gros pain pita coupé en deux
2 petites salades déchiquetées
2 tomates hachées
2 petits concombres en tranches fines
1 poivron vert en gros dés
4 oignons verts en bâtonnets
1 grosse poignée de menthe ciselée
1 grosse poignée de coriandre ciselée

**Assaisonnement**
3 c. à s. de jus de citron
3 c. à s. d'huile d'olive
1 c. à s. de sumac

1 Préchauffez le four à 180 °C pour y faire ensuite dorer le pain pendant 5 minutes environ. Laissez-le refroidir avant de le détailler en morceaux.

2 Préparez l'assaisonnement en fouettant tous les ingrédients dans un bol.

3 Mélangez la salade, les tomates, les concombres, le poivron, les oignons et les herbes dans un saladier. Décorez de morceaux de pita, nappez de sauce et servez immédiatement.

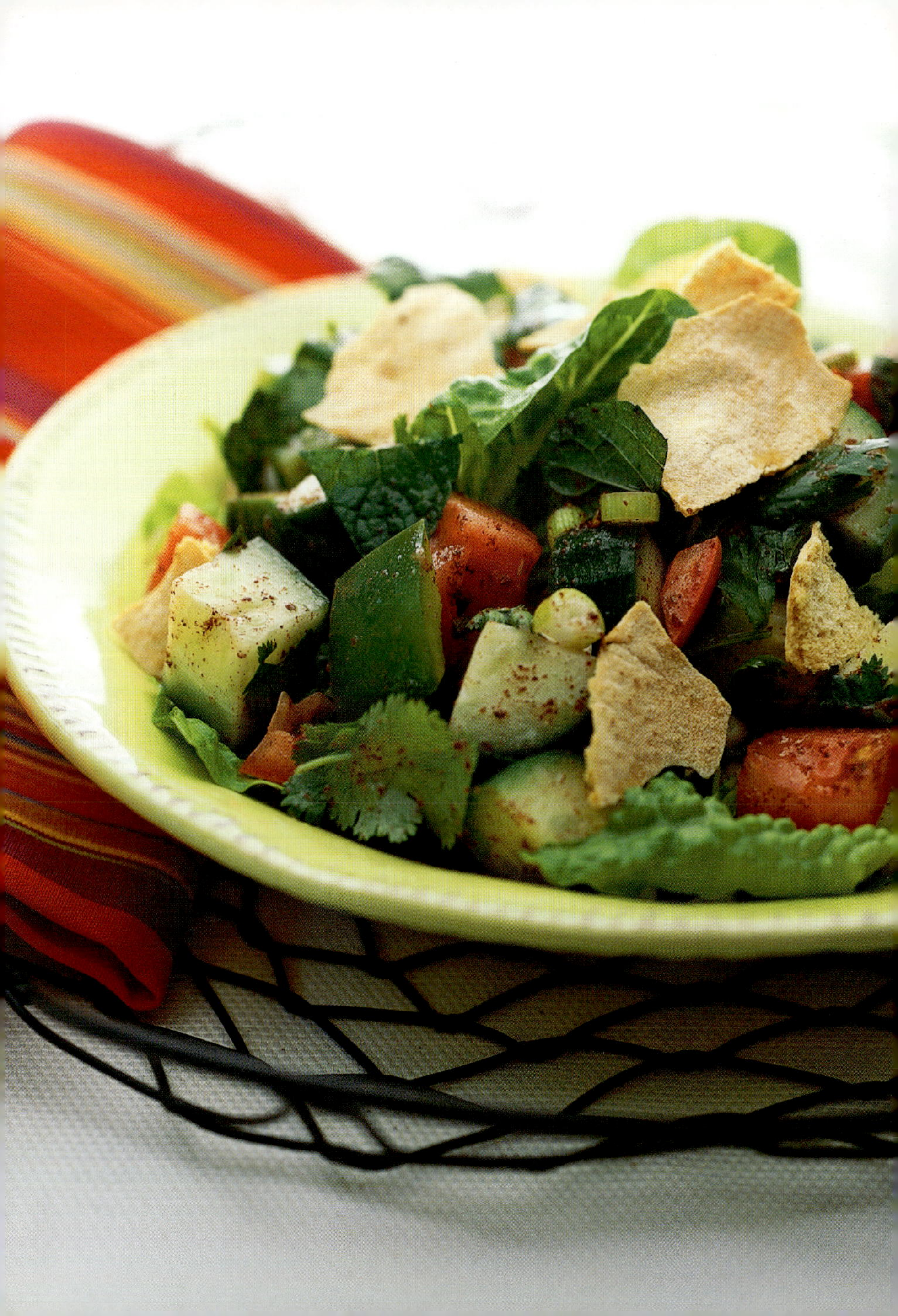

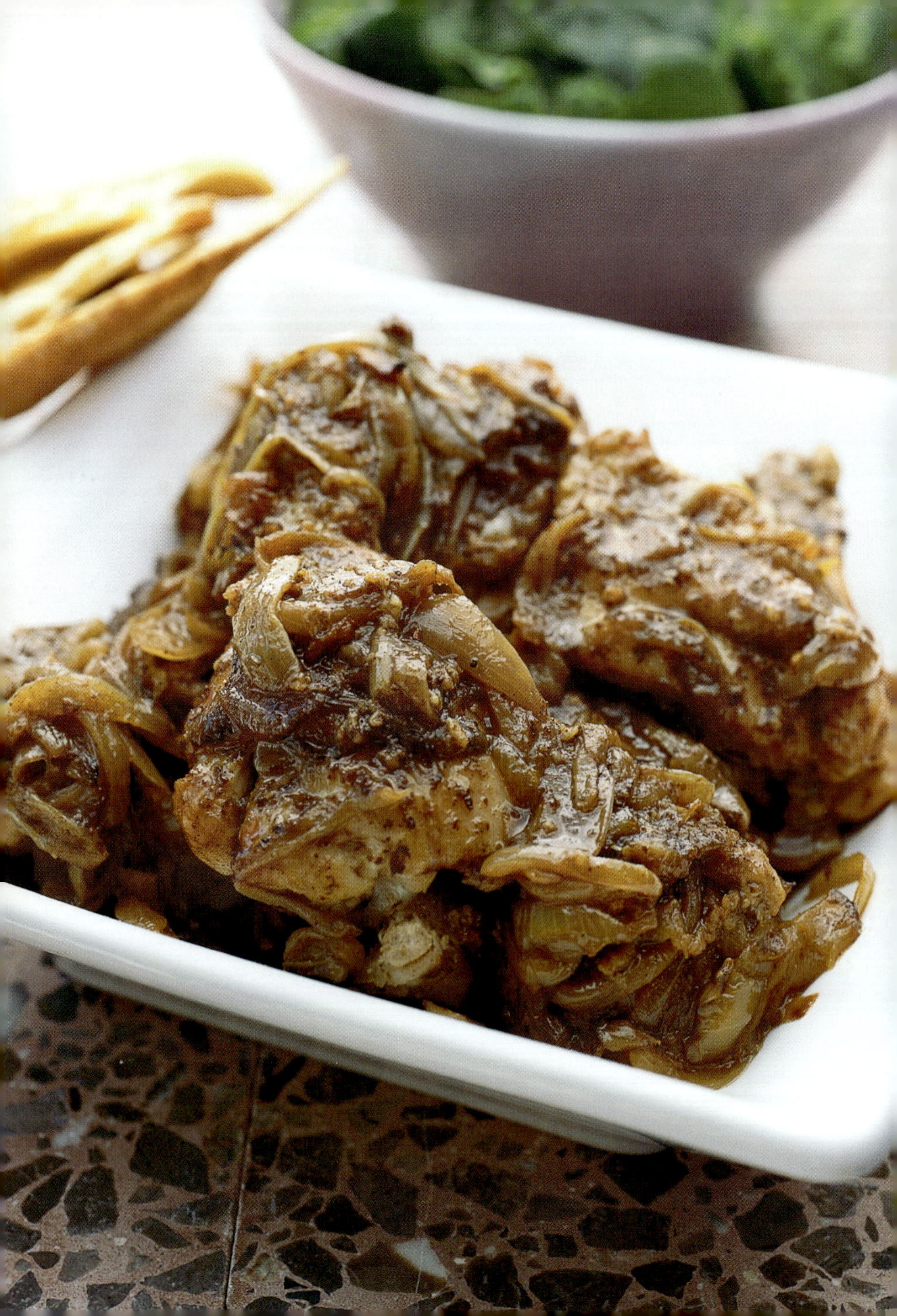

POUR RÉVEILLER   SUMAC

# Poulet rôti aux oignons et au sumac

*Pour 4 personnes*

2 c. à s. d'huile d'olive
1,5 kg de hauts de cuisses de poulet dégraissés mais avec la peau
5 gros oignons détaillés en rondelles
2 gousses d'ail broyées
2 c. à s. de sumac
2 c. à s. de bouillon de volaille ou d'eau

1 Préchauffez le four à 170 °C. Dans une grande poêle, faites colorer la viande dans la moitié de l'huile en la retournant plusieurs fois. Réservez-la.

2 Dans le reste d'huile d'olive, laissez fondre les oignons 10 minutes. Ajoutez l'ail et le sumac. Mélangez sur le feu pendant 2 minutes avant de répartir la moitié de ce mélange au fond d'un grand plat. Posez les morceaux de poulet dessus et couvrez avec le reste des oignons. Humectez de bouillon et couvrez d'une feuille d'aluminium.

3 Faites rôtir 50 à 60 minutes au four. Laissez reposer 10 minutes avant de servir avec une salade verte et du pain pita.

# Gambas grillées et salade de pastèque à la feta

*Pour 4 personnes*

12 gambas crues décortiquées
avec leur queue
1 c. à s. d'huile d'olive
2 c. à c. de sumac
2 kg de pastèque épépinée
et coupée en morceaux de 2 cm
1/2 petit oignon rouge
en tranches fines
30 g d'olives noires dénoyautées
150 g de feta
1 c. à s. d'huile d'olive
1 c. à s. de jus de citron
2 c. à s. de menthe ciselée

1 Enduisez les gambas avec la moitié de l'huile d'olive et frottez-les avec 1 cuillerée à café de sumac avant de les laisser mariner 15 minutes.

2 Faites-les ensuite griller 3 à 5 minutes sur un gril en fonte chaud puis réservez-les sous une feuille d'aluminium.

3 Répartissez la pastèque, l'oignon et les olives sur les assiettes de service. Émiettez la feta dessus.

4 Fouettez le reste de l'huile, le jus de citron, le reste du sumac et la menthe dans un bol. Versez cette sauce sur la salade. Disposez enfin les gambas sur les assiettes et servez sans attendre.

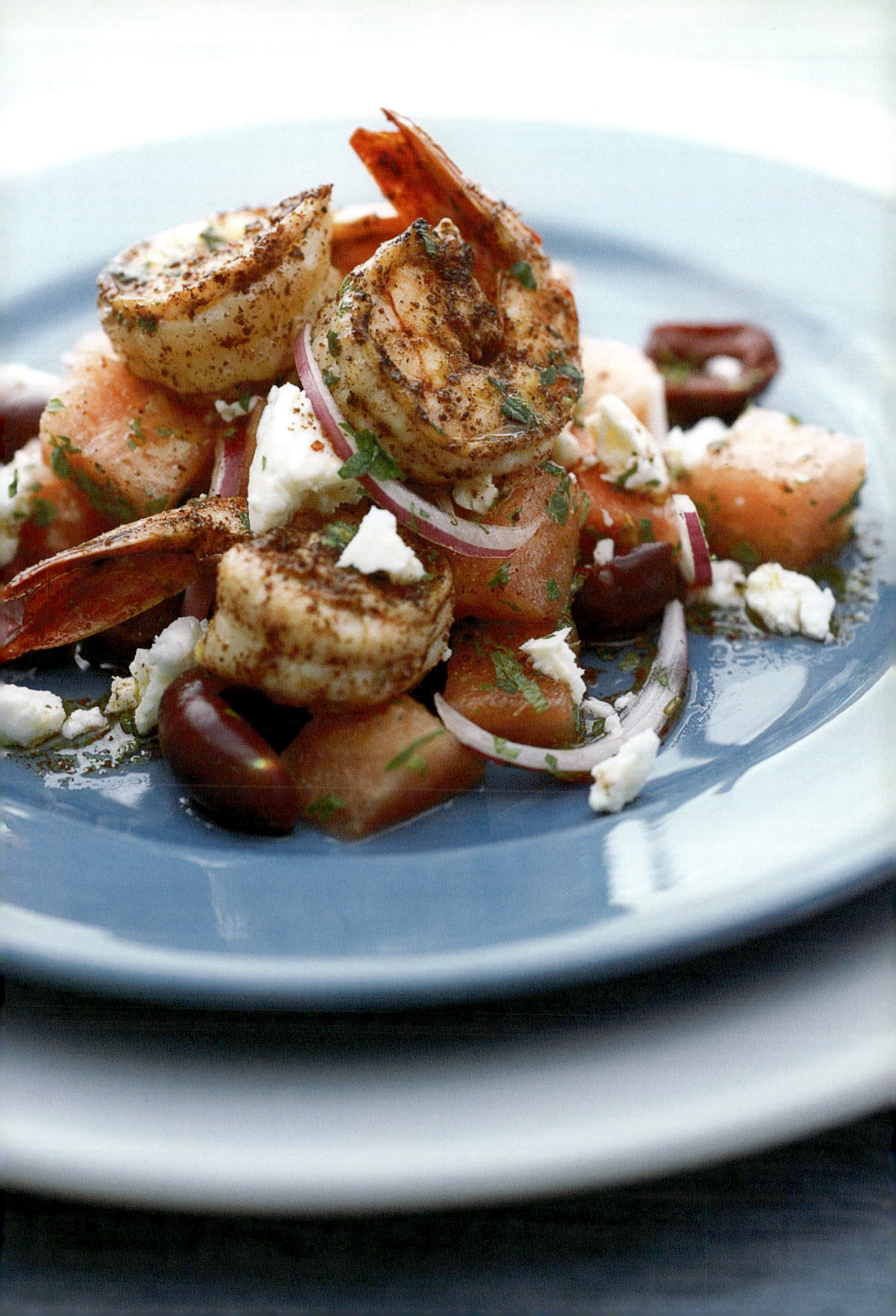

# Pour enflammer

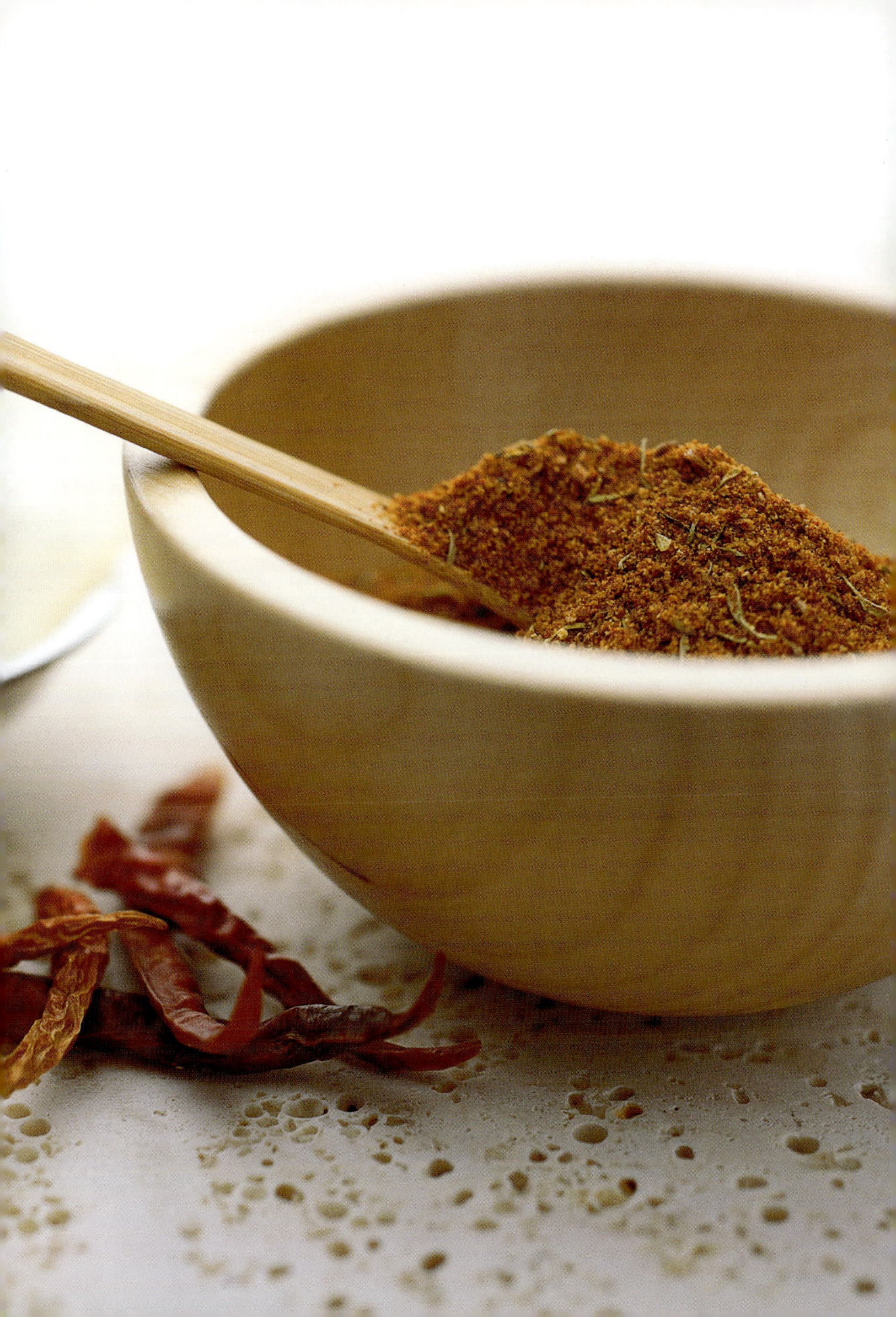

# Puissance des épices

Les épices brûlantes ne sont pas simplement « épicées » : chacune possède un goût propre et un degré d'intensité variable. Les piments sont piquants car ils contiennent de la capsaïcine (un puissant composant chimique agissant directement sur les récepteurs de la douleur dans la bouche et la gorge). Le corps réagit en secrètant des endorphines, lesquelles provoquent une sensation de bien-être physique. Ce qui explique que leur consommation soit un si grand plaisir… Pour éviter une impression excessive de brûlure, retirez les membranes blanches internes et les graines, car c'est surtout là que réside le « feu » du piment. Sachez aussi que les plus petits sont les plus brûlants. D'autres épices piquantes offrent la même palette de sensations, qui va du simple picotement sur la langue à une brûlure difficilement supportable. C'est le cas des graines de moutarde ou des grains de poivre..

POUR ENFLAMMER

Poudre composée de piments rouges
originaires d'Amérique du Sud,
le piment de Cayenne est très fort
et doit s'employer avec parcimonie,
sauf si vous en recherchez la brûlure !

Il existe des milliers de variétés
de piments, de toutes formes,
de toutes tailles, de toutes couleurs,
dont la saveur va du simple chatouillis
à la braise la plus ardente.

TOUT ÉPICES

On compte trois variétés principales
de graines de moutarde :
noires (les plus fortes), brunes et blanches.
Les graines entières sont peu odorantes
mais libèrent leurs saveurs
quand on les mélange avec un peu d'eau.

Le poivre est noir, vert ou blanc.
Ces trois variétés proviennent
de la même plante mais sont cueillies
à diverses étapes de leur développement.
On vend le poivre entier, concassé,
moulu ou en saumure.

POUR ENFLAMMER

La saveur et le parfum
du poivre du Sichuan, originaire de Chine,
comportent des notes boisées
en prélude d'une saveur puissante
et chaleureuse.

Souvent comparé au raifort,
le wasabi n'est pas de la même famille.
La racine verte de ce natif du Japon
se consomme râpée, en poudre ou,
le plus souvent, en pâte.

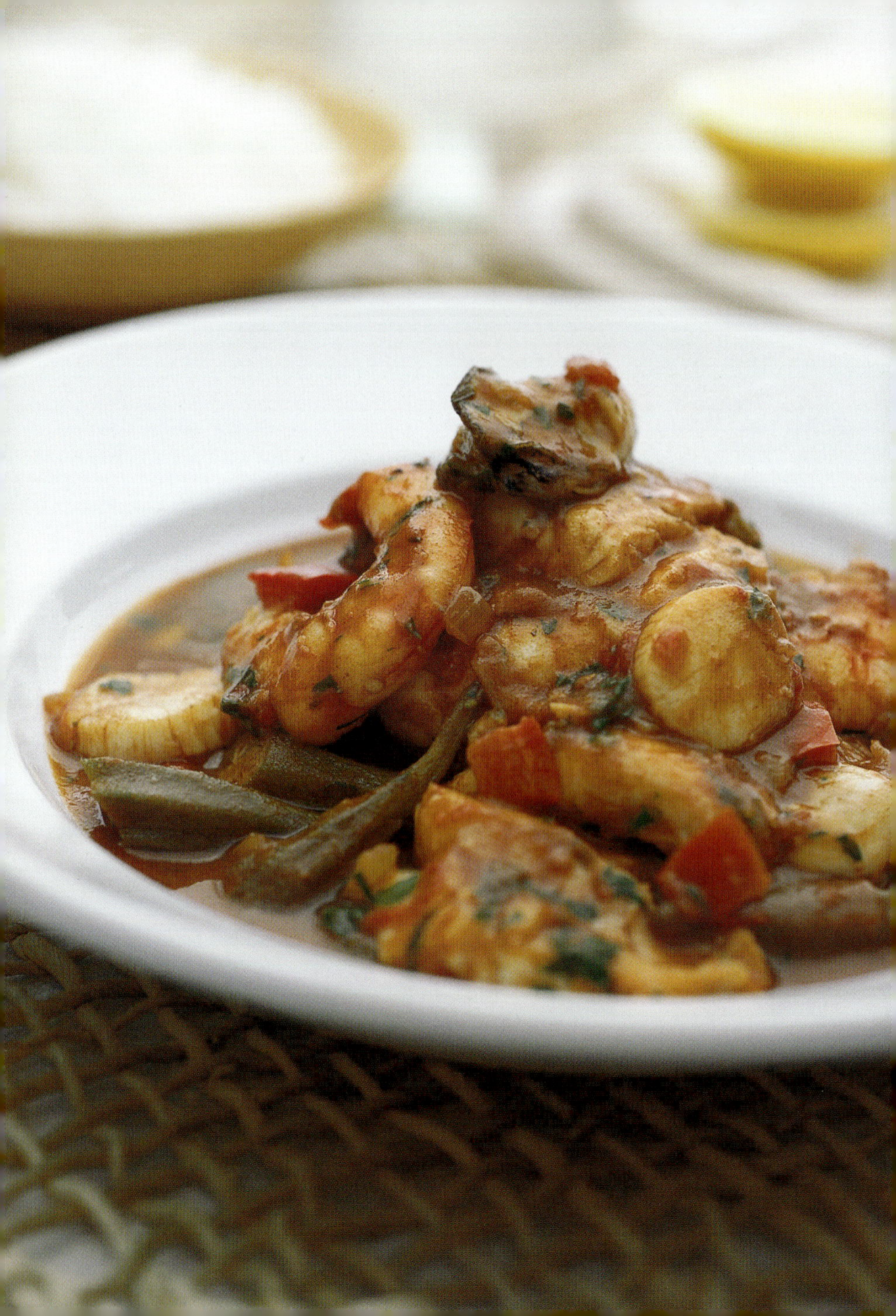

POUR ENFLAMMER   PIMENT DE CAYENNE

# Gombos aux fruits de mer

*Pour 6 personnes*

3 c. à s. d'huile d'olive
30 g de farine de ménage
1 gros oignon en tranches fines
2 branches de céleri en tranches fines
1 poivron rouge en julienne
2 feuilles de laurier
2 gousses d'ail écrasées
1 c. à c. de thym finement ciselé
1 1/2 c. à c. de piment de Cayenne
2 c. à c. de paprika doux fumé
3 c. à c. de cumin moulu
2 c. à c. d'origan en poudre
1 litre de bouillon de volaille
400 g de tomates pelées en boîte
1 c. à s. de concentré de tomates
350 g de gombos en tranches épaisses
1 kg de gambas crues décortiquées
300 g de noix de Saint-Jacques sans le corail
400 g de poisson blanc sans la peau, en morceaux de 4 cm
18 huîtres sans leur coquille
1 c. à s. de persil plat ciselé

1 Faites colorer la farine dans l'huile pendant 30 minutes, à feu doux et en remuant constamment. Ajoutez l'oignon, le céleri, le poivron et le laurier. Laissez cuire 15 minutes. Quand l'oignon est tendre, augmentez la flamme et incorporez l'ail, le thym, le piment de Cayenne, le paprika, le cumin et l'origan. Continuez de mélanger 1 minute à feu vif pour que les arômes se dégagent.

2 Versez le bouillon, 375 ml d'eau, les tomates et le concentré de tomates. Portez à ébullition puis laissez frémir 1 heure à feu doux. Ajoutez les gombos et faites cuire encore 45 minutes.

3 Mettez dans la sauteuse les crevettes, les noix de Saint-Jacques et le poisson, augmentez le feu et faites cuire encore 5 à 6 minutes. Ajoutez les huîtres et laissez 1 minute à feu doux. Incorporez enfin le persil. Servez avec du riz blanc et des quartiers de citron.

TOUT ÉPICES

# Couscous de légumes

*Pour 4 personnes*

2 c. à s. d'huile d'olive
1 gros oignon en tranches
2 gousses d'ail écrasées
1 c. à s. de gingembre frais râpé
2 c. à c. de cumin moulu
2 c. à c. de coriandre moulue
1/2 c. à c. de piment de Cayenne
1/2 c. à c. de paprika doux de Hongrie
400 g de tomates pelées en boîte
250 ml de bouillon de légumes
1 rutabaga pelé et détaillé en cubes
2 carottes pelées
et coupées en bâtonnets
400 g de patate douce
pelée et détaillée en cubes
2 courgettes en tranches épaisses
270 g de couscous

1 Faites revenir l'oignon 10 minutes dans 1 cuillerée à soupe d'huile. Quand il est tendre et doré, ajoutez l'ail, le gingembre, le cumin, la coriandre, le piment de Cayenne et le paprika. Mélangez 1 minute à feu vif.

2 Incorporez les tomates et le bouillon, puis remuez en grattant le fond de la sauteuse pour détacher les sucs de cuisson. Ajoutez le rutabaga et les carottes, couvrez et portez à ébullition. Couvrez. Après 15 minutes de cuisson à feu moyen, incorporez la patate douce et, 30 minutes plus tard, les courgettes. Laissez cuire encore 15 à 20 minutes, jusqu'à ce que tous les légumes soient tendres. Salez et poivrez.

4 Versez sur le couscous 500 ml d'eau bouillante et le reste de l'huile, couvrez et laissez gonfler 5 minutes. Aérez la graine à la fourchette. Pour servir, répartissez le couscous dans des assiettes chaudes et garnissez de légumes en sauce.

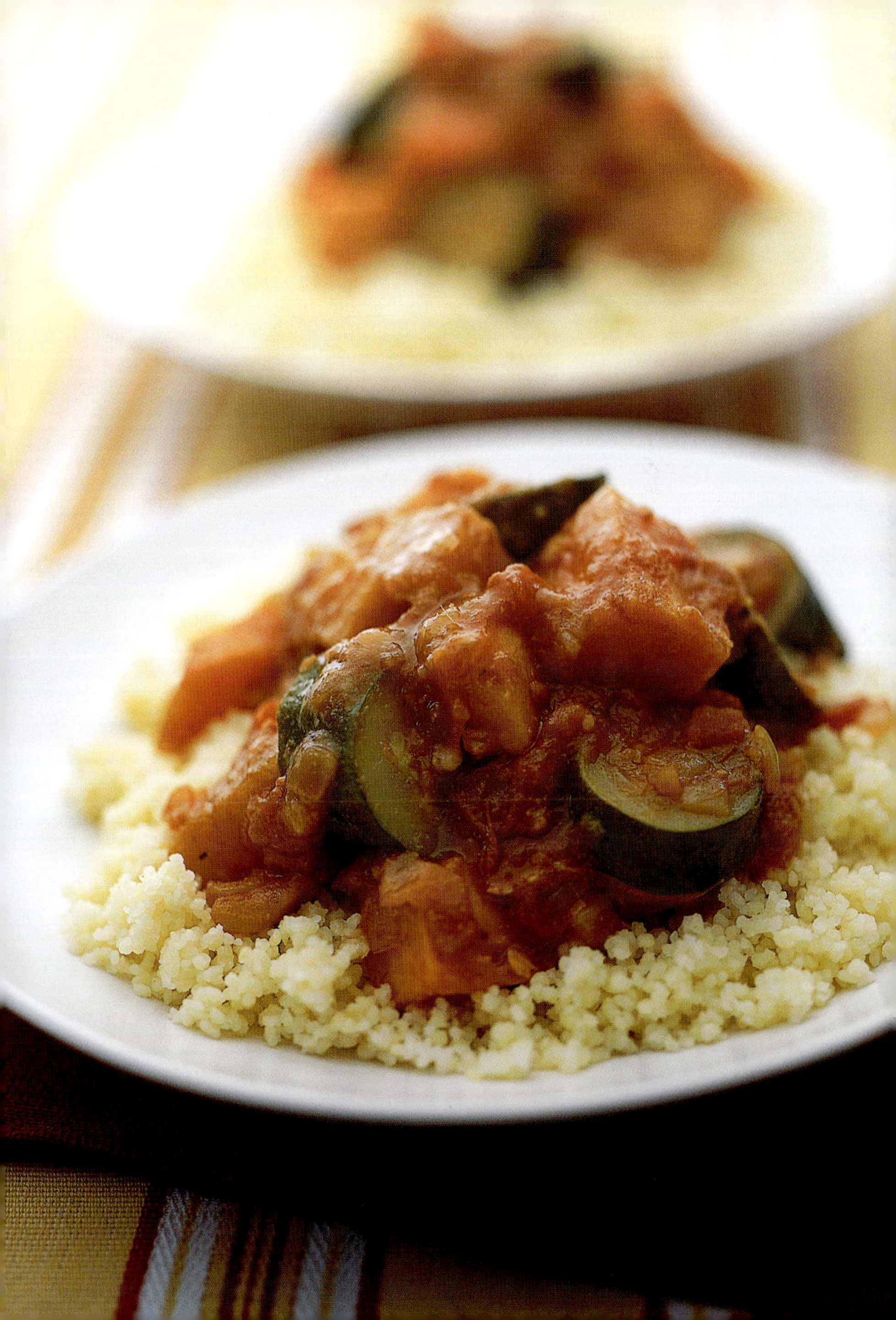

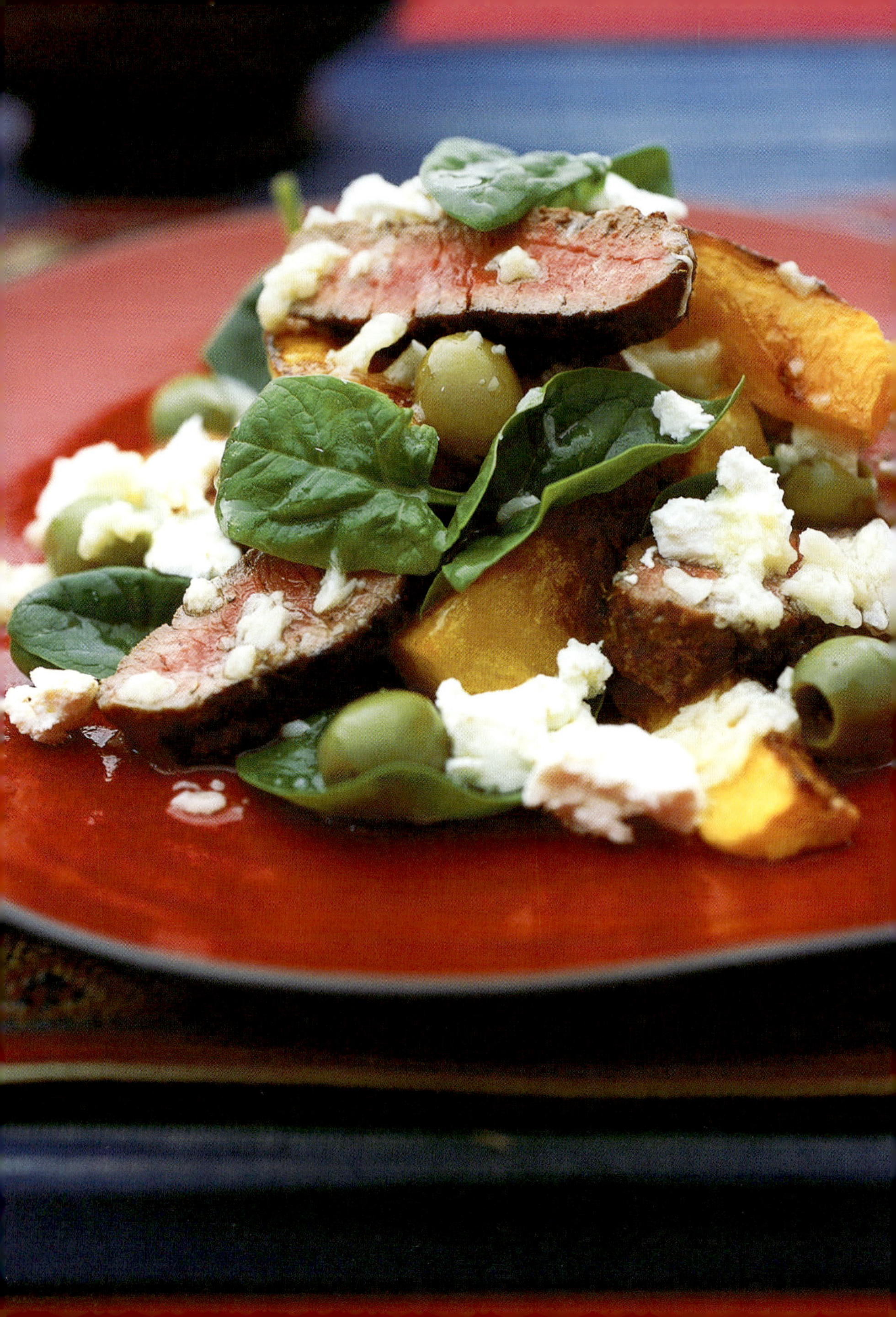

## Salade pimentée à l'agneau grillé

*Pour 4 personnes*

600 g de potiron pelé et détaillé en morceaux de 3 cm
1 tête d'ail
3 c. à s. d'huile d'olive
2 filets d'agneau de 200 g
100 g de pousses d'épinards
95 g d'olives vertes dénoyautées
80 g de fromage de chèvre émietté
3 c. à s. d'huile d'olive
1 c. à s. de jus de citron

**Croûte d'épices**
2 c. à c. de piment de Cayenne
2 c. à c. de paprika doux
1 c. à c. de poudre de moutarde en grains
1 c. à c. de coriandre moulue
1 c. à c. de sel
1/4 de c. à c. de poivre noir fraîchement moulu
1/2 c. à c. de cumin moulu
1 c. à c. de thym sec
1 c. à c. de sucre brun

# TOUT ÉPICES

1. Préchauffez le four à 190 °C. Mettez les morceaux de potiron avec la tête d'ail entière dans un plat chemisé de papier sulfurisé et versez 1 cuillerée à soupe d'huile d'olive, mélangez bien. Salez et poivrez. Faites cuire au four 45 à 50 minutes, jusqu'à ce que l'ail soit tendre et le potiron moelleux et doré.

2. Mélangez dans un saladier les ingrédients de la croûte d'épices. Frottez délicatement l'agneau de 1 cuillerée à soupe de ce mélange (gardez le reste dans un récipient hermétique pour un usage ultérieur).

3. Sur une plaque en fonte légèrement huilée et très chaude, saisissez la viande 2 à 3 minutes de chaque côté pour qu'elle reste rosée à cœur (augmentez un peu le temps de cuisson si vous préférez une viande cuite à point). Couvrez-la ensuite d'une feuille d'aluminium et laissez-la reposer 5 minutes avant de la couper en tranches.

4. Coupez le sommet de la tête d'ail et récupérez la chair dans le bol d'un robot. Réduisez-la en purée avec la moitié de l'huile. Ajoutez le reste d'huile et mélangez bien. Incorporez enfin le jus de citron et 1 cuillerée à soupe d'eau chaude avant d'assaisonner à votre goût.

5. Mélangez dans un saladier les épinards, le potiron, l'agneau, les olives, le fromage de chèvre et la sauce à l'ail. Servez immédiatement avec les tranches d'agneau.

POUR ENFLAMMER   PIMENT DE CAYENNE

Mélangez l'ail et le potiron dans un plat avec de l'huile avant de les faire rôtir.

Saupoudrez le mélange d'épices sur la viande et frottez pour le faire adhérer.

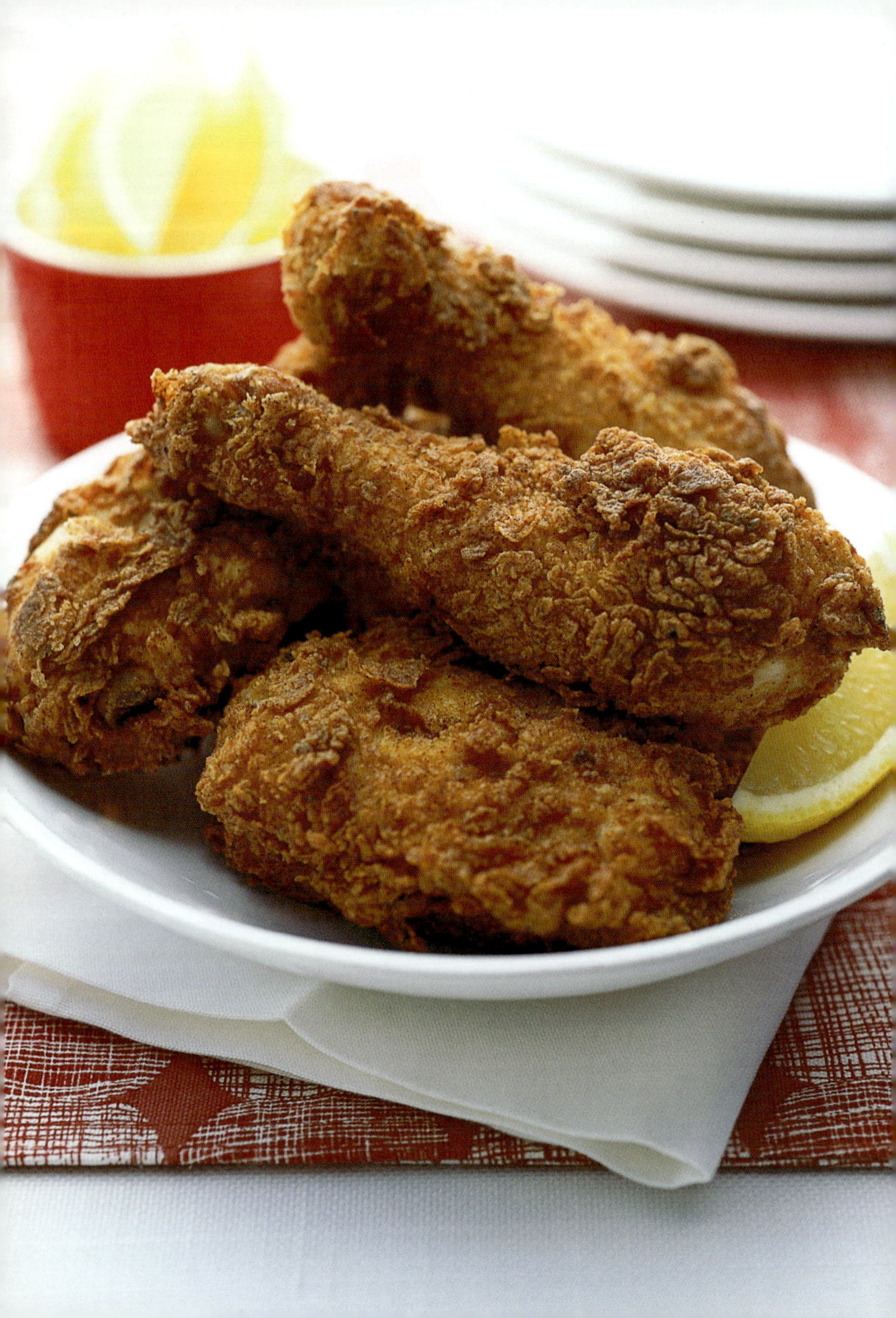

# Beignets de poulet au piment

*Pour 6 personnes*

**500 ml de babeurre**
**3 gousses d'ail écrasées**
**1 c. à s. de thym frais ciselé**
**1 c. à c. de sel**
**12 pilons de poulet avec la peau**
**de l'huile d'arachide pour la friture**
**250 g de farine de ménage**
**1 c. à s. de paprika doux de Hongrie**
**1 1/2 c. à s. de piment de Cayenne**
**1 c. à s. de sel de céleri**
**2 c. à s. de poudre d'oignons**

1 Dans un saladier, mélangez le babeurre, l'ail, le thym et le sel. Plongez-y les morceaux de poulet. Couvrez soigneusement d'un film alimentaire et réfrigérez 24 heures en remuant de temps à autre.

2 Mélangez la farine, le paprika, le piment de Cayenne, le sel de céleri et la poudre d'oignons. Retirez les morceaux de poulet de la marinade et roulez-les dans ce mélange pour qu'ils en soient complètement recouverts.

3 Dans une grande casserole à fond épais, versez de l'huile jusqu'au tiers de la hauteur et faites-la chauffer à 170 °C (un cube de pain plongé dedans doit brunir en 20 secondes). Faites frire les morceaux de poulet 10 à 12 minutes en procédant en plusieurs tournées. Égouttez sur du papier absorbant et réservez au four chaud pendant que vous terminez de faire cuire les morceaux restants. Servez avec des quartiers de citron.

# Chile con queso

*Pour 6 à 8 personnes*

**30 g de beurre**
1/2 oignon rouge en tranches fines
2 piments verts longs
épépinés et finement tranchés
2 petits piments rouges
épépinés et finement tranchés
1 gousse d'ail écrasée
1/2 c. à c. de paprika doux de Hongrie
1 1/2 c. à s. de bière mexicaine
125 g de fromage blanc
200 g de cheddar râpé
1 c. à s. de coriandre ciselée
1 c. à s. de piment au vinaigre
égoutté et haché

1 Faites revenir l'oignon et les piments frais 5 minutes dans le beurre fondu, jusqu'à ce qu'ils soient tendres. Augmentez la flamme, ajoutez l'ail et le paprika, laissez sauter 1 minute à feu vif, jusqu'à ce que les arômes se dégagent.

2 Versez la bière, portez à ébullition et laissez bouillonner. Quand elle est presque complètement évaporée, baissez le feu et ajoutez le fromage blanc en remuant vivement pour que le mélange soit lisse. Incorporez le cheddar et laissez-le fondre en continuant de mélanger. Retirez la casserole du feu pour y ajouter la coriandre et le piment au vinaigre. Servez avec des chips de maïs.

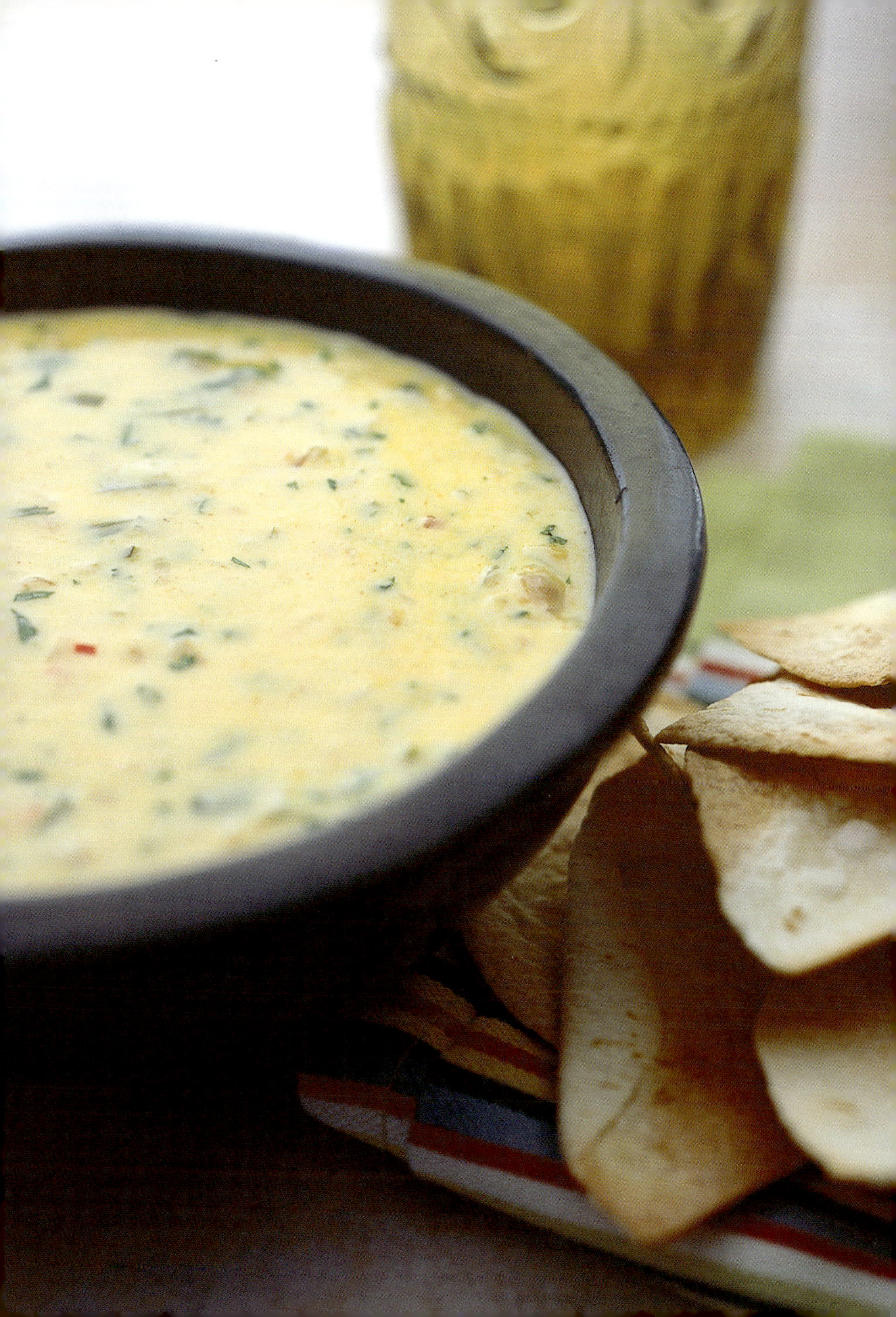

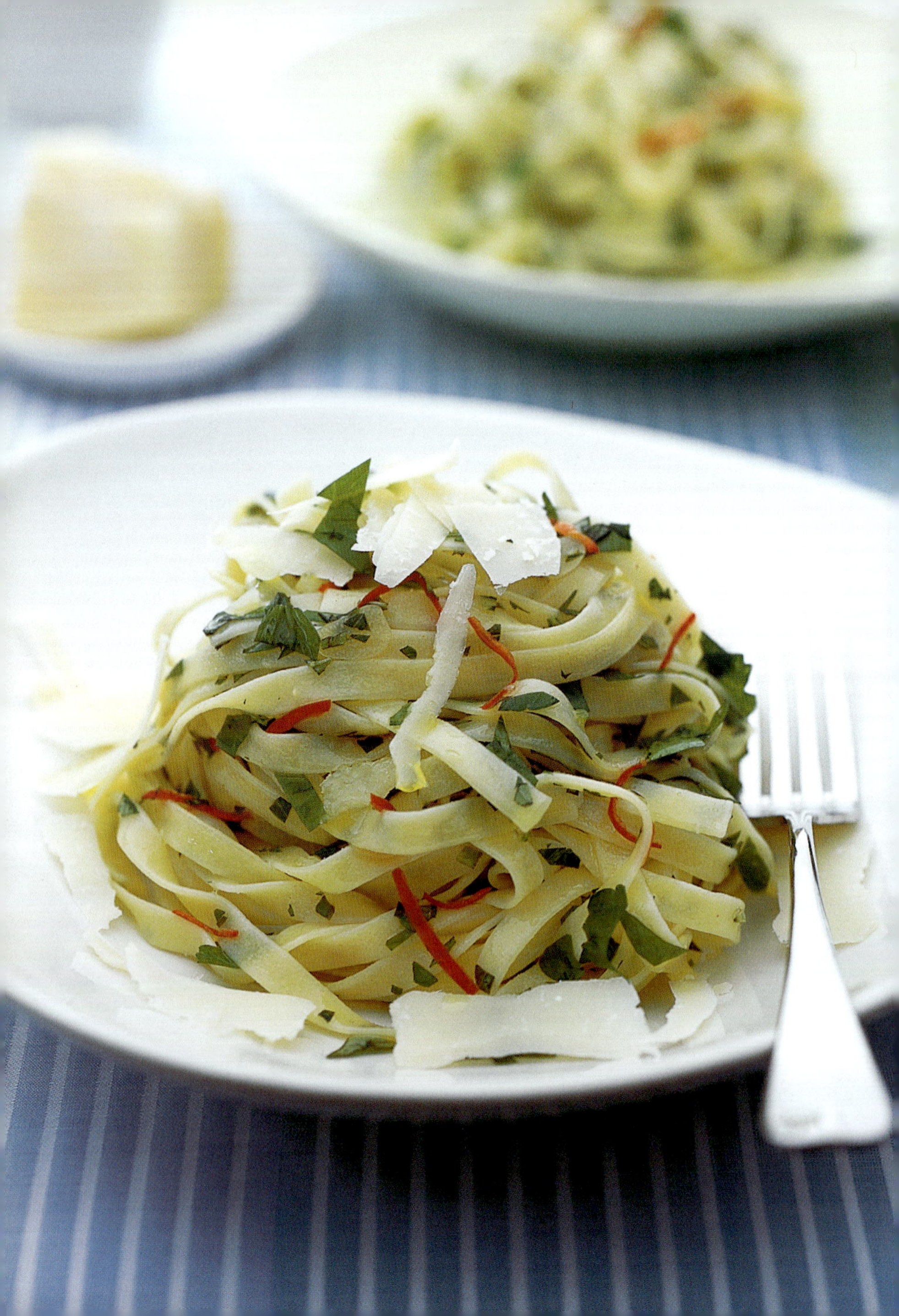

POUR ENFLAMMER   PIMENT ROUGE

# Fettucine à l'ail et aux piments frais

*Pour 4 personnes*

500 g de fettucine
125 ml d'huile d'olive
5 gousses d'ail finement hachées
3 à 4 petits piments rouges épépinés et hachés
4 anchois très finement hachés
1 grosse poignée de persil plat ciselé
1 petite poignée d'origan ciselé
1 petite poignée de basilic ciselé
2 c. à s. de jus de citron
des copeaux de parmesan pour servir

1 Faites cuire les pâtes dans une casserole d'eau bouillante salée puis égouttez-les.

2 Faites revenir 10 minutes dans l'huile d'olive l'ail, les piments et les anchois en remuant souvent, jusqu'à ce que l'ail ait légèrement pris couleur. Réservez.

3 Versez cette huile parfumée sur les pâtes égouttées avant d'ajouter le persil, l'origan, le basilic et le jus de citron. Mélangez. Servez avec des copeaux de parmesan.

# Chili de bœuf

*Pour 6 personnes*

2 c. à s. d'huile d'olive
1 gros oignon en tranches fines
1 poivron vert détaillé en dés
2 gousses d'ail écrasées
2 c. à c. de piment en poudre
2 c. à c. de cumin moulu
1 c. à c. d'origan
1 kg de tranche de bœuf en cubes de 2 cm
700 g de coulis de tomates
250 ml de bouillon de bœuf
400 g de haricots rouges en boîte égouttés et rincés

1 Faites revenir l'oignon, le poivron et l'ail 8 à 10 minutes dans l'huile. Quand l'oignon est tendre, ajoutez le piment, le cumin et l'origan. Laissez encore chauffer 2 minutes en remuant.

2 Augmentez la flamme à feu vif et ajoutez le bœuf. Faites-le rissoler 4 à 5 minutes pour qu'il se colore sur toutes les faces puis incorporez le coulis de tomates et le bouillon. Couvrez et portez à ébullition. Laissez mijoter 2 heures en remuant de temps à autre.

3 Ajoutez enfin les haricots. Laissez cuire encore 30 minutes, jusqu'à ce que la viande soit fondante. Servez ce chili avec du riz blanc et de la crème fraîche.

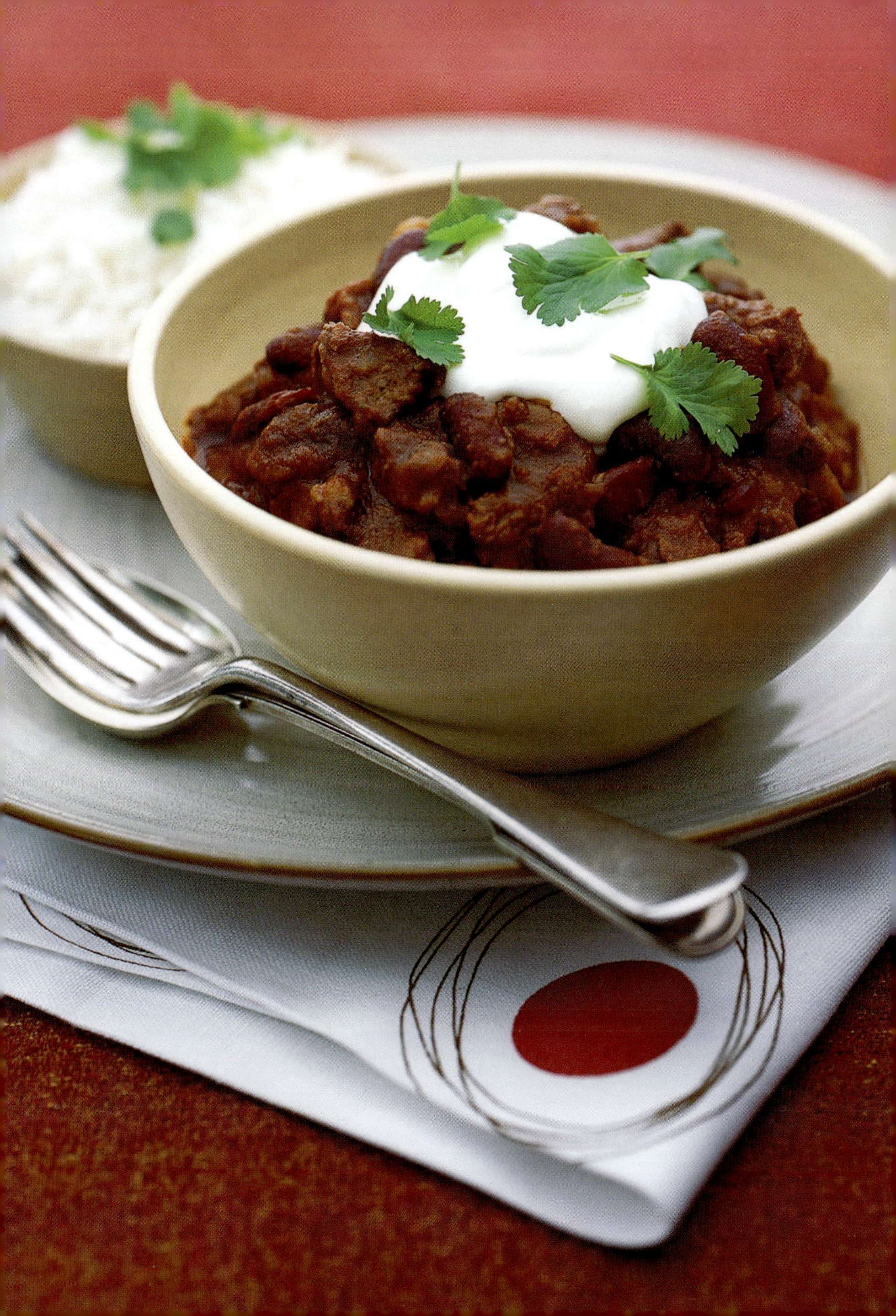

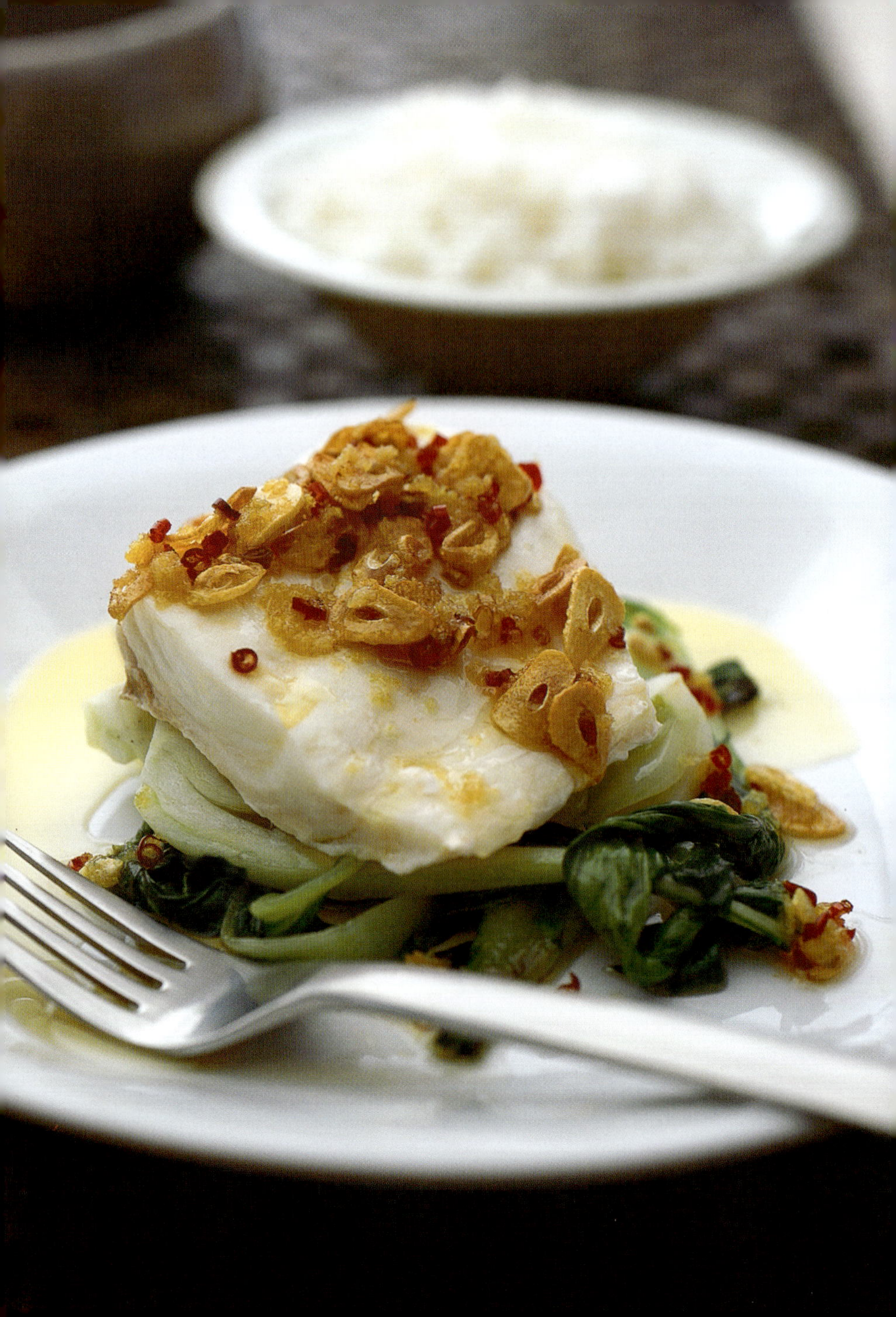

## Filets de dorade vapeur à l'huile parfumée

*Pour 4 personnes*

**4 filets de dorade de 200 g chacun sans la peau
3 c. à s. d'huile végétale
1 c. à s. d'huile d'arachide
1 c. à c. d'huile de sésame
5 gousses d'ail en tranches très fines
3 petits piments rouges épépinés et finement tranchés
1/2 c. à c. de gros de sel
1 c. à c. de gingembre frais finement râpé**

1 Portez de l'eau à ébullition dans une casserole. Tapissez de papier sulfurisé un panier vapeur en bambou, percez des trous dedans et déposez les filets de poisson dessus. Couvrez le panier et faites cuire 7 minutes à la vapeur, jusqu'à ce que le poisson soit opaque et s'émiette aisément à la fourchette.

2 Versez l'huile d'arachide et l'huile de sésame dans un wok pour y faire sauter à feu vif l'ail, les piments et le sel pendant 8 minutes environ. Ajoutez le gingembre et laissez revenir 30 secondes, jusqu'à ce que les arômes se dégagent. Versez cette huile parfumée sur les filets de poisson et servez avec du riz blanc et des légumes vapeur.

# Poitrine de porc braisée et riz au gingembre, piments et ananas

*Pour 4 personnes*

3 c. à s. de vin blanc sec
2 c. à s. d'huile d'olive
2 c. à c. de flocons de piment
1/2 c. à c. de poivre de la Jamaïque moulu
1/2 c. à c. de coriandre moulue
1/4 de c. à c. de cannelle moulue
2 c. à s. de sucre de palme râpé
1 morceau de poitrine de porc fraîche de 2 kg, découenné
1 c. à s. de vinaigre de riz
1 c. à s. de gingembre frais râpé
250 ml de bouillon de bœuf
200 g de riz au jasmin
2 piments rouges longs épépinés et tranchés finement
100 g d'ananas en petits cubes
2 grosses poignées de coriandre ciselée

1 Faites une marinade avec le vin, 1 cuillerée à soupe d'huile, les épices et le sucre. Salez à votre convenance. Nappez-en la poitrine de porc et laissez-la reposer 20 minutes dans ce mélange, sous une feuille d'aluminium.

2 Sortez le porc de la marinade (réservez celle-ci) et faites-le brunir à feu vif dans le reste d'huile, dans une grande cocotte en fonte. Baissez ensuite le feu au maximum, ajoutez la marinade réservée, le vinaigre de riz, le gingembre et le bouillon. Couvrez et laissez mijoter 2 heures en remuant de temps à autre ; la sauce doit épaissir et la viande devenir fondante.

3 Faites cuire le riz à part. Égouttez-le bien et mélangez-le avec les piments, l'ananas et la coriandre.

4 Retirez le porc de la casserole et découpez-le en tranches épaisses. Dégraissez la sauce dans la casserole avant d'en napper la viande. Servez avec le riz.

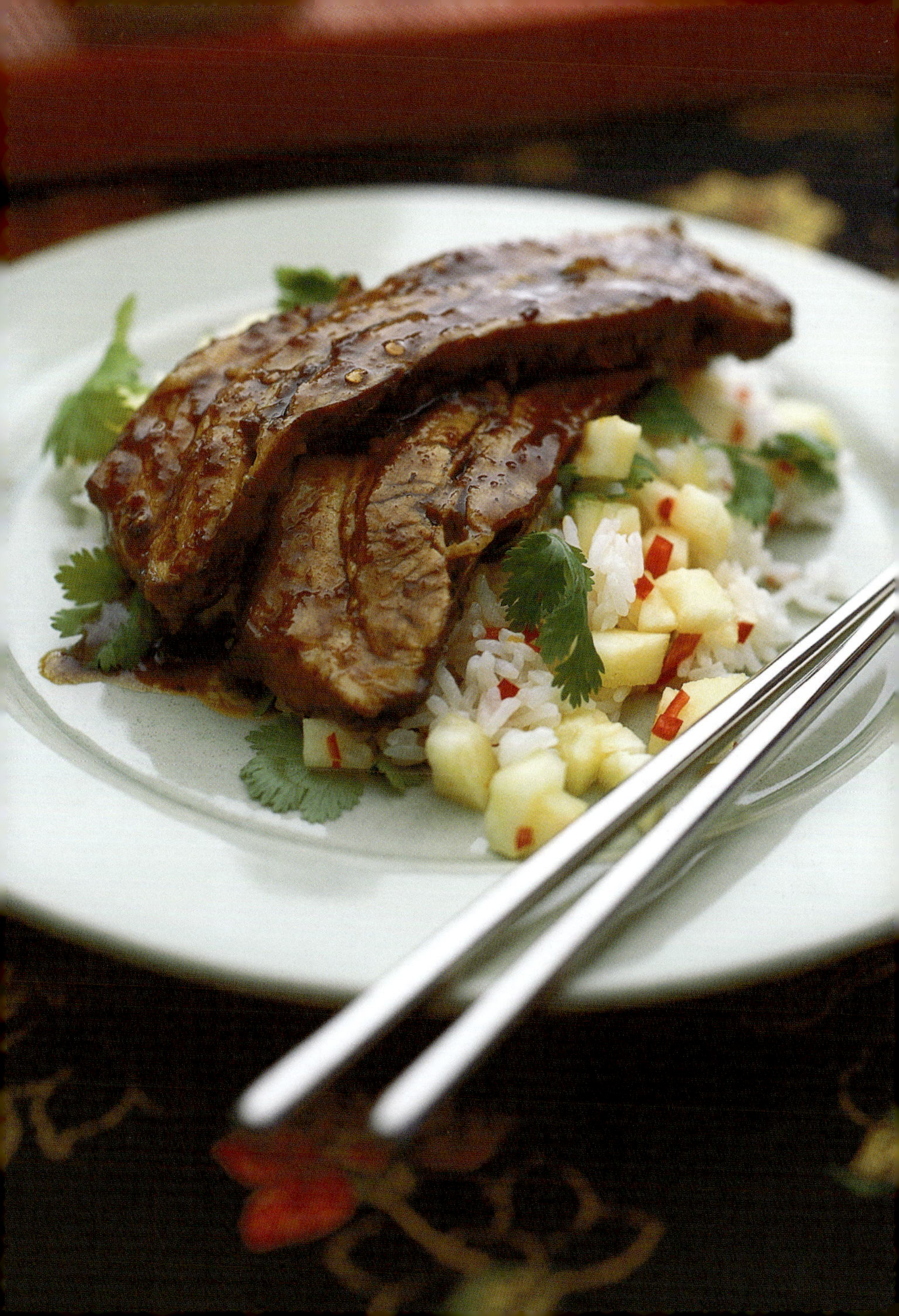

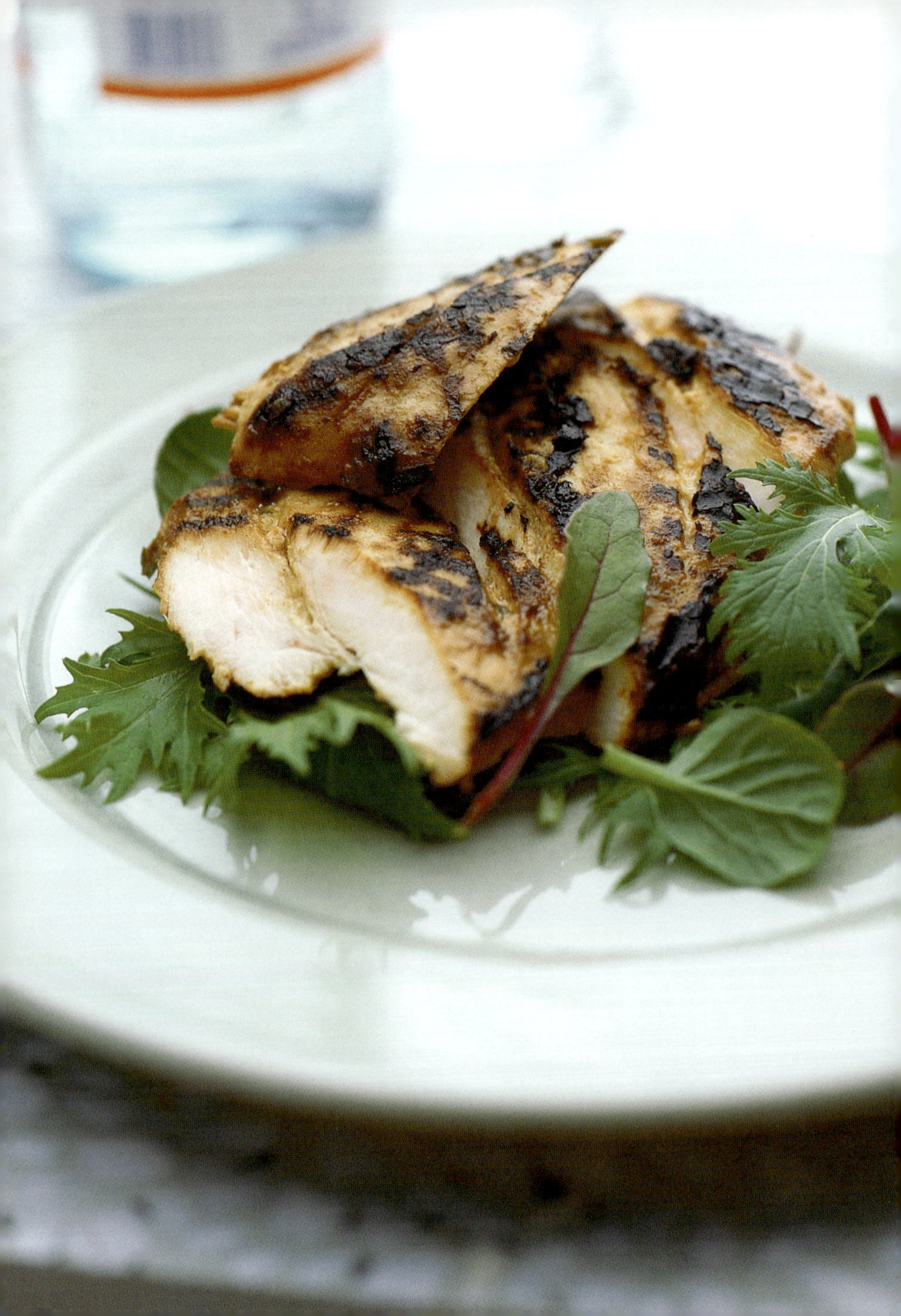

## Grillades de poulet marinées à la moutarde

*Pour 4 personnes*

4 blancs de poulet
1 c. à s. d'huile végétale

**Marinade**
5 cm de gingembre frais détaillé en petits cubes
2 gousses d'ail écrasées
3 c. à s. de moutarde forte
1 1/2 c. à s. de sauce de soja
1 c. à s. de miel
1 c. à s. de vin de riz chinois
1 c. à c. d'huile de sésame
2 c. à s. de coriandre ciselée

1 Faites plusieurs entailles en diagonale dans les blancs de poulet.

2 Mélangez les ingrédients de la marinade et frottez-en généreusement la viande. Couvrez et réfrigérez 2 heures au moins.

3 Huilez une plaque en fonte chaude et faites cuire les blancs de poulet, 7 minutes sur chaque face, en les badigeonnant régulièrement de marinade. Ils sont prêts quand ils sont un peu fermes au toucher. Servez avec une salade verte.

# Carrés d'agneau à la moutarde

*Pour 4 personnes*

4 c. à s. d'huile d'olive
1/2 oignon en tranches fines
1 gousse d'ail écrasée + 12 gousses d'ail en chemise
50 g de chapelure
1 c. à c. de sauge ciselée
1 c. à s. de moutarde forte
1 c. à s. de moutarde à l'ancienne
1 jaune d'œuf
2 carrés d'agneau dégraissés de 6 côtelettes chacun
2 carottes tranchées en biseau
1 poivron rouge détaillé en lanières épaisses
1 oignon rouge tranché en 8 quartiers
2 courgettes tranchées en biseau
175 g d'asperges coupées en deux
1 c. à s. de vinaigre balsamique

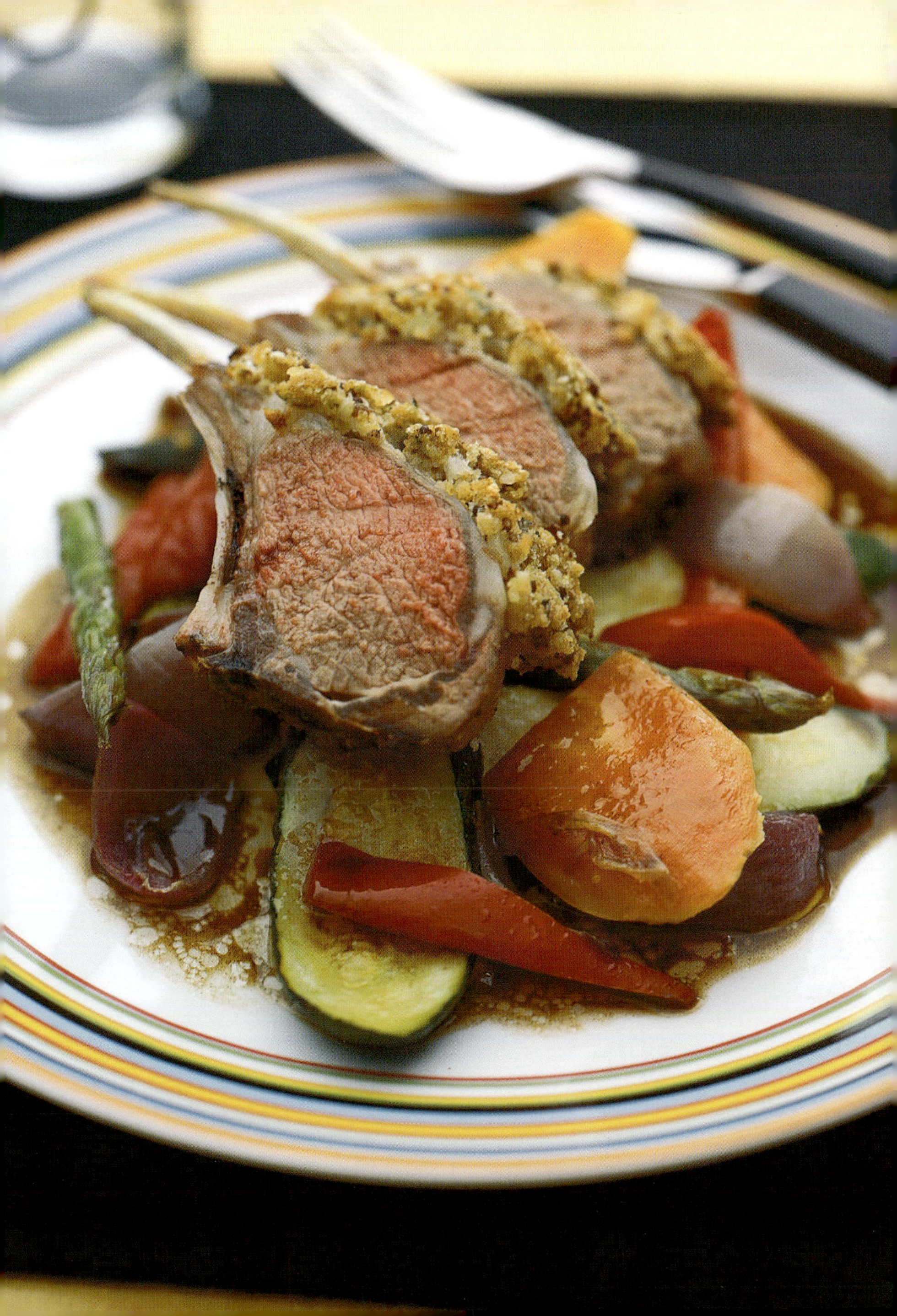

TOUT ÉPICES

Pressez la chapelure sur l'agneau pour former une croûte épaisse.

Détaillez les carrés d'agneau en côtelettes pour servir.

## POUR ENFLAMMER — MOUTARDE

1 Dans une petite casserole à fond épais, faites sauter 2 minutes l'oignon et l'ail écrasé dans 1 cuillerée à soupe d'huile. Mettez-les dans un saladier pour les mélanger avec la chapelure, la sauge, les moutardes et le jaune d'œuf. Salez à votre convenance.

2 Étalez ce mélange sur la viande pour former une croûte épaisse. Réfrigérez.

3 Préchauffez le four à 200 °C. Déposez l'agneau dans un grand plat.

4 Versez dans un autre plat 2 cuillerées à soupe d'huile, ajoutez les gousses d'ail en chemise et les légumes, mélangez bien.

5 Faites cuire au four la viande et les légumes, entre 30 et 40 minutes, en remuant ces derniers toutes les 10 minutes. L'agneau est prêt quand la croûte est dorée et la viande ferme au toucher.

6 Sortez l'agneau du four et laissez-le reposer 10 minutes. Laissez les légumes encore 10 minutes au four pour qu'ils finissent de dorer. Déglacez le jus de cuisson de la viande avec le vinaigre balsamique, le reste d'huile d'olive et une pincée de sel. Découpez l'agneau en côtelettes et servez-le avec les légumes rôtis et son jus de cuisson.

TOUT ÉPICES

# Pavés de bœuf grillés et beurre à la moutarde

*Pour 6 personnes*

4 pavés de bœuf de 200 g chacun

**Beurre à la moutarde**
1 c. à s. d'huile végétale
1 c. à s. de graines de moutarde
1 gousse d'ail écrasée
1/2 oignon en tranches
1/2 c. à c. de paprika de Hongrie
2 c. à s. de persil ciselé
2 c. à c. de moutarde à l'ancienne
90 g de beurre mou

**Marinade**
2 gousses d'ail écrasées
30 ml de sauce d'huîtres
1 à 2 c. à s. de sauce Worcestershire
1 c. à s. de vinaigre balsamique
1 c. à s. de sauce tomate

1 Pour préparer le beurre parfumé, commencez par faire sauter les graines de moutarde 1 minute dans l'huile chaude, jusqu'à ce qu'elles commencent à crépiter. Ajoutez l'ail et l'oignon, mélangez 5 minutes sur le feu pour qu'ils soient tendres puis laissez-les tiédir dans un récipient. Ajoutez enfin le reste des ingrédients et travaillez ce mélange en pommade. Formez ensuite un rouleau de 2 cm de diamètre sur une feuille d'aluminium et laissez-le raffermir au réfrigérateur.

2 Mélangez les ingrédients de la marinade dans un plat en verre ou en céramique, ajoutez les pavés de bœuf, retournez-les plusieurs fois puis laissez reposer 2 heures au frais.

3 Faites cuire les pavés de bœuf sur un gril en fonte ou au barbecue. Servez-les aussitôt avec le beurre à la moutarde détaillé en tranches épaisses. Accompagnez des légumes de votre choix.

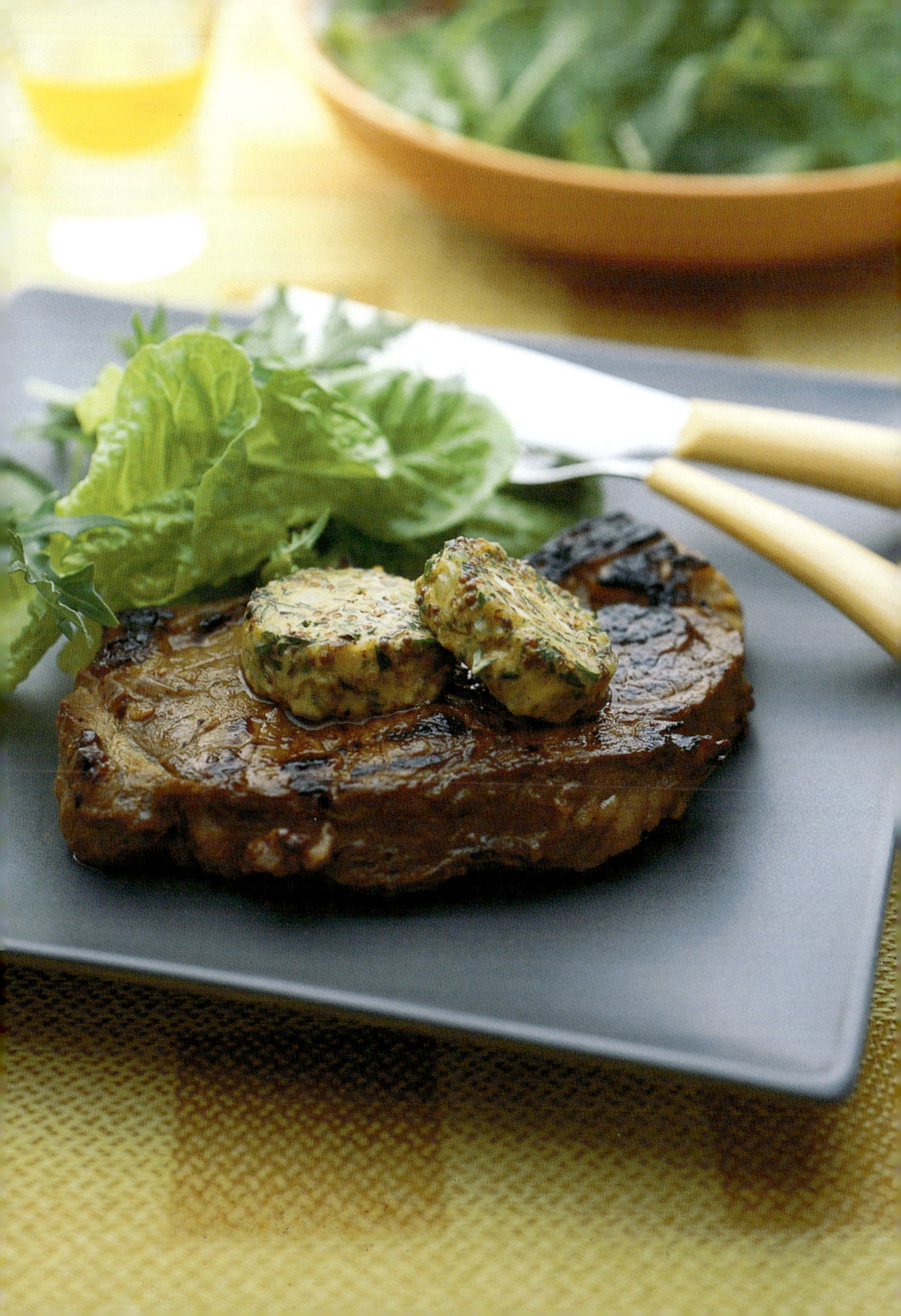

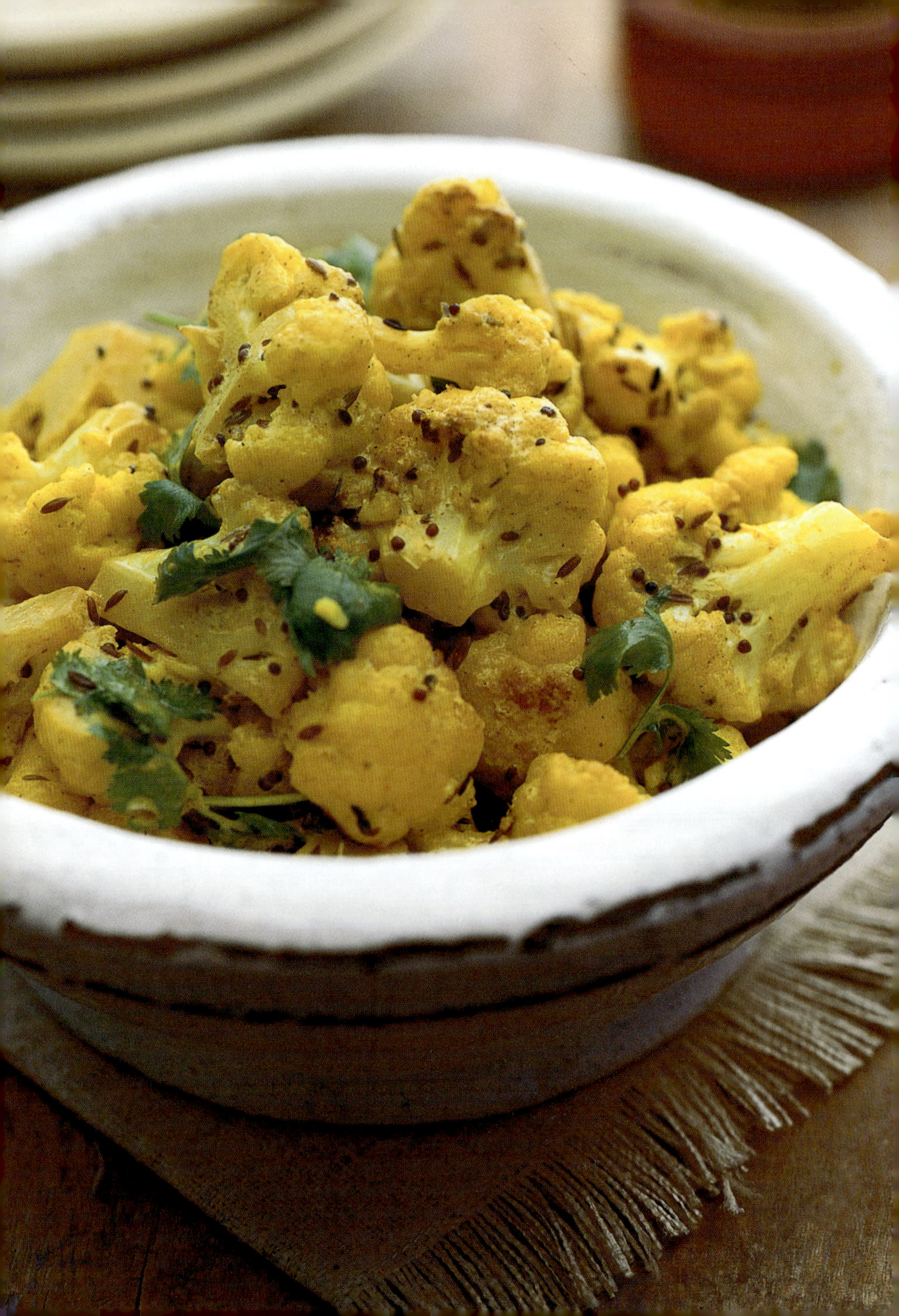

## Chou-fleur à l'indienne

*Pour 6 personnes*

4 c. à s. d'huile végétale
1 c. à s. de graines de cumin
1 c. à s. de graines de moutarde
1 c. à c. de piment en poudre
1 c. à c. de curcuma moulu
1 kg de chou-fleur
détaillé en petits bouquets
90 g de yaourt à la grecque
le jus de 1/2 citron
7 grosses poignées de coriandre
ciselée

1 Dans un grand wok, faites sauter dans l'huile chaude les graines de cumin et de moutarde. Quand la moutarde commence à crépiter (comptez environ 1 minute), ajoutez le piment et le curcuma. Salez.

2 Mettez les bouquets de chou-fleur dans le wok, retournez-les plusieurs fois dans les épices, couvrez et laissez cuire 10 minutes à feu moyen. Remuez souvent pour éviter que le mélange attache.

3 Incorporez le yaourt et le jus de citron, décorez de coriandre et servez aussitôt.

TOUT ÉPICES

## Bouchées de porc frites à la sauce piquante

*Pour 4 à 6 personnes*

300 g de viande de porc hachée
4 oignons verts en tranches fines
1 c. à s. de graines de moutarde jaune
2 c. à s. de sauce de soja légère
8 châtaignes d'eau en tranches
1 œuf battu
30 disques de pâte à raviolis chinois
3 c. à s. de moutarde douce
de l'huile pour la friture

1 Mélangez dans un saladier la viande, les oignons, les graines de moutarde, le soja, les châtaignes d'eau et l'œuf.

2 Étalez un disque de pâte sur la surface de travail, badigeonnez d'eau le pourtour et posez 2 cuillerées à café de farce au centre. Repliez la pâte pour former une aumônière en pinçant bien les bords et en chassant le plus d'air possible. Préparez ainsi 30 bouchées.

3 Dans un bol, délayez la moutarde avec 4 cuillerées à soupe d'eau.

4 Faites chauffer une grande quantité d'huile dans une sauteuse ou dans un wok pour y faire frire les bouchées (2 minutes environ), en procédant en plusieurs tournées. Égouttez-les sur du papier absorbant. Servez chaud avec la sauce.

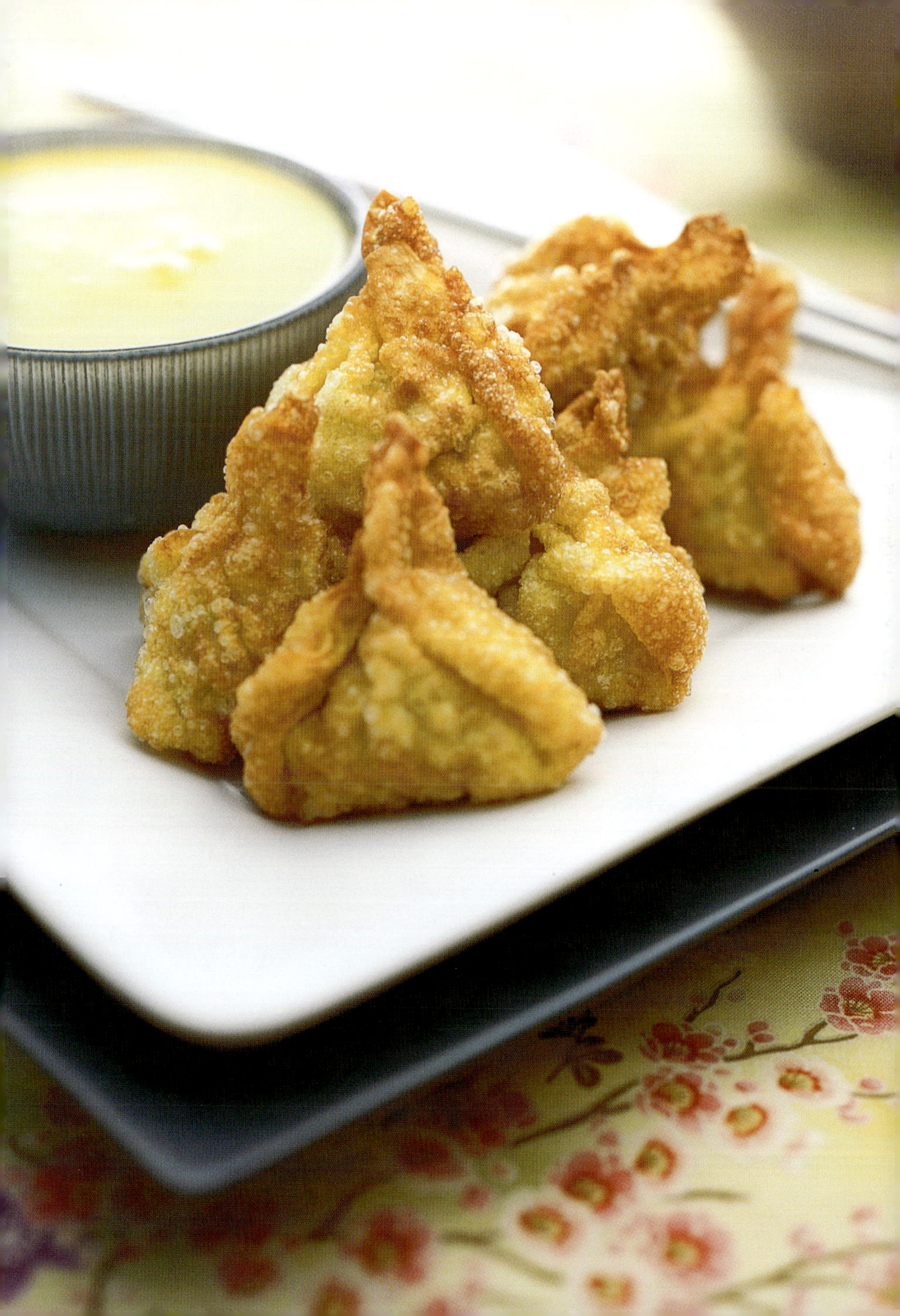

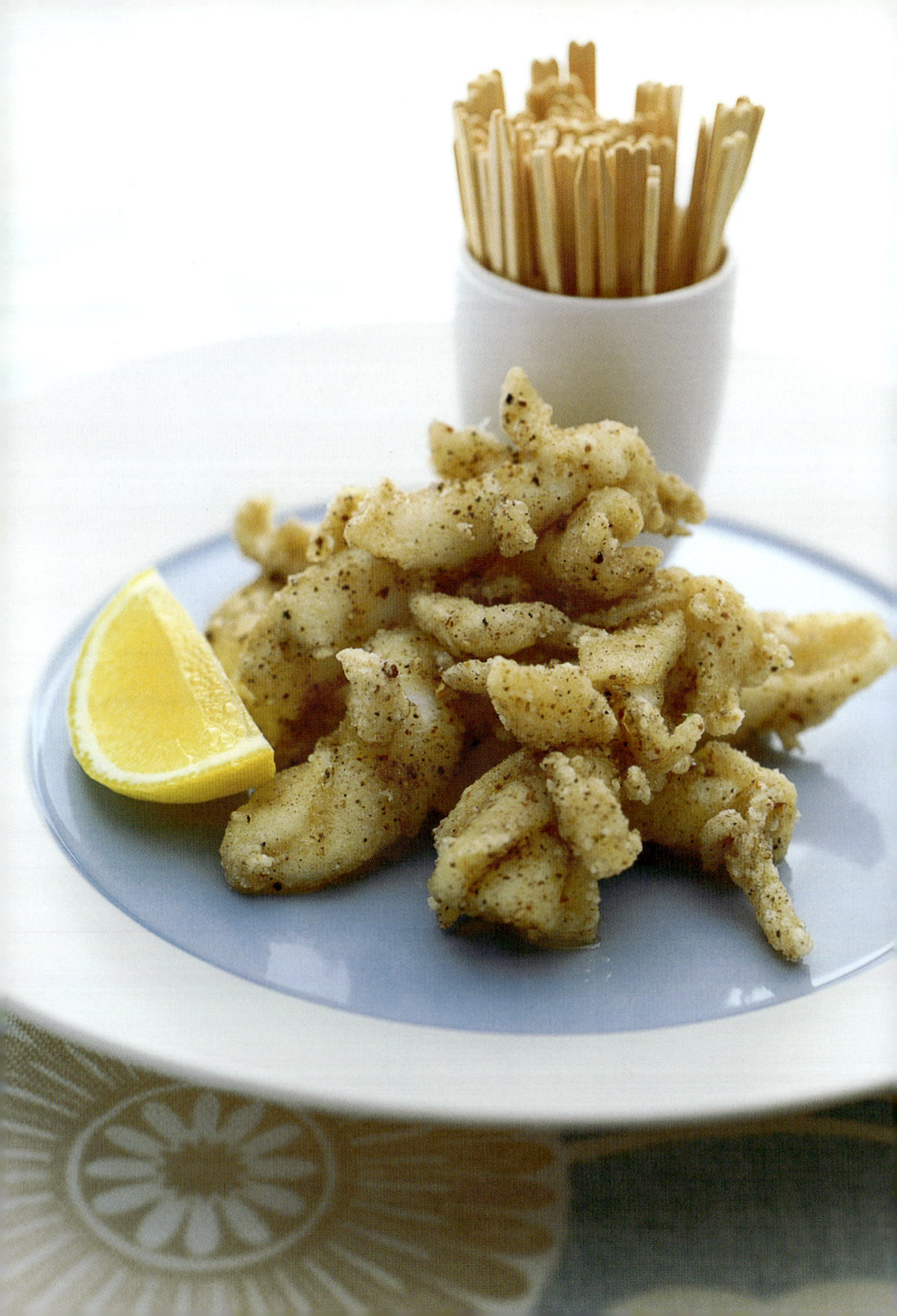

POUR ENFLAMMER   POIVRE

# Calamars poivre et sel

*Pour 4 personnes*

500 g de calamars nettoyés
(sans les tentacules)
2 c. à s. de jus de citron
2 gousses d'ail en tranches fines
95 g de fécule de pomme de terre
1 c. à s. de graines de poivre
du Sichuan grillées et moulues
1 c. à s. de poivre noir
fraîchement moulu
1 1/2 c. à c. de poivre blanc
fraîchement moulu
1 1/2 c. à s. de fleur de sel
1 c. à c. de sucre en poudre
de l'huile d'arachide pour la friture
des quartiers de citron pour servir

1 Ouvrez les calamars et coupez-les en deux. Posez-les sur une planche à découper et entaillez-les en croisillons sans percer la chair. Découpez-les en rectangles de 5 × 3 cm.

2 Mélangez le jus de citron et l'ail dans un bol, plongez-y les calamars et réfrigérez 1 heure. Égouttez-les bien et jetez la marinade. Mélangez la farine avec les trois poivres, la fleur de sel et le sucre.

3 Faites chauffer une grande quantité d'huile à 180 °C dans une friteuse (un cube de pain plongé dedans doit brunir en 15 secondes).

4 Farinez bien les morceaux de calamars et faites-les frire 1 à 2 minutes dans l'huile chaude, en procédant en plusieurs tournées. Quand ils sont fermes et dorés, égouttez-les sur du papier absorbant et servez aussitôt avec les quartiers de citron.

# Potage pékinois

*Pour 4 personnes*

4 champignons noirs séchés
2 c. à c. d'huile végétale
1 c. à c. d'huile de sésame
2 oignons verts
2 gousses d'ail écrasées
2 c. à c. de gingembre frais râpé
2 c. à c. de poivre blanc moulu
300 g de viande de porc ou de poulet hachée
1,5 litre de bouillon de volaille à faible teneur en sel
50 g de pousses de bambou détaillées en julienne
40 g de châtaignes d'eau égouttées et détaillées en julienne
4 c. à s. de vinaigre de riz
1 c. à s. de sauce de soja
1 c. à s. de sauce au piment et à l'ail
1 c. à c. de sucre en poudre
300 g de tofu ferme en cubes
1 c. à c. de fécule de maïs
2 œufs légèrement battus

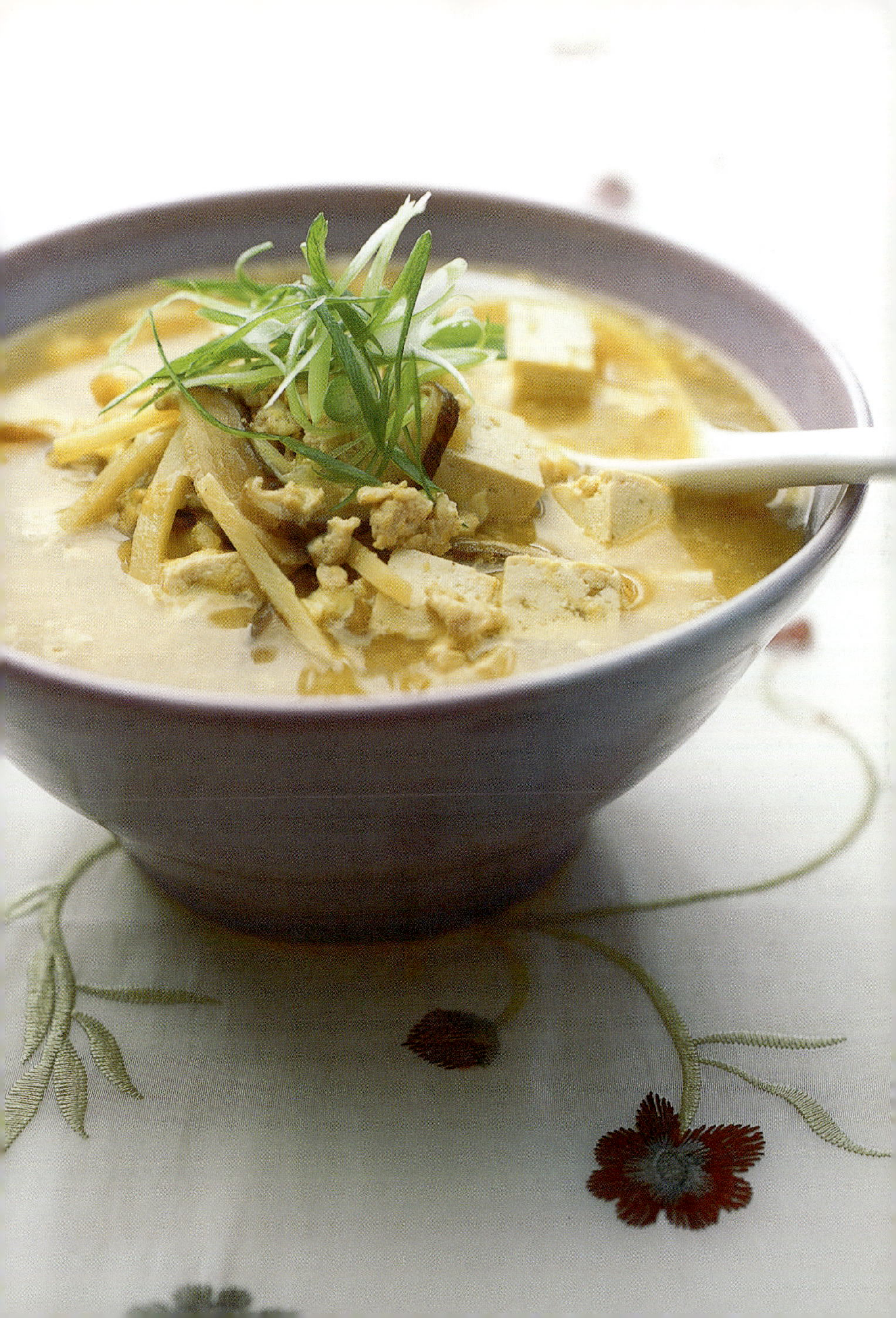

TOUT ÉPICES

Faites colorer la viande dans l'huile en l'écrasant délicatement.

Versez les œufs battus dans la soupe sans remuer.

1 Faites gonfler les champignons 30 minutes dans l'eau chaude puis égouttez-les en réservant 2 cuillerées à soupe du liquide de trempage. Jetez les pieds et détaillez les chapeaux en tranches fines. Coupez les oignons verts au niveau de la tige (réservez celle-ci pour la décoration) et détaillez les bulbes en tranches fines.

2 Faites chauffer l'huile végétale et l'huile de sésame dans un wok, ajoutez le blanc des oignons, l'ail, le gingembre et le poivre. Laissez sauter 1 minute, jusqu'à ce que les arômes se dégagent. Ajoutez alors la viande hachée pour la faire colorer 3 à 4 minutes.

3 Versez le bouillon puis incorporez les champignons, les pousses de bambou et les châtaignes d'eau. Portez à ébullition. Laissez ensuite frémir 30 minutes à feu doux, en écumant de temps en temps le bouillon.

4 Quand la viande est cuite, ajoutez le vinaigre, la sauce de soja, la sauce au piment, le sucre et le tofu. Délayez la fécule dans le liquide des champignons et versez-la dans le wok en mélangeant bien. Laissez épaissir 2 minutes.

5 Versez les œufs battus dans la soupe sans les mélanger. Retirez le wok du feu au bout de 1 à 2 minutes, c'est-à-dire quand les œufs sont figés. Mélangez alors délicatement. Décorez avec le vert des oignons et servez sans attendre.

## Pavés de bœuf au poivre vert

*Pour 4 personnes*

400 g de tomates cerises en branches
2 c. à s. d'huile d'olive
4 pommes de terre
pelées et détaillées en cubes
1 petit bulbe de céleri-rave
pelé et détaillé en cubes
60 g de beurre en cubes
3 c. à s. de vin blanc
125 ml de crème liquide
4 pavés de bœuf de 200 g dans le filet
2 c. à s. de vin rouge
2 c. à s. de grains de poivre vert
en saumure égouttés
4 c. à s. de bouillon de veau
1 c. à s. de persil ciselé

1 Préchauffez le four à 190 °C. Disposez une feuille de papier sulfurisé dans un plat, ajoutez les tomates, nappez-les avec la moitié de l'huile, salez et poivrez à votre convenance. Faites rôtir 12 à 15 minutes.

2 Faites cuire les pommes de terre et le céleri-rave à feu moyen dans de l'eau bouillante salée puis égouttez-les. Remettez-les dans la casserole avec la moitié du beurre. Laissez dorer 1 minute puis versez le vin blanc. Quand le liquide a réduit de moitié, écrasez les légumes en purée en ajoutant progressivement la crème tiède. Réservez au chaud.

3 Badigeonnez les pavés de bœuf avec le reste d'huile et saisissez-les 2 minutes de chaque côté dans une poêle épaisse et très chaude. Mettez-les ensuite dans un plat et passez-les 2 minutes au four à 200 °C pour terminer la cuisson. Couvrez d'une feuille d'aluminium et réservez.

4 Remettez la poêle sur le feu, versez le vin rouge et ajoutez le poivre vert. Déglacez la poêle 1 minute à feu vif en grattant le fond avec une spatule. Incorporez le bouillon de veau et laissez frémir 1 à 2 minutes. Incorporez le reste du beurre au fouet en laissant la sauce sur le feu pour la faire épaissir. Ajoutez enfin le persil.

5 Servez les pavés de bœuf nappés de sauce et accompagnez-les de purée de céleri et pommes de terre et de tomates rôties.

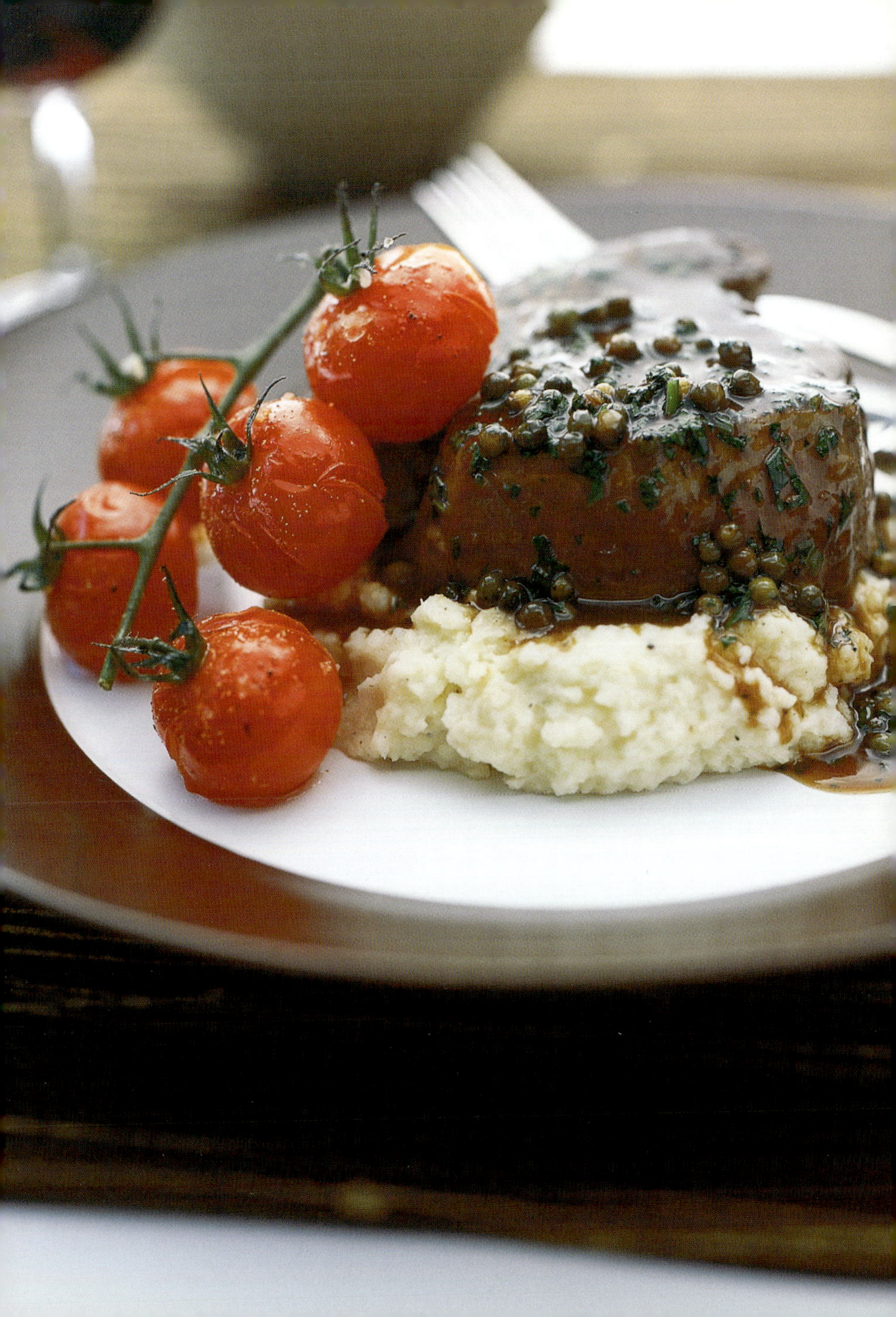

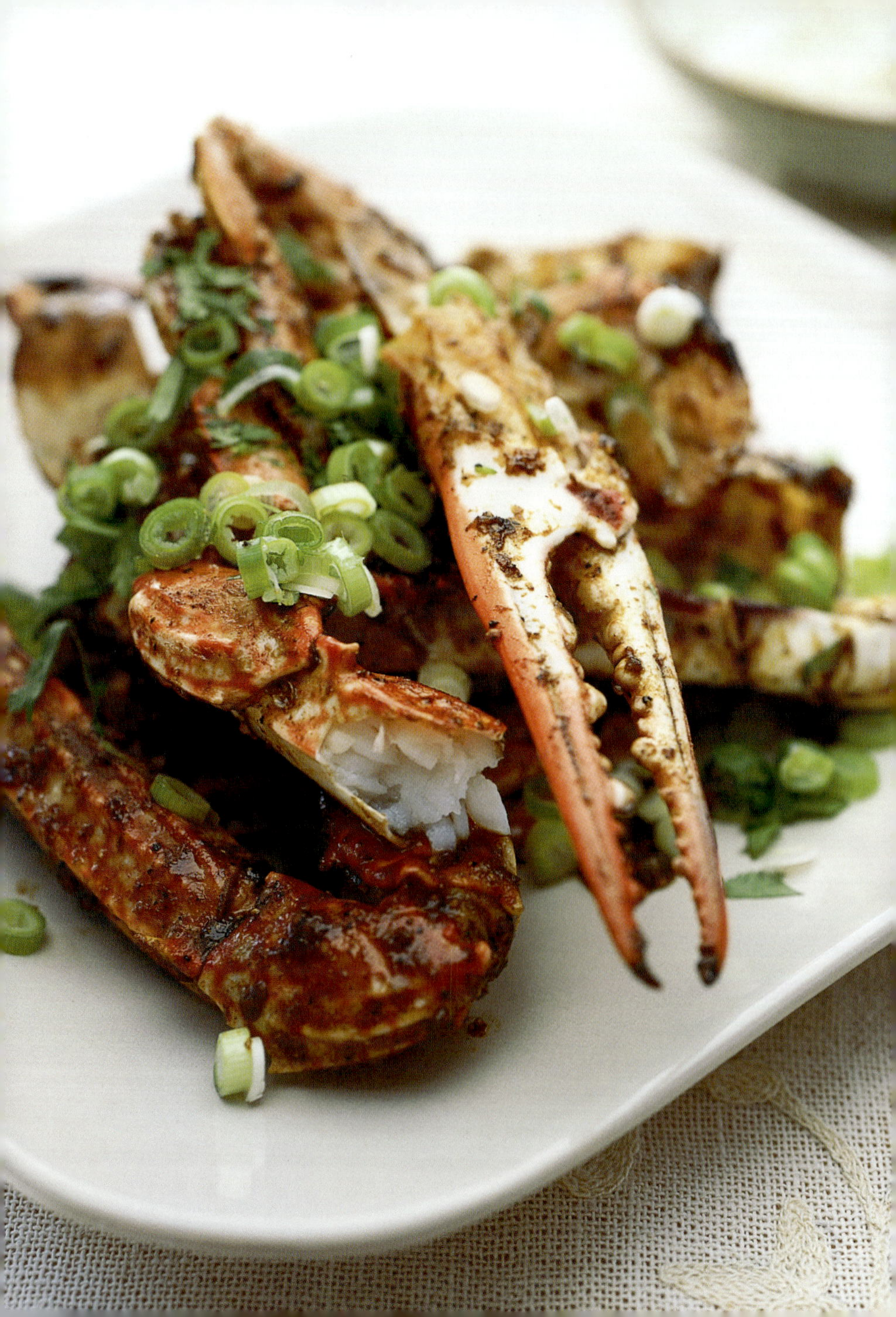

# Crabe à la mode de Singapour

*Pour 4 à 6 personnes*

**3 c. à s. de kecap manis
(sauce de soja indonésienne)
3 c. à s. de sauce d'huîtres
3 c. à c. de sucre en poudre
2 grosses araignées de mer vivantes
1 1/2 c. à s. d'huile d'arachide
40 g de beurre
1 1/2 c. à s. de gingembre frais fraîchement râpé
6 grosses gousses d'ail
en tranches fines
1 à 2 petits piments rouges
en tranches fines
1 1/2 c. à s. de poivre noir fraîchement concassé
1 1/2 c. à c. de poivre blanc moulu
1/4 de c. à c. de coriandre moulue
2 oignons verts en tranches fines
1 poignée de coriandre ciselée**

1 Mélangez dans un saladier le kecap manis, la sauce d'huîtres, le sucre et 3 cuillerées à soupe d'eau.

2 Plongez les araignées 2 minutes dans de l'eau bouillante pour les tuer puis décortiquez-les : retirez les pinces et les pattes, écrasez-les légèrement avec un marteau pour que les saveurs imprègnent la chair ; videz les cortex, nettoyez-les et coupez-les en quatre.

3 Faites sauter tous ces morceaux 5 minutes dans l'huile chaude, dans un grand wok. Quand la carapace vire à l'orange et que la chair est presque cuite, sortez-les du wok.

4 Faites revenir à la place dans le beurre fondu le gingembre, l'ail, les piments, les deux poivres et la coriandre moulue. Quand le mélange embaume, versez le mélange de sauces, portez à ébullition puis laissez frémir 2 minutes. Ajoutez alors les morceaux d'araignée de mer, recouvrez-les de sauce et faites mijoter encore 2 à 3 minutes pour terminer la cuisson. Décorez d'oignons verts et de coriandre ciselée. Servez immédiatement.

**PRATIQUE** Cette recette convient aussi pour des gambas crues. Si vous ne parvenez pas à vous procurer du kecap manis (épiceries asiatiques), utilisez la même quantité de sauce de soja additionnée de sucre brun.

TOUT ÉPICES

# Canard laqué au poivre du Sichuan

*Pour 6 à 8 personnes*

2 c. à s. de poivre du Sichuan grillé à sec
1 c. à c. de cinq-épices
1 1/2 c. à c. de sel
120 g de fécule de maïs
1 canard laqué désossé et détaillé en cubes
270 ml d'huile végétale
300 g de chou chinois en tronçons de 5 cm
2 c. à c. d'huile de sésame
1 morceau de 4 cm de gingembre frais détaillé en petits dés
185 ml de bouillon de volaille
2 c. à s. de miel

1 Pilez le poivre, le cinq-épices et le sel dans un mortier. Mélangez le tout avec la fécule de maïs avant d'en recouvrir les morceaux de canard.

2 Faites chauffer 250 ml d'huile végétale dans une sauteuse. Plongez-y les morceaux de canard en plusieurs fournées pour qu'ils croustillent et dorent sur toutes les faces. Égouttez-les ensuite sur du papier absorbant.

3 Faites chauffer dans un wok le reste d'huile végétale avec l'huile de sésame et laissez fondre le gingembre dans ce mélange. Ajoutez le chou chinois et faites-le sauter 1 minute.

4 Versez le bouillon de volaille. Quand le chou chinois a cuit encore 2 minutes, sortez-le du wok. Laissez réduire le liquide de cuisson de moitié avant d'ajouter le miel. Mélangez bien puis réchauffez le canard et le chou dans cette sauce. Servez avec du riz blanc.

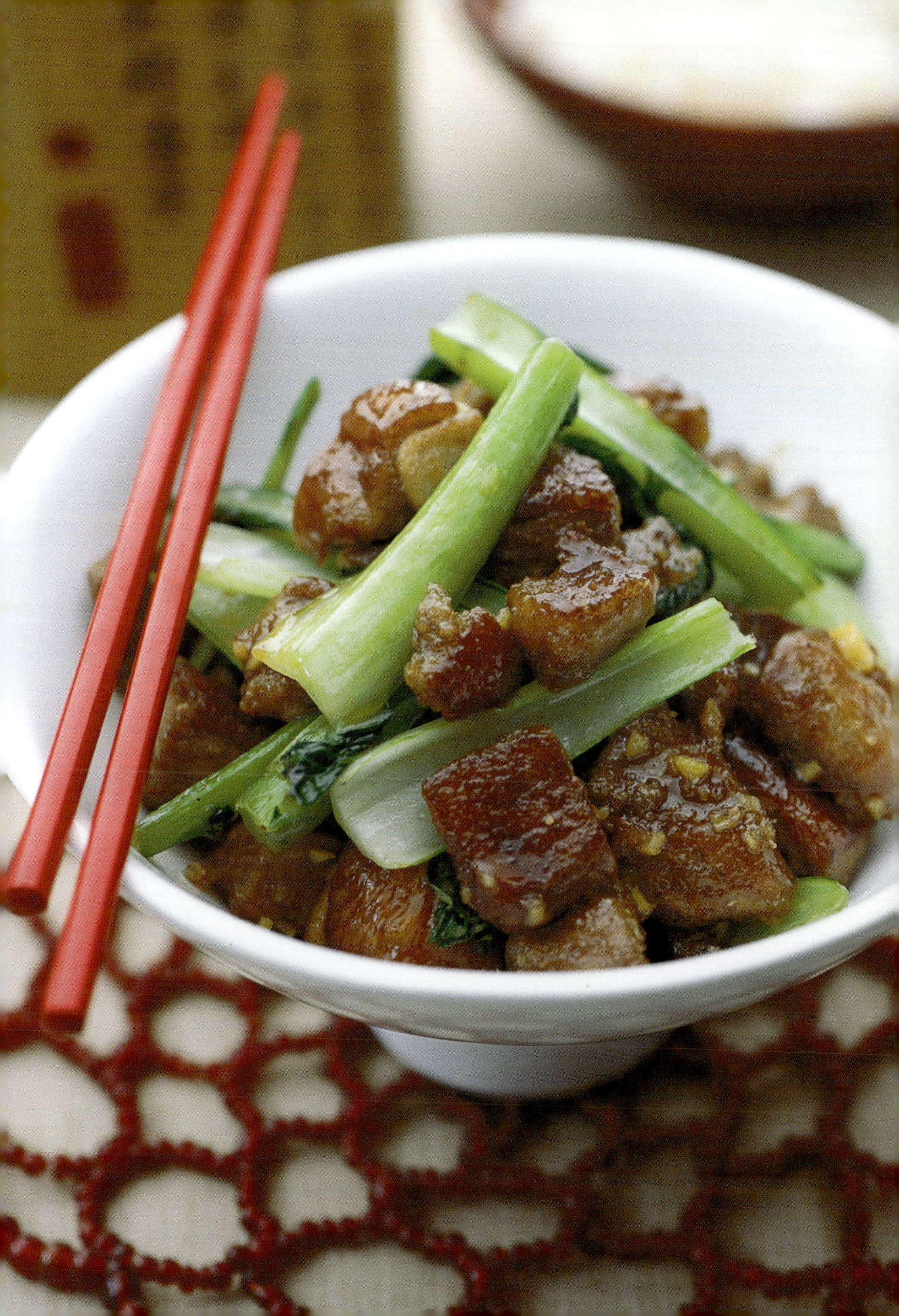

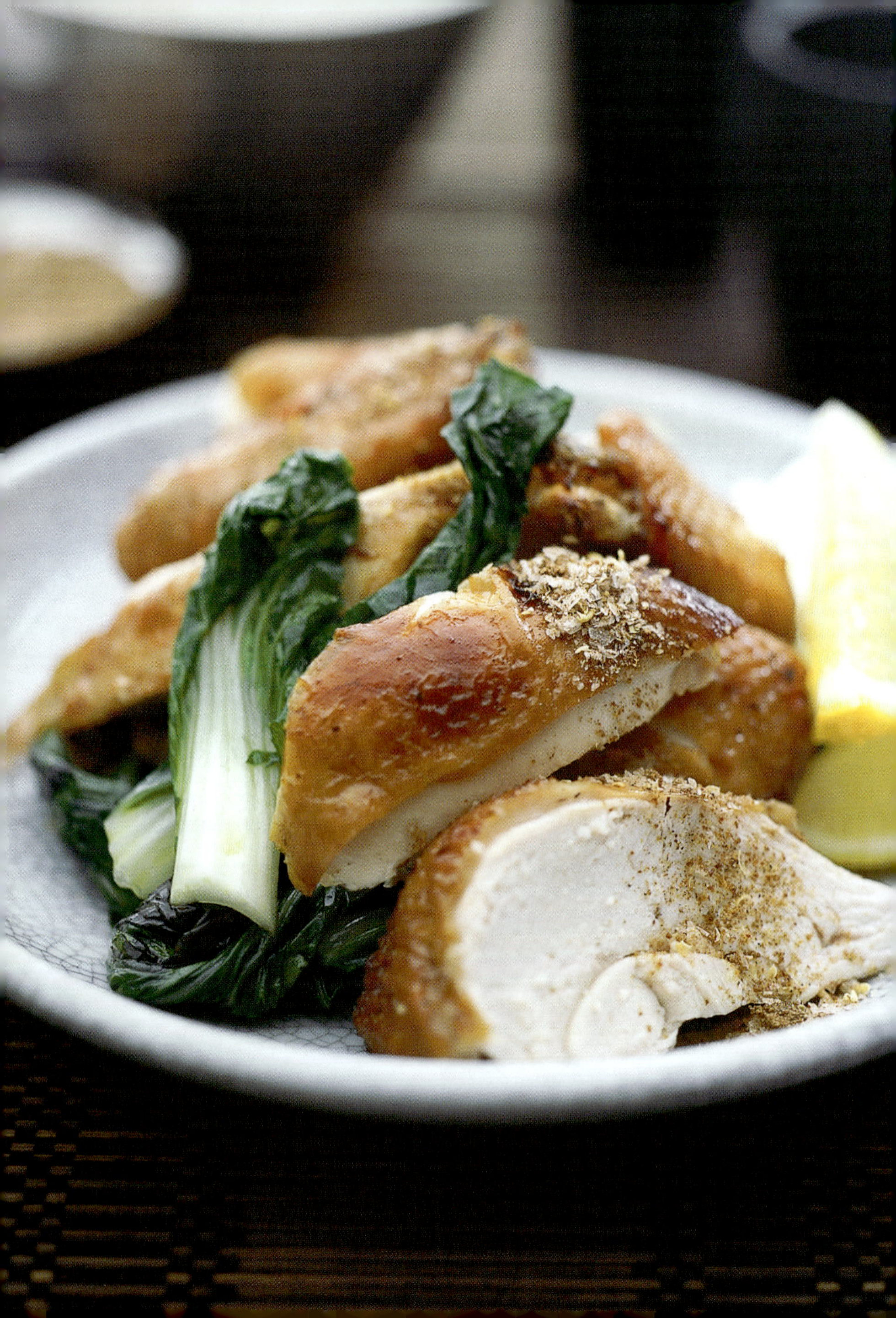

## Poulet poché au poivre du Sichuan

*Pour 4 personnes*

250 ml de sauce de soja légère
250 ml de vin de riz chinois
150 g de sucre
1 morceau de 5 cm de gingembre frais pelé et détaillé en tranches
3 gousses d'ail écrasées
1/2 c. à c. de badiane moulue
2 bâtonnets de cannelle
1 lanière de zeste d'orange
1/2 c. à c. de cinq-épices moulues
1/2 c. à c. d'huile de sésame
1 1/2 c. à c. de poivre du Sichuan
1 poulet entier
1 c. à c. d'huile végétale
1 c. à s. de sel

1 Dans une grande casserole, portez à ébullition la sauce de soja, le vin de riz, le sucre, le gingembre, l'ail, la badiane, la cannelle, le zeste d'orange, le cinq-épices, l'huile de sésame et 1/2 cuillerée à café de poivre du Sichuan. Ajoutez 400 ml d'eau et laissez frémir 15 minutes.

2 Retirez la pointe des ailes du poulet avant de plonger la volaille dans le bouillon, bréchet en bas. Quand le liquide recommence à bouillir, comptez 30 minutes de cuisson à couvert, en retournant le poulet 10 minutes avant la fin. Éteignez le feu et laissez le poulet refroidir dans le bouillon. Égouttez-le sur une grille. Préchauffez le four à 220 °C.

3 Versez le reste du poivre du Sichuan dans un petit plat et faites-le rôtir 5 minutes au four, pour que les arômes se dégagent.

4 Placez le poulet dans un autre plat, badigeonnez-le d'huile végétale et laissez-le dorer au four pendant 25 minutes pour que sa peau soit croustillante. Pilez le poivre grillé avec le sel.

5 Découpez la volaille et servez-la avec le poivre grillé. Accompagnez de quartiers de citron et de bok choy cuit à la vapeur.

# Porc sauté au poivre du Sichuan

*Pour 4 personnes*

2 c. à c. de poivre du Sichuan
1 c. à s. d'huile de sésame
1 c. à s. d'huile végétale
2 gousses d'ail écrasées
1 morceau de 3 cm
de gingembre frais râpé
400 g de filet mignon de porc
en lamelles
200 g de petits champignons de Paris
en tranches assez fines
3 c. à s. de sauce d'huîtres
2 c. à c. de pâte de haricots
aux piments
1 c. à c. de vinaigre noir chinois
150 g de pois gourmands

1 Préchauffez le four à 200 °C. Étalez le poivre du Sichuan dans un petit plat et faites-le rôtir 5 minutes, jusqu'à ce que ses arômes se dégagent. Quand il est froid, pilez-le dans un mortier.

2 Versez l'huile de sésame et l'huile végétale dans un wok. Quand elles sont presque fumantes, faites sauter l'ail, le gingembre et le poivre du Sichuan 30 secondes.

3 Ajoutez le porc. Au bout de 3 minutes, incorporez les champignons, la sauce d'huîtres, la pâte de haricots, le vinaigre et 3 cuillerées à soupe d'eau. Laissez frémir 2 minutes.

4 Ajoutez enfin les pois gourmands. Laissez le mélange sur le feu encore 2 minutes en le remuant sans cesse. Servez avec du riz blanc.

**PRATIQUE** On trouve la pâte de haricots aux piments et le vinaigre noir chinois dans les épiceries et les supermarchés asiatiques.

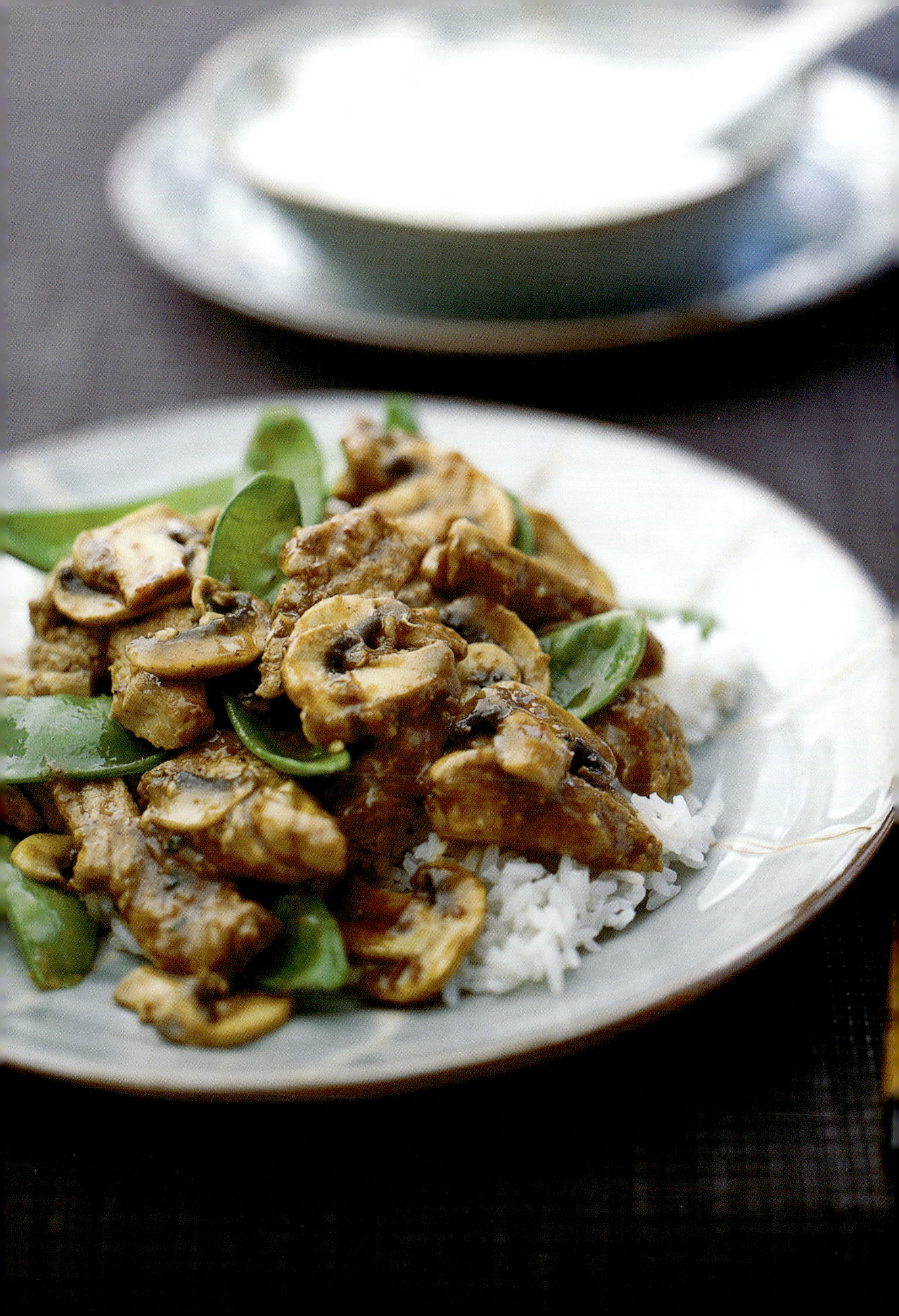

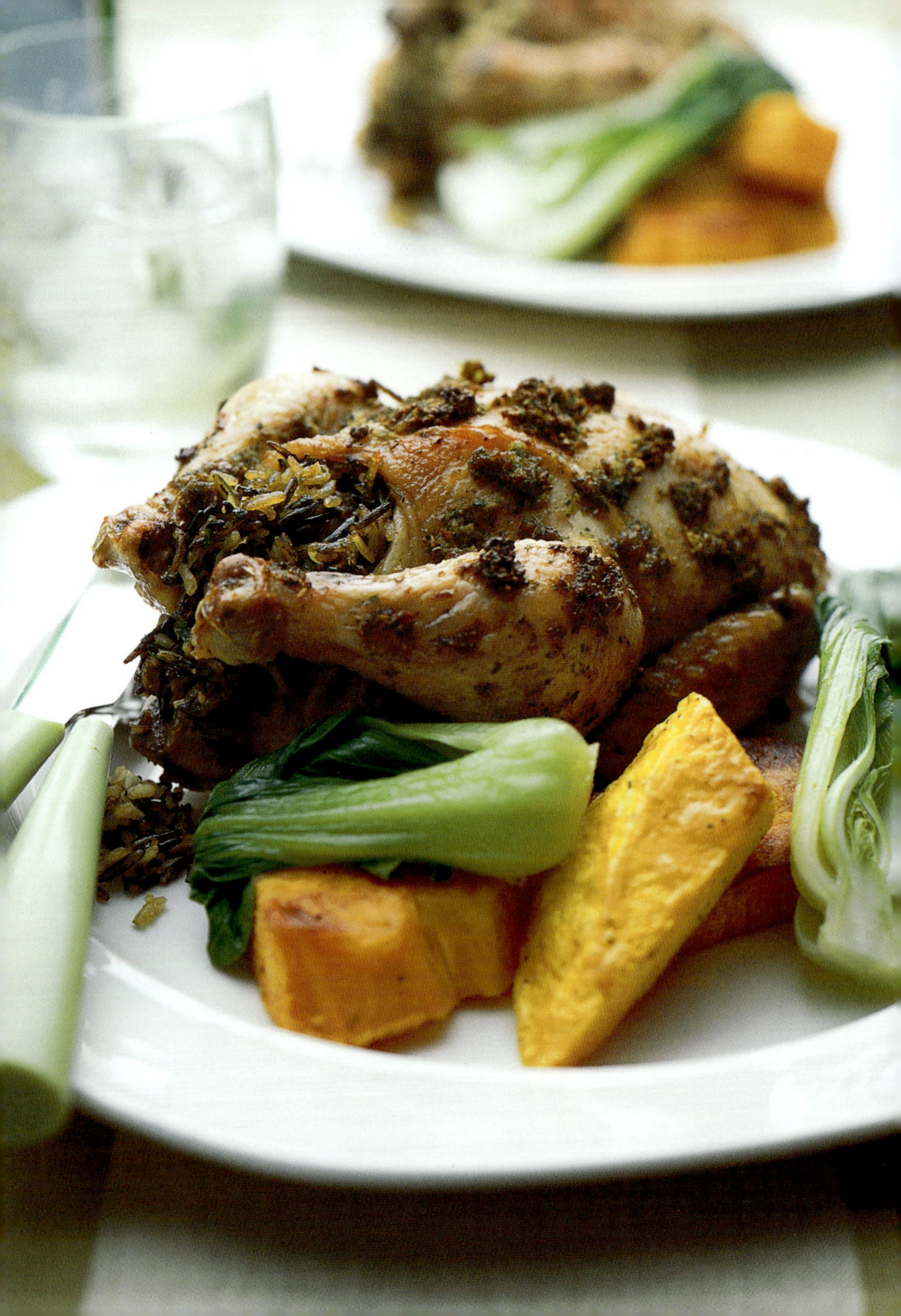

# Coquelets farcis au riz sauvage

*Pour 4 personnes*

4 coquelets de 500 g chacun
de l'huile d'olive

**Farce**
100 g de riz sauvage et de riz blanc mélangés
40 g de beurre
1 blanc de citronnelle
1/2 c. à c. de zeste de citron
1 c. à s. de coriandre ciselée
1 c. à s. de sauce de soja

**Marinade**
1 c. à c. de poivre du Sichuan broyé
1 c. à c. de graines de coriandre broyées
1 c. à c. de grains de sel de mer
1 petit piment oiseau fendu en deux, égrené
et coupé en tranches fines
1 c. à s. de coriandre ciselée
1 c. à s. de gingembre frais râpé
2 gousses d'ail écrasées
2 c. à s. de sauce de soja
1 c. à c. d'huile de sésame

1 Pour la farce, portez à ébullition 185 ml d'eau salée, ajoutez le riz, baissez la flamme, couvrez et laissez cuire 10 minutes à feu très doux. Retirez la casserole du feu sans ôter le couvercle. Laissez reposer encore 5 minutes avant d'ajouter le beurre, la citronnelle, le zeste de citron, la coriandre et la sauce de soja.

2 Mixez tous les ingrédients de la marinade en pâte homogène. Quand la farce a refroidi, garnissez-en l'intérieur de chaque coquelet. Badigeonnez ces derniers de marinade, couvrez et réfrigérez 2 heures.

3 Préchauffez le four à 190 °C. Posez les coquelets sur des plaques de cuisson, badigeonnez-les d'huile et faites-les rôtir 50 minutes à 1 heure en les arrosant régulièrement de leur jus. Servez avec des légumes vapeur.

**PRATIQUE** Vous pouvez ouvrir les coquelets après la cuisson avec des ciseaux de cuisine. L'opération facilite la présentation et la dégustation.

POUR ENFLAMMER   POIVRE DU SICHUAN

Introduisez la farce à la cuillère
à l'intérieur des coquelets.

Badigeonnez la marinade
sur la peau des coquelets.

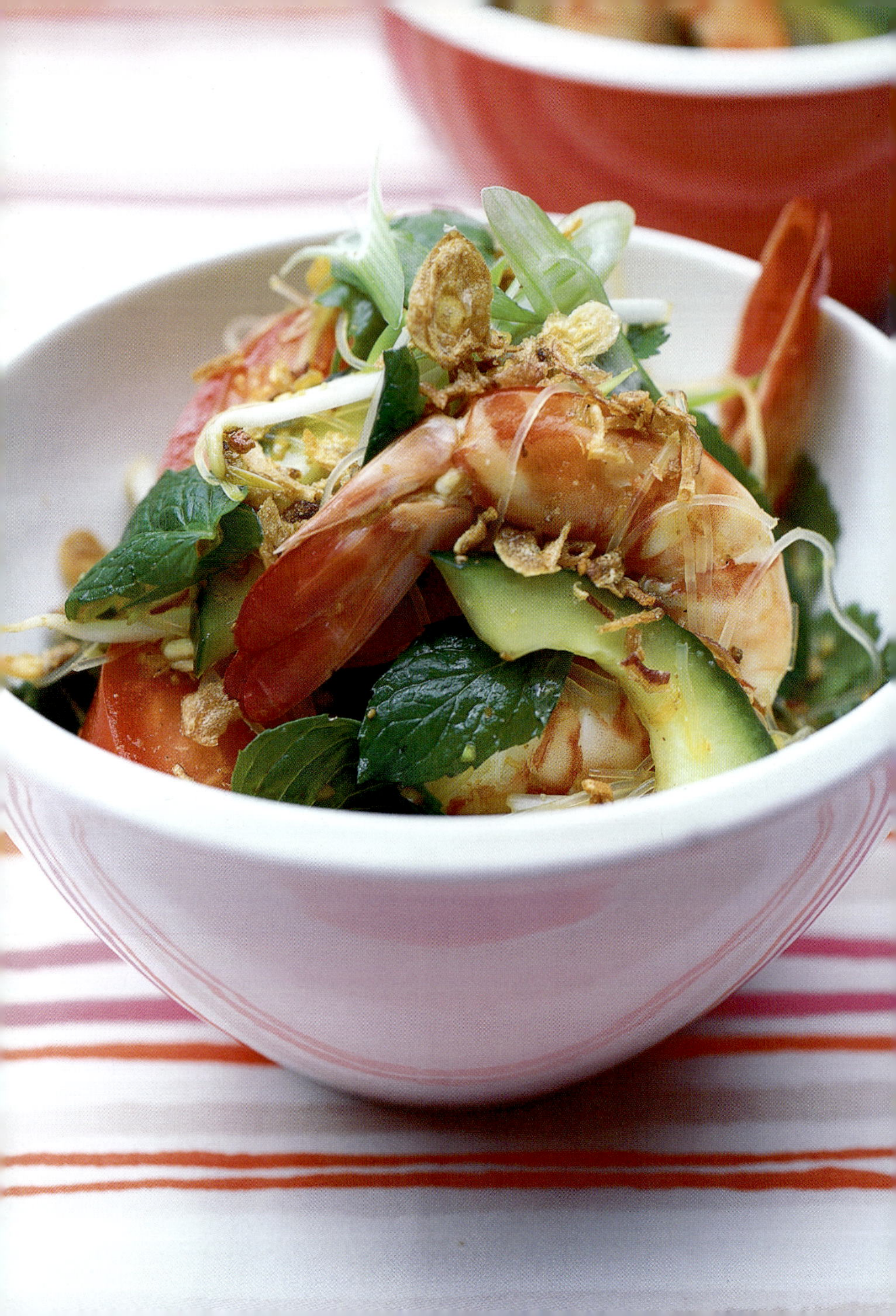

## Salade de nouilles aux crevettes

*Pour 4 personnes*

100 g de vermicelles de soja
700 g de gambas cuites décortiquées, avec la queue
1 mini-concombre
2 grosses tomates mûres en quartiers
140 g de germes de soja
1 grosse poignée de menthe
1 poignée de coriandre
3 oignons verts en tranches fines
20 g d'échalotes frites

**Assaisonnement**
1 c. à s. de poivre du Sichuan
2 oignons verts en tranches fines
1 c. à s. de gingembre frais râpé
1 c. à s. de sauce de soja
1 c. à s. de sauce de poisson thaïe
1/4 de c. à c. d'huile de sésame
1 c. à s. de jus de citron
1 c. à c. de cassonade

1 Mélangez dans un saladier les ingrédients de l'assaisonnement. Faites tremper les vermicelles dans de l'eau bouillante (selon les instructions du paquet), égouttez-les puis coupez-les grossièrement avec des ciseaux de cuisine. Coupez le concombre en deux dans la longueur, enlevez les pépins et recoupez chaque moitié en tranches.

2 Mélangez dans un saladier les gambas, le concombre, les tomates, les germes de soja, la menthe, la coriandre, les oignons verts et les nouilles. Versez l'assaisonnement, mélangez délicatement puis répartissez la salade dans des bols de service. Décorez d'échalotes frites et servez sans attendre.

**PRATIQUE** Vous trouverez des échalotes frites dans les épiceries asiatiques ou dans en grandes surfaces, au rayon des produits exotiques.

# Sashimi au wasabi

*Pour 4 à 6 personnes*

**600 g de thon ou de saumon extra-frais d'excellente qualité**
**1/2 radis blanc japonais (daikon)**
**4 poignées de pousses de roquette**
**1 petit concombre**

**Vinaigrette au wasabi**
2 c. à c. de pâte de wasabi
1 gousse d'ail écrasée
1/2 c. à c. de gingembre frais râpé
1/4 de c. à c. de sucre en poudre
1 c. à s. de jus de citron vert
1 c. à s. de mirin (vin de riz doux)
1 1/2 c. à s. de vinaigre de riz
2 c. à s. d'huile végétale
1/4 de c. à c. d'huile de sésame
de la sauce de soja
pour l'assaisonnement

1 Découpez le poisson en très fines tranches régulières. Faites-les se chevaucher en rosace sur un grand plat de service. Couvrez et réfrigérez jusqu'au moment de servir.

2 Pelez le radis puis détaillez-le en bâtonnets. Pressez-le pour en extraire l'eau de végétation. Détaillez le concombre en rubans avec un couteau économe. Réfrigérez les ingrédients de la salade.

3 Préparez la vinaigrette en fouettant le wasabi, l'ail, le gingembre, le sucre, le jus de citron vert, le mirin, le vinaigre de riz et l'huile végétale. Ajoutez l'huile de sésame après l'avoir fait chauffer un peu. Assaisonnez de quelques gouttes de sauce de soja et d'une pincée de sel. Réservez.

4 Au moment de servir, mélangez le radis, la salade et le concombre avant de les arroser de vinaigrette. Dressez cette salade au centre du plat de sashimi, nappez le poisson du reste de sauce et servez immédiatement.

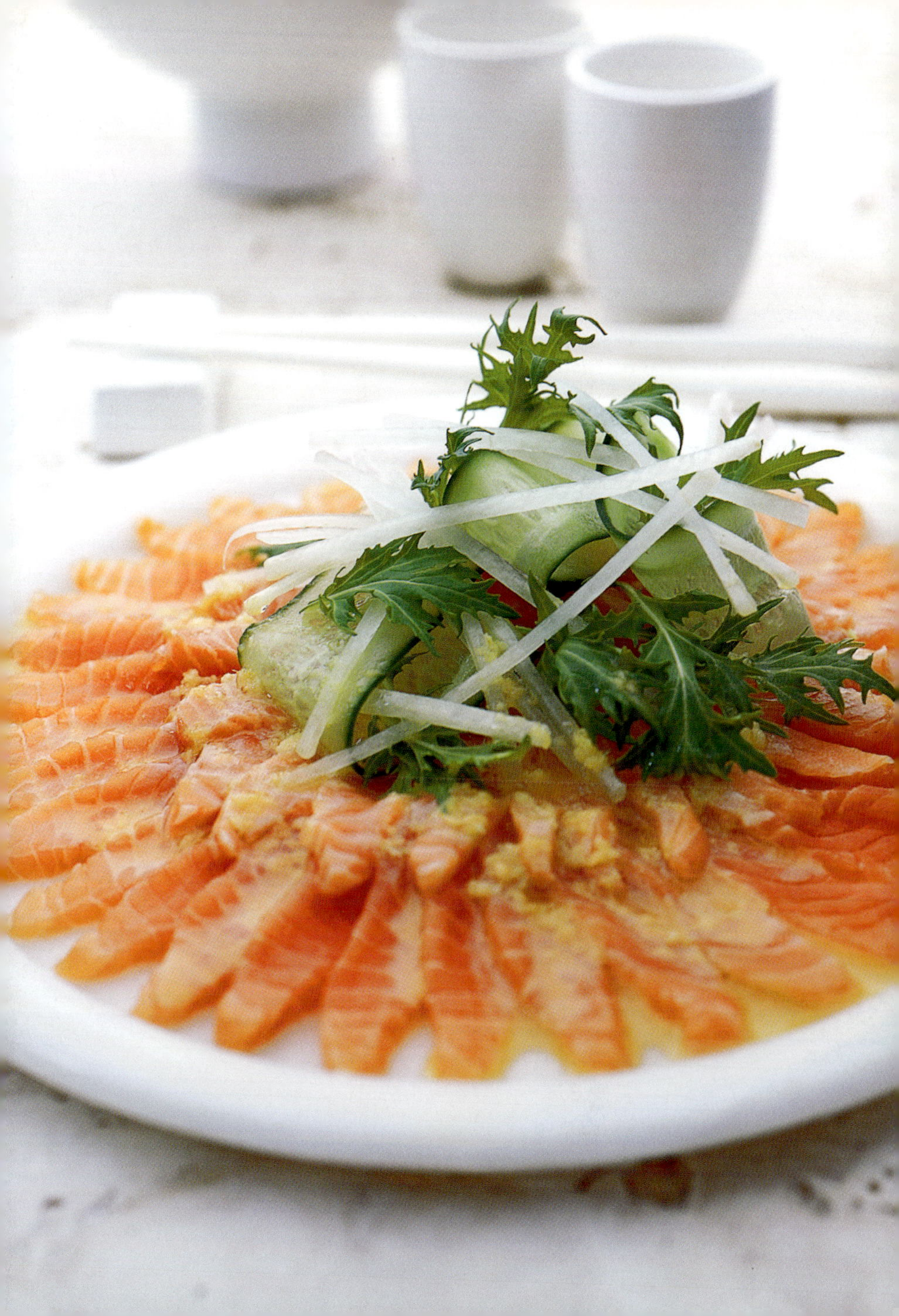

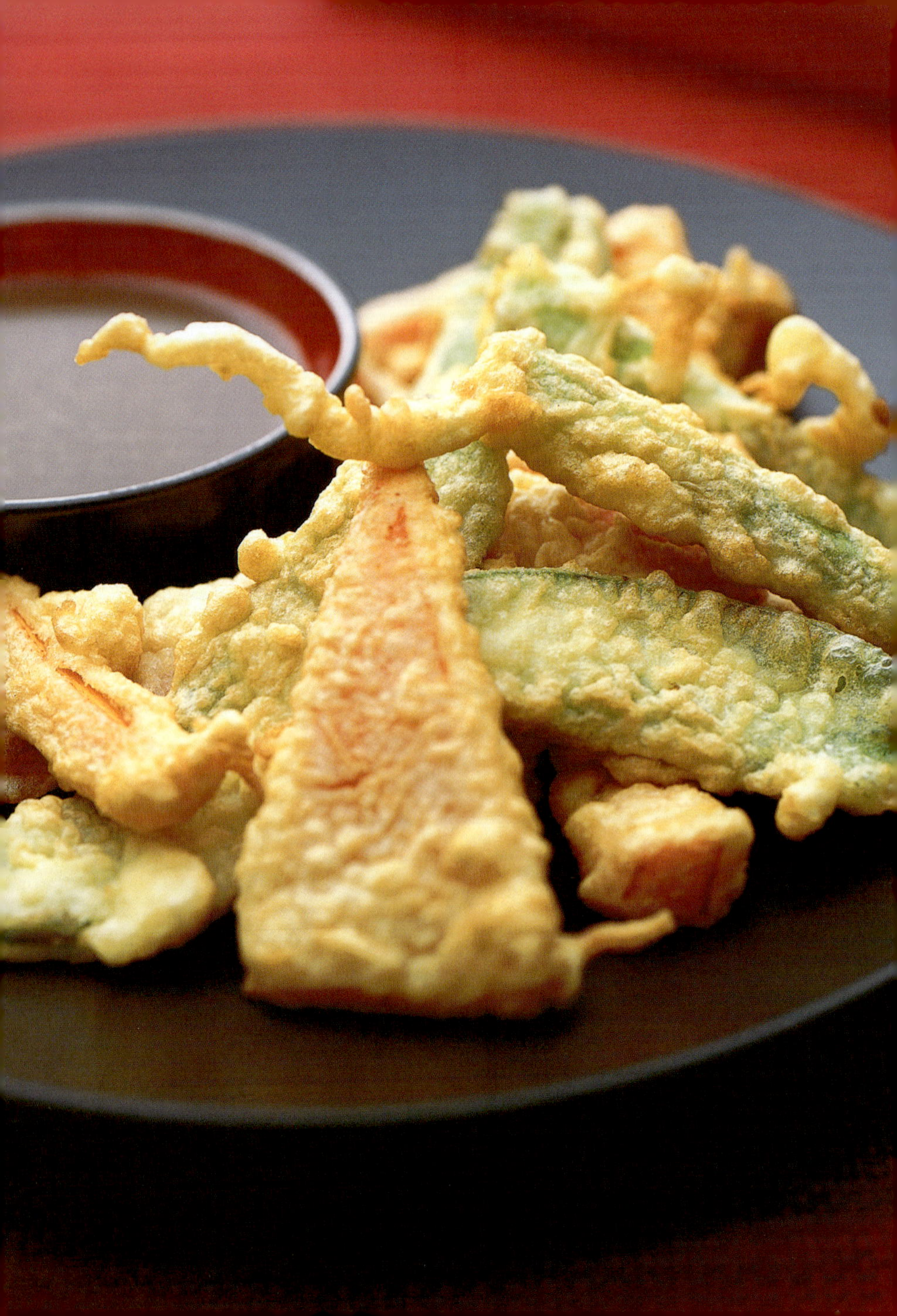

# Tempura de légumes

*Pour 4 personnes*

de l'huile végétale pour la friture
200 g de patate douce
en tranches de 1 cm
200 g de carottes en gros bâtonnets
175 g d'asperges vertes
en tronçons de 4 cm
100 g de pois gourmands
1 poivron rouge en gros morceaux

**Sauce au wasabi**
4 c. à s. de sauce de soja
2 c. à c. de pâte de wasabi

**Pâte à beignets**
150 g de farine de ménage
60 g de fécule de maïs
2 œufs

1 Pour la sauce d'accompagnement, mélangez le wasabi et la sauce de soja dans une coupelle.

2 Pour la pâte à beignets, mélangez la farine, la fécule et une pincée de sel dans un saladier. Incorporez au fouet les œufs battus avec 250 ml d'eau glacée. Ne travaillez pas trop la pâte : il peut y rester quelques grumeaux.

3 Préchauffez le four à 200 °C. Tapissez un grand plat de papier absorbant. Dans une sauteuse profonde, faites chauffer l'huile à 180 °C (un cube de pain plongé dedans doit brunir en 15 secondes).

4 Pour la tempura, plongez les légumes un à un dans la pâte (commencez par la patate douce, qui doit cuire plus longtemps) avant de les faire frire 3 à 4 minutes dans le bain d'huile chaude. Procédez en plusieurs fois, très peu de légumes à chaque tournée, puis laissez-les égoutter sur du papier absorbant avant de les garder au chaud au four dans le plat préparé. Servez ces beignets avec la sauce au wasabi.

TOUT ÉPICES

## Poulet rôti au beurre de ciboulette et wasabi

*Pour 4 personnes*

**60 g de beurre mou
2 c. à s. de pâte de wasabi
1 gousse d'ail écrasée
20 g de ciboulette ciselée
1 poulet entier
1 c. à s. d'huile végétale
1/4 de c. à s. d'huile de sésame
1/4 de citron
de la fleur de sel**

1 Préchauffez le four à 200 °C. Travaillez le beurre en pommade avec le wasabi, l'ail et la ciboulette. Décollez délicatement la peau du poulet pour étaler ce beurre mou directement sur la chair de la volaille, en prenant garde de ne pas casser la peau.

2 Mélangez l'huile végétale et l'huile de sésame puis enduisez-en le poulet. Attachez les pattes avec de la ficelle de cuisine. Pressez le quartier de citron sur la volaille et saupoudrez généreusement de fleur de sel. Mettez le poulet sur une grille au-dessus de la lèchefrite et laissez-le rôtir 1 h 15 environ.

3 Laissez-le reposer 10 minutes hors du four avant de le découper. Récupérez le jus de cuisson pour en napper les morceaux de viande et servez avec des légumes vapeur.

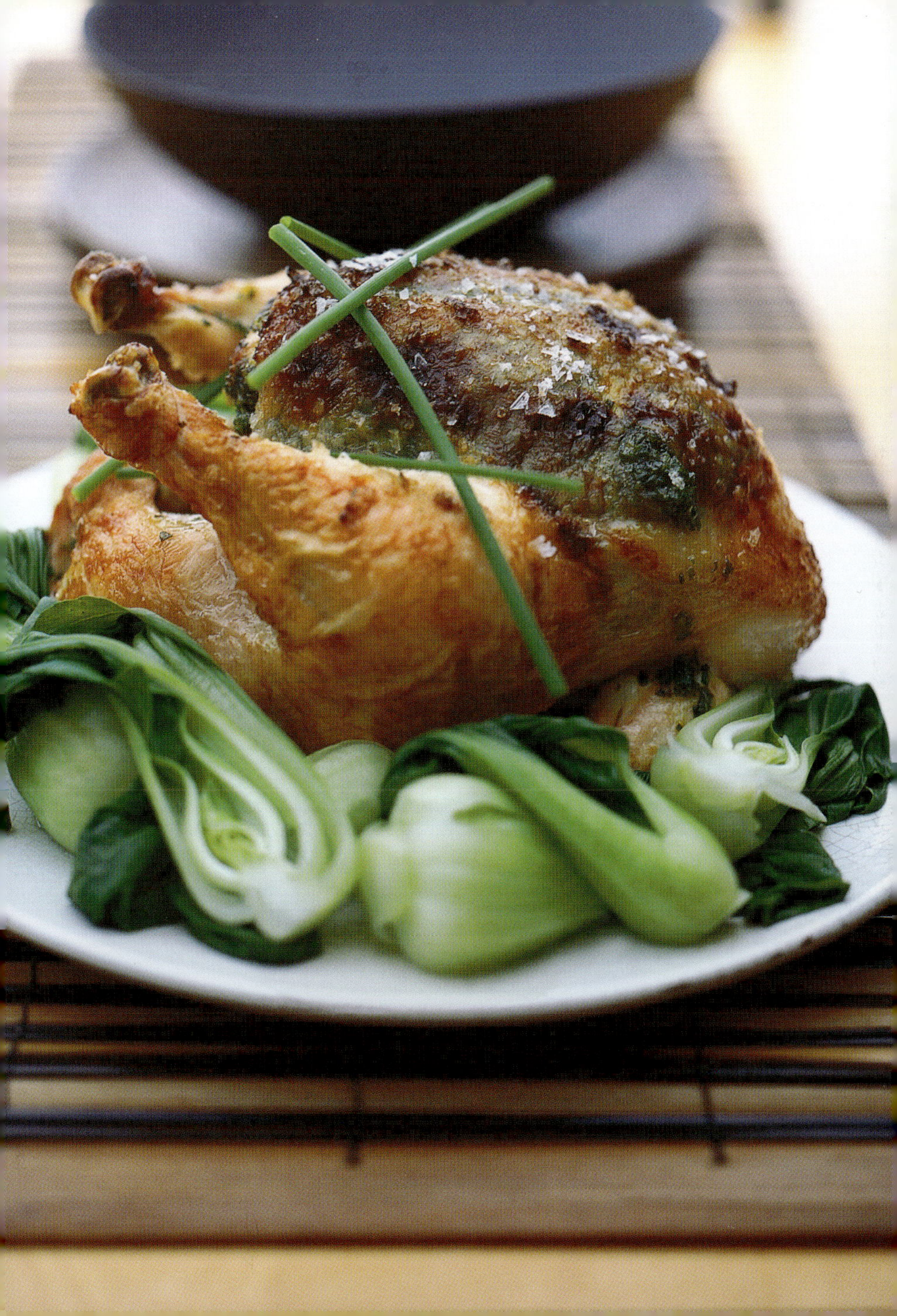

# Becs sucrés

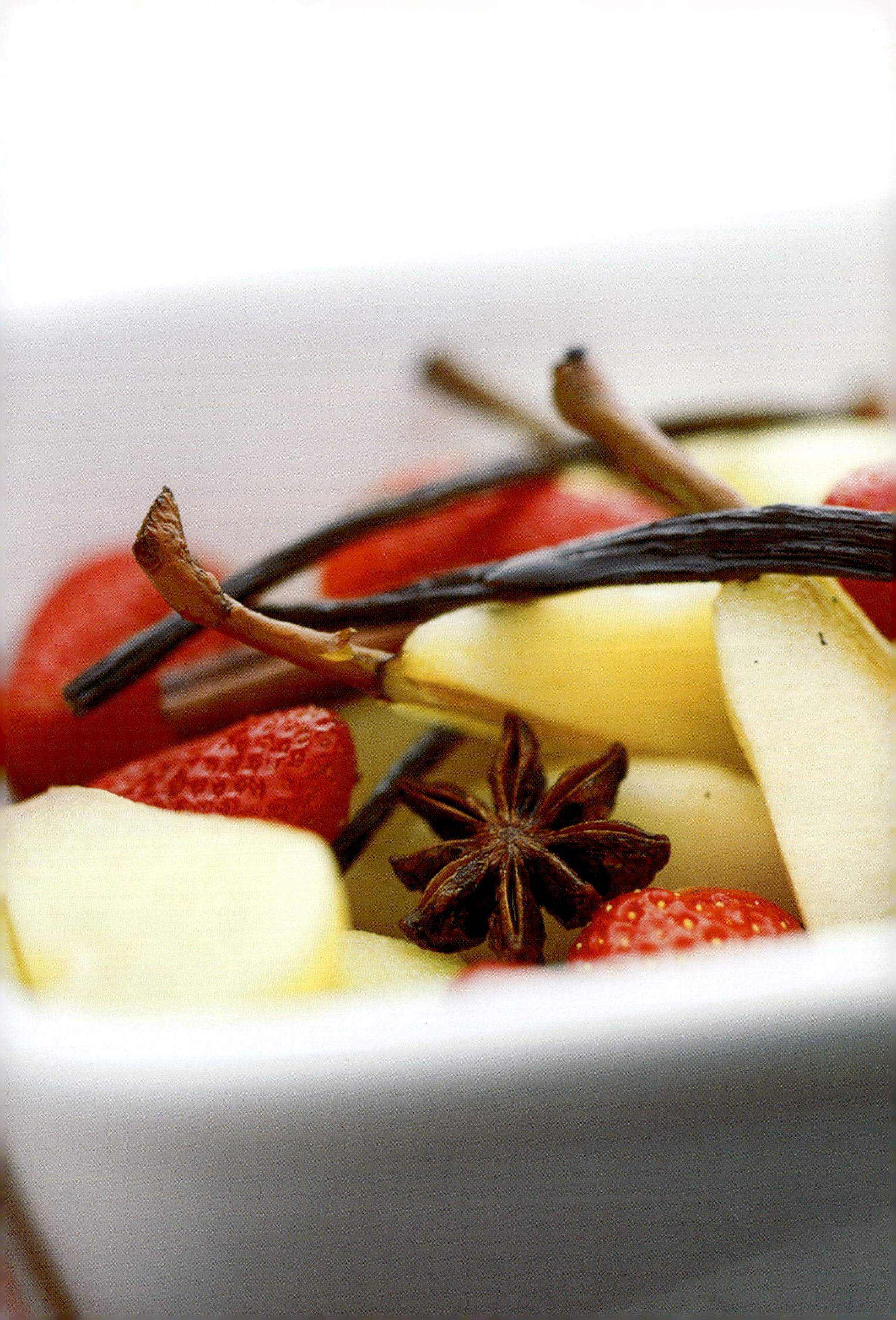

TOUT ÉPICES

# Douceur des épices

Pour s'offrir une pause en douceur l'après-midi ou assurer triomphalement la fin d'un repas, rien de meilleur qu'un mets sucré. La douceur et la délicatesse de certaines épices se marient tout particulièrement avec les desserts. De toutes les épices en usage dans le monde, celles que l'on associe au sucre conservent encore l'antique aura de luxe et d'abondance que ces produits avaient aux temps anciens. C'est particulièrement vrai de la cannelle, de la vanille et de la cardamome : une pincée ou un trait de ces épices métamorphose immédiatement la préparation la plus simple. Employées avec modération, elles n'en écrasent pas la saveur propre, mais en renforcent le goût tout en le soulignant d'une subtilité enchanteresse. Difficile de parvenir au paradis des gourmets sans ces ingrédients indispensables…

BECS SUCRÉS

La cardamome verte, originaire
du sud de l'Inde et du Sri Lanka,
est la meilleure
de toutes les variétés disponibles.
On se sert de ses gousses
comme de ses graines, entières ou moulues.

La cannelle
parfume de nombreux desserts
et de nombreux plats.
L'écorce intérieure séchée
de cette native du Sri Lanka
est vendue en bâtonnets.

TOUT ÉPICES

Rhizome noueux d'une plante tropicale,
le gingembre pousse en Asie du Sud-Est.
Avec son goût à la fois doux
et piquant, il s'achète
sous de très nombreuses formes.

La noix de muscade
est la graine dure d'une plante vivace.
Sa saveur chaleureuse,
douce et épicée s'obtient de la noix entière
râpée au dernier moment sur le plat.

BECS SUCRÉS

Originaire de Chine, la badiane
est un fruit à graines en forme d'étoile.
Son goût rappelle la réglisse.
Cette épice s'utilise dans les cuisines
arabe et asiatique.

La vanille est la gousse d'une orchidée
grimpante qui croît en Amérique centrale.
Quand elle est de bonne qualité,
elle exhale un arôme délicat
aux notes de caramel.

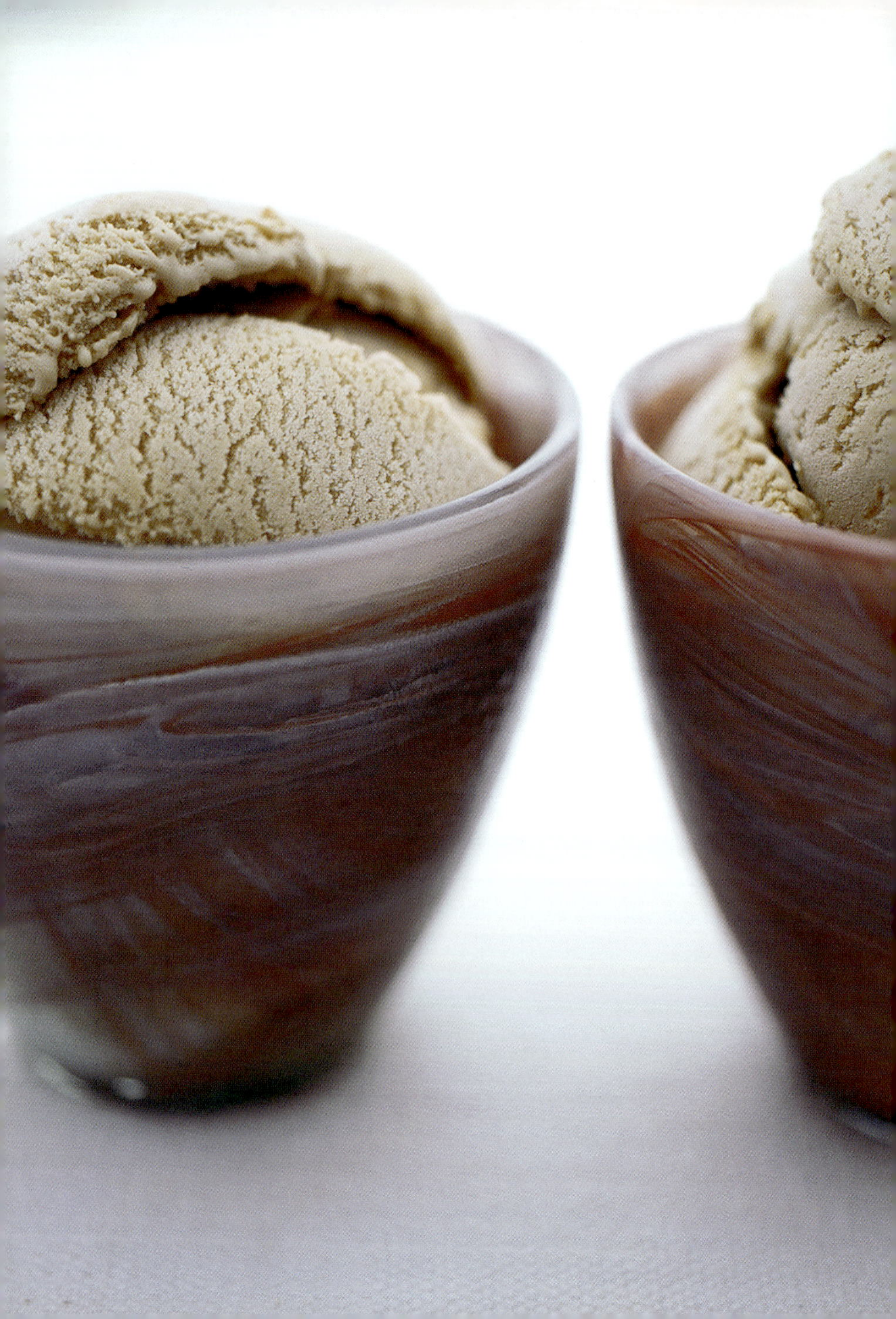

## Glace au café et à la cardamome

*Pour 4 personnes*

**6 gousses de cardamome verte**
**375 ml de lait**
**250 ml de crème fraîche**
**1 c. à s. de café soluble**
**115 g de sucre en poudre**
**5 jaunes d'œufs**

1. Écrasez légèrement les gousses de cardamome et mettez-les dans une casserole avec le lait, la crème et le café. Faites chauffer délicatement jusqu'au point d'ébullition, puis retirez du feu et laissez infuser 20 minutes.

2. Faites blanchir le sucre et les jaunes d'œufs au fouet dans un saladier avant d'incorporer le lait à la cardamome. Passez ensuite le mélange dans un tamis fin.

3. Laissez chauffer 8 à 10 minutes à feu doux, en remuant constamment, jusqu'à ce que la crème épaississe et nappe la cuiller. Attention, elle ne doit pas bouillir.

4. Quand la crème est tiède, versez-la dans un moule peu profond, couvrez-la et mettez-la quelques heures au congélateur. Dès que les bords sont pris, transférez-la dans un saladier pour la battre au fouet électrique. Remettez-la dans son moule et placez-la à nouveau au congélateur. Répétez l'opération au moins deux fois.

5. Si vous utilisez une sorbetière, frappez 1 heure le mélange avant d'actionner le moteur jusqu'à congélation complète. Conservez la glace dans un récipient en plastique jusqu'au moment de servir.

## Biscuits au miel et à la cardamome

*Pour 24 biscuits*

**200 g de beurre doux**
**150 g de sucre en poudre**
**3 c. à s. de miel**
**250 g de farine de ménage**
**1 c. à c. de levure chimique**
**80 g d'amandes en poudre**
**2 c. à c. de cardamome moulue**
**du sucre glace pour décorer**

1 Préchauffez le four à 170 °C. Faites fondre le beurre avec le sucre et le miel en remuant sans cesse.

2 Mélangez la farine et la levure, incorporez la poudre d'amandes et la cardamome, creusez un puits au centre et ajoutez le beurre fondu. Travaillez en pâte homogène.

3 Déposez des cuillerées de pâte sur des plaques de cuisson tapissées de papier sulfurisé. Aplatissez délicatement ces disques avec le fond d'un verre et faites cuire au four 15 à 18 minutes. Les biscuits doivent être légèrement dorés. Laissez-les reposer 5 minutes puis étalez-les sur une grille. Saupoudrez-les de sucre glace quand ils sont complètement refroidis.

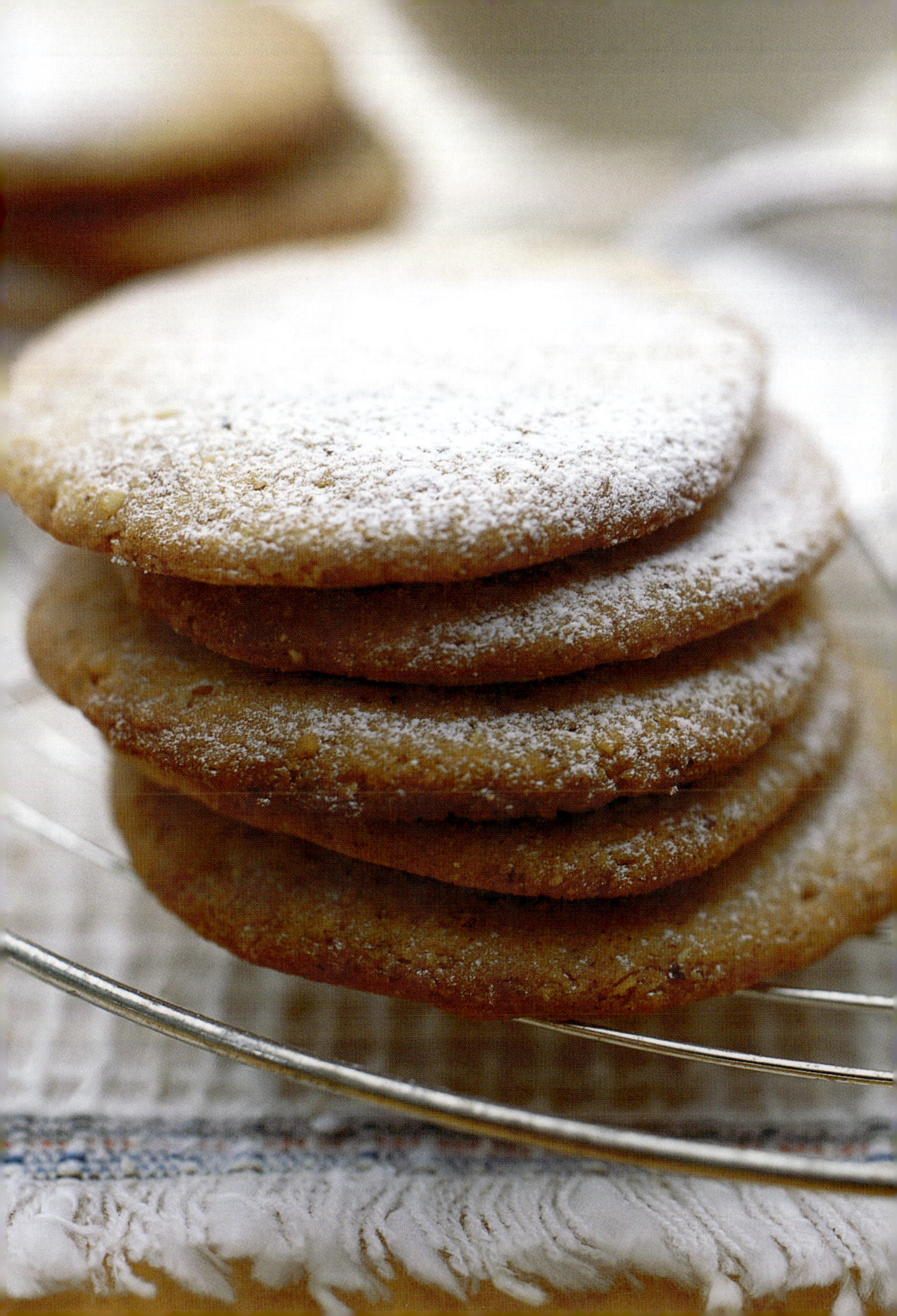

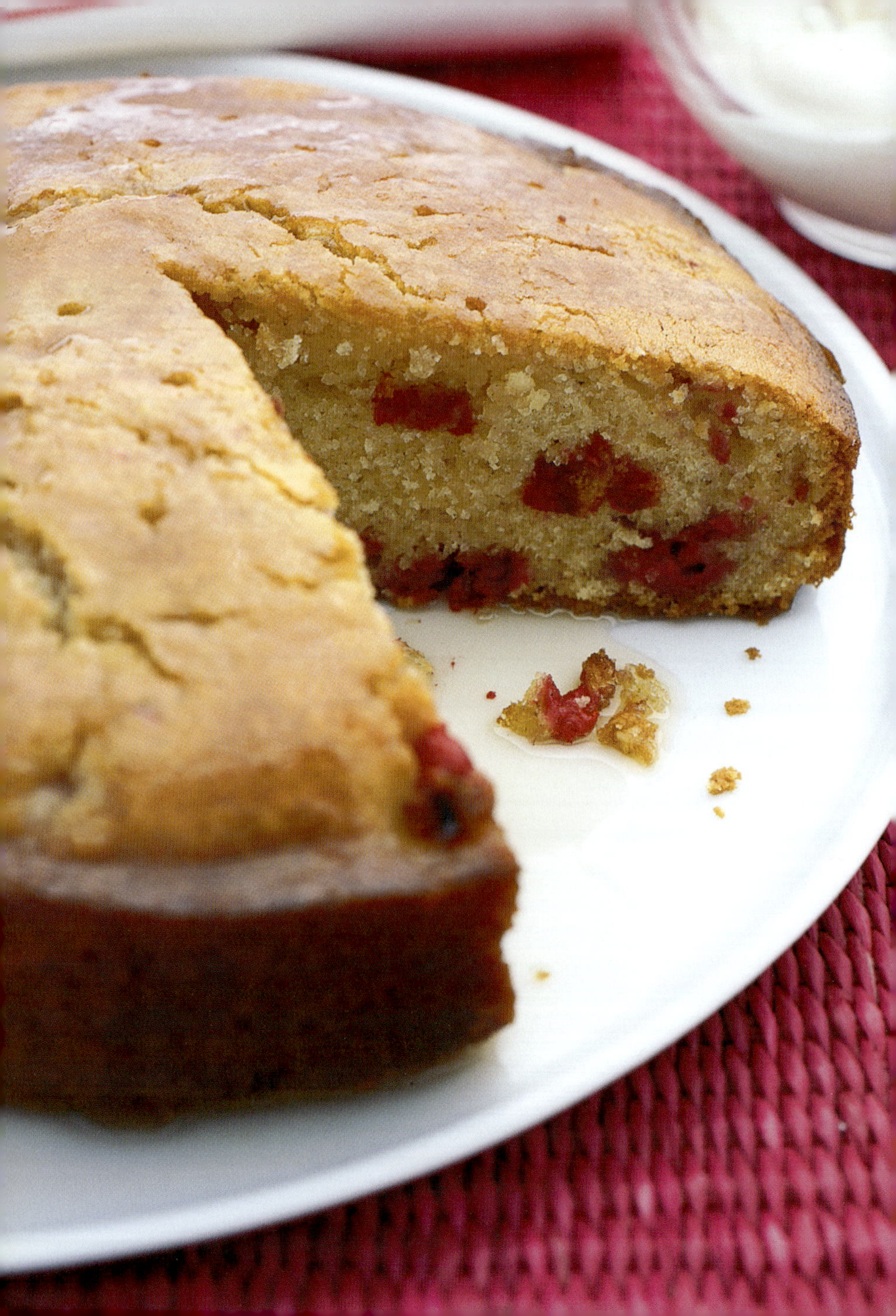

## Moelleux aux framboises et à la cardamome

*Pour 6 à 8 personnes*

125 g de beurre doux ramolli
125 g de sucre en poudre
2 œufs
1 c. à c. d'extrait de vanille
250 g de farine à levure incorporée
2 c. à c. de cardamome moulue
125 ml de lait
150 g de framboises fraîches ou décongelées
de la crème fouettée pour servir

**Sirop au miel**
175 g de miel
2 c. à s. de sucre en poudre
1/4 de c. à c. d'extrait de vanille

## TOUT ÉPICES

1 Préchauffez le four à 180 °C. Beurrez un moule rond de 20 cm de diamètre et chemisez-le de papier sulfurisé.

2 Battez le beurre au fouet électrique en introduisant graduellement le sucre en poudre. Quand le mélange a blanchi, ajoutez les œufs et l'extrait de vanille. Vous devez obtenir une pâte homogène.

3 Mélangez la farine et la cardamome. Incorporez-en une pleine cuillerée dans le mélange aux œufs, puis un peu de lait. Répétez l'opération plusieurs fois en terminant par la farine. Veillez cependant à ne pas trop travailler la pâte.

4 Ajoutez les framboises puis versez la pâte dans le moule, lissez la surface avec une spatule et glissez le gâteau au four pour 40 à 45 minutes. Pour vérifier la cuisson, piquez le centre du gâteau avec une brochette : elle doit ressortir propre. Sortez le gâteau du four et faites des petits trous sur le dessus avec la pointe d'une brochette.

5 Pour le sirop, faites dissoudre le miel et le sucre dans 125 ml d'eau, en remuant constamment. Hors du feu, ajoutez l'extrait de vanille. Versez la moitié de ce sirop sur le gâteau. Laissez ce dernier reposer 10 minutes puis démoulez-le sur une grille. Servez tiède avec de la crème fouettée et le reste du sirop.

BECS SUCRÉS   CARDAMOME

Avec une cuiller en métal, incorporez les framboises à la pâte.

Versez la moitié du sirop sur le gâteau et laissez reposer 10 minutes.

243

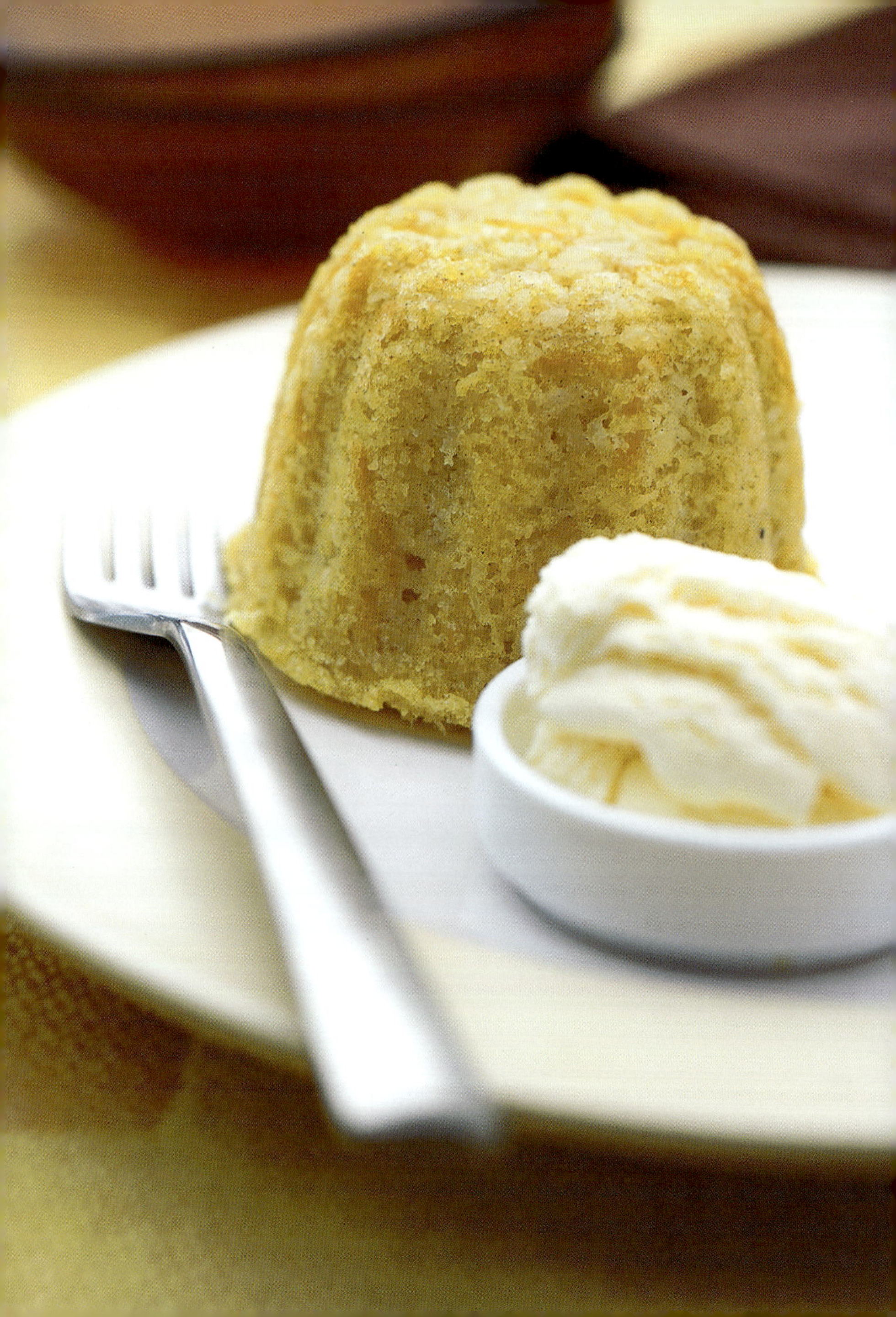

## Moelleux au potiron, noix de coco et cardamome

*Pour 6 moelleux*

125 g de beurre doux ramolli
115 g de sucre en poudre
3 œufs
90 g de farine de ménage
1 1/2 c. à c. de cardamome moulue
1 c. à c. de levure chimique
125 g de potiron râpé
40 g de noix de coco râpée

1 Préchauffez le four à 180 °C. Travaillez au fouet électrique le beurre et le sucre. Incorporez les œufs un à un, en battant bien après chaque addition. Ajoutez délicatement la farine tamisée, la cardamome et la levure, puis le potiron et la noix de coco.

2 Beurrez 6 moules à dariole de 185 ml avant de les remplir de pâte. Mettez-les dans un grand plat, versez de l'eau chaude jusqu'à mi-hauteur, couvrez de papier sulfurisé puis d'une feuille de papier d'aluminium. Ajustez le papier en plissant les bords pour qu'il reste en place.

3 Laissez cuire 30 à 35 minutes au four. Sortez aussitôt les moelleux du bain-marie, faites-les reposer 5 minutes avant de les démouler. Servez chaud avec de la glace vanille ou de la crème fouettée.

# Bavarois à la cardamome

*Pour 8 personnes*

**4 jaunes d'œufs**
**115 g de sucre en poudre**
**200 g de yaourt à la vanille**
**185 ml de lait**
**1 c. à c. de cardamome moulue**
**1/2 c. à c. d'extrait de vanille**
**1 c. à s. de gélatine en poudre**
**300 ml de crème liquide légèrement fouettée**

1 Faites blanchir les jaunes d'œufs et le sucre au fouet électrique. Mélangez le yaourt, le lait, la cardamome et la vanille dans une casserole, laissez chauffer à feu doux jusqu'au point de frémissement puis versez ce mélange sur les jaunes d'œufs et fouettez. Transférez-le dans une casserole propre et laissez-le épaissir 7 à 8 minutes à feu moyen, jusqu'à ce qu'il nappe la cuiller. Retirez du feu.

2 Plongez la gélatine dans 3 cuillerées à soupe d'eau chaude pour la ramollir avant de la mélanger avec la préparation au yaourt. Laissez refroidir complètement cette dernière avant d'ajouter la crème fouettée.

3 Répartissez le bavarois dans 8 moules et réfrigérez 2 à 3 heures. Pour démouler, faites courir le long des parois la pointe d'un couteau trempée dans de l'eau chaude. Plongez ensuite les moules quelques secondes dans l'eau chaude puis retournez-les sur les assiettes de service.

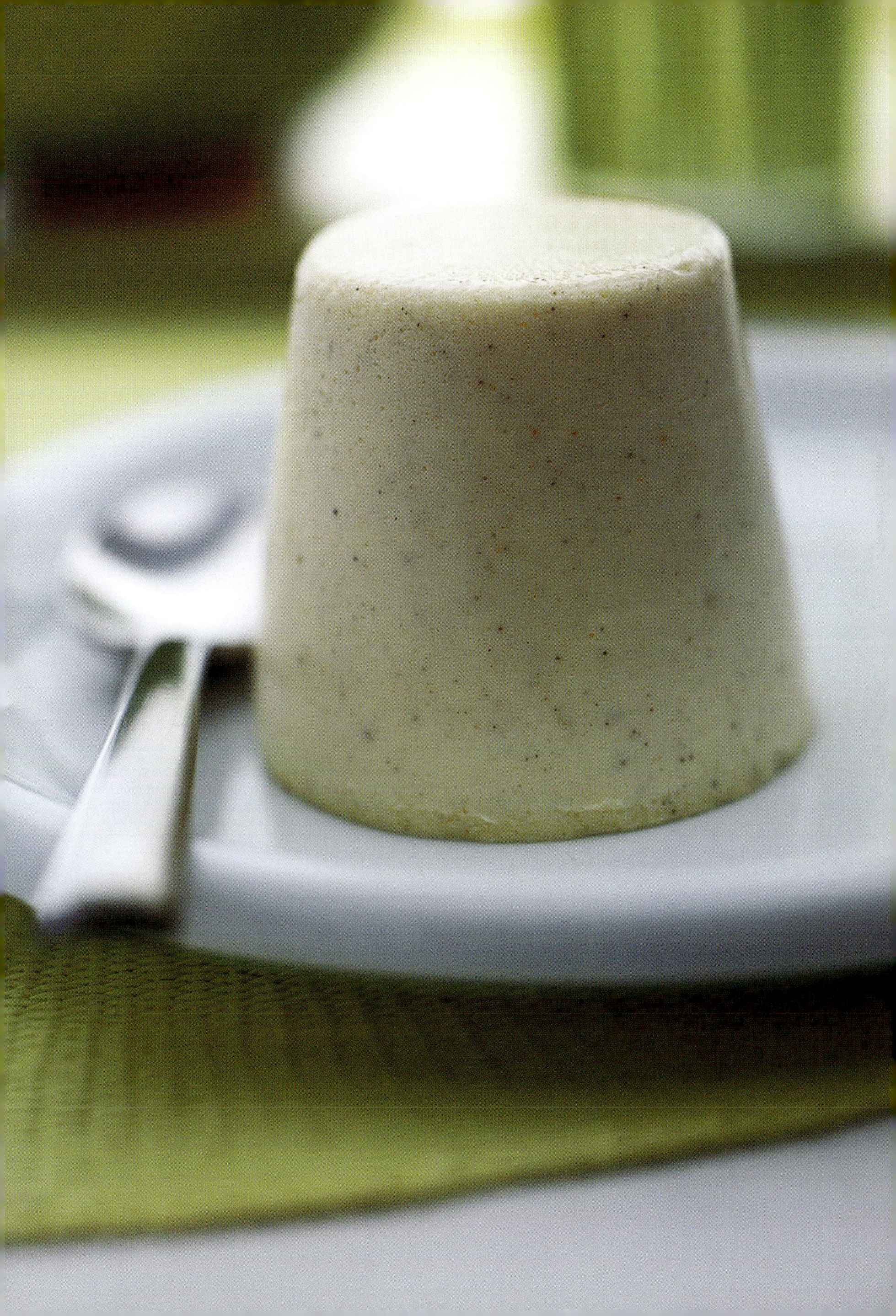

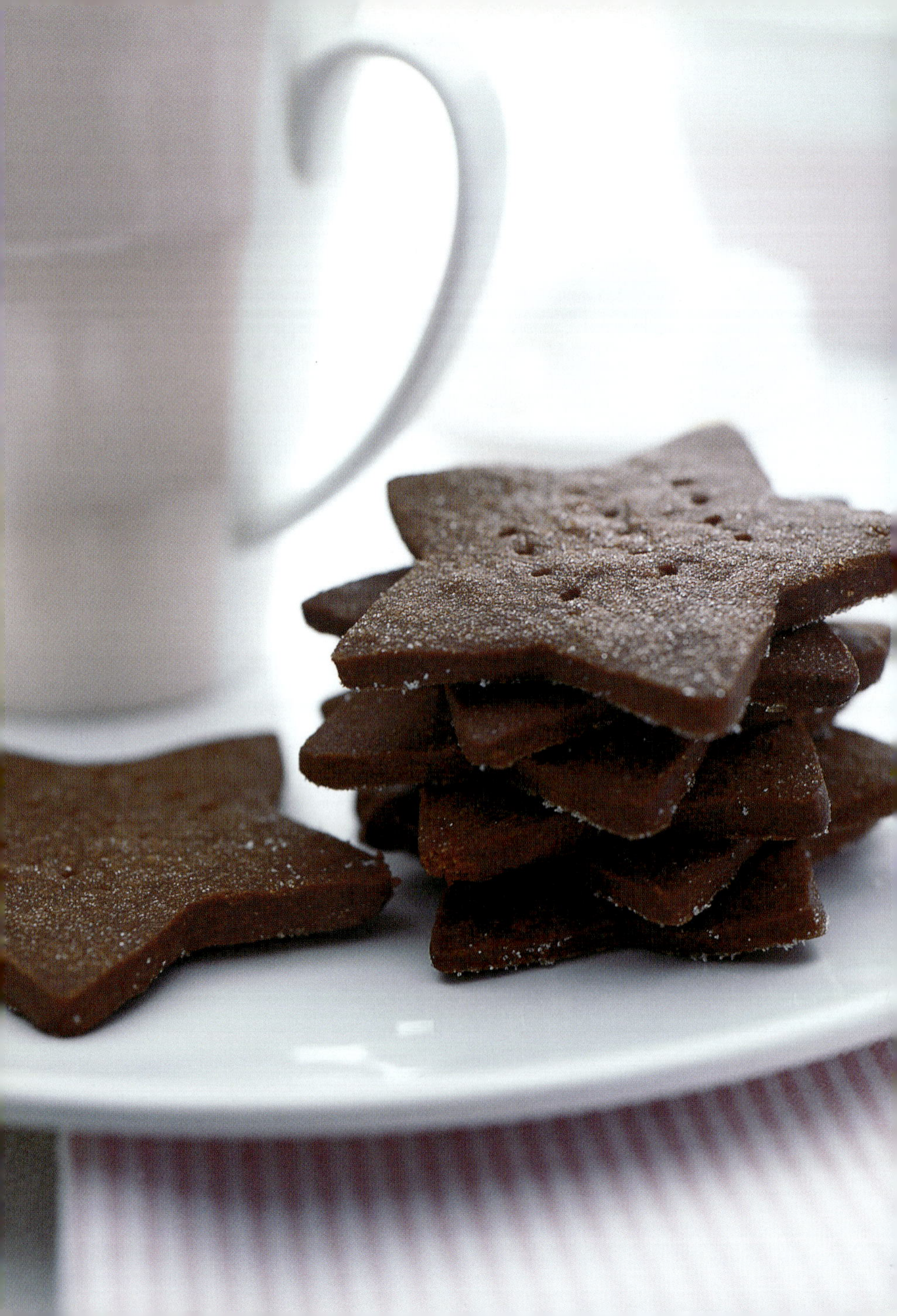

## Sablés chocolatés à la cannelle

*Pour 32 sablés*

200 g de farine de ménage
40 g de cacao en poudre non sucré
1 1/2 c. à c. de cannelle moulue
250 g de beurre doux
60 g de sucre glace
du sucre en poudre pour décorer

1 Préchauffez le four à 160 °C. Tapissez deux plaques de cuisson de papier sulfurisé. Tamisez la farine, le cacao et la cannelle. Au fouet électrique, travaillez en crème le beurre et le sucre glace. Avec une grande cuiller en métal, incorporez la farine tamisée. Retournez la pâte sur un plan de travail légèrement fariné et pétrissez-la délicatement.

2 Abaissez la pâte entre deux feuilles de papier sulfurisé sur une épaisseur de 5 mm. Avec un emporte-pièce en forme d'étoile, découpez les biscuits. Déposez-les sur les plaques en les espaçant un peu pour leur permettre de gonfler. Piquez-les avec une fourchette, saupoudrez de sucre en poudre et réfrigérez 30 minutes.

3 Passez au four 15 à 18 minutes, en intervertissant la position des plaques à mi-cuisson. Laissez refroidir sur les plaques.

## TOUT ÉPICES

# Semi-freddo à la cannelle

*Pour 8 à 10 personnes*

**230 g de sucre en poudre**
**4 œufs à température ambiante, jaunes et blancs séparés**
**600 ml de crème liquide**
**1 1/2 c. à c. de cannelle moulue**
**1 pincée de sel**

1 Chemisez un moule à cake rectangulaire d'une double épaisseur de film alimentaire, en laissant ce dernier déborder sur les côtés. Au fouet électrique, blanchissez le sucre et les jaunes d'œufs. Dans un autre saladier, travaillez la crème en chantilly ferme puis incorporez-la délicatement aux œufs battus. Ajoutez la cannelle.

2 Dans un troisième saladier, montez en neige ferme les blancs d'œufs avec le sel avant de les incorporer aux œufs battus. Versez la préparation dans le moule, couvrez d'une double épaisseur de film alimentaire et congelez toute une nuit.

3 Sortez la glace du congélateur 5 minutes avant de servir. Démoulez-la et coupez-la en tranches. Accompagnez de fruits au sirop.

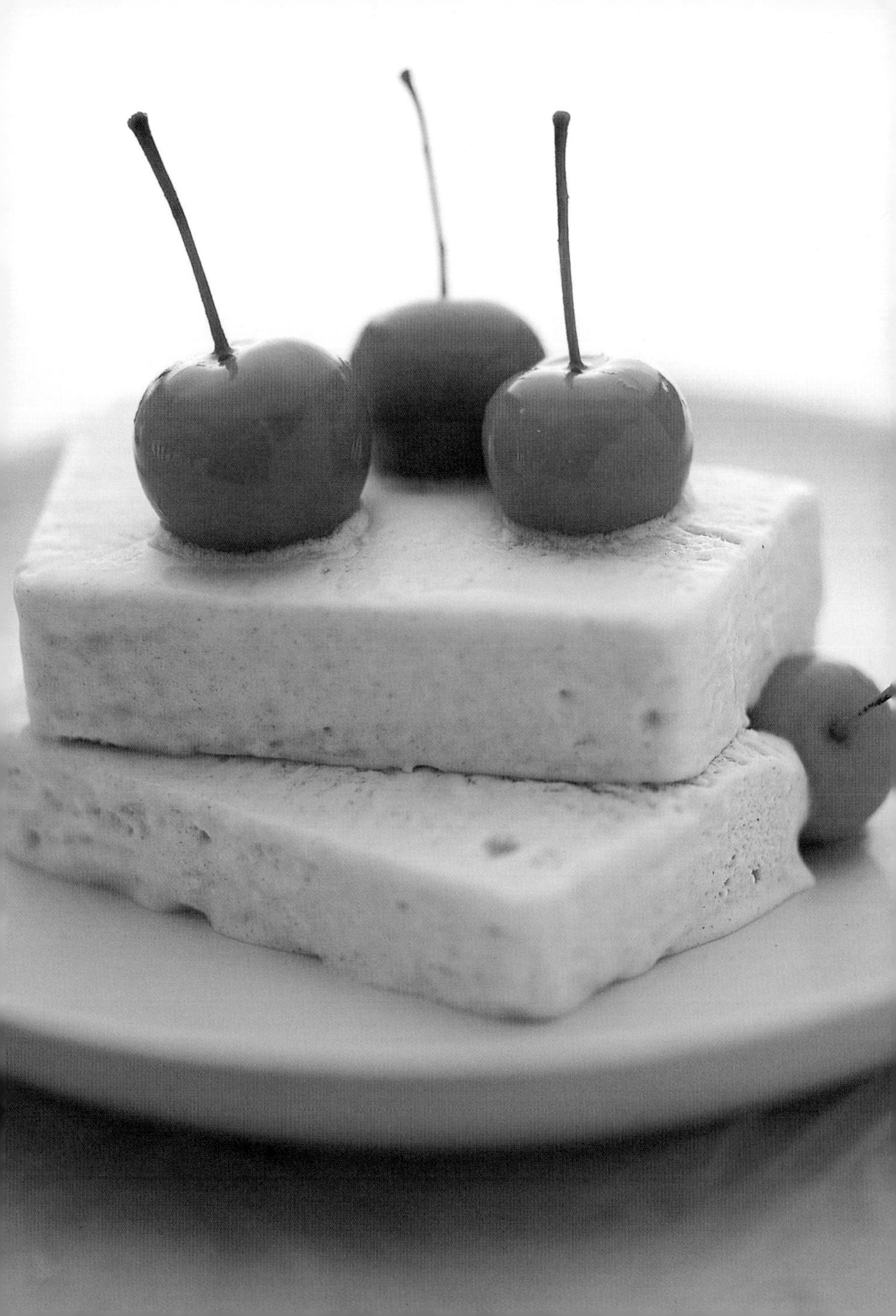

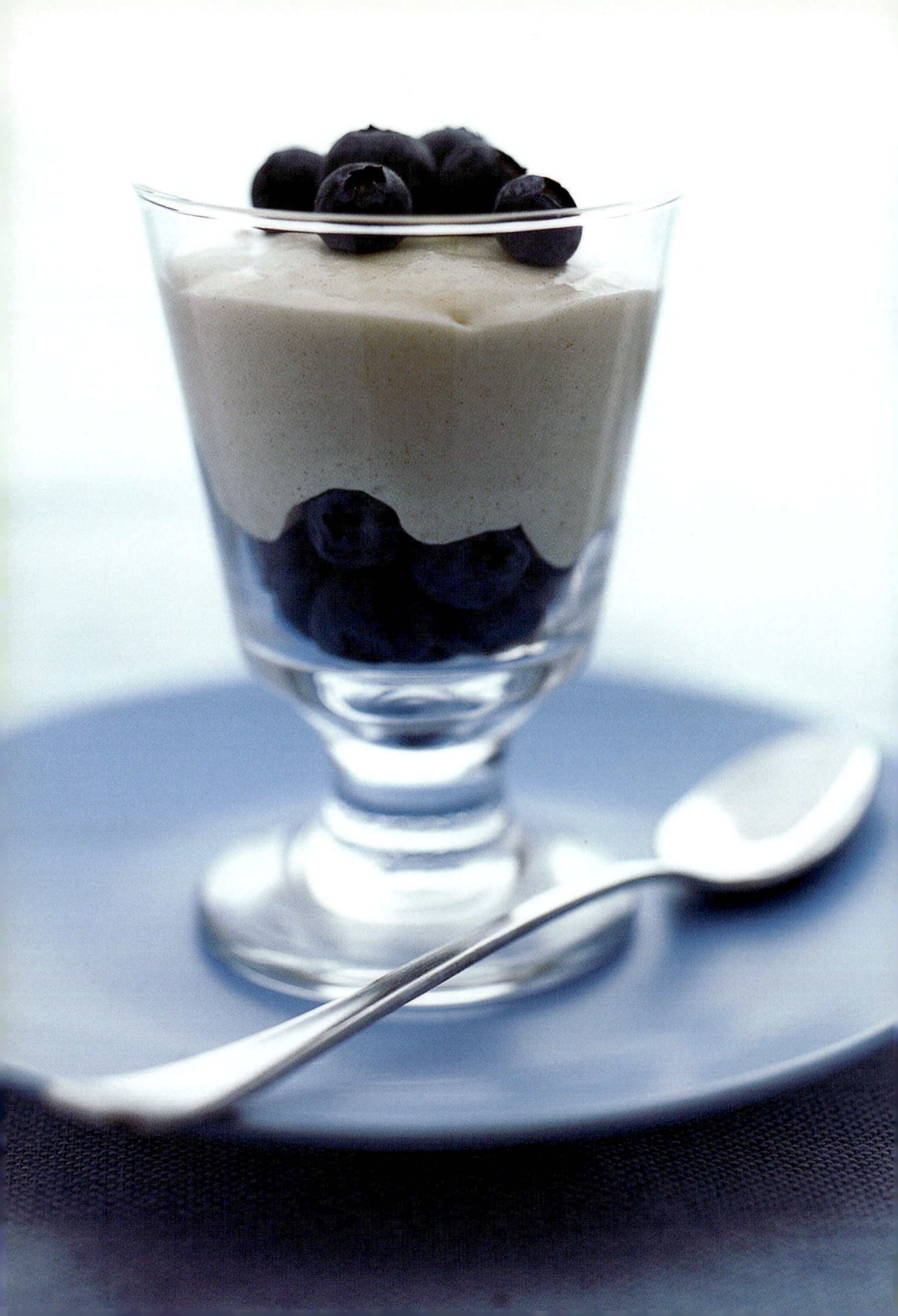

## Mousse de chocolat blanc à la cannelle

*Pour 4 personnes*

2 œufs, jaunes et blancs séparés
4 c. à s. de lait
1 c. à c. de cannelle moulue
180 g de chocolat blanc en morceaux
2 c. à c. de gélatine en poudre
185 ml de crème liquide
150 g de myrtilles fraîches

1 Fouettez dans une casserole les jaunes d'œufs, le lait et la cannelle. Ajoutez le chocolat et faites fondre à feu doux.

2 Faites gonfler la gélatine dans 2 cuillerées à soupe d'eau chaude puis mélangez à la fourchette. Versez-la sur le chocolat fondu et remuez. Plongez la base de la casserole dans un saladier d'eau froide pour rafraîchir le mélange.

3 Battez les blancs d'œufs en neige ferme. Dans un autre saladier, travaillez la crème en chantilly. Ajoutez la chantilly aux œufs battus puis incorporez délicatement les blancs en neige.

4 Répartissez les trois quarts des myrtilles dans quatre coupes, couvrez de mousse au chocolat et réfrigérez plusieurs heures. Décorez du reste de myrtilles avant de servir.

**PRATIQUE** Préférez les myrtilles fraîches ; congelées, elles coloreraient la mousse.

TOUT ÉPICES

# Biscuits aux noix de pécan et à la cannelle

*Pour 30 biscuits*

2 œufs à température ambiante
250 g de sucre en poudre
280 g de farine de ménage
1/2 c. à c. de levure chimique
2 c. à c. de cannelle moulue
125 g de noix de pécan

1 Préchauffez le four à 170 °C. Chemisez une plaque de cuisson de papier sulfurisé. Au fouet électrique, faites blanchir 2 minutes les œufs et le sucre. Ajoutez la farine tamisée, la levure, la cannelle et les noix de pécan. Avec un couteau à lame plate, pétrissez en pâte molle. Sur une surface de travail farinée, formez une boule homogène.

2 Façonnez la pâte en deux bûches de 25 cm de long sur 8 de large et posez-les sur la plaque de cuisson en les espaçant largement. Faites cuire 35 à 40 minutes au four puis laissez refroidir complètement.

3 Avec un couteau à dents, détaillez les bûches en tranches de 1 cm et étalez-les sur la plaque. Remettez-les 15 à 20 minutes au four pour qu'elles soient croustillantes et légèrement dorées, en les retournant à mi-cuisson. Laissez-les refroidir sur la plaque.

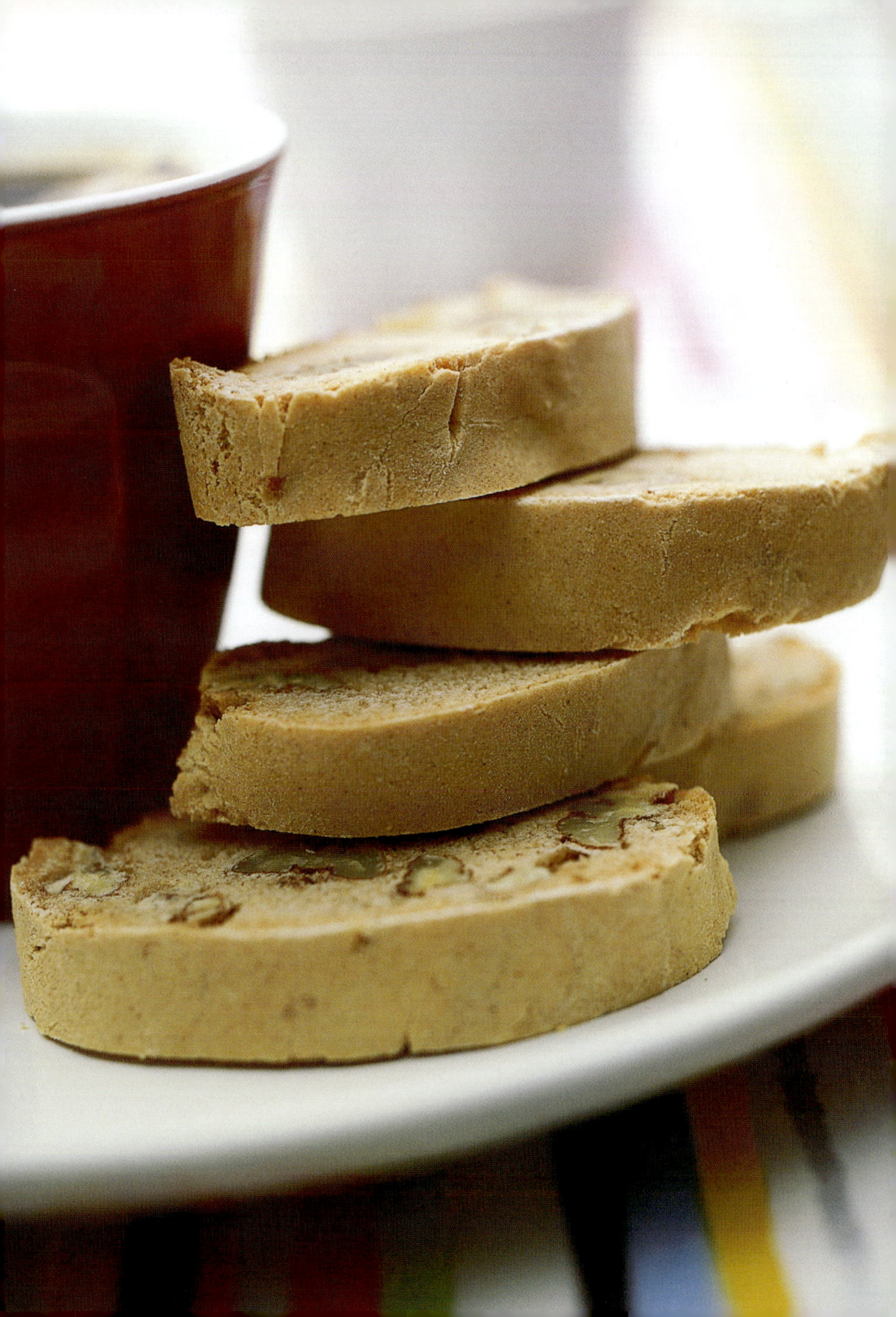

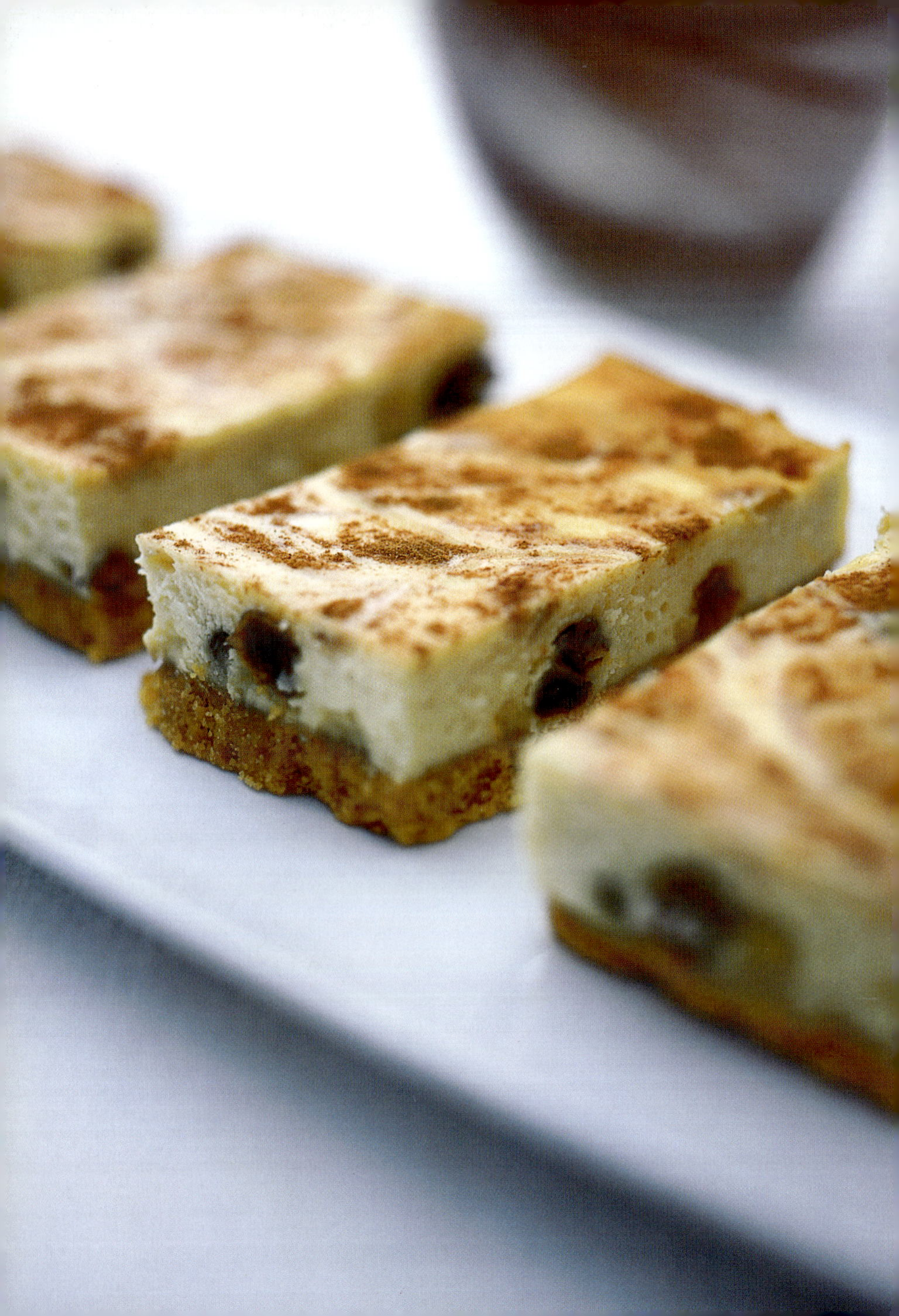

# Bouchées au fromage blanc et aux épices

*Pour 10 bouchées*

**250 g de biscuits aux flocons d'avoine**
**1/2 c. à c. de cannelle moulue**
**+ 1 c. à c. pour décorer**
**1/2 c. à c. de noix de muscade râpée**
**100 g de beurre doux fondu**
**500 g de fromage blanc**
**à température ambiante**
**4 c. à s. de miel**
**3 œufs à température ambiante**
**85 g de raisins secs**

1 Beurrez un moule rectangulaire de 27 × 17 cm. Tapissez le fond et les côtés de papier sulfurisé. Réduisez en chapelure les biscuits avec la cannelle et la muscade. Ajoutez le beurre et mélangez bien. Pressez cette pâte au fond du moule et faites-la raffermir au réfrigérateur. Préchauffez le four à 170 °C.

2 Au fouet électrique, travaillez en crème le fromage blanc et le miel. Ajoutez les œufs un à un, en battant bien après chaque addition. Incorporez les raisins puis versez le mélange sur la pâte. Saupoudrez du reste de cannelle. Faites cuire 30 à 35 minutes au four. Laissez refroidir dans le moule, puis découpez en bouchées rectangulaires pour servir.

# Tatin d'ananas au gingembre

*Pour 6 à 8 personnes*

165 g de farine de ménage
1 1/2 c. à c. de gingembre en poudre
185 g de beurre doux
1 jaune d'œuf
50 g de gingembre confit haché
160 g de sucre en poudre
1 ananas
de la crème fraîche pour servir

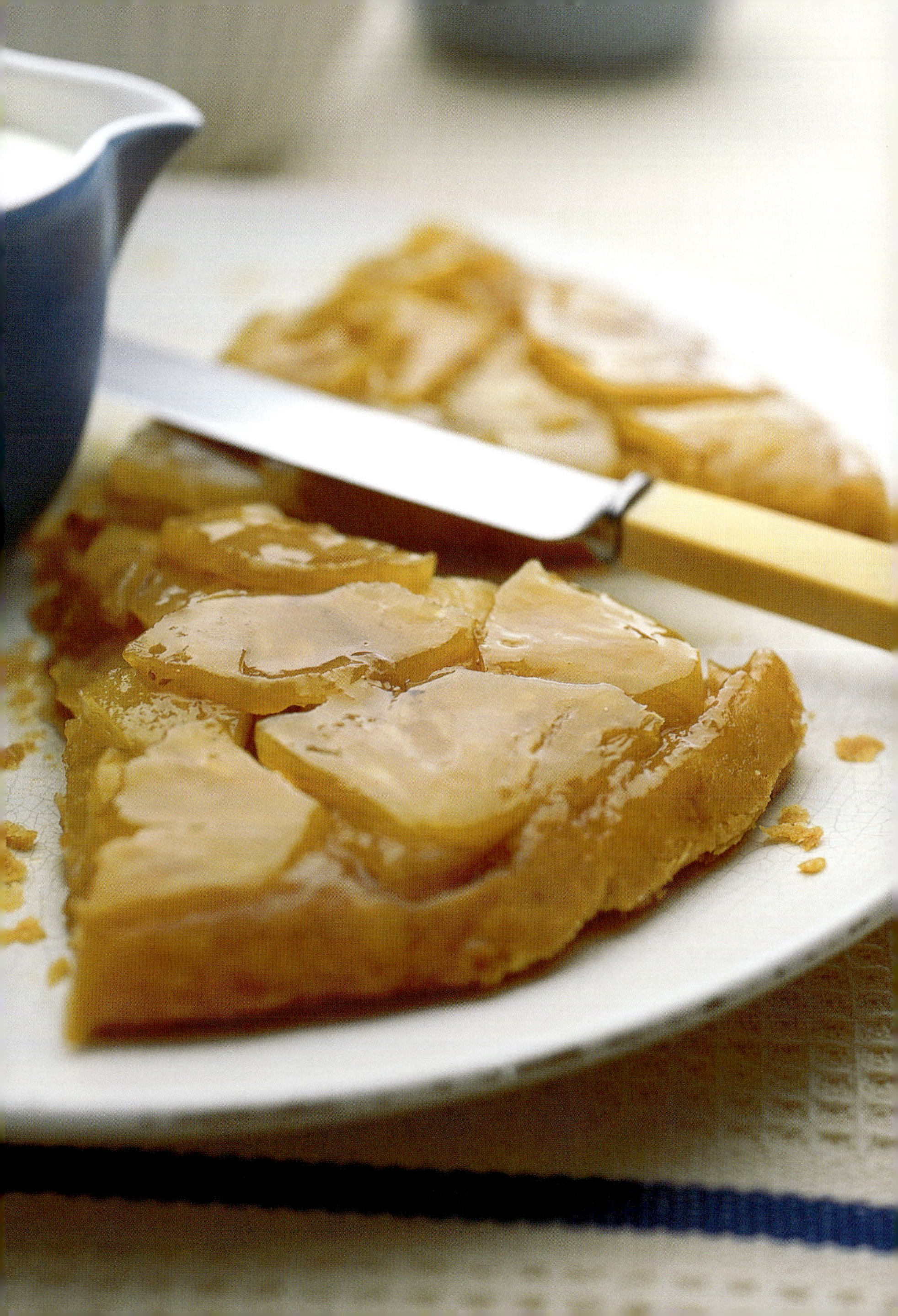

TOUT ÉPICES

Travaillez par impulsion pour mélanger les ingrédients.

Faites cuire l'ananas dans le caramel jusqu'à ce qu'il soit tendre.

1 Malaxez en chapelure la farine, le gingembre en poudre et 85 g de beurre dans le bol d'un robot ménager. Ajoutez le jaune d'œuf, le gingembre confit et 2 à 3 cuillerées à soupe d'eau. Donnez quelques impulsions pour mélanger. Retournez la pâte sur une surface de travail légèrement farinée et formez une boule. Couvrez de film alimentaire et réfrigérez 20 minutes.

2 Coupez l'ananas en quatre, retirez la peau, détaillez la chair en tranches de 5 mm d'épaisseur, en ôtant le cœur ligneux.

3 Dans un poêlon de 24 cm de diamètre allant au four, faites fondre le reste du beurre à feu doux puis ajoutez le sucre et mélangez jusqu'à dissolution complète. Réglez la flamme à feu moyen et laissez épaissir ce sirop en remuant pour obtenir un caramel doré. Baissez à nouveau le feu, ajoutez les tranches d'ananas et laissez mijoter 15 minutes, pour qu'elles soient tendres et que le caramel ait légèrement épaissi.

4 Préchauffez le four à 180 °C. Abaissez la pâte entre deux feuilles de papier sulfurisé pour former un disque légèrement plus large que le diamètre du poêlon. Couvrez-en les tranches d'ananas en la rabattant le long des parois. Faites cuire 35 à 40 minutes au four.

5 Retournez délicatement la tarte sur un plat de service, coupez-la en parts et servez avec de la crème fraîche.

## Palets aux pistaches et au gingembre

*Pour 25 biscuits*

100 g de beurre doux
125 g de cassonade
1 c. à c. d'extrait de vanille
2 œufs à température ambiante
250 g de farine de ménage
1 1/2 c. à c. de levure chimique
2 c. à c. de gingembre en poudre
100 g de pistaches grossièrement broyées
du chocolat blanc pour décorer

1 Faites chauffer le four à 170 °C. Chemisez deux plaques de cuisson de papier sulfurisé. Au fouet électrique, travaillez en crème le beurre, le sucre et l'extrait de vanille. Ajoutez les œufs un à un, en battant bien entre chaque addition.

2 Incorporez la farine tamisée, la levure et le gingembre. Ajoutez les pistaches. Farinez légèrement vos mains pour rouler la pâte en petites boules que vous aplatissez ensuite sur les plaques, en les espaçant bien pour les laisser gonfler. Imprimez les dents d'une fourchette sur le dessus.

3 Faites cuire les palets 15 à 18 minutes au four, jusqu'à ce qu'ils soient croustillants et dorés, en intervertissant la position des plaques à mi-cuisson. Laissez-les refroidir 5 minutes sur les plaques avant de les transférer sur une grille. Décorez d'un peu de chocolat blanc fondu quand ils sont complètement froids.

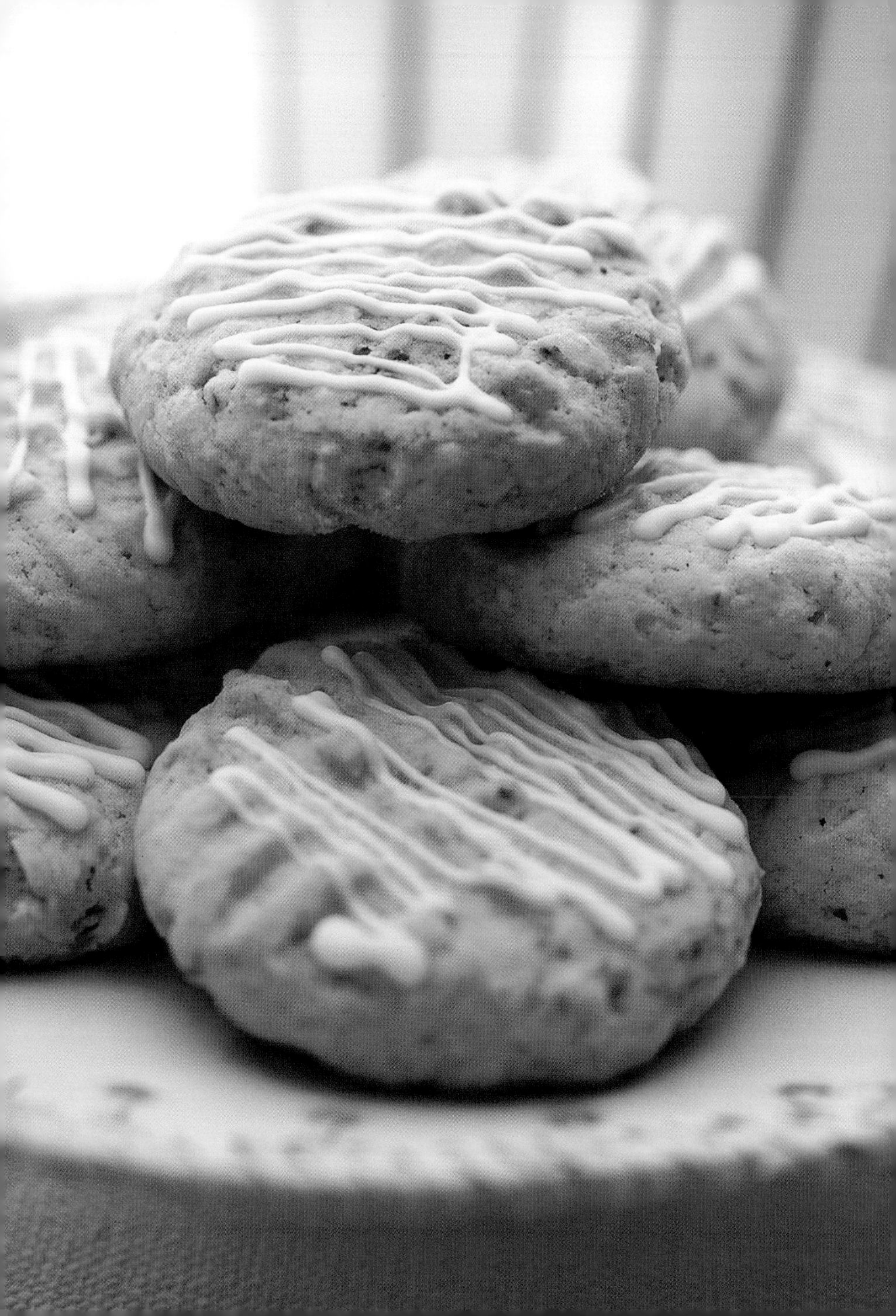

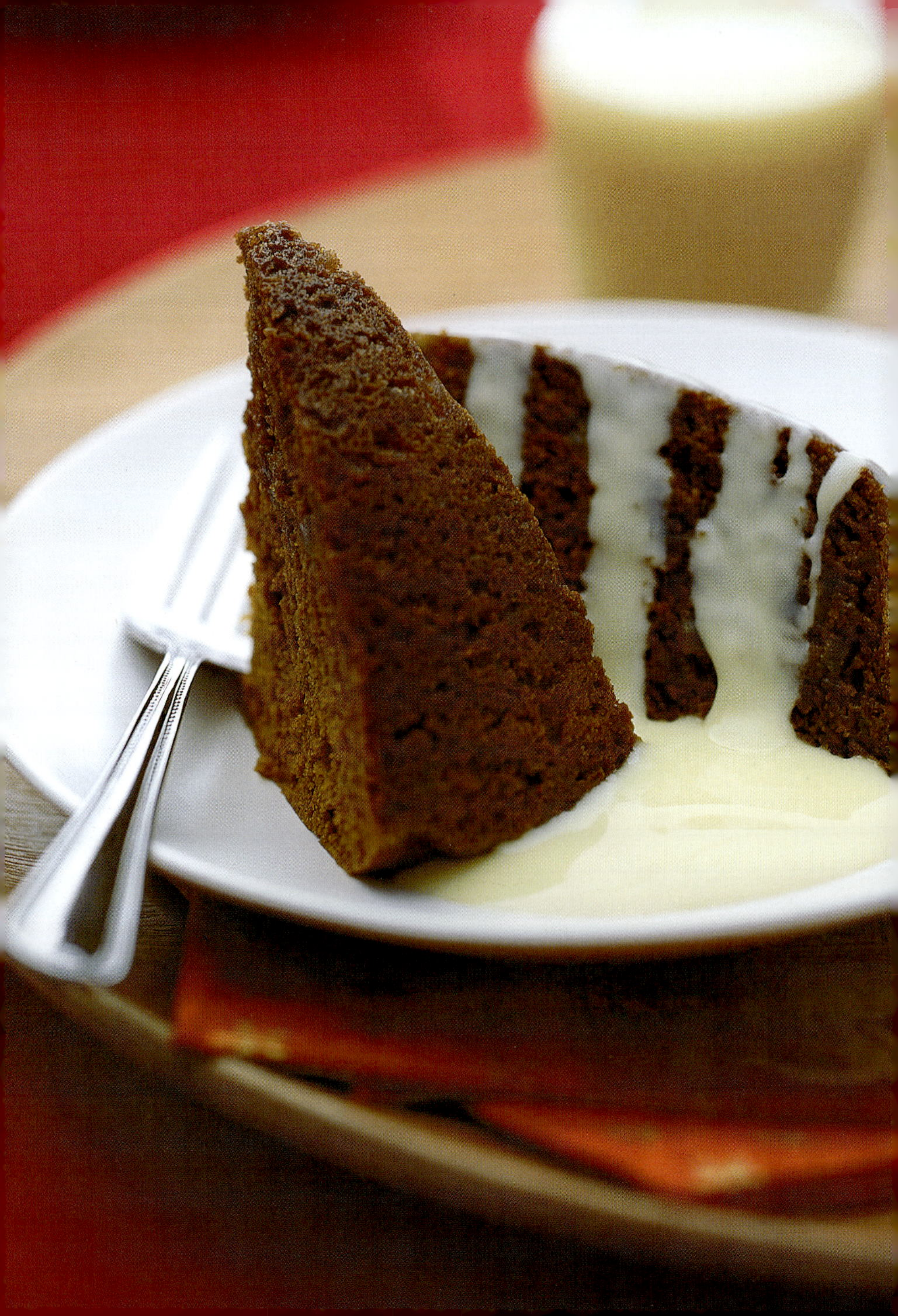

# Fondant au gingembre

*Pour 8 personnes*

60 g de farine de ménage
185 g de farine à levure incorporée
2 c. à c. de gingembre en poudre
1 c. à c. de mélange d'épices à gâteau (page 373)
1/2 c. à c. de cannelle moulue
125 g de beurre doux en cubes
125 ml de sirop d'érable
3 c. à s. de cassonade
2 œufs légèrement battus
75 g de gingembre confit grossièrement broyé
de la crème anglaise pour servir

1 Beurrez légèrement un moule à gâteau puis chemisez le fond d'un disque de papier sulfurisé. Beurrez également une grande feuille d'aluminium avant de la recouvrir de papier sulfurisé. Formez un pli au centre pour que les feuilles restent jointes.

2 Tamisez les farines, le gingembre en poudre, les épices à gâteau et la cannelle dans un saladier, creusez un puits au centre. Faites fondre à feu moyen le beurre, le sirop d'érable et la cassonade, en remuant régulièrement, puis laissez légèrement refroidir. Versez la préparation sur la farine, ajoutez les œufs et le gingembre confit. Mélangez les ingrédients sans trop les travailler.

3 Transvasez la pâte obtenue dans le moule préparé, couvrez avec les deux feuilles jointes en dirigeant le papier sulfurisé vers la pâte, faites tenir le long du moule avec de la ficelle de cuisine. Posez un trépied dans une cocotte, placez le moule dessus et versez de l'eau dans la cocotte jusqu'à mi-hauteur des parois du moule. Portez à ébullition puis baissez le feu, couvrez et laissez frémir 2 heures. Pour vérifier la cuisson, piquez une brochette au centre du gâteau : elle doit ressortir propre. Si l'eau du bain-marie s'évapore pendant la cuisson, remettez-en après l'avoir portée à ébullition.

4 Sortez le moule de la cocotte et laissez le fondant reposer 5 minutes avant de le démouler sur le plat de service. Accompagnez-le de crème anglaise.

TOUT ÉPICES

# Croquants au gingembre

*Pour 16 croquants*

125 g de beurre doux mou détaillé en cubes
115 g de sucre en poudre
1 c. à c. d'extrait de vanille
165 g de farine de ménage
2 c. à c. de gingembre en poudre
1 c. à c. de levure chimique
3 c. à s. de gingembre confit haché

**Glaçage au gingembre**
50 g de beurre mou
1 1/2 c. à s. de sirop d'érable
2 c. à c. de gingembre en poudre
90 g de sucre glace

1 Préchauffez le four à 180 °C. Tapissez de papier sulfurisé le fond et les grands côtés d'un moule rectangulaire.

2 Travaillez en crème le beurre, le sucre et l'extrait de vanille. Tamisez la farine, le gingembre en poudre et la levure, mélangez-les puis incorporez-les en deux fournées à la crème.

3 Étalez la pâte dans le moule en pressant fermement avec les doigts. Faites cuire 20 minutes au four, jusqu'à ce que le gâteau soit doré et ferme au toucher.

4 Dans l'intervalle, préparez le glaçage en faisant fondre à feu doux le beurre, le sirop d'érable, le gingembre et le sucre glace. Versez sur le gâteau quand ce dernier est encore chaud. Entaillez le glaçage pour dessiner des bouchées individuelles et laissez refroidir. Décorez de gingembre confit. Découpez les bouchées avant de servir.

**PRATIQUE** Ces croquants se gardent 8 jours au réfrigérateur dans un récipient hermétique.

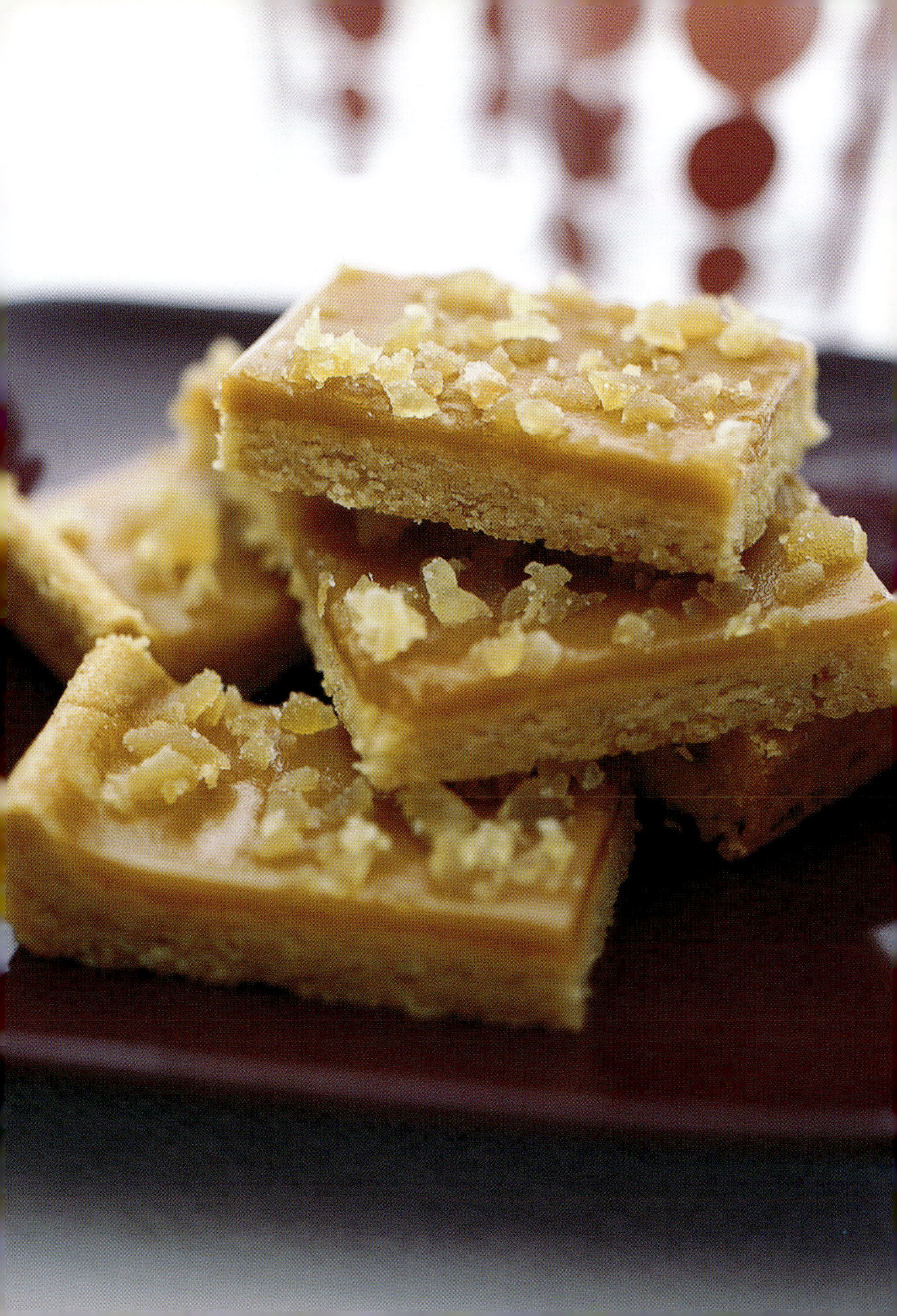

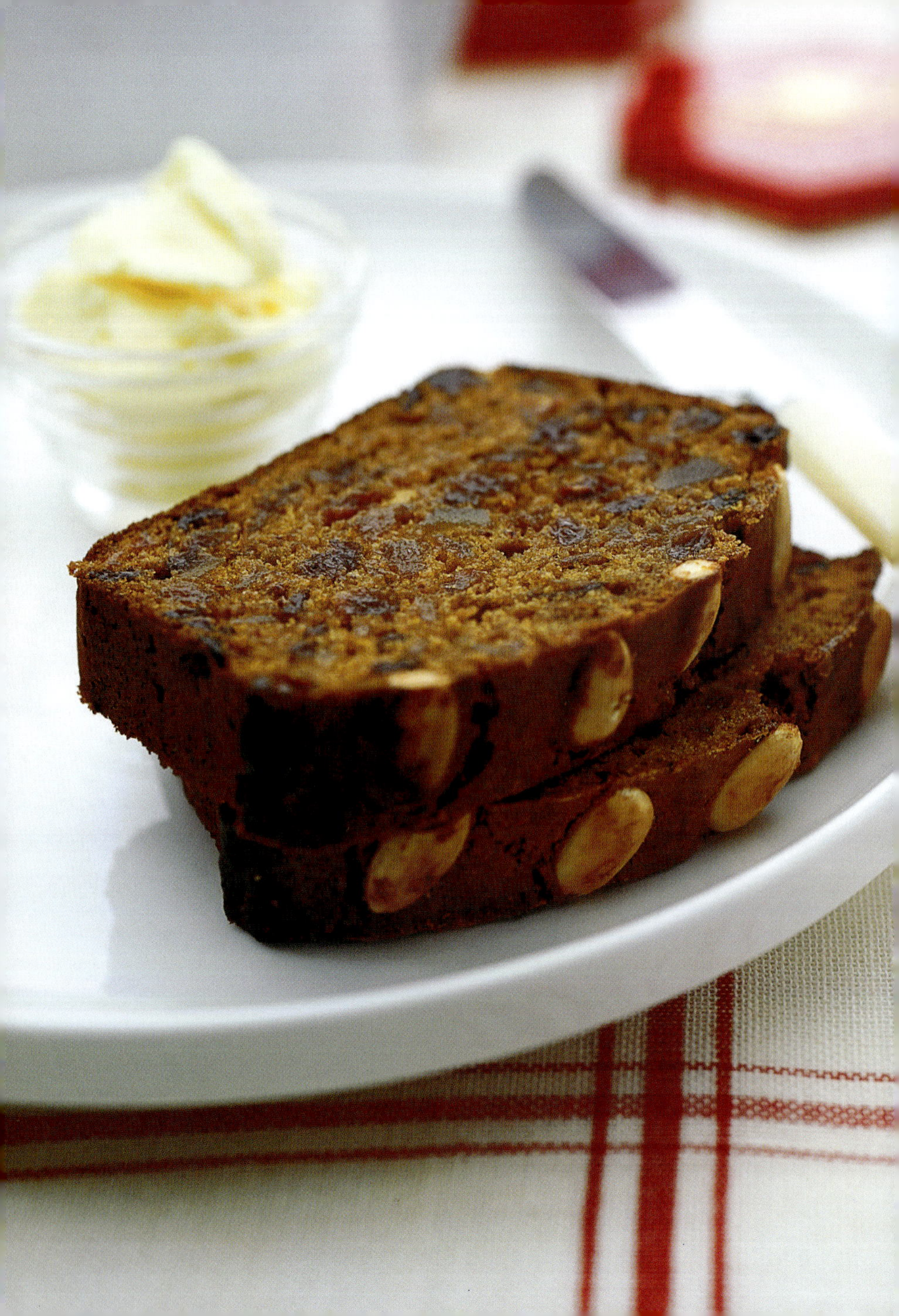

# Cake aux fruits et au gingembre

*Pour 1 cake*

375 g de fruits secs mélangés
160 g de dattes dénoyautées et hachées
75 g de gingembre confit haché
60 g de beurre doux détaillé en cubes
185 g de cassonade
1 c. à s. de sirop d'érable
1 c. à c. d'extrait de vanille
2 œufs légèrement battus
185 g de farine de ménage
1 c. à c. de levure chimique
2 c. à c. de gingembre en poudre
1 c. à c. de noix de muscade râpée
20 amandes mondées

1 Mettez dans une casserole les fruits secs, les dattes, le gingembre confit, le beurre, la cassonade, le sirop d'érable, l'extrait de vanille et 310 ml d'eau. Portez à ébullition puis faites frémir 5 minutes à feu doux. Laissez refroidir.

2 Préchauffez le four à 160 °C. Beurrez le fond et les parois d'un moule à cake rectangulaire. Chemisez-le de papier sulfurisé.

3 Versez dans la casserole les œufs battus. Tamisez la farine avec la levure et les épices. Ajoutez-les sur les œufs et travaillez les ingrédients en pâte homogène.

4 Versez dans le moule et lissez la surface. Décorez avec les amandes. Faites cuire 1 h 20 au four. Couvrez d'une feuille d'aluminium si le dessus brunit trop vite. Pour vérifier la cuisson, piquez le centre du gâteau avec une brochette : celle-ci doit ressortir propre. Laissez refroidir 10 minutes. Démoulez sur une grille. Découpez en tranches épaisses pour servir.

**PRATIQUE** Ce gâteau se garde 2 semaines dans un récipient hermétique. Il peut également se congeler.

TOUT ÉPICES

## Bananes caramélisées aux épices

*Pour 4 personnes*

50 g de beurre doux
2 c. à s. de cassonade
1/2 c. à c. de noix de muscade râpée
+ 1 pincée pour décorer
1/4 de c. à c. de piment de la Jamaïque moulu
4 bananes pelées et coupées en deux dans la longueur
le zeste râpé et le jus de 1 orange
1 c. à s. de rhum
2 c. à s. de noix de pécan grillées et hachées

1 Mélangez 1 minute dans une poêle le beurre, le sucre, la noix de muscade et le poivre de la Jamaïque. Quand le sucre a fondu, déposez les bananes dans le sirop sur leur face tranchée et faites-les cuire 2 minutes, jusqu'à ce qu'elles soient tendres.

2 Disposez-les ensuite sur les assiettes de service. Ajoutez alors le zeste et le jus d'orange dans la poêle et laissez frémir 2 minutes pour que le sirop épaississe. Incorporez le rhum. Nappez les bananes de sauce, saupoudrez-les de noix de pécan hachées et décorez d'une pincée de noix de muscade. Servez avec de la glace à la vanille.

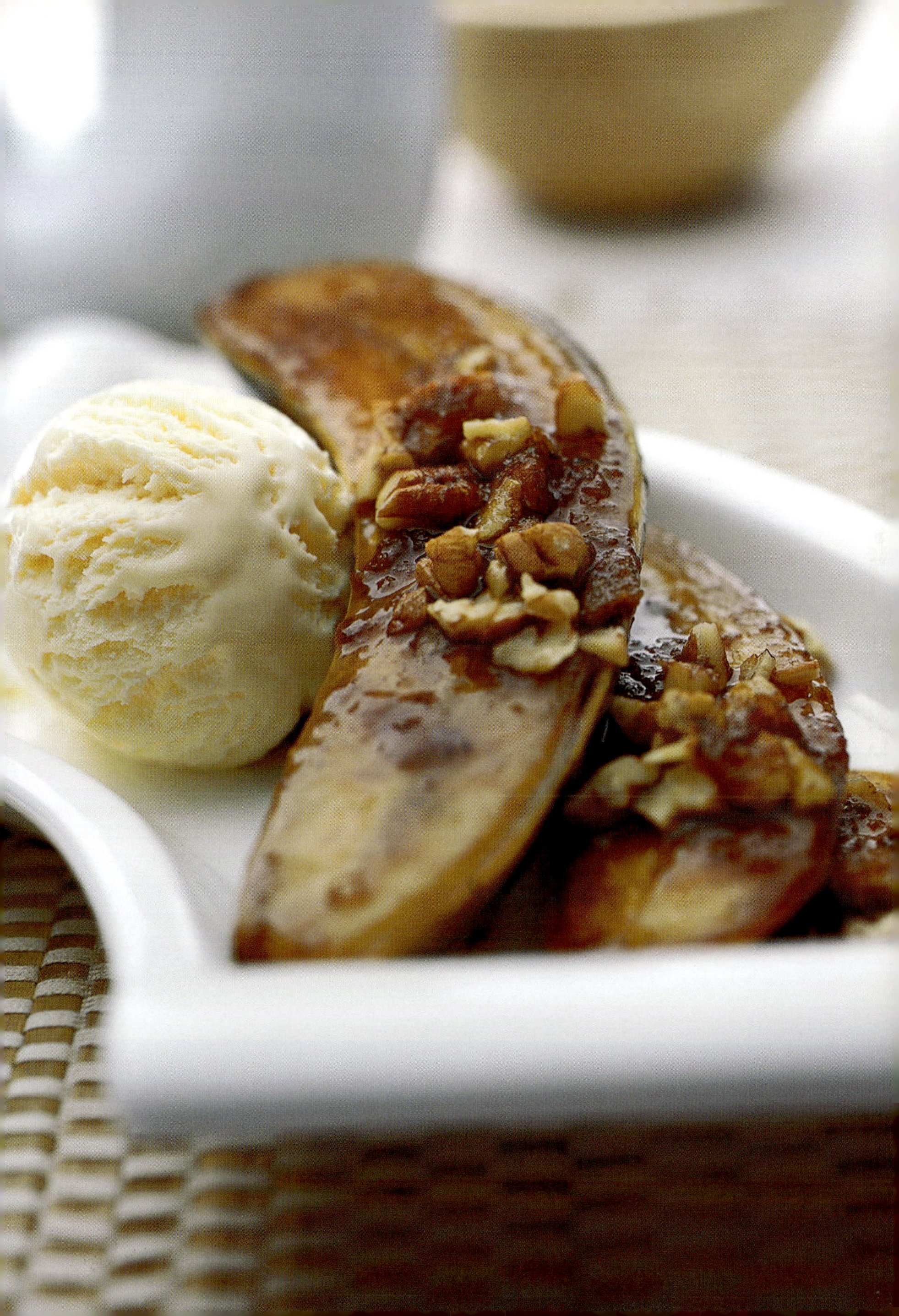

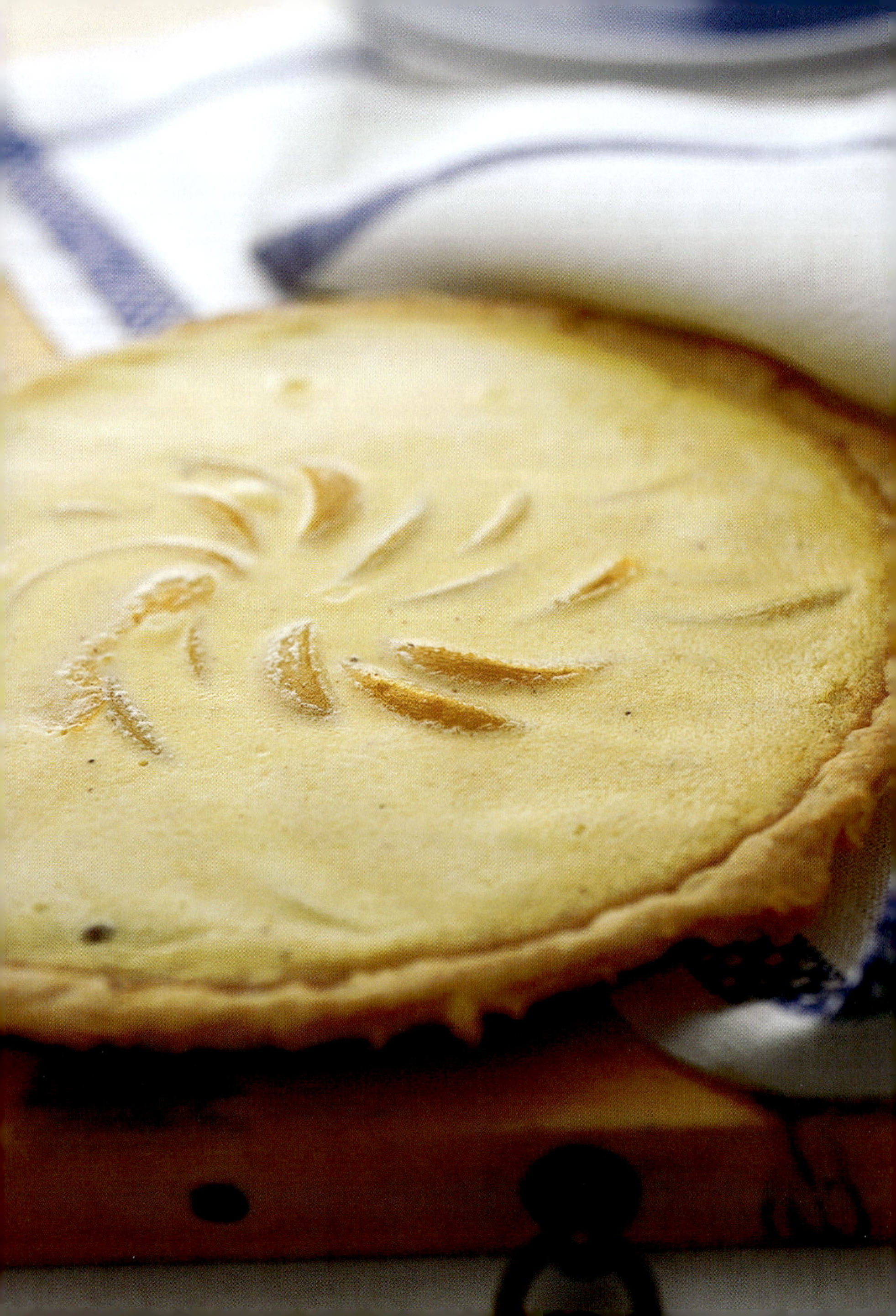

# Tarte à la pêche

*Pour 6 personnes*

185 g de farine de ménage
2 c. à s. de sucre glace
90 g de beurre doux très froid coupé en cubes
2 grosses pêches
2 œufs légèrement battus
2 c. à s. de sucre en poudre
160 ml de crème liquide
3/4 de c. à c. de noix de muscade râpée

1 Dans un robot ménager, travaillez en chapelure la farine, le sucre glace et le beurre. Ajoutez 3 à 4 cuillerées à soupe d'eau glacée et donnez quelques impulsions pour mélanger les ingrédients. Formez une boule sur le plan de travail de travail fariné, couvrez de film alimentaire et réfrigérez 20 minutes.

2 Préchauffez le four à 190 °C. Beurrez un moule à tarte à fond amovible de 24 cm de diamètre. Abaissez la pâte entre deux feuilles de papier sulfurisé avant de la déposer dans le moule. Coupez les bords qui dépassent. Posez sur la pâte un disque de papier sulfurisé, répartissez dessus des pois chiches et faites cuire à blanc le fond de tarte, 15 minutes d'abord puis 10 minutes sans les pois chiches et le papier. Laissez refroidir à température ambiante.

3 Baissez le thermostat à 170 °C. Coupez les pêches en deux, jetez le noyau, détaillez la chair en tranches fines et disposez ces dernières en rosace sur le fond de tarte.

4 Fouettez les œufs, le sucre, la crème et la noix de muscade. Versez ce mélange sur les pêches. Faites cuire encore 25 à 30 minutes au four, jusqu'à ce que la crème soit ferme. Laissez refroidir complètement avant de servir.

TOUT ÉPICES

# Gâteau de poires aux amandes

*Pour 12 personnes*

125 g de beurre doux en morceaux
115 g de sucre en poudre
1 c. à c. d'extrait de vanille
2 œufs
55 g d'amandes en poudre
250 g de farine à levure incorporée
1 c. à c. de noix de muscade râpée
125 ml de lait

**Garniture aux poires et aux amandes**
50 g de beurre doux fondu
2 c. à s. de cassonade
1 c. à c. de noix de muscade râpée
425 g de moitiés de poires au sirop
égouttées et coupées en deux
75 g d'amandes effilées finement broyées
et légèrement grillées

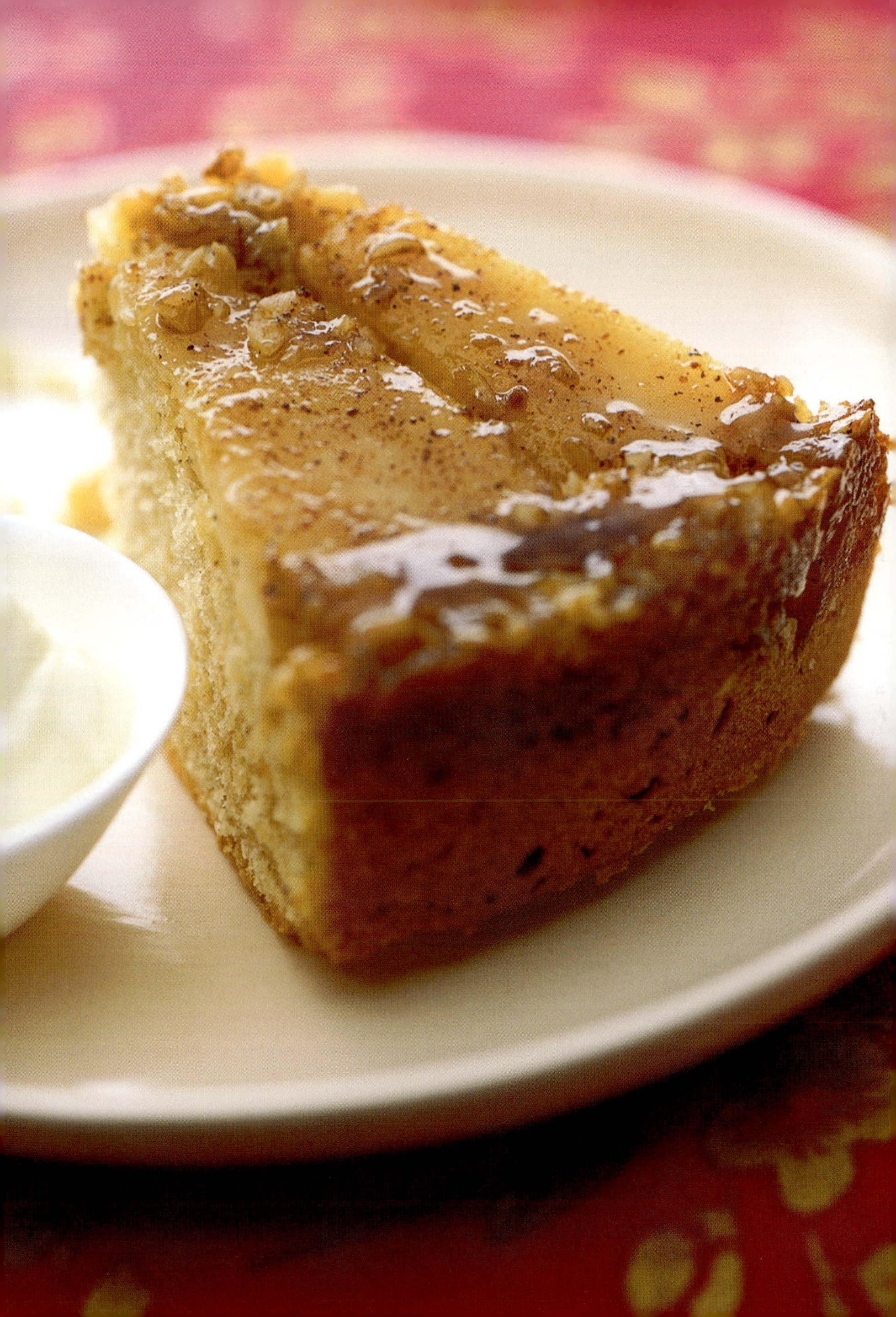

TOUT ÉPICES

Disposez les poires dans le moule avant de les saupoudrer d'amandes.

Répartissez la pâte sur la garniture avant d'en lisser la surface.

1 Préchauffez le four à 180 °C. Beurrez un moule de 23 cm de diamètre avant de le chemiser de papier sulfurisé.

2 Pour la garniture, mélangez dans un saladier le beurre fondu, la cassonade et la noix de muscade. Tapissez-en le fond du moule. Disposez dessus les quartiers de poires avant de les recouvrir d'amandes.

3 Travaillez en crème au fouet électrique le beurre, le sucre en poudre et la vanille. Ajoutez les œufs un à un, en mélangeant bien après chaque addition.

4 Incorporez la poudre d'amandes. En deux ou trois tournées, ajoutez la farine tamisée et la noix de muscade, en alternant avec le lait que vous versez par petites quantités pour assouplir la pâte. Répartissez ensuite cette dernière sur les poires, en travaillant délicatement pour ne pas déranger la garniture. Lissez la surface avec une spatule souple.

5 Faites cuire 40 minutes au four. Pour vérifier la cuisson, piquez le centre du gâteau avec une brochette : celle-ci doit ressortir propre. Laissez reposer le gâteau 20 minutes avant de le démouler sur une grille. Retirez délicatement le papier sulfurisé. Servez avec de la crème fouettée.

**PRATIQUE** Ce gâteau se garde 5 jours dans un récipient hermétique. Il peut également se congeler.

## Panna cotta au safran et à la muscade

*Pour 6 personnes*

500 ml de crème liquide
185 ml de lait
100 g de sucre en poudre
1 c. à c. de noix de muscade râpée
1 pincée de filaments de safran
1 c. à s. de gélatine en poudre

1 Mélangez dans une petite casserole la crème, le lait, le sucre, la muscade et le safran. Laissez chauffer doucement jusqu'au point d'ébullition puis retirez la casserole du feu et faites infuser quelques minutes.

2 Mettez la gélatine à gonfler dans 2 cuillerées à soupe d'eau chaude puis battez-la à la fourchette pour la faire dissoudre. Mélangez-la ensuite avec la crème. Laissez refroidir.

3 Quand la crème est complètement refroidie, passez-la dans un tamis fin puis répartissez-la dans 6 moules à dariole. Réfrigérez toute une nuit.

4 Pour démouler les panna cotta, trempez la pointe d'un couteau dans l'eau chaude et faites-la courir le long des parois. Plongez la base des moules quelques secondes dans un récipient d'eau bouillante puis retournez-les sur les assiettes de service. Décorez éventuellement de fruits rouges frais pour servir.

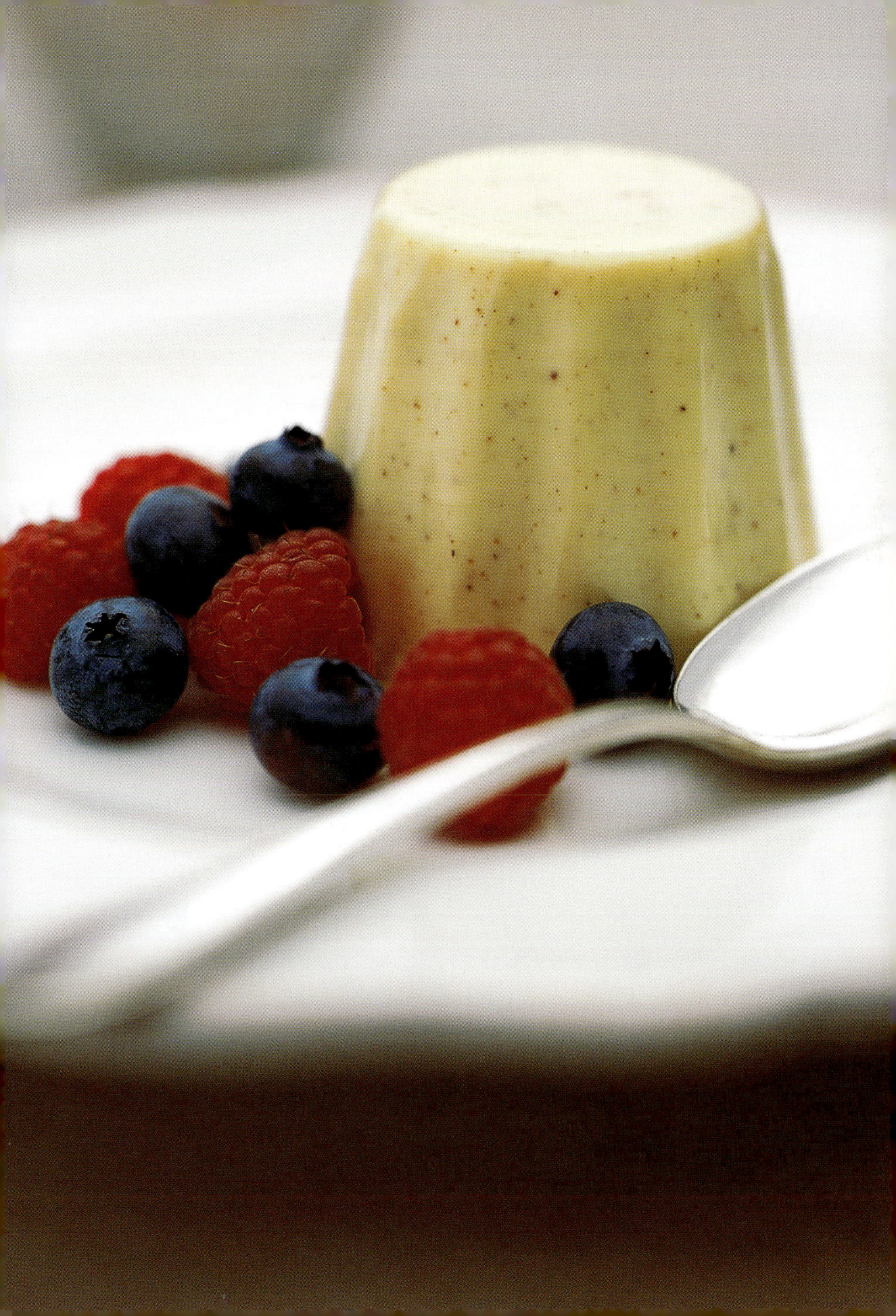

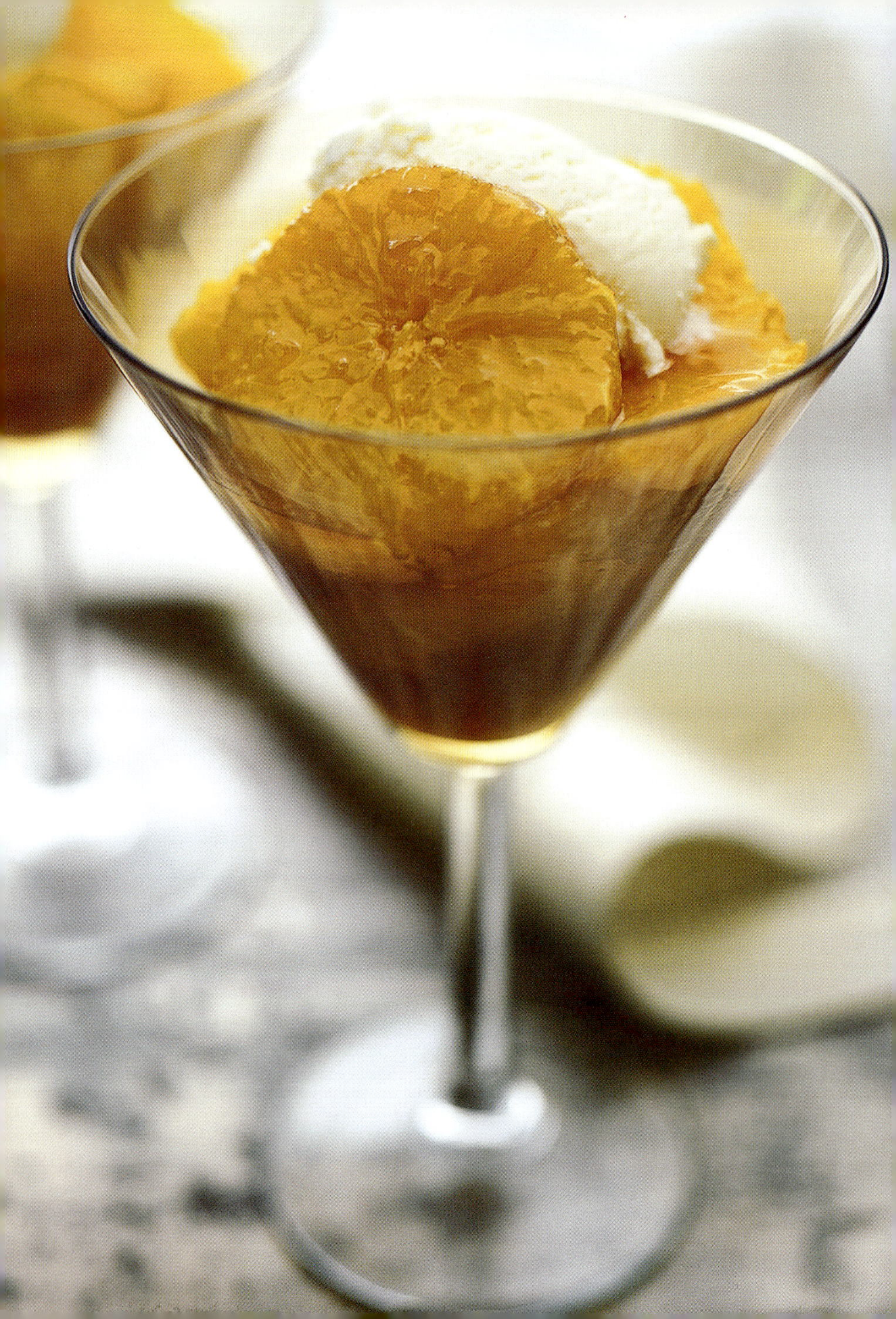

## Oranges confites aux épices

*Pour 4 personnes*

**250 ml de jus d'orange filtré
2 c. à s. de sucre en poudre
4 étoiles de badiane
2 bâtonnets de cannelle
cassés en deux
4 oranges pelées à vif
et détaillées en tranches**

1 Mélangez dans une sauteuse le jus d'orange, le sucre, la badiane et les bâtons de cannelle. Faites d'abord dissoudre le sucre à feu doux avant de porter le sirop à ébullition. Laissez-le ensuite épaissir 3 minutes au moins à feu moyen.

2 Faites pocher les tranches d'orange 7 minutes dans ce sirop. Servez tiède avec de la glace vanille ou de la crème fouettée.

## Sorbet de fraise à la badiane

*Pour 4 personnes*

**115 g de sucre en poudre
3 étoiles de badiane
750 g de fraises
3 c. à s. de jus de citron vert**

1 Faites dissoudre le sucre à feu doux dans 250 ml d'eau avec la badiane. Laissez ensuite bouillir 1 minute avant de mettre le sirop à refroidir hors du feu. Quand il est complètement froid, retirez la badiane.

2 Nettoyez les fraises et réduisez-les en purée. Mélangez-les dans un saladier avec le jus de citron et le sirop froid. Versez le tout dans une sorbetière et mettez cette dernière en route en respectant les instructions du fabricant. Le sorbet doit être juste ferme mais pas trop glacé. Répartissez-le dans des coupes pour servir.

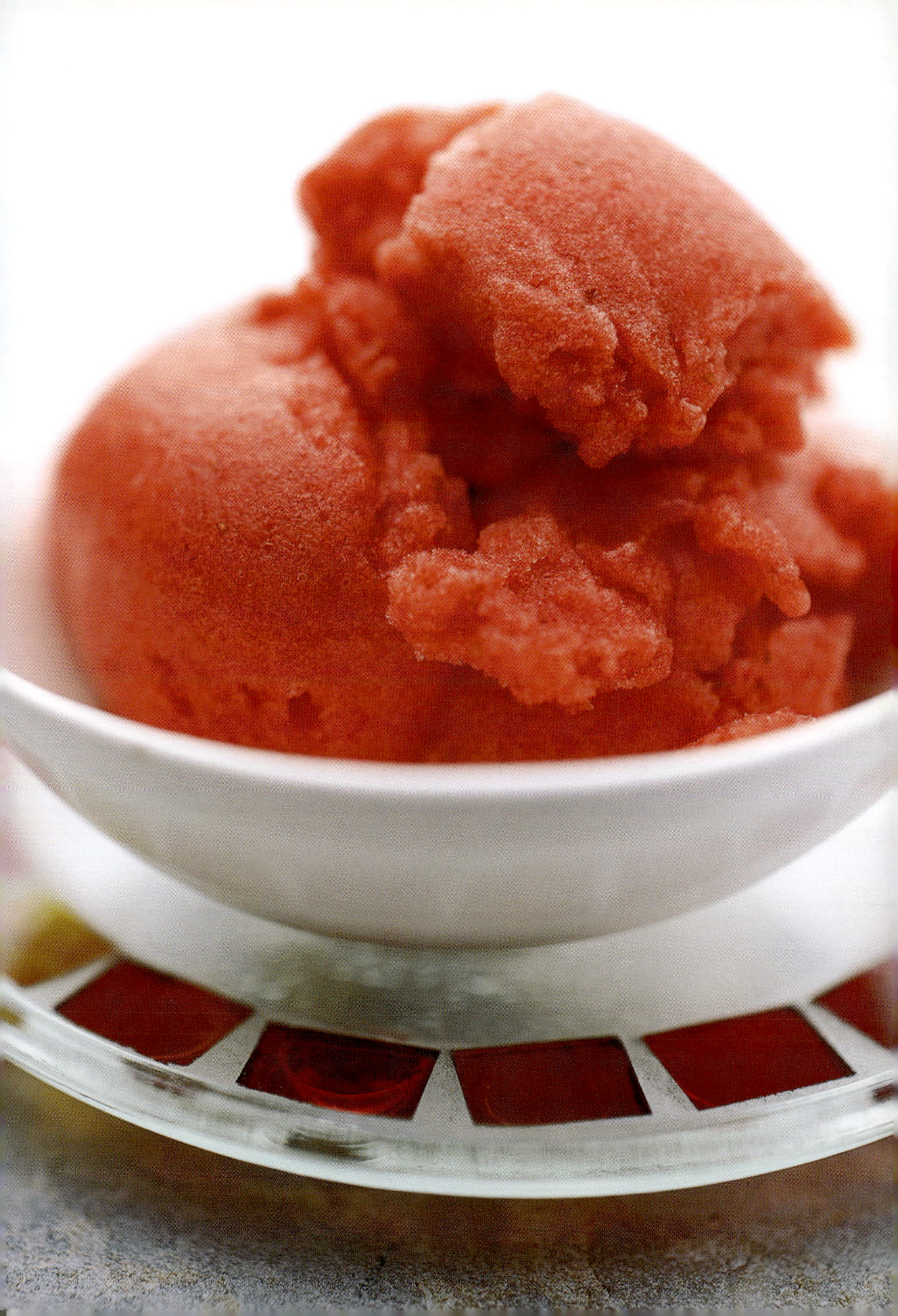

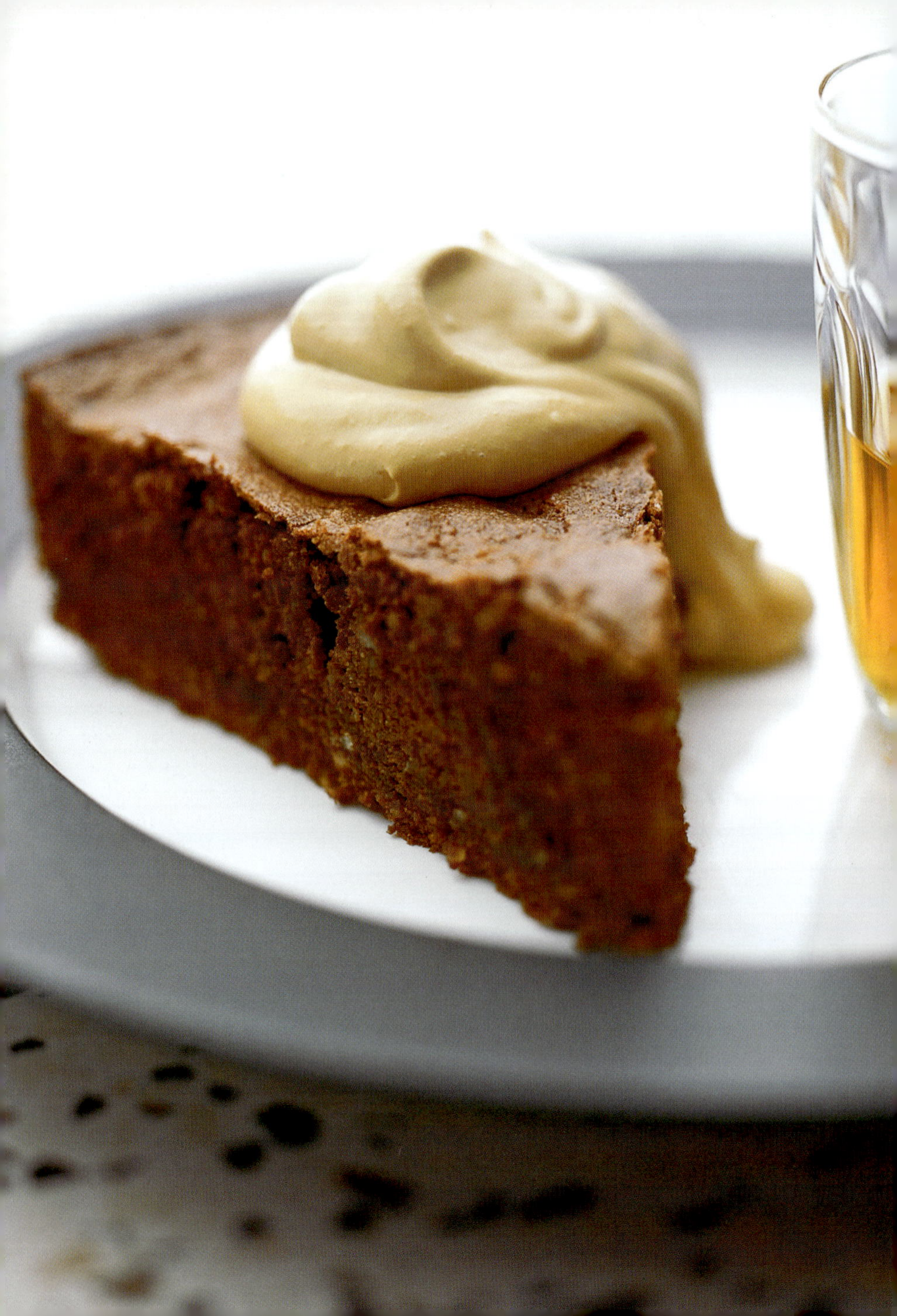

BECS SUCRÉS   BADIANE

## Gâteau chocolaté à la badiane

*Pour 8 personnes*

200 g de chocolat noir grossièrement broyé
125 g de beurre doux
4 œufs
2 jaunes d'œufs
115 g de sucre en poudre
50 g de farine tamisée
2 c. à c. de badiane moulue
50 g d'amandes en poudre

**Crème au café**
125 g de crème fraîche
3 c. à s. de cassonade
2 c. à s. de café fort refroidi

1 Préchauffez le four à 190 °C. Beurrez et chemisez de papier sulfurisé un moule rond à bords amovibles.

2 Faites fondre le chocolat et le beurre au bain-marie, sans que la base du récipient entre en contact avec l'eau.

3 Versez les œufs, les jaunes d'œufs et le sucre dans un saladier, fouettez vivement puis incorporez la farine, la badiane et la poudre d'amandes. Versez enfin le chocolat fondu et mélangez en pâte homogène (elle doit rester un peu liquide).

4 Versez la pâte dans le moule et faites cuire au four 30 à 35 minutes. Pour vérifier la cuisson, piquez le centre du gâteau avec une brochette : elle doit ressortir propre. Mettez à refroidir 5 minutes. Démoulez sur une grille.

5 Pour l'accompagnement, fouettez la crème, la cassonade et le café en chantilly. Servez le gâteau refroidi avec une cuillerée de crème.

## Confiture de prunes aux épices

*Pour 4 pots*

1 kg de prunes fermes en quartiers
1 kg de sucre en poudre
125 ml de jus de citron
3 étoiles de badiane
1 c. à c. de gingembre en poudre

1 Dans une casserole à fond épais, portez à ébullition 125 ml d'eau avec les prunes, le sucre, le jus de citron, la badiane et le gingembre. Remuez jusqu'à dissolution du sucre puis laissez frémir 35 à 40 minutes, en mélangeant de temps à autre.

2 Réfrigérez une soucoupe. Vérifiez la consistance de la confiture en en versant une cuillerée dans la soucoupe froide, mettez cette dernière quelques minutes au réfrigérateur puis passez le doigt dessus : la confiture est prête quand elle se plisse sous la pression du doigt.

3 Écumez la surface de la confiture, jetez la badiane et versez la confiture dans des bocaux stérilisés. Fermez ces derniers et laissez refroidir.

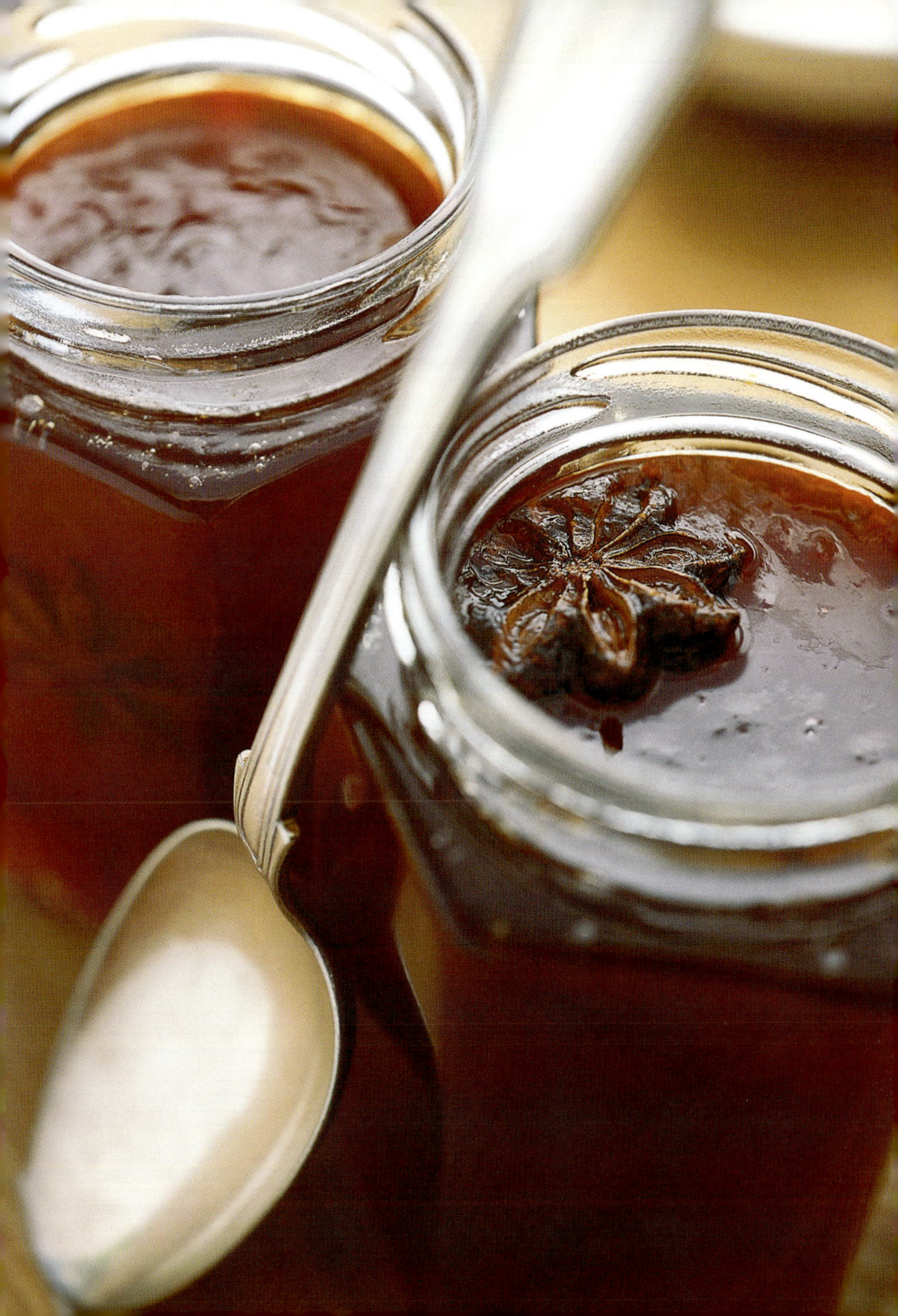

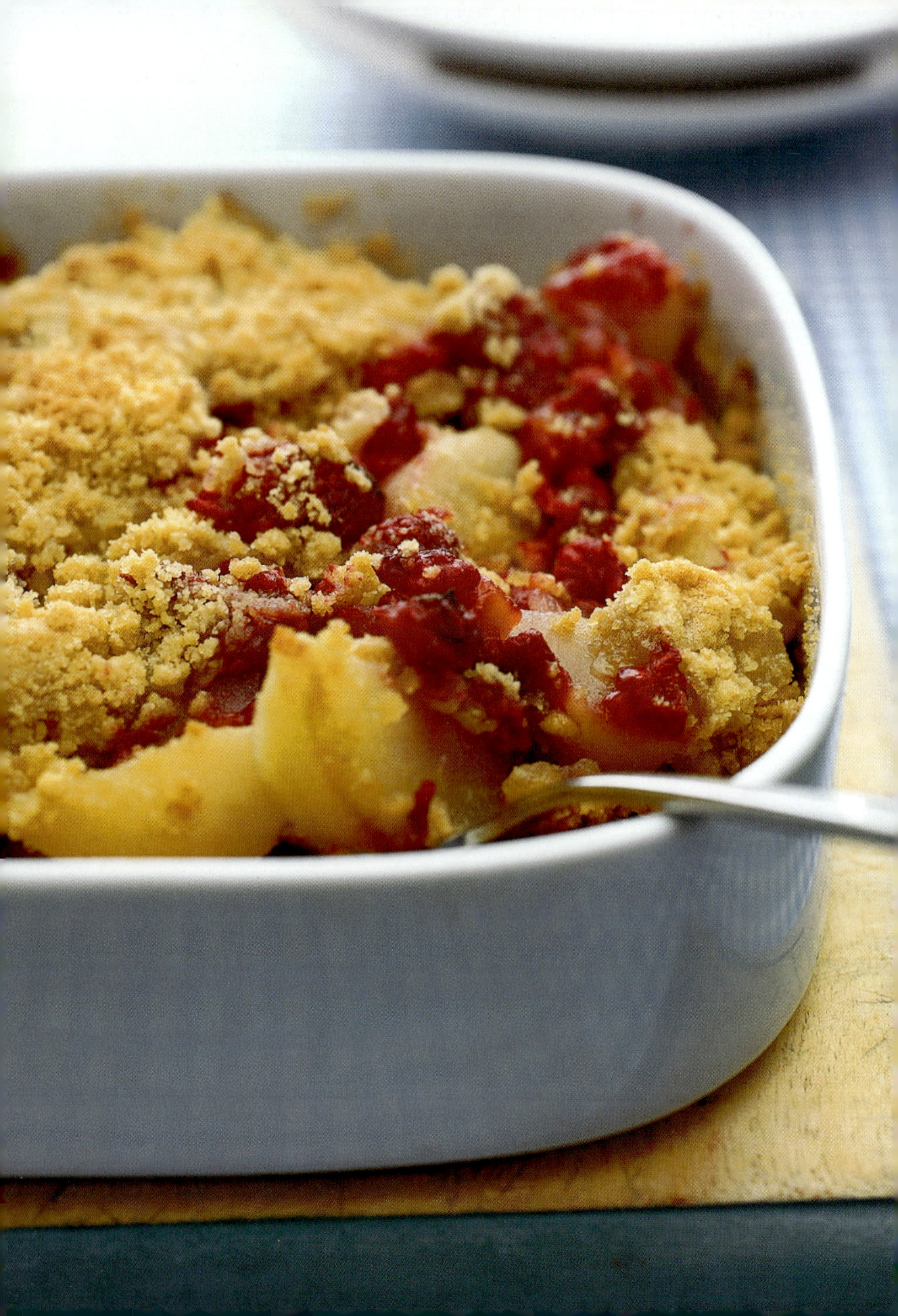

## Crumble de poires et framboises

*Pour 4 personnes*

**6 grosses poires mûres mais fermes
2 c. à s. de sucre en poudre
3 étoiles de badiane
125 g de framboises
125 g de farine de ménage
95 g de cassonade
100 g de beurre doux
détaillé en cubes**

1 Préchauffez le four à 190 °C. Pelez les poires, épépinez-les et coupez-les en quartiers, puis recoupez ces derniers en deux dans la longueur. Mettez-les dans une casserole, saupoudrez le sucre dessus, ajoutez 1 cuillerée à soupe d'eau et la badiane, couvrez et portez à ébullition.

2 Laissez cuire 10 minutes à feu moyen, en remuant de temps à autre, jusqu'à ce que les fruits soient tendres (ils ne doivent cependant pas se défaire en cuisant). Égouttez les poires (jetez la badiane) et mettez-les dans un plat. Disposez les framboises dessus.

3 Travaillez la farine, la cassonnade et le beurre en chapelure grossière. Répartissez cette pâte sur les fruits et passez au four 20 à 25 minutes, jusqu'à ce que le dessus soit bien doré. Laissez reposer 5 minutes avant de servir avec de la crème fouettée.

# Bouchées de noix de coco à la vanille

*Pour 12 bouchées*

150 g de beurre doux en cubes
115 g de sucre en poudre
2 c. à c. d'extrait de vanille
2 œufs
185 g de farine de ménage
1 c. à c. de levure chimique
45 g de noix de coco en copeaux
125 ml de lait

### *Glaçage*
60 g de noix de coco en copeaux
20 g de beurre doux en cubes
2 c. à c. d'extrait de vanille
185 g de sucre glace tamisé

1 Préchauffez le four à 180 °C. Garnissez 12 moules à muffins de caissettes en papier.

2 Fouettez 2 à 3 minutes en crème épaisse le beurre, le sucre et la vanille. Ajoutez les œufs un à un, sans cesser de battre après chaque addition.

3 Tamisez ensemble la farine et la levure avant de les incorporer au mélange aux œufs. Ajoutez enfin la noix de coco et le lait.

4 Répartissez cette pâte dans les moules et faites cuire 18 à 20 minutes au four, jusqu'à ce que les bouchées soient fermes et dorées. Mettez à refroidir sur une grille.

5 Pour le glaçage, étalez les copeaux de noix de coco sur une plaque de cuisson et faites-les légèrement griller au four. Laissez fondre le beurre dans un récipient avec 2 cuillerées à café d'eau chaude. Ajoutez l'extrait de vanille. Travaillez en crème ce mélange en introduisant progressivement le sucre glace et en l'allongeant avec un peu d'eau chaude pour obtenir une pâte facile à étaler.

6 Nappez chaque bouchée de glaçage à la vanille puis répartissez dessus les copeaux de noix de coco. Laissez prendre le glaçage à température ambiante.

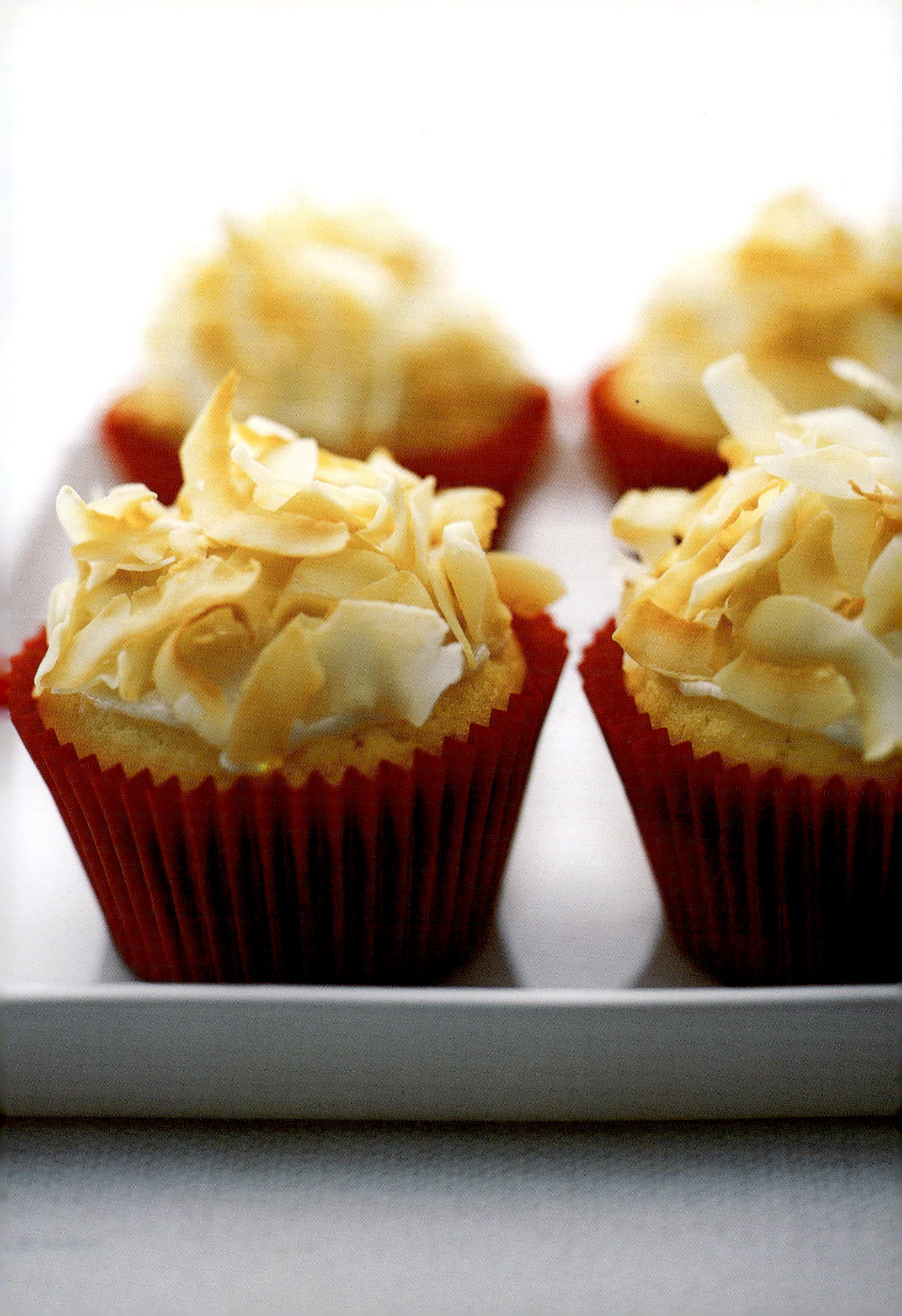

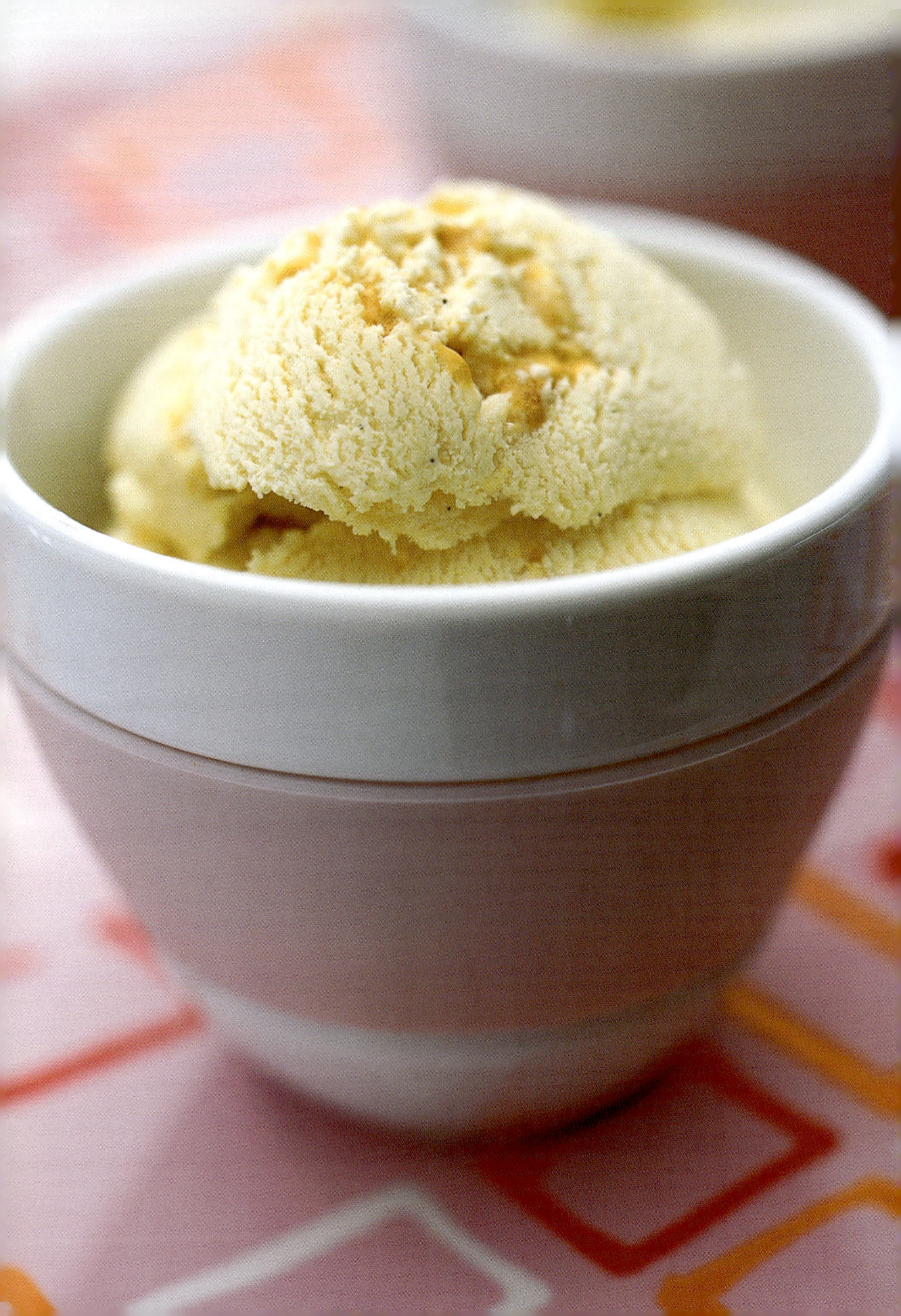

## Glace à la vanille et au miel

*Pour 1 litre de glace*

375 ml de lait
1 gousse de vanille
fendue dans la longueur
170 g de sucre en poudre
4 jaunes d'œufs
500 ml de crème liquide
100 g de rayon de miel écrasé
(apiculteurs ou épiceries fines)

1 Mettez la gousse de vanille et le lait dans une casserole et faites chauffer jusqu'au point d'ébullition. Fouettez le sucre et les jaunes d'œufs pendant 2 à 3 minutes, jusqu'à ce que le mélange blanchisse.

2 Versez graduellement le lait chaud sur les œufs battus puis remettez cette crème dans la casserole. Laissez-la épaissir à feu doux en remuant sans cesse, jusqu'à ce qu'elle nappe la cuillère (elle ne doit pas bouillir).

3 Passez la crème dans un tamis fin. Grattez les graines de vanille pour les mettre dans la crème puis jetez la gousse. Mettez la crème dans un récipient rempli de glaçons et remuez jusqu'à ce qu'elle soit complètement froide. Incorporez alors la crème liquide en travaillant délicatement au fouet.

4 Versez ce mélange dans un moule et congelez-le. Quand les bords commencent à prendre, fouettez la crème dans un saladier pour la faire épaissir. Remettez-la dans le moule et congelez-la à nouveau. Répétez deux ou trois fois cette opération. Quand la glace est assez épaisse, mélangez-la avec le rayon de miel broyé et laissez-la prendre complètement au congélateur.

5 Si vous vous servez d'une sorbetière, réfrigérez la crème plusieurs heures au préalable, incorporez le rayon de miel puis faites prendre la glace dans la sorbetière en respectant les instructions du fabricant. Versez-la ensuite dans un moule et gardez-la au congélateur jusqu'au moment de servir.

**PRATIQUE** Cette crème glacée se garde 2 semaines dans un récipient hermétique.

TOUT ÉPICES

## Poires rôties aux épices et fraises

*Pour 4 personnes*

170 g de sucre en poudre
2 gousses de vanille
fendues en deux dans la longueur
1 étoile de badiane
1 bâtonnet de cannelle coupé en deux
4 poires fermes
pelées et détaillées en quartiers
250 g de fraises coupées en deux

1 Préchauffez le four à 170 °C. Mélangez dans un plat le sucre, les gousses de vanille, la badiane et la cannelle. Enfournez 10 minutes en remuant une fois pour faire dissoudre le sucre.

2 Posez les poires dans le sirop. Couvrez d'une feuille d'aluminium et faites cuire 35 à 45 minutes, en retournant les fruits une fois. Ajoutez les fraises et nappez-les de sirop. Faites cuire encore 5 minutes à couvert, jusqu'à ce que les fraises soient tendres.

3 Laissez refroidir à température ambiante. Servez avec du yaourt à la grecque.

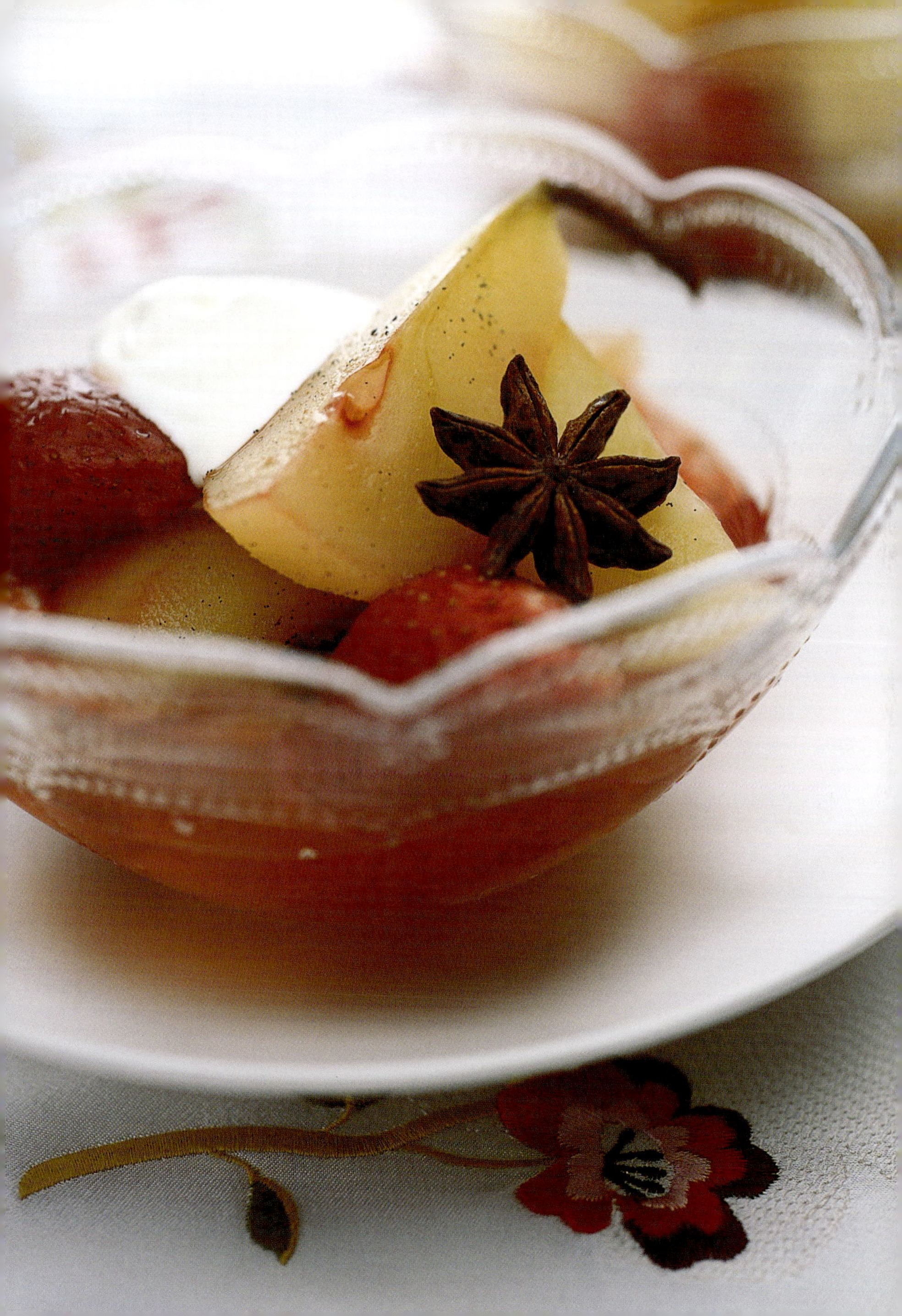

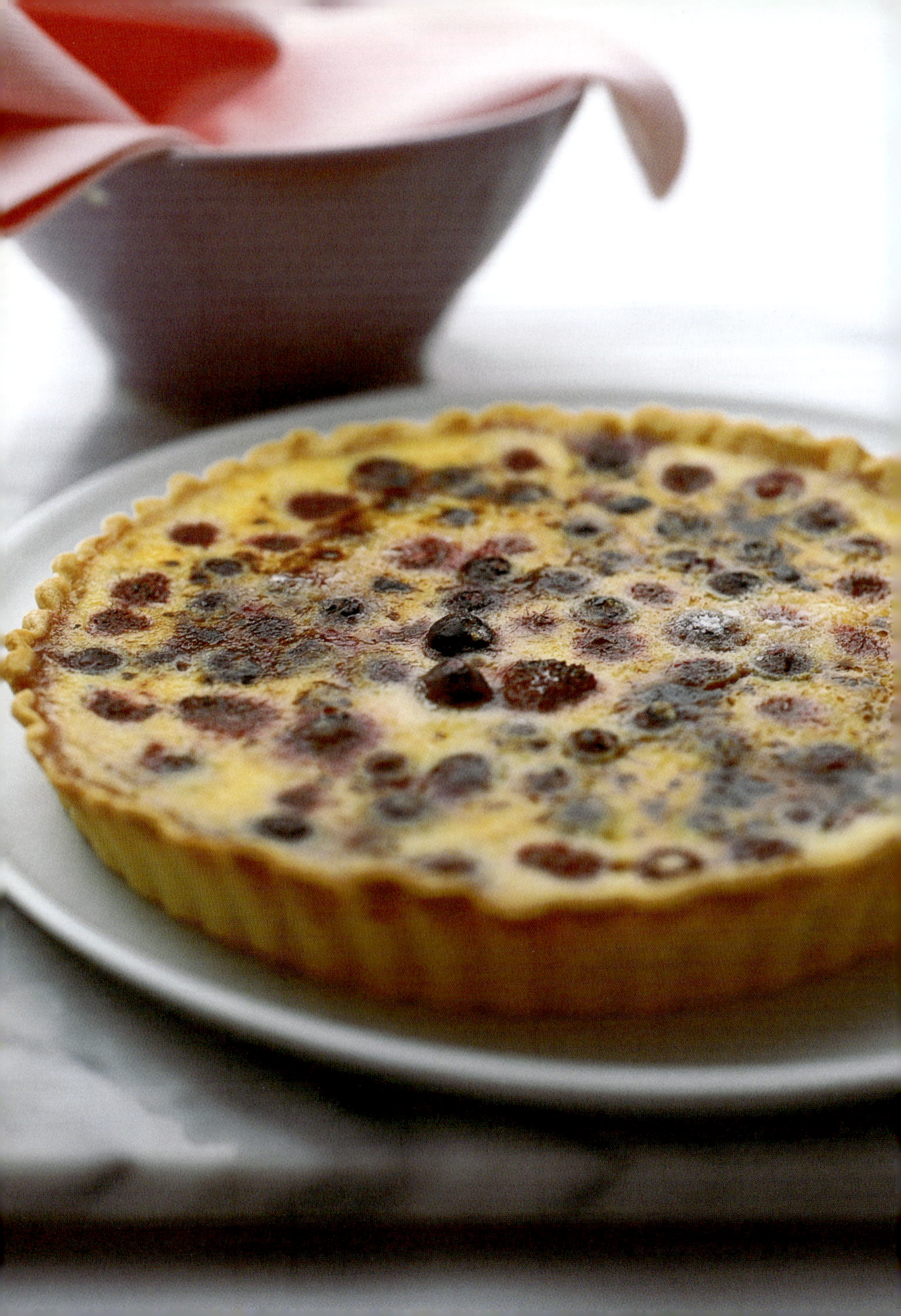

# Tarte aux fruits rouges

*Pour 6 à 8 personnes*

2 jaunes d'œufs
250 ml de crème liquide
125 ml de lait
1 gousse de vanille fendue en deux dans la longueur
110 g de sucre en poudre
60 g de framboises fraîches
60 g de myrtilles fraîches

**Pâte sablée**
250 g de farine de ménage
125 g de beurre doux en cubes
2 c. à s. de sucre en poudre

## TOUT ÉPICES

1 Pour la pâte sablée, travaillez en chapelure fine la farine et le beurre dans un robot ménager. Ajoutez le sucre en donnant de brèves impulsions. Laissez ensuite tourner le moteur et incorporez 2 cuillerées à soupe d'eau glacée pour que la pâte soit homogène (un peu plus si elle reste grumeleuse). Ramassez-la en boule, enveloppez-la de film alimentaire et réfrigérez 30 minutes au moins.

2 Préchauffez le four à 200 °C. Abaissez la pâte entre deux feuilles de papier sulfurisé puis déposez-la dans un moule à tarte à fond amovible. Posez un disque de papier sulfurisé sur la pâte, ajoutez des pois chiches ou des grains de riz et faites cuire à blanc, d'abord 15 minutes puis 10 minutes après avoir retiré le papier et les pois chiches. Laissez refroidir hors du four. Baissez le thermostat à 170 °C.

3 Fouettez légèrement les jaunes d'œufs et la crème dans un saladier. Mélangez dans une casserole le lait, la gousse de vanille et la moitié du sucre, faites dissoudre ce dernier à feu doux puis portez le mélange à ébullition. Laissez infuser au moins 10 minutes hors du feu avant de retirer la gousse de vanille. Versez le lait tiède sur les œufs battus en mélangeant bien.

4 Étalez les fruits rouges sur le fond de tarte. Versez délicatement la crème et faites cuire 35 à 40 minutes au four. Laissez refroidir et réfrigérez.

5 Avant de servir, préchauffez le gril du four. Saupoudrez la tarte du sucre restant et glissez-la 7 minutes au four pour que le dessus caramélise légèrement. Servez tiède ou froid.

**PRATIQUE** Cette tarte ne peut pas se congeler. Préparez-la avec des fruits frais car les fruits congelés risquent de colorer la crème.

BECS SUCRÉS - VANILLE

Couvrez la pâte de papier sulfurisé
avant d'y déposer du riz
ou des pois chiches.

Répartissez les fruits
dans le fond de tarte cuit à blanc
et complètement refroidi.

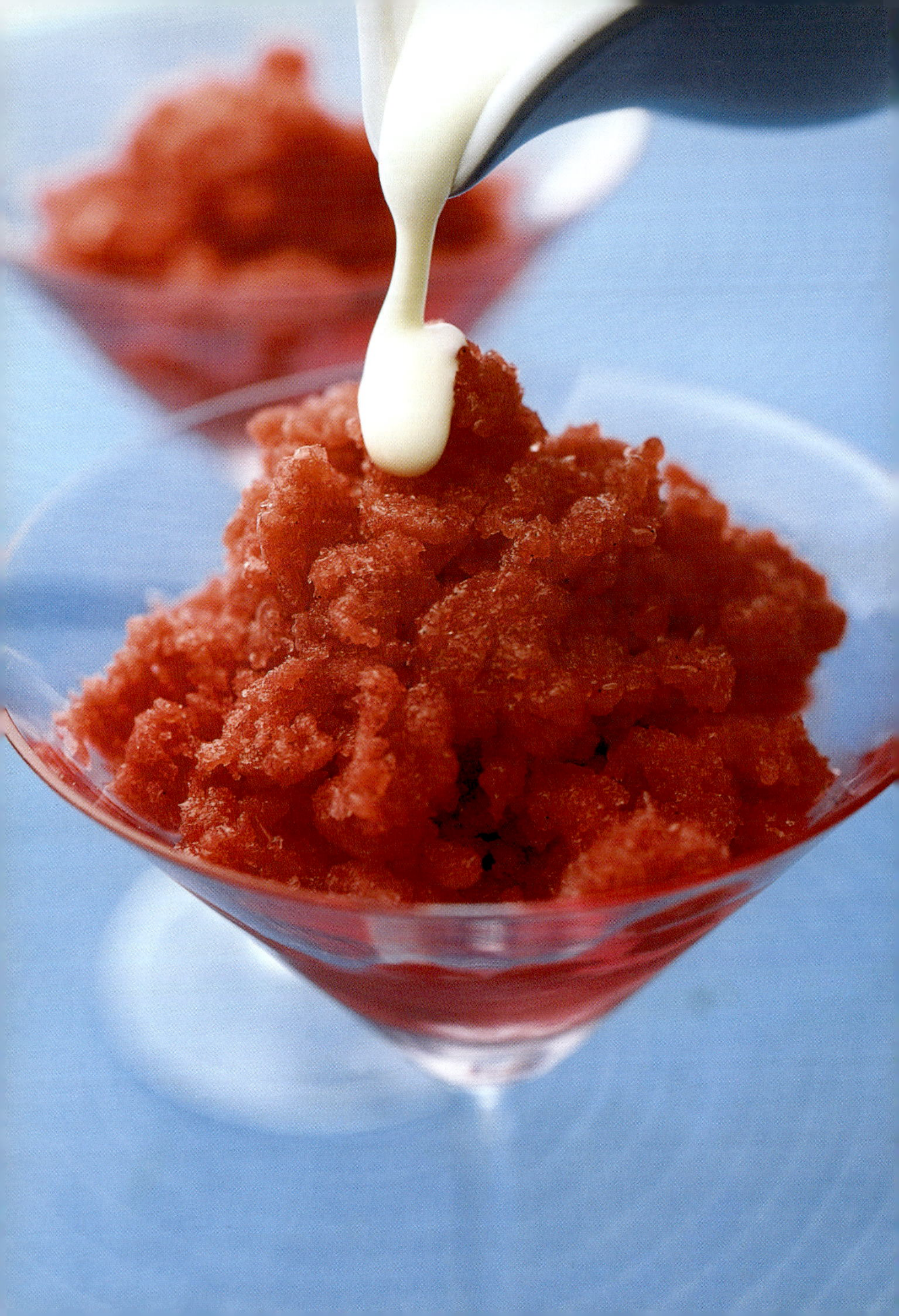

## Glace à la rhubarbe

*Pour 6 personnes*

**650 g de tiges de rhubarbe
230 g de sucre en poudre
1 gousse de vanille**

1 Lavez la rhubarbe et pelez-la. Détaillez-la en tronçons de 2 cm, mettez ces derniers dans une casserole avec le sucre et 250 ml d'eau. Faites dissoudre le sucre à feu doux en remuant souvent.

2 Fendez la gousse de vanille en deux, grattez les graines sur la rhubarbe puis mettez aussi la gousse dans la casserole.

3 Portez à ébullition, couvrez partiellement et laissez frémir au moins 5 minutes. Retirez la casserole du feu pour que le mélange tiédisse. Jetez la gousse de vanille. Mixez la rhubarbe en purée lisse.

4 Versez cette compote dans un récipient en plastique, couvrez et congelez 4 heures. Brisez alors les cristaux à la fourchette. Congelez à nouveau 4 heures.

5 Pour servir, fouettez le sorbet avec une fourchette pour lui donner un aspect granité, répartissez-le dans des coupes et dégustez sans attendre. Vous pouvez accompagner de crème liquide.

# Mariages heureux

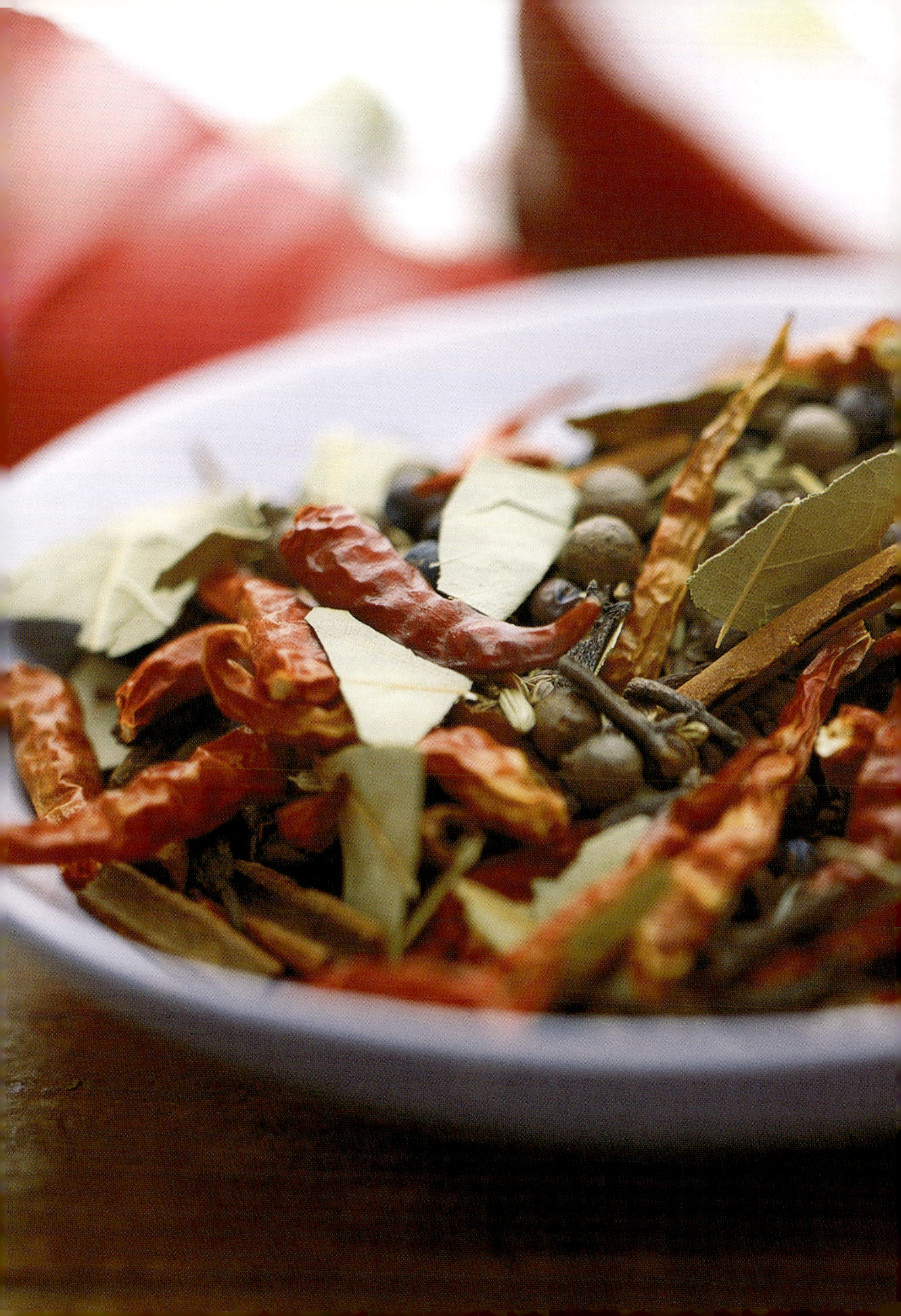

TOUT ÉPICES

# Osez les mélanges

Pourquoi se contenter d'une seule épice dans un plat quand l'union de deux ou trois transforme la moindre bouchée en une explosion de saveurs ? Mais il faut que les saveurs s'épaulent sans se combattre, qu'elles contribuent à souligner la subtilité d'un plat sans la masquer. Certains mélanges existent depuis les débuts du commerce des épices. De fait, de nombreuses régions du monde sont célèbres pour leurs associations d'épices typiques pour renforcer le fumet de la cuisine locale. Les mélanges que nous présentons dans ce chapitre forment les bases classiques de la cuisine des épices : ils ont été testés et ont fait leurs preuves dans d'innombrables préparations. Libre à vous de modifier la proportion des ingrédients afin de faire ressortir tel ou tel parfum, sans oublier toutefois que tout reste affaire d'équilibre.

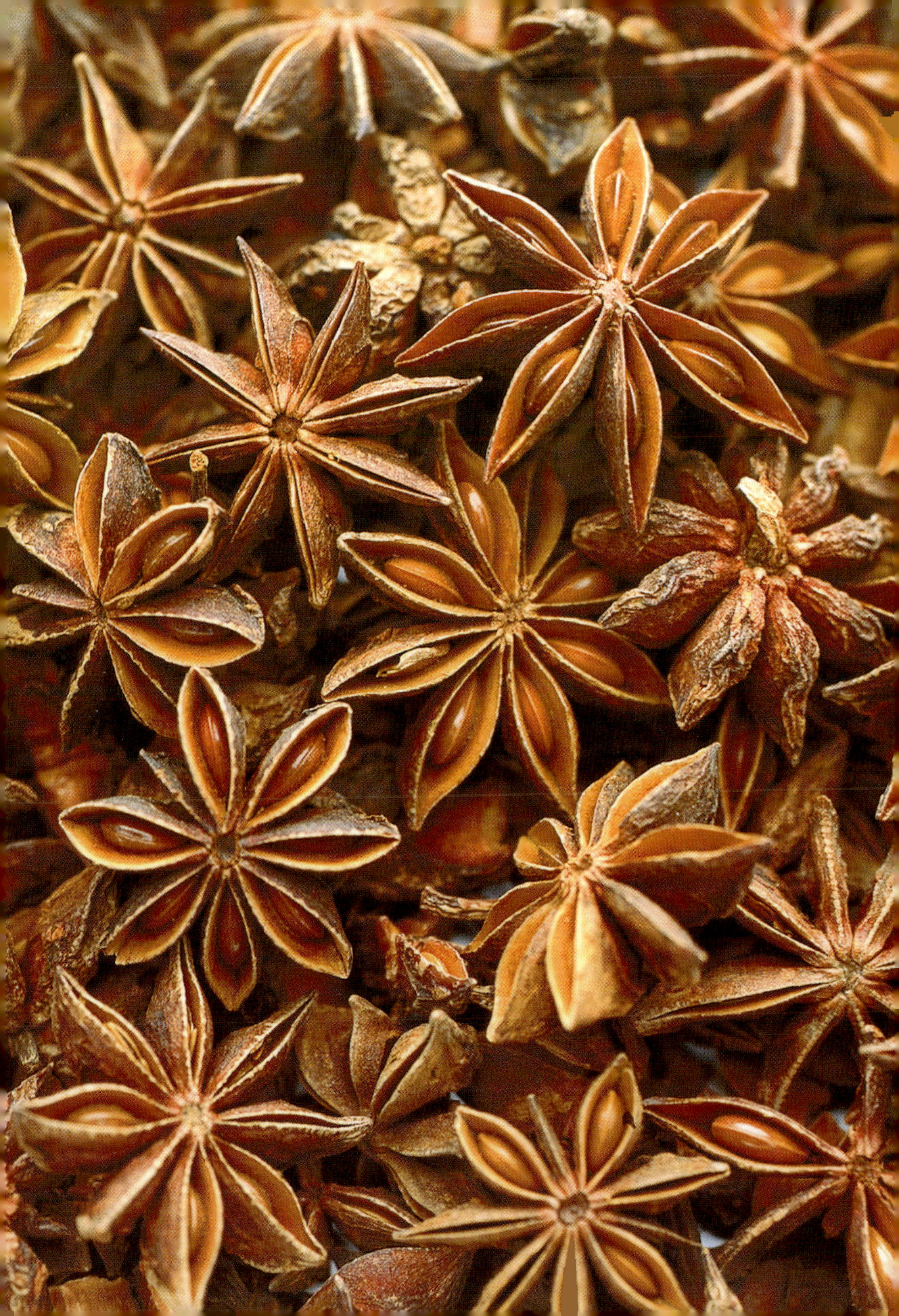

TOUT ÉPICES

# Pilon et mortier

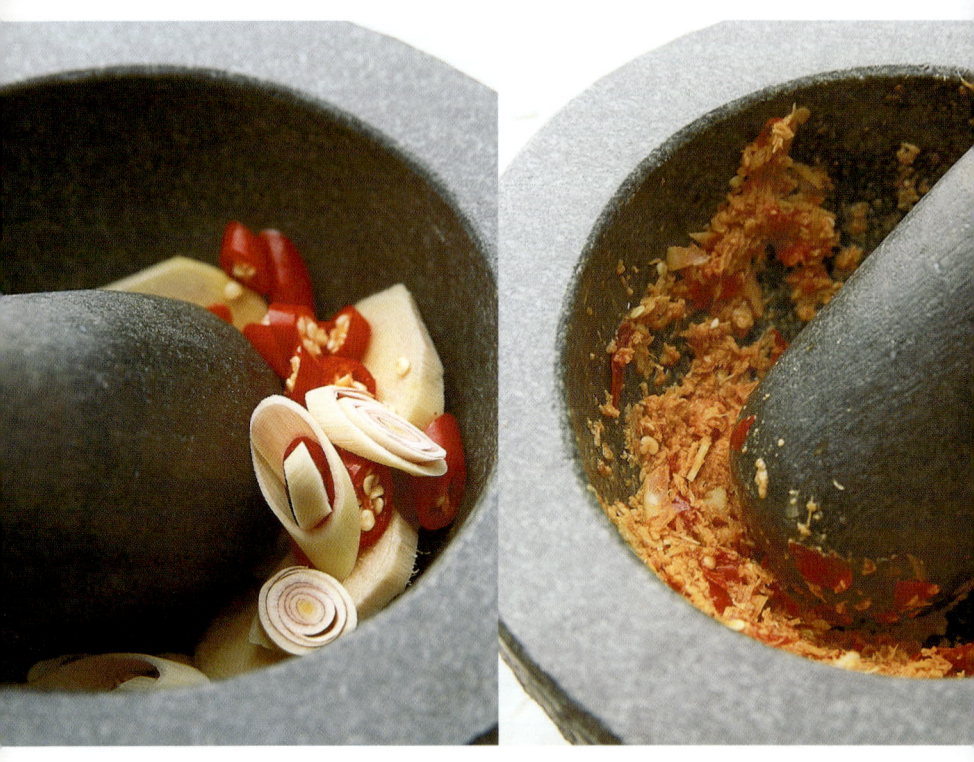

Le pilon est une sorte de massue lourde en bois, en pierre ou en céramique.

Les ingrédients sont écrasés dans le mortier pour former une pâte ou une poudre.

MARIAGES HEUREUX

# Moulin électrique

On peut moudre les épices
dans un moulin spécifique ou utiliser
un moulin à café réservé à cet emploi.

Ces moulins permettent
d'obtenir très rapidement une poudre fine
(le travail est plus long avec un pilon).

TOUT ÉPICES

Ce mélange d'épices marocain inclut aussi des aromates frais.
Il s'emploie comme marinade ou comme sauce d'accompagnement.

# Chermoula

*Pour 4 c. à s.*

2 gousses d'ail écrasées
1 grosse poignée de persil
1 grosse poignée de coriandre
2 c. à c. de graines de cumin grillées et moulues
2 c. à c. de paprika piquant
1/2 c. à c. de curcuma moulu
1 c. à s. de jus de citron
2 c. à c. d'huile d'olive

1 Versez tous les ingrédients à l'exception de l'huile dans un robot ménager. Salez et poivrez à votre convenance. Mixez finement. Sans cesser de faire tourner le moteur, versez l'huile en filet fin et continu pour obtenir une pâte homogène.

2 Conservez au réfrigérateur dans un récipient hermétique et utilisez dans les 2 jours

## Sardines farcies à la chermoula

*Pour 4 personnes*

4 tranches de pain de mie
1 c. à s. de zeste de citron confit haché
6 olives vertes en tranches fines
1/2 piment rouge égrené et finement tranché
1 1/2 c. à s. de chermoula
16 filets de sardines
de l'huile d'olive

1 Préchauffez le four à 200 °C. Enlevez la croûte du pain et faites-le dorer quelques minutes au four avant de l'écraser grossièrement. Beurrez légèrement un grand plat à four.

2 Réservez 25 g de cette chapelure. Mélangez le reste avec le zeste de citron, les olives, le piment et la chermoula.

3 Déposez dans le plat 8 filets de sardines sur la peau. Nappez-les généreusement de chermoula avant de les recouvrir avec les filets restants. Saupoudrez-les du reste de chapelure et versez un filet d'huile d'olive.

4 Couvrez d'une feuille d'aluminium et passez 15 minutes au four. Retirez l'aluminium et faites cuire encore 10 minutes. Servez immédiatement avec des quartiers de citron.

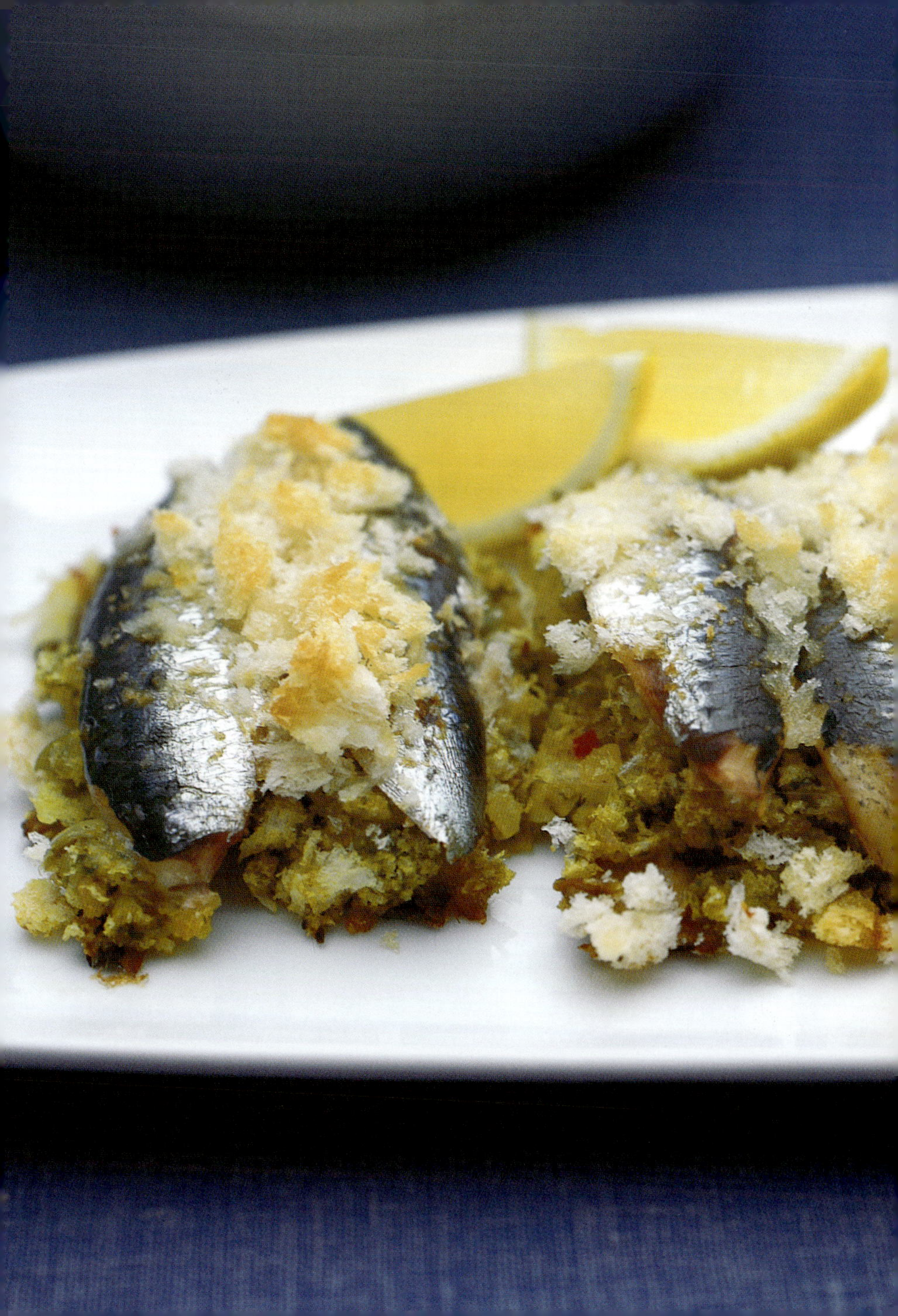

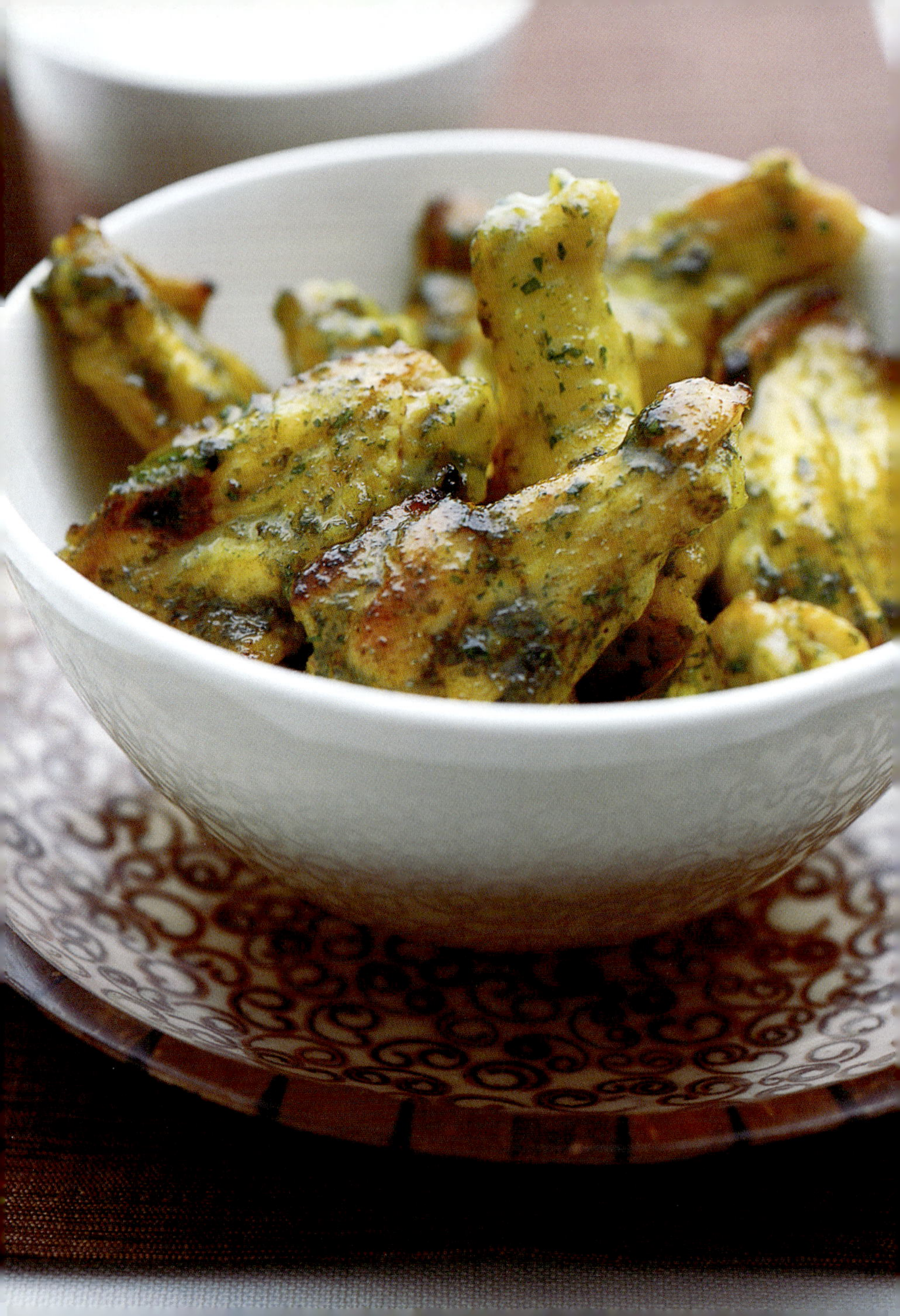

# Ailes de poulet marinées

*Pour 4 personnes*

**12 ailes de poulet**
**250 g de yaourt à la grecque**
**1 tomate épépinée et concassée**
**1/4 d'oignon rouge en fines tranches**
**2 c. à c. de chermoula**

**Marinade**
**2 c. à s. d'huile végétale**
**2 c. à s. de miel**
**2 c. à s. de chermoula**
**1 c. à s. de jus de citron**

1 Retirez l'extrémité pointue des ailes de poulet avant de recouper en deux ces dernières au niveau de l'articulation.

2 Mélangez les ingrédients de la marinade dans un saladier en verre. Ajoutez les morceaux de poulet et retournez-les plusieurs fois dedans pour les napper de sauce. Laissez reposer une nuit au réfrigérateur.

3 Préchauffez le four à 180 °C. Chemisez d'une feuille d'aluminium une plaque de cuisson et glissez-la au four. Disposez les morceaux de poulet bien égouttés sur une grille (réservez la marinade) et mettez-la au four sur la plaque de cuisson. Laissez cuire les morceaux de poulet pendant 50 minutes au moins, en les badigeonnant deux fois de marinade.

4 Mélangez dans un petit saladier le yaourt, la tomate, l'oignon rouge et la chermoula. Servez cette sauce avec la viande tiède.

# Curry de Madras en poudre

*Pour 150 g*

3 c. à s. de graines de coriandre
1 1/2 c. à s. de graines de cumin
1 c. à s. de graines de moutarde noire
1 c. à c. de grains de poivre noir
1 c. à s. de curcuma moulu
2 c. à c. de poudre d'ail
1/2 c. à c. de piment de Cayenne
1/2 c. à c. de gingembre en poudre

1 Dans une grande poêle, faites revenir 1 minute à sec la coriandre, le cumin, la moutarde et le poivre, jusqu'à ce que les arômes se dégagent. Réduisez-les ensuite en poudre fine avec le reste des ingrédients.

2 Conservez ce curry 1 mois dans un récipient hermétique.

MARIAGES HEUREUX    CURRY DE MADRAS

Ce mélange aux usages multiples est parfumé plutôt que piquant.
Il s'emploie avec le poisson, la volaille, l'agneau, le bœuf et les légumes.

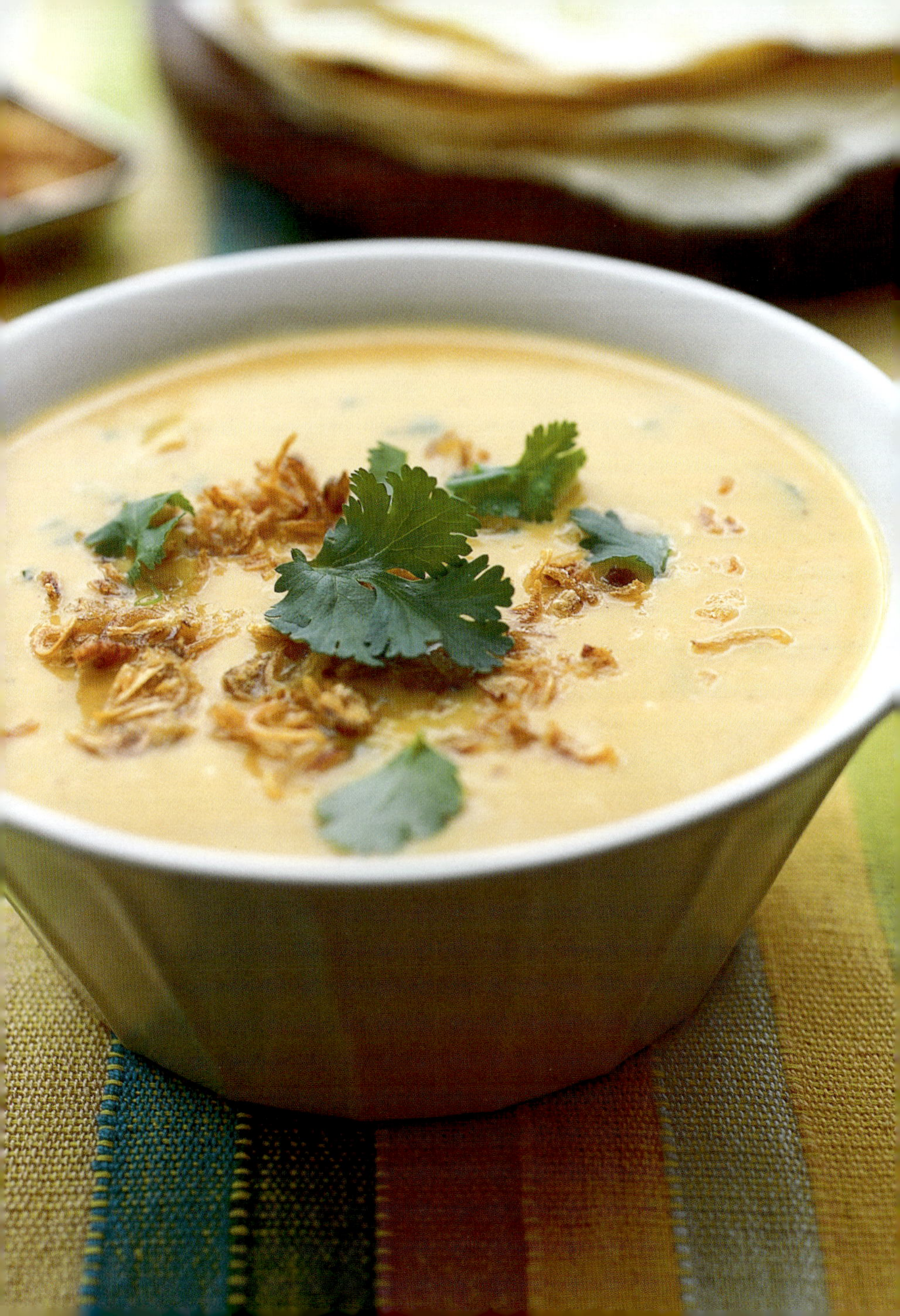

## Soupe indienne aux patates douces

*Pour 4 personnes*

1 c. à s. d'huile végétale
1 gros oignon en tranches fines
4 gousses d'ail écrasées
2 c. à c. de gingembre frais râpé
1 c. à s. de curry de Madras en poudre
1 kg de patates douces pelées
et détaillées en tronçons de 5 cm
1 litre de bouillon de légumes
ou de volaille
400 g de lait de coco
1 petite poignée de coriandre ciselée
des échalotes frites pour décorer

1 Faites revenir l'oignon 3 minutes dans l'huile à feu moyen, jusqu'à ce qu'il soit tendre. Ajoutez l'ail, le gingembre et la poudre de curry. Remuez 1 minute. Retournez les morceaux de patate douce dans ce mélange.

2 Versez le bouillon. Portez à ébullition puis couvrez et laissez mijoter 20 minutes, jusqu'à ce que la patate douce soit cuite. Retirez la casserole du feu.

3 Quand la soupe est tiède, mixez-la en plusieurs fois. Remettez-la dans la casserole, versez le lait de coco et ajoutez presque toute la coriandre. Réchauffez 3 minutes sans laisser bouillir. Répartissez dans des bols de service et décorez du reste de coriandre et d'échalotes frites. Accompagnez de pains indiens chauds.

**PRATIQUE** Cette soupe a un goût subtil mais vous pouvez renforcer sa saveur en doublant les quantités de curry. Vous trouverez des échalotes frites dans les épiceries asiatiques.

# Curry de bœuf

*Pour 6 personnes*

1 1/2 c. à s. de curry de Madras en poudre
270 ml de lait de coco
4 c. à s. d'huile végétale
2 gros oignons en tranches fines
3 gousses d'ail écrasées
1,25 kg de bœuf à bourguignon détaillé en cubes de 3 cm
250 ml de bouillon de bœuf
2 tomates pelées et concassées
1 c. à c. de jus de citron
1 poignée de coriandre fraîche

1 Délayez la poudre de curry dans un peu de lait de coco pour former une pâte épaisse.

2 Faites revenir les oignons dans l'huile pendant 5 minutes au moins pour qu'ils dorent. Ajoutez l'ail et la pâte de curry ; laissez cuire encore 2 minutes, jusqu'à ce que les arômes se dégagent.

3 Mettez la viande dans la cocotte et retournez-la dans la sauce pour qu'elle en soit recouverte. Versez le bouillon et ajoutez les tomates. Portez à ébullition, couvrez et laissez frémir 2 heures en remuant de temps à autre.

4 Incorporez le reste du lait de coco et le jus de citron. Décorez de coriandre et servez avec du riz blanc.

**PRATIQUE** Pour peler les tomates, plongez-les 30 secondes dans l'eau bouillante puis 1 minute dans l'eau froide. La peau s'enlève facilement.

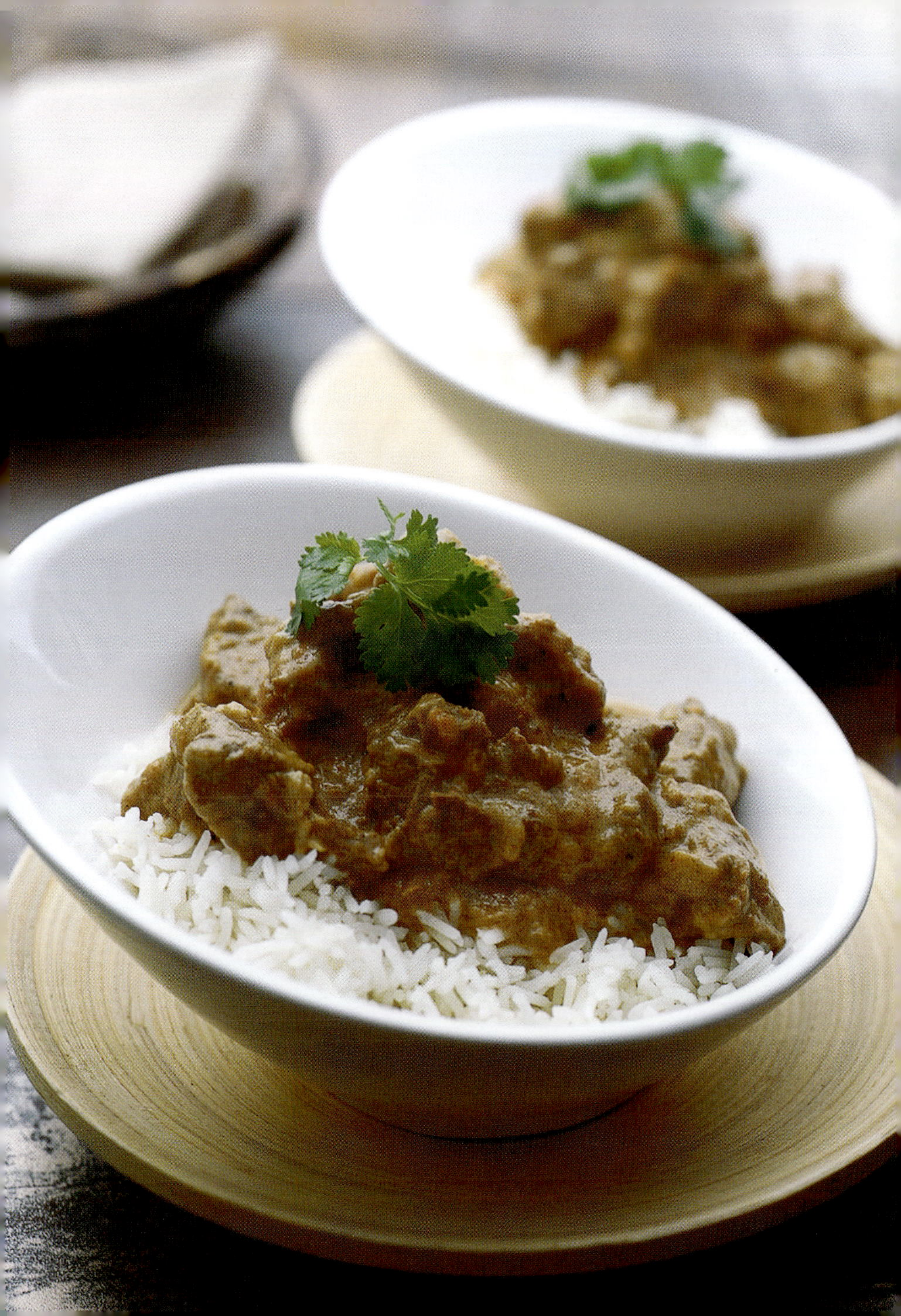

TOUT ÉPICES

La badiane domine nettement ce mélange chinois traditionnel,
composé de cinq épices moulues.

# Cinq-épices

*Pour 60 g*

1 1/2 c. à s. de badiane moulue
3 c. à c. de graines de fenouil moulues
3 c. à c. de cannelle en poudre
1 c. à c. de poivre du Sichuan moulu
1/2 c. à c. de clous de girofle moulus

1 Mélangez soigneusement tous les ingrédients dans un bol.

2 Conservez 1 mois dans un récipient hermétique.

**PRATIQUE** La recette originale se prépare avec de la casse, cannelle chinoise d'aspect plus rugueuse et à la saveur très prononcée. On la trouve parfois dans certains magasins exotiques.

## Poulet sauté au cinq-épices

*Pour 4 personnes*

3 c. à s. de fécule de maïs
4 c. à c. de cinq-épices
125 ml de bouillon de volaille
2 c. à s. de sauce de soja légère
1 c. à s. de vin de riz chinois
2 c. à c. de vinaigre de riz
2 c. à s. de sucre en poudre
1/2 c. à s. d'huile de sésame
500 g de blancs de poulet
en fines lamelles
3 c. à s. d'huile végétale pour friture
4 oignons verts
2 branches de céleri
détaillées en tronçons
1 piment rouge long en tranches fines
2 gousses d'ail en tranches fines
2 c. à c. de gingembre frais râpé

1 Mélangez la fécule et 3 cuillerées à café de cinq-épices. Délayez 1 cuillerée à café de ce mélange avec un peu de bouillon pour former une pâte épaisse puis ajoutez le reste du bouillon, la sauce de soja, le vin de riz, le vinaigre, le sucre en poudre, l'huile de sésame et le reste du cinq-épices.

2 Épongez le poulet avec du papier absorbant avant de le passer dans le mélange de fécule et de cinq-épices. Saisissez-en la moitié à feu vif dans un wok, dans 1 cuillerée à soupe d'huile végétale. Faites cuire ensuite le reste du poulet dans 1 autre cuillerée d'huile. Réservez au chaud.

3 Coupez les tiges des oignons verts et réservez-les. Dans le reste d'huile, faites revenir le blanc des oignons coupé en tranches fines avec le céleri, le piment, l'ail et le gingembre. Remuez 2 à 3 minutes à feu vif, jusqu'à ce que les arômes se dégagent.

4 Remettez le poulet dans le wok, versez la sauce et réchauffez le tout 2 minutes pour que la sauce épaississe. Décorez de tiges d'oignons verts et servez avec du riz blanc.

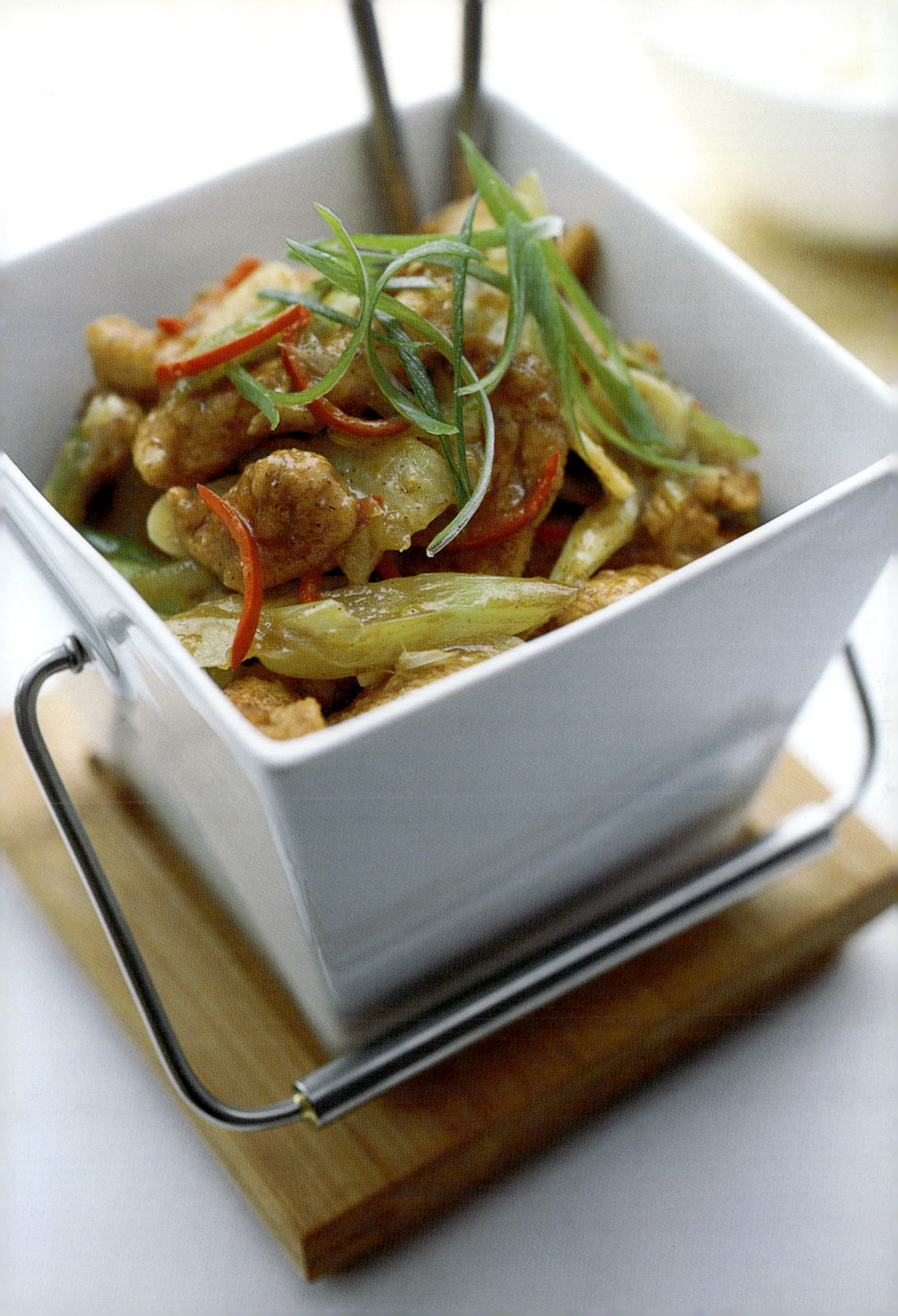

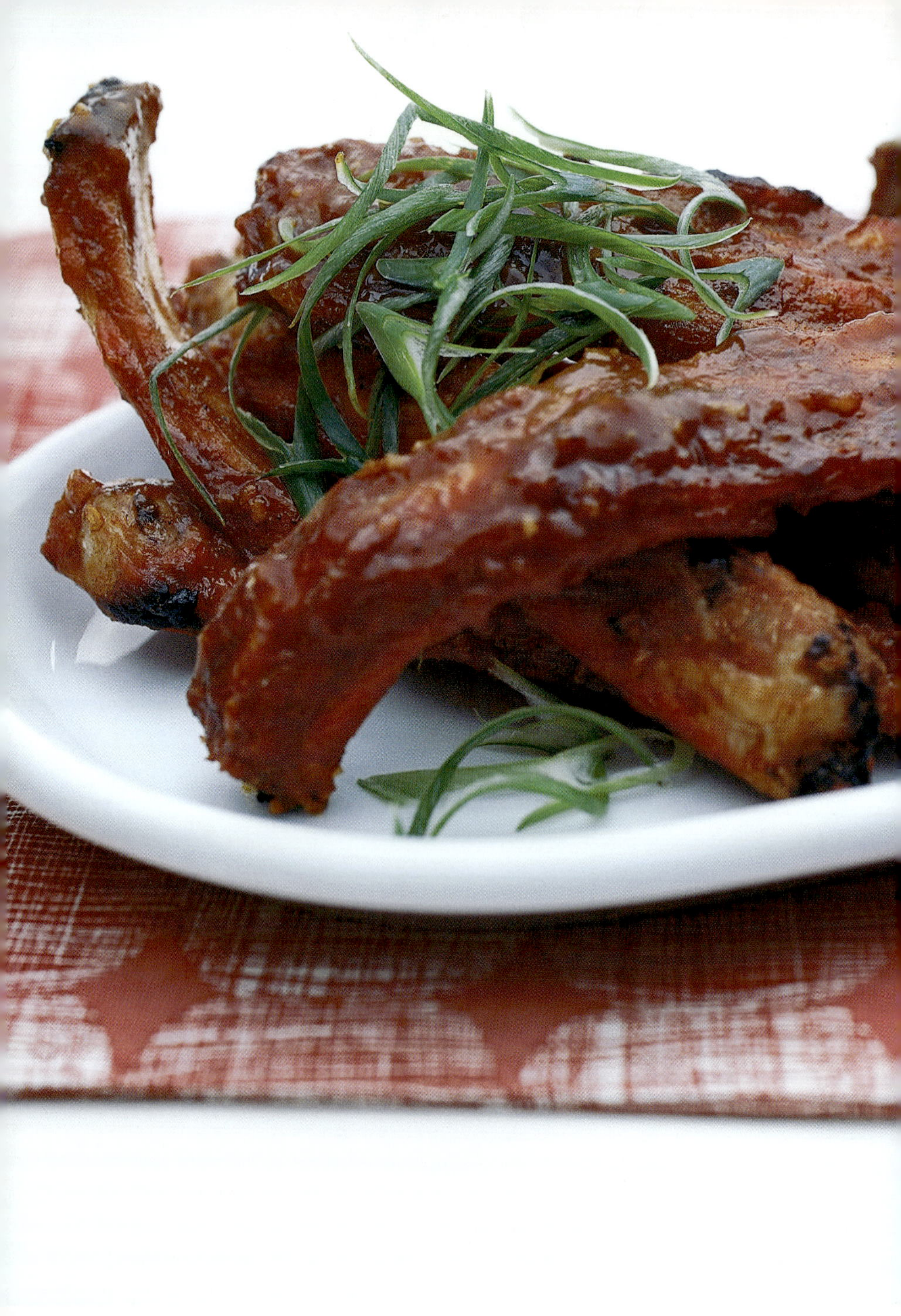

# Travers de porc caramélisés

*Pour 4 personnes*

1 kg de travers de porc
des tiges d'oignons verts en julienne

**Marinade**
125 ml de ketchup
2 c. à s. de vin de riz chinois
2 c. à s. de sauce de soja légère
2 c. à s. de miel
1 c. à s. de sauce au piment douce
2 c. à c. de cinq-épices
2 gousses d'ail écrasées

1 Coupez la viande en travers individuels. Mélangez les ingrédients de la marinade dans un saladier en verre, plongez les morceaux de porc dedans et laissez toute une nuit au réfrigérateur.

2 Préchauffez le four à 180 °C. Tapissez un grand plat de papier d'aluminium. Égouttez les travers de porc et posez-les sur une grille, dans le plat. Faites-les cuire 30 minutes au four, en les badigeonnant au moins deux fois de marinade. Servez chaud avec les tiges des oignons verts pour décorer.

# Panch phora

*Pour 5 c. à s.*

1 c. à s. de graines de moutarde noire
1 c. à s. de graines de nigelle
1 c. à s. de graines de cumin
1 c. à s. de graines de fenouil
1 c. à s. de graines de fenugrec

1 Mélangez soigneusement toutes les épices dans un récipient.

2 Conservez 1 an dans un récipient hermétique.

MARIAGES HEUREUX  PANCH PHORA

Ce mélange d'épices entières s'emploie dans la cuisine indienne
où il est ajouté à l'huile bouillante en début de cuisson pour parfumer.

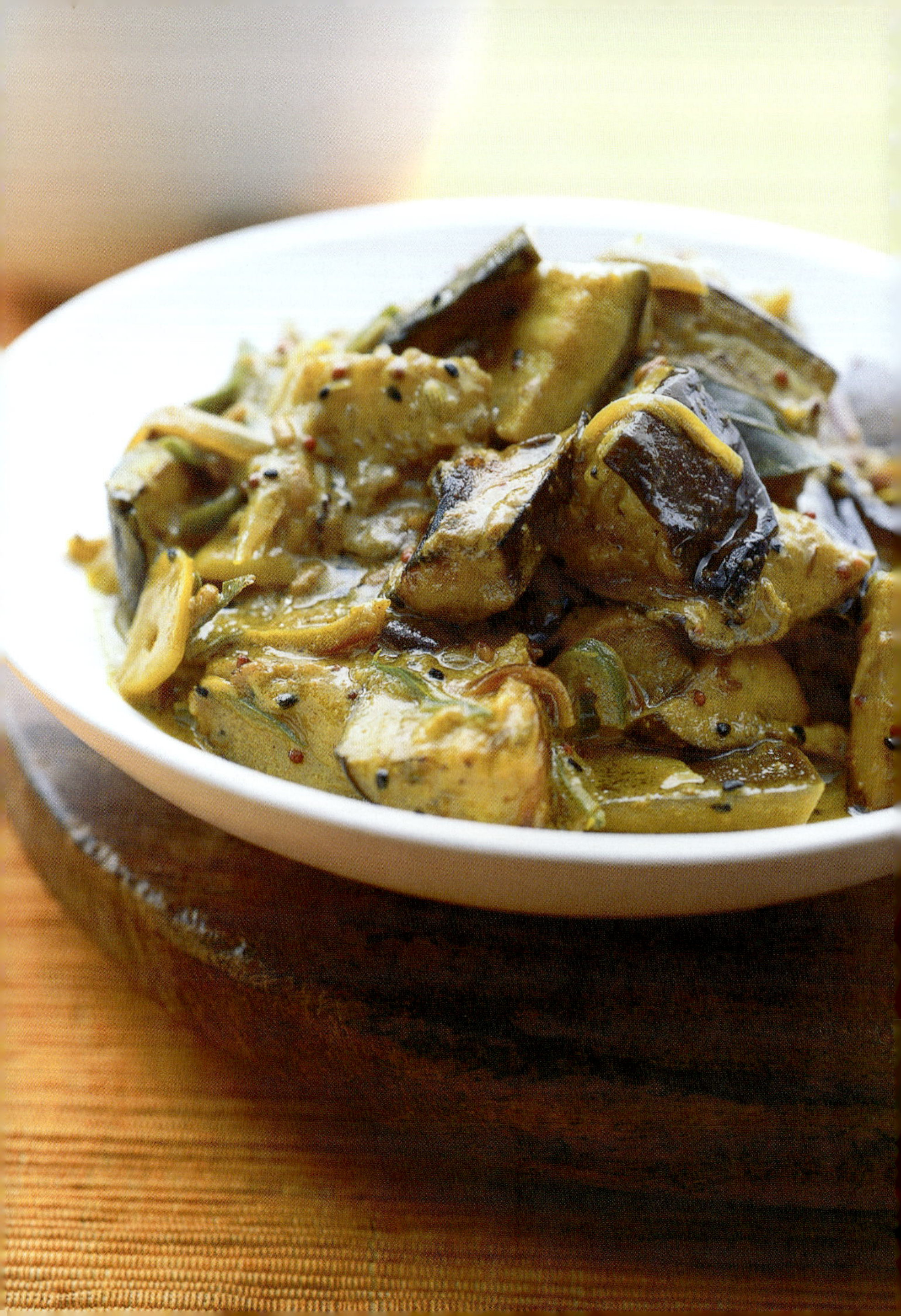

# Curry d'aubergines

*Pour 6 personnes*

500 g de petites aubergines
en tronçons de 3 cm
4 c. à s. d'huile végétale
1 c. à s. de panch phora
2 c. à c. de cumin moulu
1 c. à c. de curcuma moulu
1 oignon rouge en tranches fines
3 gousses d'ail écrasées
1 long piment vert égrené
en tranches fines
8 feuilles de cari sèches
400 ml de lait de coco

**1** Dans une passoire, saupoudrez les aubergines de sel et laissez-les dégorger 15 minutes. Rincez, égouttez et épongez dans du papier absorbant.

**2** Dans 2 cuillerées à soupe d'huile, faites revenir les aubergines 5 minutes en remuant fréquemment, jusqu'à ce qu'elles soient d'un brun léger. Réservez.

**3** Dans le reste d'huile, faites sauter 1 minute le panch phora, le cumin et le curcuma, jusqu'à ce que les arômes se dégagent. Ajoutez l'oignon et laissez revenir 3 minutes, jusqu'à ce qu'il soit tendre.

**4** Incorporez l'ail, le piment, les feuilles de cari et les aubergines. Remuez bien puis versez le lait de coco, mouillez avec 250 ml d'eau et salez à votre convenance.

**5** Laissez cuire ce curry 20 minutes en remuant de temps en temps. Les aubergines doivent être fondantes et la sauce assez épaisse. Servez chaud ou tiède.

**PRATIQUE** On trouve des feuilles de cari dans les épiceries asiatiques.

TOUT ÉPICES

## Pommes de terre rôties aux épices

*Pour 4 personnes*

**600 g de pommes de terre en cubes de 3 cm**
**3 c. à s. d'huile végétale**
**1 c. à s. de panch phora**
**2 c. à c. de cumin moulu**
**1/2 c. à c. de curcuma moulu**
**1/2 c. à c. de piment de Cayenne**
**1 oignon en tranches fines**
**2 gousses d'ail en tranches fines**
**1 c. à s. de jus de citron vert**
**2 c. à s. de coriandre ciselée**

1 Plongez les pommes de terre 5 minutes dans l'eau bouillante puis égouttez-les. Passez-les sous l'eau froide pour les rafraîchir, égouttez-les à nouveau et finissez de les sécher sur du papier absorbant.

2 Faites chauffer l'huile dans une grande poêle pour y mettre à revenir pendant 1 minute le panch phora et le reste des épices. Quand le mélange embaume, ajoutez l'oignon et l'ail. Laissez cuire 5 minutes environ.

3 Mettez les pommes de terre dans la poêle et retournez-les pour les napper d'épices. Continuez la cuisson pendant 15 minutes, en remuant souvent. Les pommes de terre doivent être croquantes et d'un brun doré. Mouillez avec le jus de citron et ajoutez la coriandre au moment de servir.

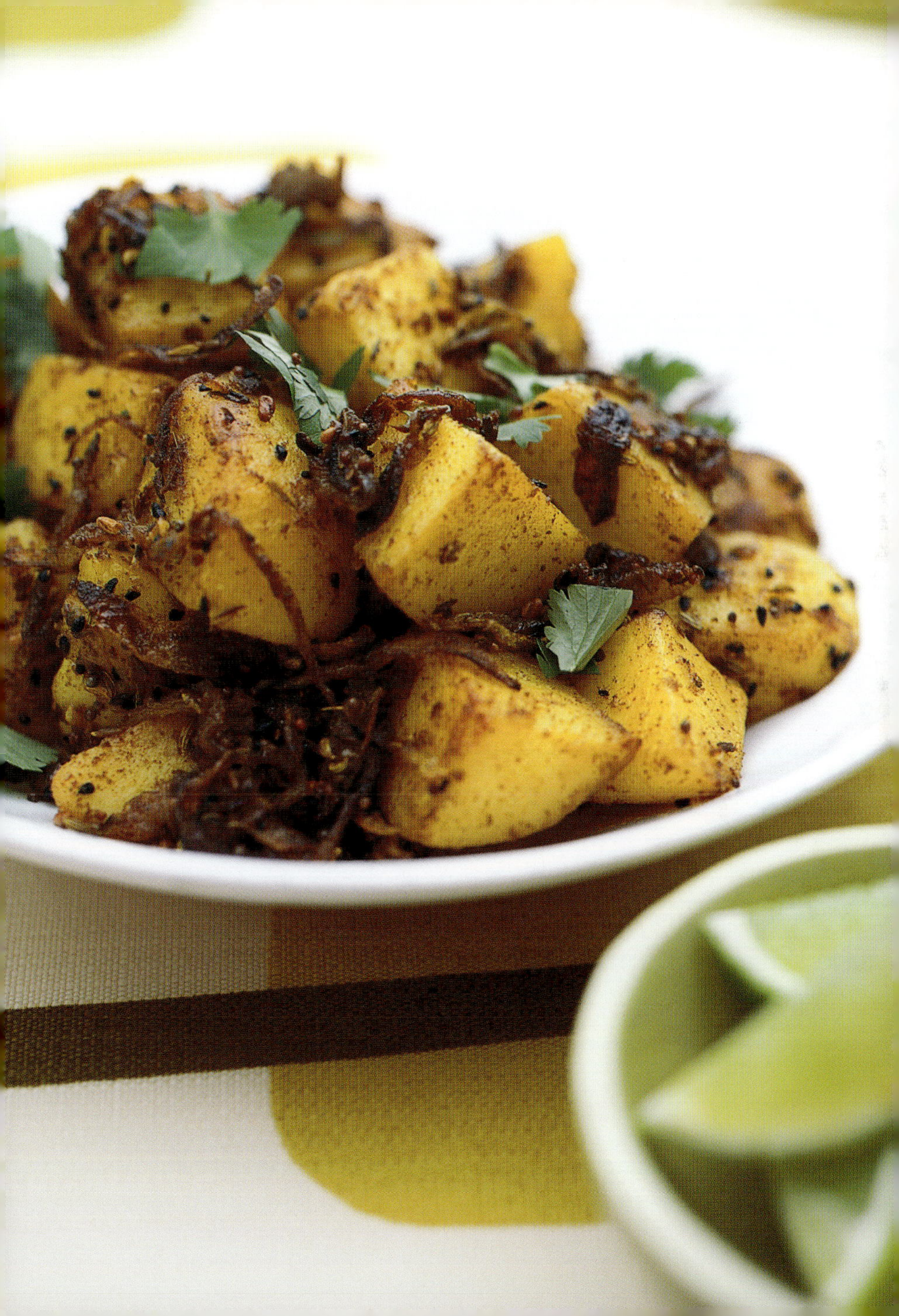

TOUT ÉPICES

La composition du ras-el-hanout, mélange d'épices d'origine marocaine, reste assez identique d'une recette à l'autre, mais les proportions peuvent varier parfois.

# Ras-el-hanout

*Pour 30 g*

2 c. à c. de graines de coriandre
1 1/2 c. à c. de graines de cumin
1/2 c. à c. de graines de cardamome
1/2 c. à c. de graines de fenouil
1/2 c. à c. de poivre noir en grains
1 c. à c. de curcuma moulu
1 c. à c. de cannelle moulue
1/2 c. à c. de paprika fort
1/4 de c. à c. de sel

1 Versez les épices entières dans une poêle et faites-les sauter à sec 1 minute, jusqu'à ce que les arômes se dégagent. Pilez-les ensuite dans un mortier ou un moulin à épices avant de les mélanger avec le reste les épices moulues et le sel.

2 Conservez 1 mois dans un récipient hermétique.

# Légumes et haloumi grillés

*Pour 4 personnes*

4 aubergines jeunes et fines
2 courgettes fines
1 poivron rouge
1 poivron jaune
50 g de mini-épis de maïs
1 petit oignon rouge
4 c. à s. d'huile d'olive
4 c. à s. de ras-el-hanout
2 gousses d'ail écrasées
huile d'olive pour le plat
250 g d'haloumi
1 poignée de persil plat ciselé

1 Coupez les aubergines et les courgettes en deux dans la longueur puis recoupez chaque moitié en tronçons de 3 cm. Coupez les poivrons en quatre et retirez les pépins puis détaillez les quartiers en gros morceaux. Coupez les épis de maïs en deux dans la longueur et l'oignon rouge en quatre. Divisez l'haloumi en 4 tranches épaisses.

2 Dans un saladier, mélangez l'huile avec la moitié du ras-el-hanout et l'ail. Ajoutez les légumes et recouvrez-les de cette marinade. Laissez reposer au moins 1 heure.

3 Huilez une grande plaque en fonte et faites-la chauffer avant d'y faire griller les légumes. Ils doivent être tendres et bien brunis. Réservez-les ensuite au chaud.

4 Essuyez la plaque avec du papier absorbant avant de la huiler à nouveau. Frottez une face de l'haloumi avec le reste du ras-el-hanout puis faites-le griller sur cette face, 2 minutes environ. Servez l'haloumi avec les légumes grillés et du persil ciselé pour décorer.

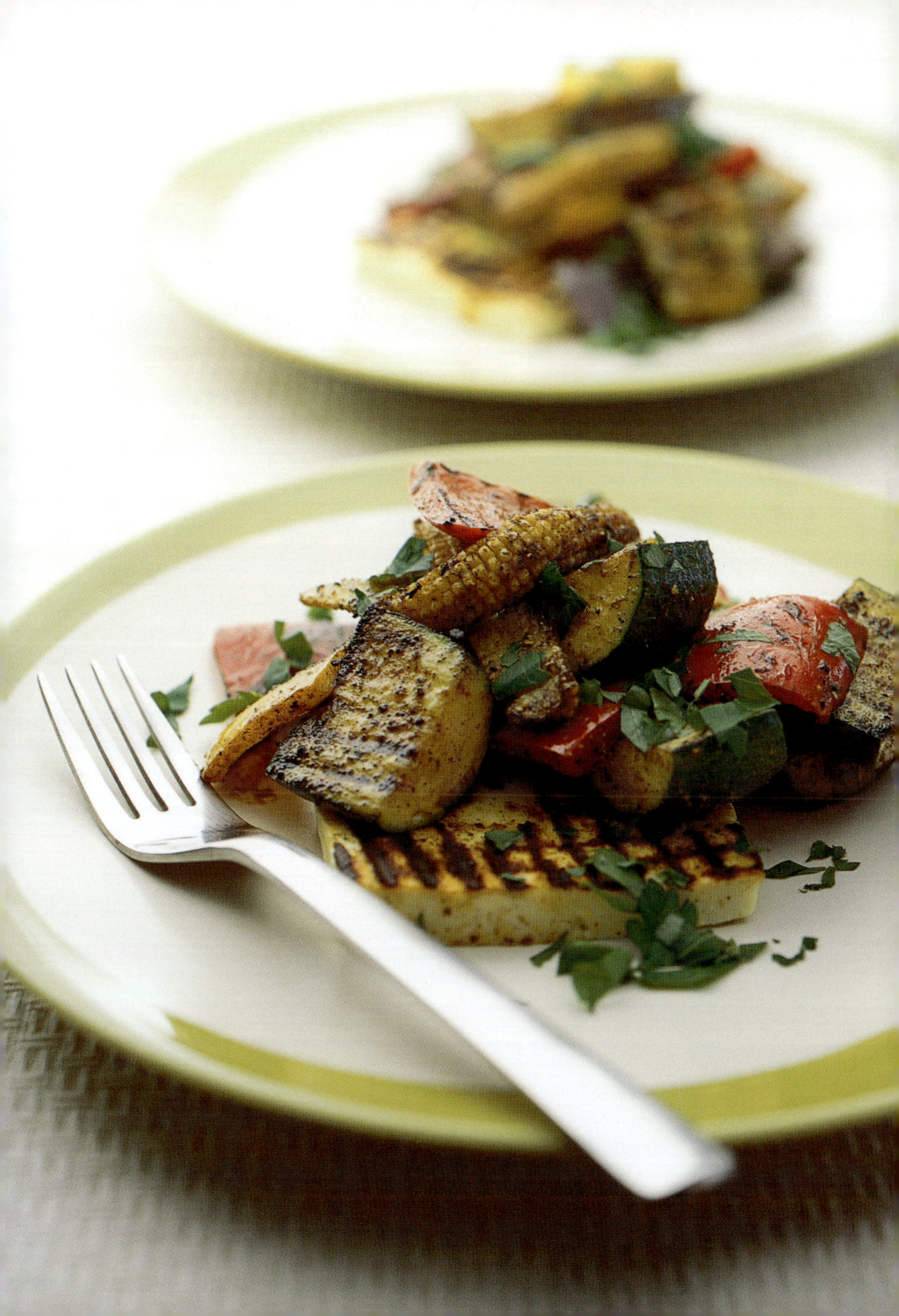

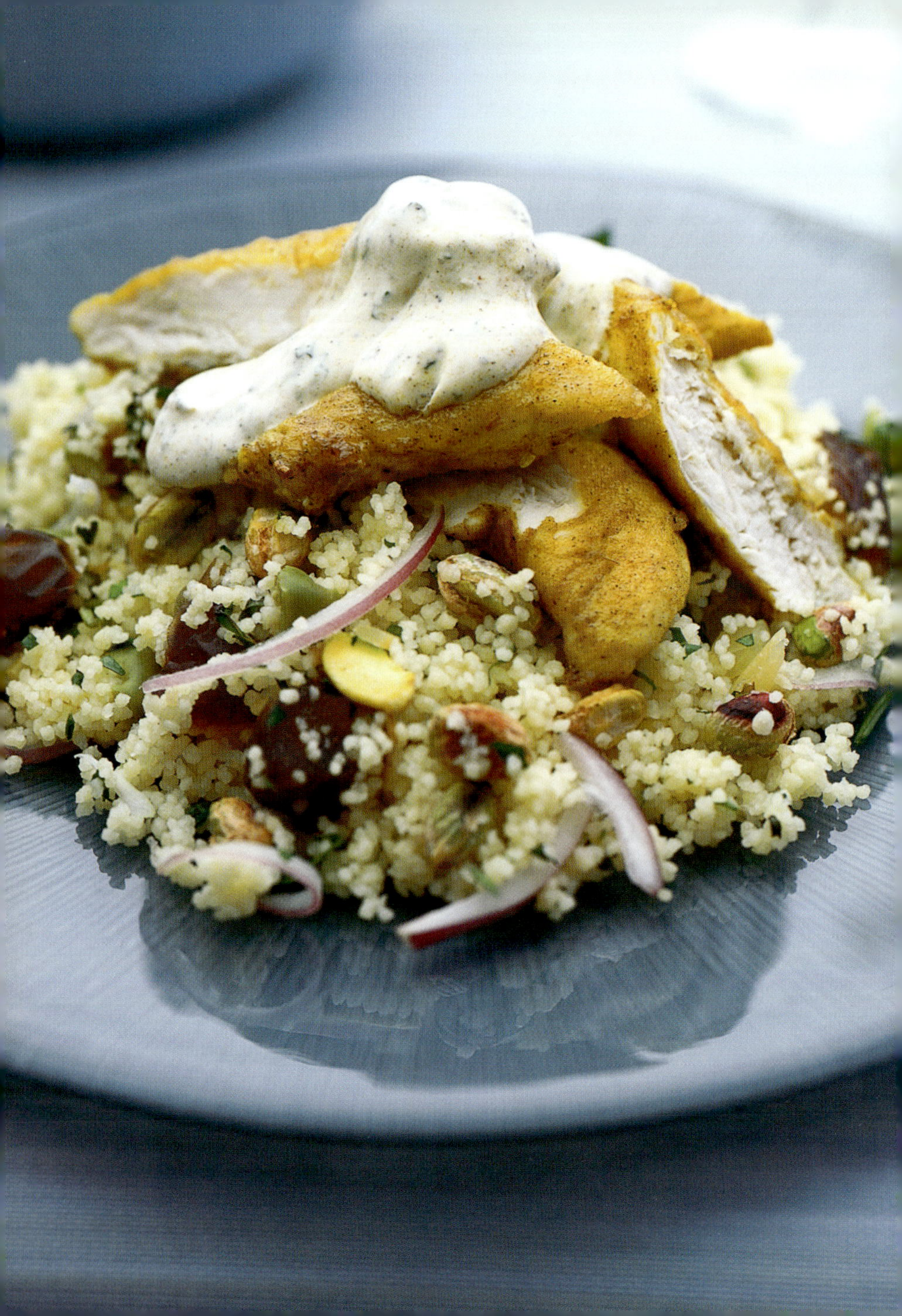

# Poulet à la marocaine

*Pour 4 personnes*

2 c. à s. de farine de ménage
1 c. à s. de ras-el-hanout
12 aiguillettes de poulet
2 à 3 c. à s. d'huile d'olive

**Salade de couscous**
500 ml de jus de pomme
370 g de couscous
1/2 oignon rouge coupé en deux
puis en tranches fines
50 g de pistaches grillées
8 abricots secs hachés
60 g d'olives vertes dénoyautées
et tranchées
1/4 de citron confit
bien rincé et finement haché
1 petite poignée de menthe
grossièrement ciselée
1 petite poignée de persil
grossièrement ciselé

**Sauce au yaourt**
250 g de yaourt
2 c. à s. de menthe ciselée
2 c. à c. de ras-el-hanout
1 c. à c. de miel

1 Pour la salade, faites chauffer sans bouillir le jus de pomme dans une casserole, ajoutez le couscous et laissez gonfler 5 minutes. Égrenez-le à la fourchette avant de le mettre dans un saladier avec le reste des ingrédients.

2 Mélangez la farine et le ras-el-hanout sur une assiette. Frottez-en bien les aiguillettes de poulet avant de les faire revenir dans l'huile chaude, 3 minutes environ de chaque côté. Découpez la viande en tranches et disposez-la sur la salade.

3 Pour la sauce au yaourt, mélangez les ingrédients dans un saladier. Servez cette sauce avec la salade de couscous et les aiguillettes de poulet.

## Shichimi togarashi

*Pour 30 g*

**2 c. à c.** de grains de poivre du Sichuan
**1 c. à c.** de graines de sésame blanc
**1 c. à c.** de graines de sésame noir
**2 c. à c.** d'écorce de mandarine séchée et broyée
**1 c. à c.** de nori (algues japonaises séchées) finement hachées
**1 c. à c.** de piment de Cayenne
**1 c. à c.** de graines de pavot

1 Réduisez en poudre le poivre du Sichuan et les graines de sésame dans un moulin à épices ou dans un mortier. Ajoutez ensuite le reste des ingrédients et mélangez.

2 Conservez 1 mois dans un récipient hermétique.

MARIAGES HEUREUX  SHICHIMI TOGARASHI

Au Japon, ce mélange d'épices s'utilise aussi bien dans la cuisine que sur la table, tout comme le sel et le poivre dans la cuisine occidentale.

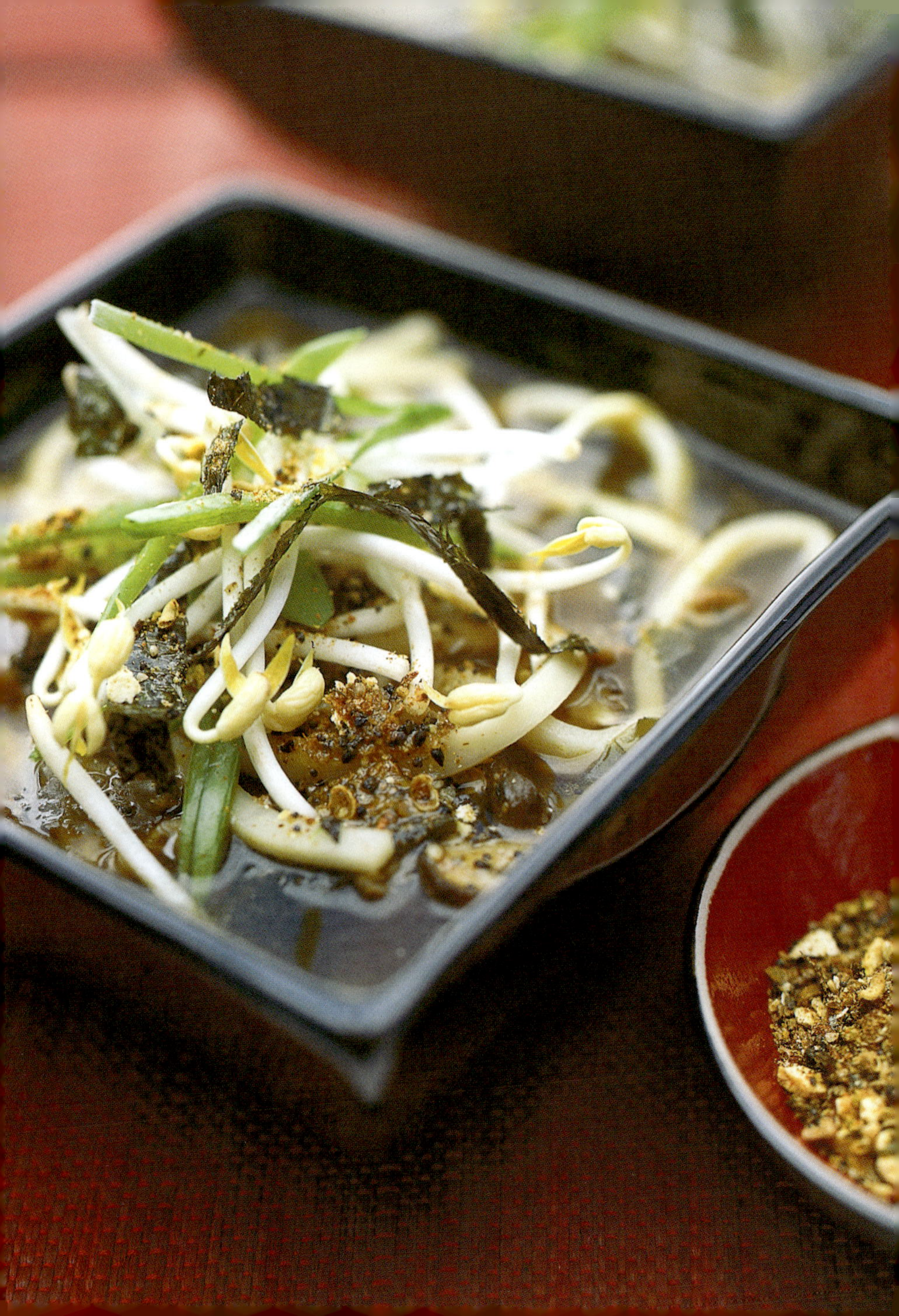

# Soupe aux nouilles udon et aux champignons

*Pour 4 personnes*

1,5 litre de bouillon de légumes
2 c. à s. de mirin (vin de riz japonais)
2 c. à c. de gingembre frais râpé
1 c. à c. de flocons de wakame
(algues séchées)
150 g de champignons noirs frais
en tranches
440 g de nouilles udon fraîches
2 oignons verts en biseau
75 g de pois gourmands coupés
en tranches fines dans la longueur
50 g de germes de soja
2 c. à s. de sauce de soja légère
1 feuille de nori en julienne
1 c. à s. de shichimi togarashi
pour saupoudrer

1 Portez le bouillon à ébullition dans une casserole puis réduisez le feu. Ajoutez le mirin, le gingembre, le wakame et les tranches de champignons. Laissez frémir 5 minutes.

2 Mettez les nouilles à tremper 1 minute dans un grand saladier d'eau bouillante. Égouttez-les, rafraîchissez-les sous un filet d'eau froide puis séparez-les.

3 Ajoutez dans la casserole les oignons verts, les pois gourmands, les germes de soja, la sauce de soja et le nori. Laissez frémir encore 2 minutes.

4 Répartissez les nouilles dans quatre grands bols. Arrosez de bouillon chaud et de légumes. Assaisonnez de shichimi togarashi et servez aussitôt.

**PRATIQUE** On trouve du wakame et du nori dans les épiceries asiatiques.

## Salade de légumes à la japonaise

*Pour 4 personnes*

2 carottes pelées
et détaillées en fine julienne
2 branches de céleri
détaillées en fine julienne
200 g de pois gourmands
en fine julienne
1 petit poivron rouge épépiné
et coupé en tranches très fines
2 oignons verts en tranches fines
150 g de germes de soja
6 gros radis rouges en tranches fines
1 c. à s. de shichimi togarashi

**Assaisonnement**
1 c. à s. de vinaigre de riz
1 c. à s. de mirin (vin de riz japonais)
1 c. à s. d'huile végétale
2 c. à c. de sauce de poisson
1 c. à c. de miel

1 Faites blanchir 1 minute dans l'eau bouillante les carottes, le céleri, les pois gourmands et le poivron. Rafraîchissez les légumes sous un filet d'eau froide puis égouttez-les bien.

2 Mettez les légumes dans un grand saladier puis ajoutez les oignons verts, les germes de soja et les radis. Mélangez les ingrédients de l'assaisonnement dans un bol, arrosez-en la salade et remuez soigneusement.

3 Dressez la salade sur un grand plat et saupoudrez de shichimi togarashi.

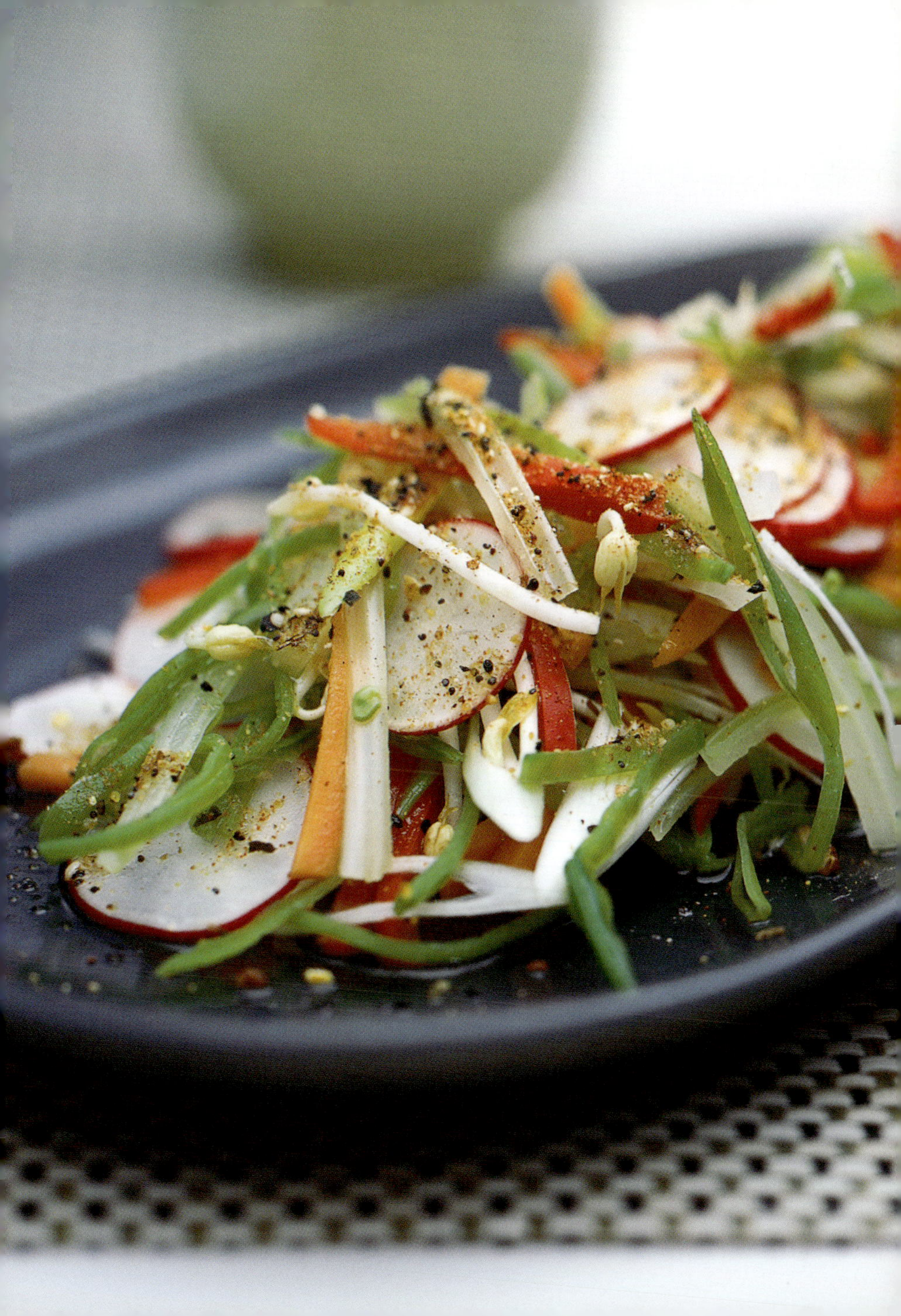

TOUT ÉPICES

Ce mélange du Moyen-Orient est très intéressant par sa composition
qui associe une épice, un aromate et une graine.
Il est délicieux sur du pain turc tiède.

# Za'atar

*Pour 60 g*

2 c. à s. de graines de sésame
1 c. à s. de thym séché
2 c. à c. de sumac
1/4 de c. à c. de sel

1 Pilez grossièrement les graines de sésame et le thym. Incorporez le sumac et le sel.

2 Conservez 1 mois dans un récipient hermétique.

# Salade de fèves et feta au citron confit

*Pour 4 personnes*

350 g de fèves congelées
1 poivron rouge en fines lanières
100 g de feta en cubes
1 c. à s. de za'atar
1 petit oignon rouge en tranches fines
125 g de tomates cerises jaunes coupée en deux
2 c. à s. de zeste de citron confit coupé en tranches fines
100 g de feuilles de salade

**Assaisonnement**
2 c. à c. de zeste d'orange râpé
2 c. à s. de jus d'orange
2 c. à s. d'huile d'olive
1 c. à c. de miel
1 c. à c. de za'atar

1 Plongez les fèves dans une grande casserole d'eau bouillante. Dès que l'ébullition reprend, comptez 5 minutes pour la cuisson puis égouttez-les. Passez-les sous l'eau froide pour les rafraîchir avant de les peler.

2 Faites blanchir le poivron rouge 1 minute dans l'eau bouillante. Égouttez-le puis rafraîchissez-le à l'eau froide. Égouttez-le à nouveau.

3 Saupoudrez la feta de za'atar. Préparez l'assaisonnement en mélangeant tous les ingrédients dans un bol.

4 Mettez les fèves, le poivron, l'oignon et les tomates dans un saladier. Ajoutez le citron confit. Versez l'assaisonnement et remuez. Incorporez la feta et mélangez délicatement. Dressez les feuilles de salade sur les assiettes de service et garnissez-les de la salade.

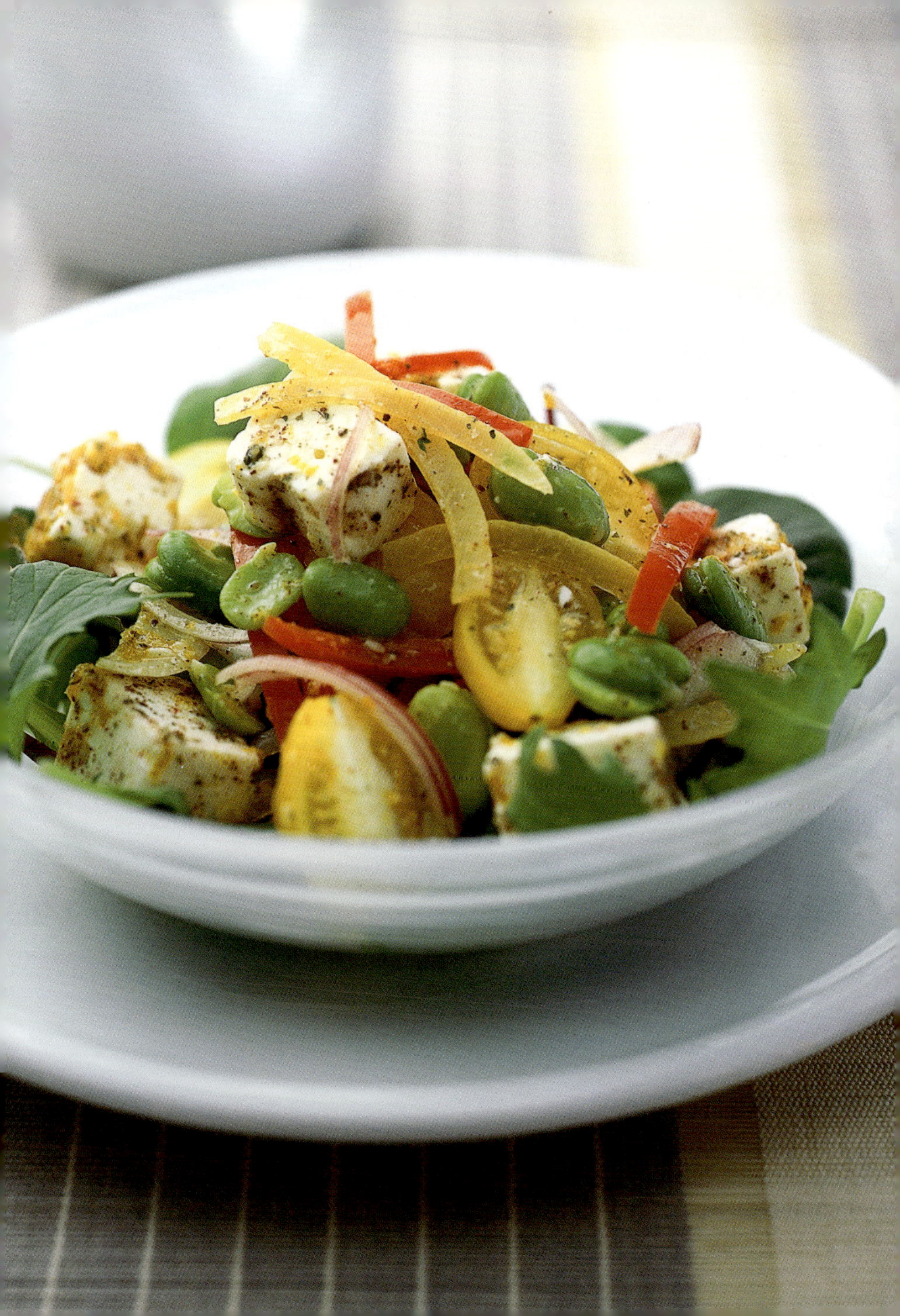

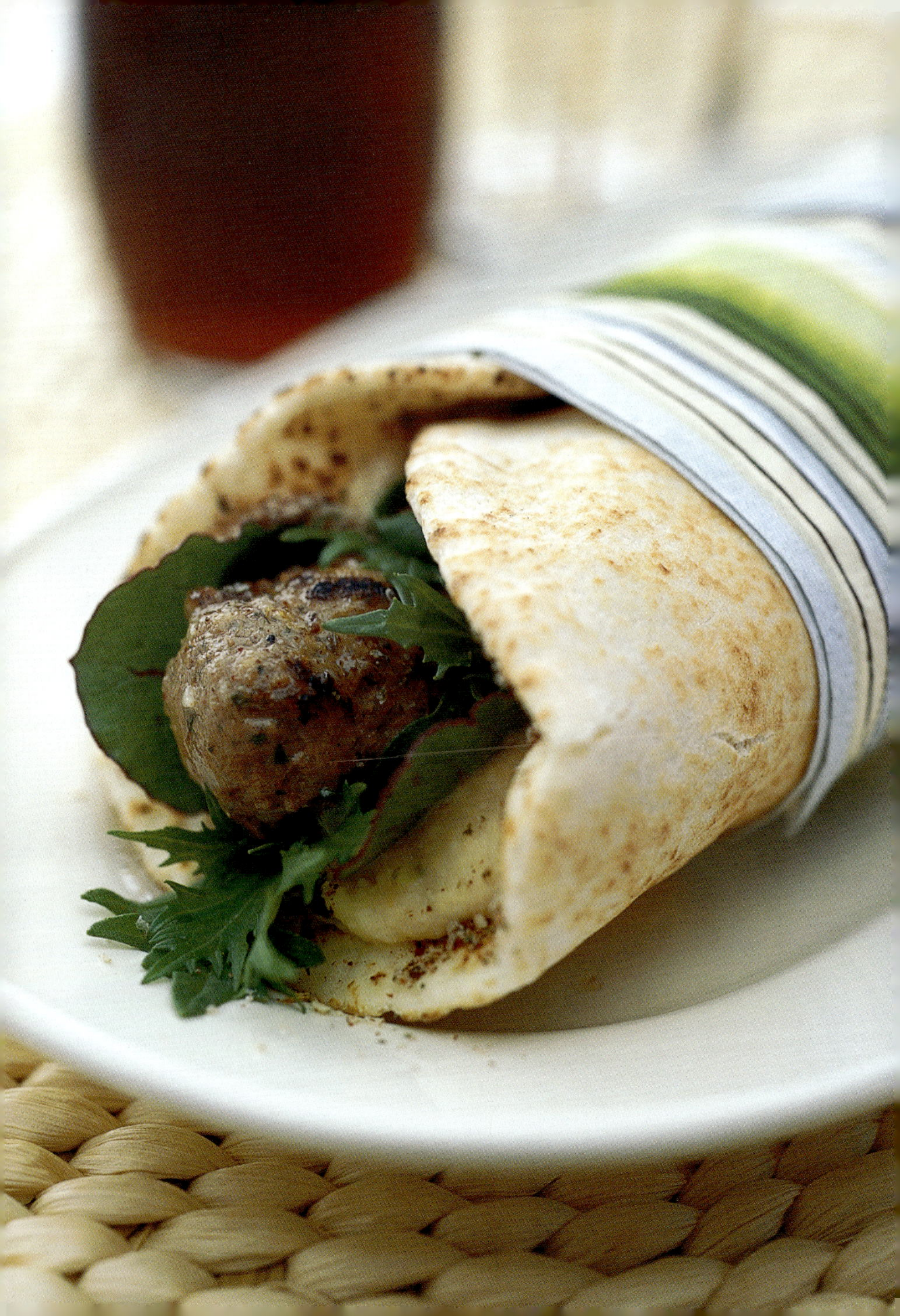

POUR RÉVEILLER ZA'ATAR

## Pains pitas à l'agneau

*Pour 4 personnes*

500 g de viande d'agneau hachée
1 oignon en tranches fines
2 à 3 gousses d'ail écrasées
1 c. à s. de za'atar
+ 1 grosse pincée pour garnir
30 g de coriandre fraîche ciselée
de l'huile d'olive
4 pains pitas
75 g de mesclun

**Houmous**
300 g de pois chiches en boîte
2 gousses d'ail écrasées
1 c. à s. de pâte de tahini
3 c. à s. de jus de citron

1 Mélangez dans un récipient la viande, l'oignon, l'ail, le za'atar et les feuilles de coriandre. Couvrez et réfrigérez 1 heure.

2 Mouillez légèrement vos mains pour façonner avec ce mélange 8 saucisses assez épaisses et longues. Faites-les cuire sur une plaque en fonte huilée, 8 minutes environ, en les retournant plusieurs fois pour que la cuisson soit uniforme.

3 Pour préparer le houmous, égouttez les pois chiches en gardant le jus. Mixez-les avec l'ail et le tahini. Sans cesser de faire tourner le moteur, versez en filet fin et continu le jus de citron et 3 cuillerées à soupe de liquide réservé. Vous devez obtenir une pâte lisse. Ajoutez un peu plus de jus de citron et de liquide si elle vous semble trop épaisse. Salez un peu, poivrez généreusement.

4 Badigeonnez légèrement d'huile une face des pains pitas et saupoudrez d'un peu de za'atar. Faites tiédir les pains dans une poêle sur l'autre face.

5 Tartinez généreusement les pains pitas d'houmous, déposez dessus deux saucisses et un peu de mesclun, roulez les pains et servez aussitôt.

# Baharat

*Pour 30 g*

2 c. à c. de poivre noir en grains
2 c. à c. de graines de coriandre
2 c. à c. de graines de cumin
2 c. à c. de clous de girofle
les graines de 6 gousses
de cardamome verte
1/2 bâtonnet de cannelle
rompu en petits morceaux
1 c. à c. de paprika de Hongrie
1 c. à c. de noix de muscade râpée

1 Poêlez à sec toutes les épices à l'exception du paprika et de la muscade, jusqu'à ce que les arômes se dégagent. Laissez refroidir un peu. Pilez-les ensuite en poudre fine avant de les mélanger avec le paprika et la muscade.

2 Conservez 1 mois dans un récipient hermétique.

MARIAGES HEUREUX   BAHARAT

Le terme baharat signifie « poivre ». Il existe de nombreuses variantes
de ce mélange, mais toutes contiennent du poivre.

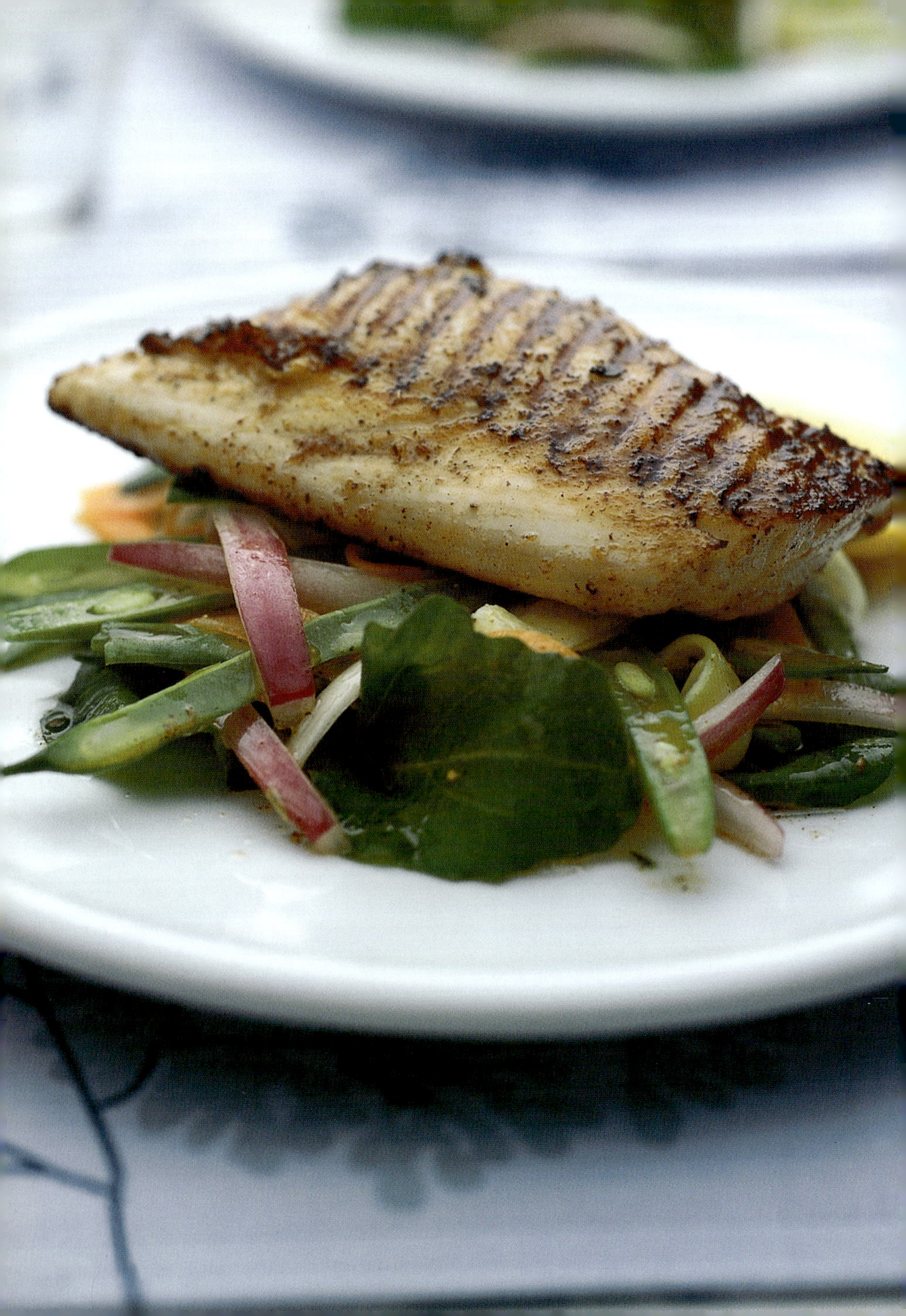

# Poisson grillé aux épices

*Pour 4 personnes*

4 filets de poisson blanc
de 200 g chacun
de l'huile d'olive
100 g de mesclun ou de roquette

**Marinade**
3 c. à s. d'huile de pépins de raisin
2 c. à c. de zeste de citron râpé
2 c. à s. de jus de citron
2 c. à c. de baharat

**Salade de haricots verts**
225 g de haricots verts
1 courgette
1 petite carotte pelée
1/2 oignon rouge en fines rondelles

**Assaisonnement**
2 c. à s. d'huile de pépins de raisin
1 c. à s. de jus de citron
1 c. à s. de miel
1/2 c. à c. de baharat

1 Pour la marinade, mélangez l'huile de pépins de raisin, le zeste et le jus de citron avec le baharat dans un plat en verre. Nappez-en les filets de poisson et réservez 30 minutes.

2 Pour la salade, fendez les haricots en deux avant de les ébouillanter 4 minutes. Égouttez-les et rafraîchissez-les. Mettez-les dans un saladier avec la courgette et la carotte coupées en très fins bâtonnets. Ajoutez l'oignon rouge. Mélangez les ingrédients de l'assaisonnement dans un bocal.

3 Sur une plaque en fonte légèrement huilée, saisissez les filets de poisson 1 minute sur chaque face. Baissez le feu et laissez cuire encore 2 minutes environ de chaque côté, en les badigeonnant deux ou trois fois de marinade (le temps de cuisson dépend de l'épaisseur des filets).

4 Versez l'assaisonnement sur la salade de haricots et mélangez délicatement. Répartissez cette salade ainsi que le mesclun sur les assiettes de service et disposez les filets de poisson dessus. Servez avec des quartiers de citron.

# Osso-buco à la gremolata

*Pour 4 personnes*

3 c. à s. d'huile d'olive
1 gros oignon en tranches fines
1 branche de céleri en fines tranches
4 c. à c. de baharat
3 gousses d'ail écrasées
1 c. à s. de farine de ménage
4 tranches de jarret de veau
pour osso-buco
30 g de beurre
125 ml de vin blanc sec
400 g de tomates pelées en boîte
250 ml de bouillon de bœuf
ou de volaille

**Gremolata**
1 poignée de persil finement ciselé
2 gousses d'ail très finement hachées
le zeste râpé de 1 citron

1 Préchauffez le four à 160 °C. Dans une grande cocotte en fonte, faites revenir l'oignon, le céleri et la moitié du baharat dans la moitié de l'huile chaude. Ajoutez l'ail et mélangez encore 2 minutes à feu moyen pour que le mélange soit tendre. Réservez sur une assiette.

2 Mélangez la farine et le reste du baharat. Farinez-en les morceaux de viande avant de les faire colorer un à un dans la cocotte, dans le reste d'huile chaude. Quand tous les morceaux sont dorés, remettez-les en une seule couche dans la cocotte, mouillez avec le vin blanc et portez à ébullition pour faire évaporer la moitié du liquide.

3 Mélangez la préparation à l'oignon et à l'ail avec les tomates (sans les égoutter), versez le tout dans la cocotte puis ajoutez le bouillon : le liquide doit à peine couvrir la viande. Couvrez la cocotte et glissez-la au four. Laissez cuire 1 h 30 au moins pour que le bœuf soit fondant.

4 Mélangez tous les ingrédients de la gremolata. Retirez la viande de la cocotte et laissez réduire la sauce 5 à 10 minutes pour qu'elle soit assez épaisse. Dégraissez la surface. Servez l'osso-buco avec la gremolata. Accompagnez de risoni (petites pâtes en forme de grains de riz) ou de tagliatelles fraîches.

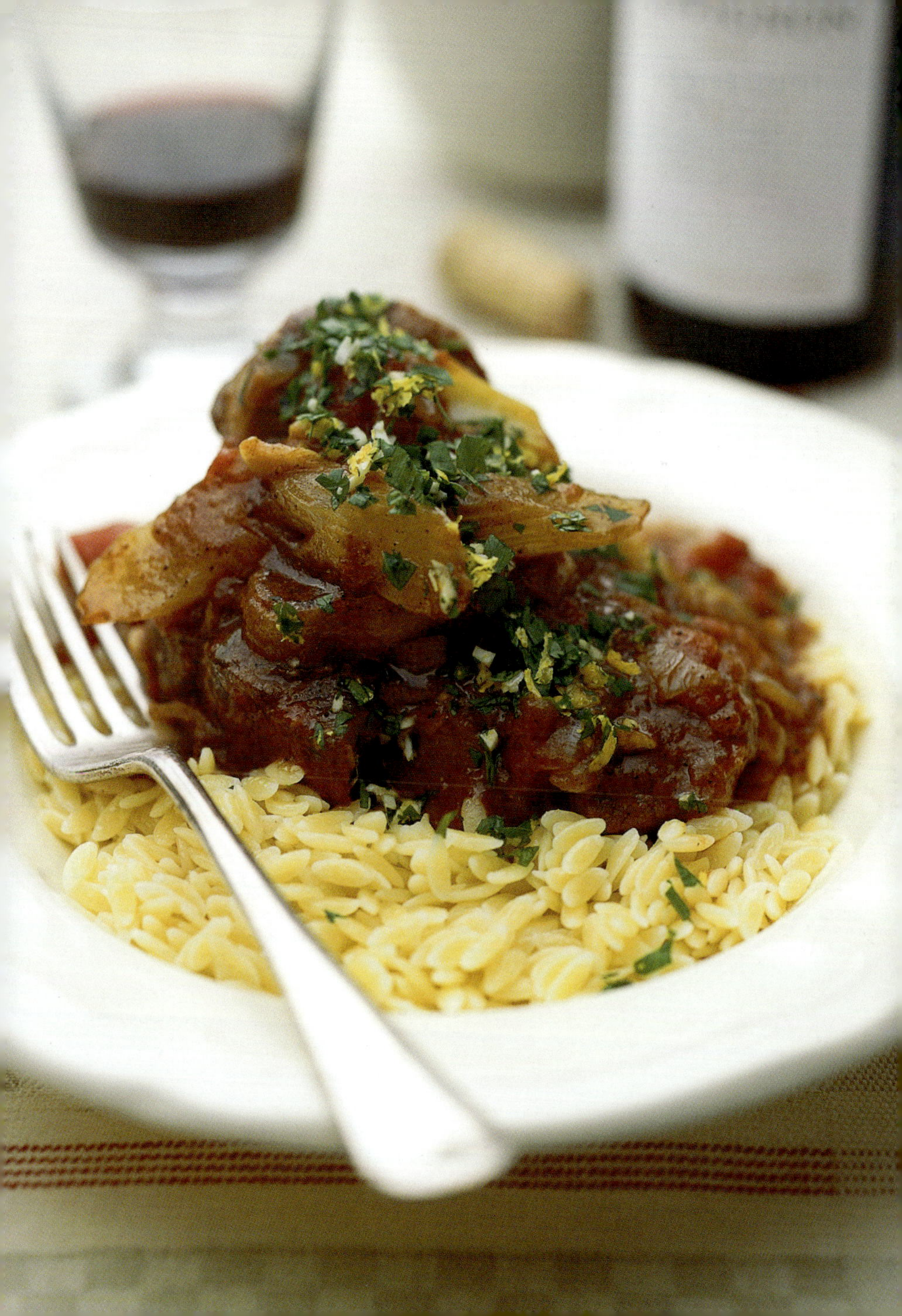

# TOUT ÉPICES

On trouve aujourd'hui ce mélange traditionnel de l'Inde dans la plupart des supermarchés, mais il reste meilleur quand on le prépare soi-même, avec des épices qui n'ont pas eu le temps de perdre leurs arômes.

# Garam masala

*Pour 60 g*

10 gousses de cardamome
1 bâtonnet de cannelle
2 c. à s. de graines de cumin
2 c. à c. de clous de girofle
1 c. à c. de grains de poivre noir
1 c. à c. de noix de muscade fraîchement râpée

1 Sortez les graines de cardamome de leurs gousses (jetez ces dernières). Brisez le bâtonnet de cannelle en petits morceaux. Poêlez à sec 2 minutes environ la cardamome, la cannelle, le cumin, les clous de girofle et le poivre, jusqu'à ce que les arômes se dégagent. Quand les épices sont tièdes, pilez-les en poudre fine avant de les mélanger avec la noix de muscade.

2 Conservez 1 mois dans un récipient hermétique.

## Soupe de lentilles

*Pour 8 personnes*

2 c. à s. d'huile d'olive
1 oignon en tranches fines
1 poireau en tranches fines
4 gousses d'ail hachées
1 c. à s. de garam masala
1 branche de céleri
détaillée en petits cubes
1 carotte en petits cubes
230 g de lentilles brunes
400 g de tomates pelées en boîte
1 c. à s. de concentré de tomates
1,75 litre de bouillon de volaille
ou de légumes
2 brins de thym
2 c. à s. de persil ciselé
du parmesan râpé (facultatif)

1 Poêlez 2 minutes dans l'huile chaude l'oignon, le poireau et l'ail. Ajoutez le garam masala et laissez revenir encore 2 minutes. Incorporez le céleri et la carotte. Couvrez et faites cuire 10 minutes à feu doux en remuant deux ou trois fois, jusqu'à ce que les légumes soient tendres.

2 Mettez les lentilles dans une cocotte, ajoutez le mélange à l'oignon et à l'ail puis remuez. Ajoutez les tomates avec leur jus, le concentré de tomates, le bouillon et le thym. Portez à ébullition puis laissez frémir 50 minutes, en remuant de temps en temps. Si l'évaporation est trop rapide, remettez davantage de bouillon ou d'eau pour que les lentilles restent immergées.

3 Pour servir cette soupe épaisse, retirez le thym, salez et poivrez généreusement, décorez de persil frais et accompagnez de parmesan râpé.

**PRATIQUE** Si vous préférez une soupe moins épaisse, vous pouvez la diluer avec un peu d'eau ou du bouillon. Vous pouvez aussi la mixer.

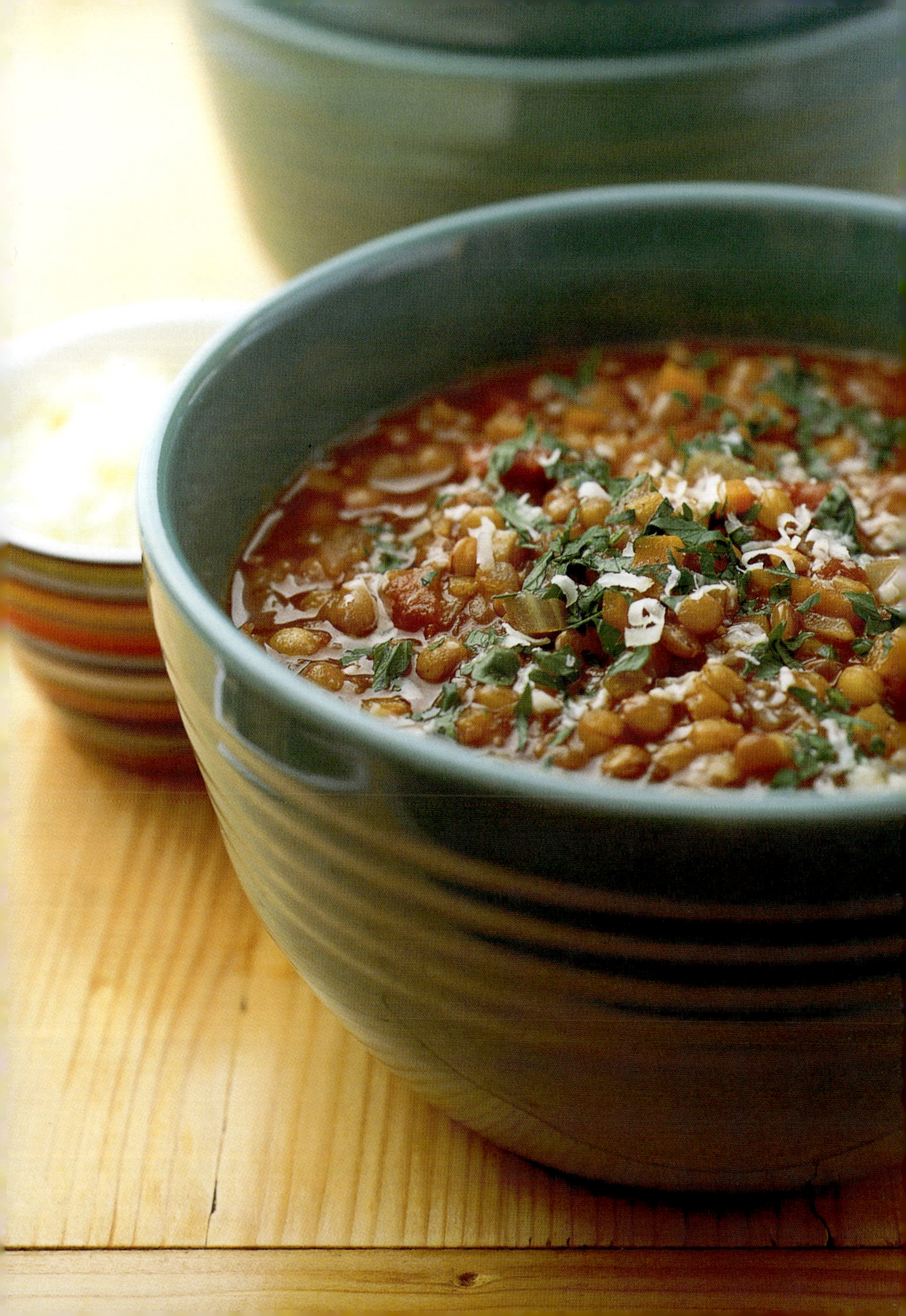

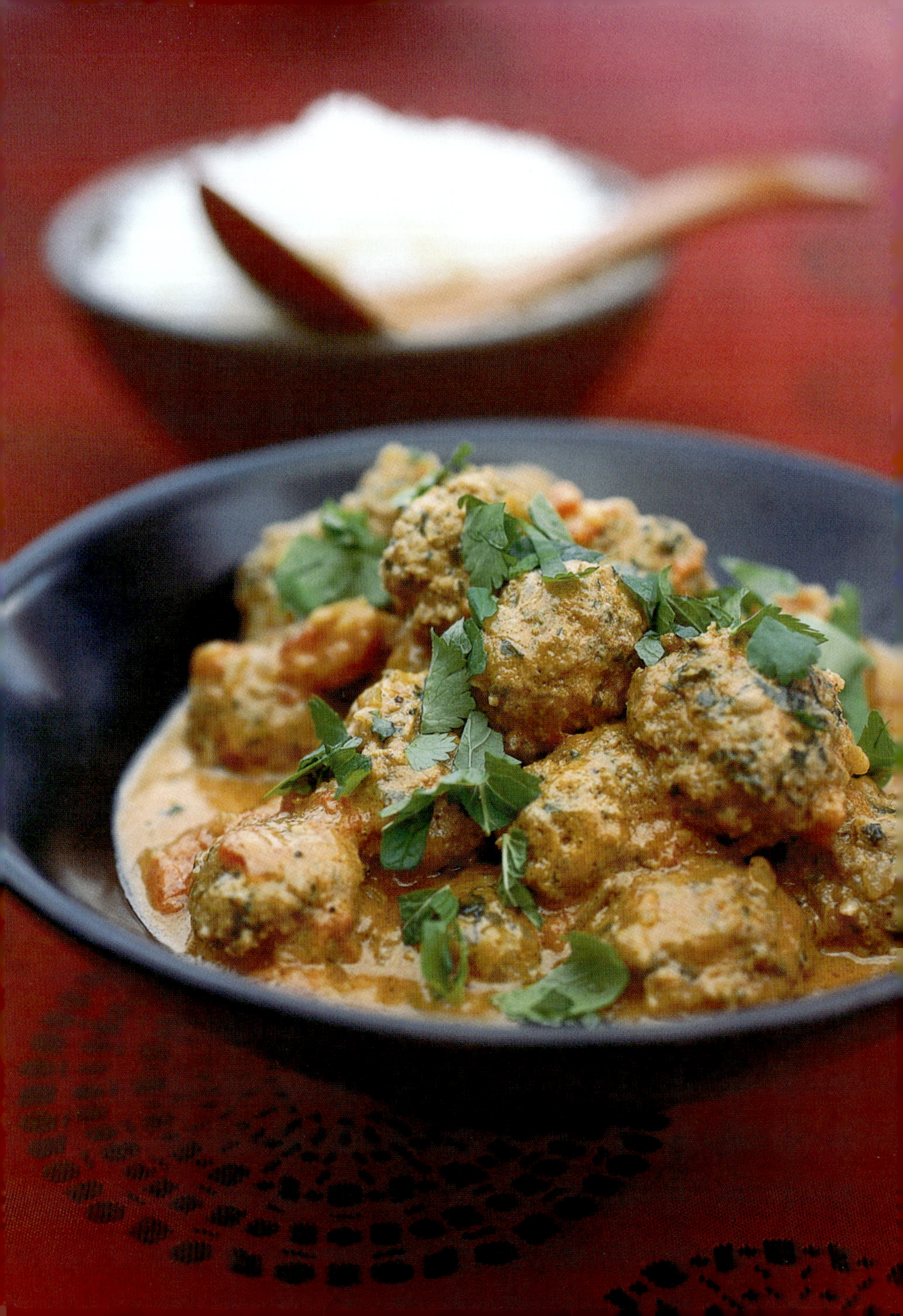

# Boulettes d'agneau en sauce

*Pour 4 personnes*

3 c. à s. d'huile végétale
2 gros oignons en tranches fines
3 gousses d'ail écrasées
1 1/2 c. à s. de garam masala
1/2 c. à c. de piment de Cayenne
400 g de tomates concassées en boîte
1 c. à s. de concentré de tomates
500 ml de bouillon de bœuf
270 ml de lait de coco
500 g de viande d'agneau hachée
1 grosse poignée de menthe ciselée
+ quelques feuilles pour décorer
1 grosse poignée de coriandre ciselée
+ quelques feuilles pour décorer
1 œuf légèrement battu
le jus de 1 citron vert

1 Laissez brunir les oignons 5 minutes dans l'huile, dans une grande sauteuse à fond épais. Ajoutez l'ail, le garam masala et le piment de Cayenne. Remuez 3 minutes pour que les arômes se dégagent. Prélevez la moitié de ce mélange et mettez-le à refroidir dans un saladier.

2 Ajoutez dans la sauteuse les tomates avec leur jus et le concentré de tomates. Quand la sauce a frémi 5 minutes, versez le bouillon et le lait de coco. Portez à ébullition puis retirez du feu. Couvrez et réservez.

3 Mettez dans le saladier l'agneau, les herbes et l'œuf. Mélangez bien puis façonnez 28 boulettes de la taille d'une noix. Couvrez et réfrigérez 30 minutes.

4 Réchauffez la sauce jusqu'au point d'ébullition. Ajoutez les boulettes et laissez cuire 1 heure à feu doux. Remuez de temps en temps. Avant de servir, ajoutez le jus de citron. Décorez d'herbes entières et accompagnez de riz basmati.

TOUT ÉPICES

# Quatre-épices

*Pour 30 g*

1 c. à s. de grains de poivre blanc
1 c. à c. de clous de girofle
1 c. à c. de noix de muscade fraîchement râpée
1/2 c. à c. de gingembre en poudre

1 Poêlez à sec le poivre et les clous de girofle 2 minutes environ, jusqu'à ce que les arômes se dégagent. Quand le mélange est tiède, réduisez-le en poudre avec la muscade et le gingembre.

2 Conservez 1 mois dans un récipient hermétique.

MARIAGES HEUREUX   QUATRE-ÉPICES

Ce mélange d'épices est surtout utilisé
pour les terrines, pâtés et autres préparations charcutières.

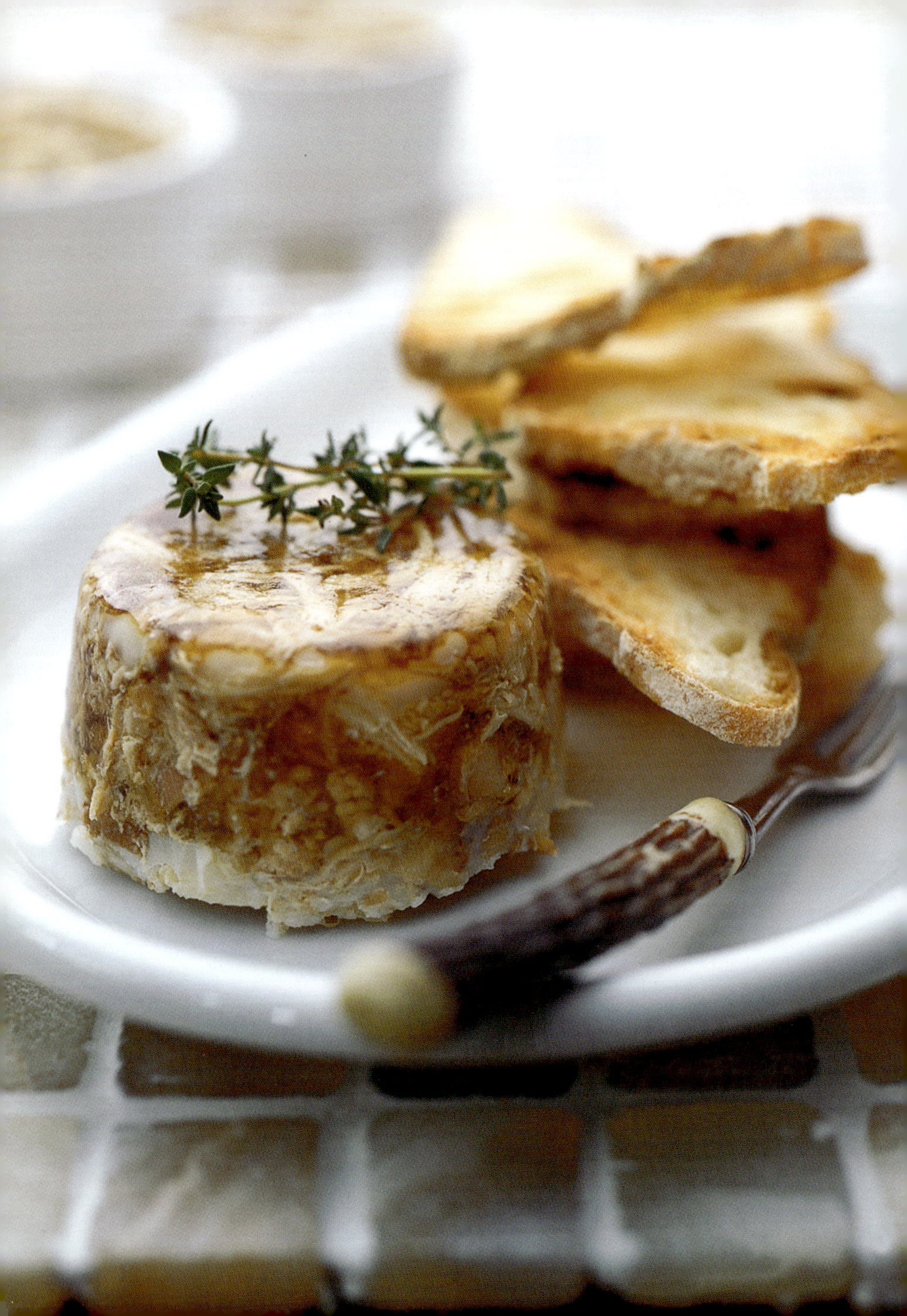

## Rillettes de lapin aux champignons

*Pour 8 personnes*

750 g de poitrine de porc
sans os ni couenne
1 lapin coupé en quatre morceaux
500 g de saindoux
50 g de petits champignons de Paris
en tranches fines
10 g de cèpes séchés
2 c. à c. de quatre-épices
1 gousse d'ail écrasée
125 ml de vin blanc

1 Préchauffez le four à 120 °C. Détaillez la poitrine de porc en gros morceaux et le saindoux en petits cubes. Mettez le tout dans une cocotte avec le lapin et les champignons de Paris.

2 Faites gonfler les cèpes 5 minutes dans 125 ml d'eau chaude. Pressez-les dans un tamis et détaillez-les en petits morceaux. Remettez-les à tremper dans la même eau. Ajoutez le quatre-épices, l'ail et le vin. Versez ce mélange dans la cocotte et retournez les morceaux de viande.

3 Couvrez hermétiquement et laissez cuire 4 heures au four, jusqu'à ce que la viande se détache des os. Salez et poivrez. Égouttez la viande dans une grande passoire en récupérant le jus dans un récipient.

4 Quand la viande est tiède, désossez-la soigneusement (attention aux petits os du lapin) et écrasez-la à la fourchette en dégraissant le mieux possible la poitrine de porc. Répartissez les rillettes dans des petites terrines individuelles. Passez le jus de viande dans un tamis avant d'en recouvrir les rillettes. Réfrigérez au moins une journée. Servez avec du pain de campagne légèrement grillé.

**PRATIQUE** Ces rillettes se gardent 2 semaines au réfrigérateur. Veillez à ce que la viande soit couverte de graisse.

# Petits pâtés en croûte à l'ancienne

*Pour 6 personnes*

400 g de viande de porc détaillée en dés
400 g de viande de veau détaillée en dés
1 petite pomme verte pelée, épépinée et coupée en petits morceaux
50 g de pistaches grossièrement pilées
2 c. à s. de persil ciselé
1 c. à s. de thym
3 c. à c. de quatre-épices
125 ml de jus de pomme
1 1/2 c. à c. de gélatine en poudre

**Pâte**
560 g de farine de ménage
150 g de beurre en cubes
2 œufs légèrement battus
1 jaune d'œuf pour dorer la pâte

1 Mélangez dans un saladier le porc, le veau, la pomme, les pistaches, les herbes et le quatre-épices. Couvrez et réfrigérez.

2 Beurrez 6 moules individuels. Pour la pâte, versez la farine dans un saladier et salez copieusement. Faites fondre le beurre dans 170 ml d'eau bouillante, versez le mélange sur la farine avec les œufs battus et pétrissez le tout en pâte lisse.

3 Préchauffez le four à 200 °C. Avec les deux tiers de la pâte, formez 6 disques assez grands pour tapisser le fond et les côtés des moules. Répartissez la farce dans les moules en formant un dôme. Préparez 6 disques plus petits dans le reste de pâte pour couvrir la farce, scellez les bords des deux disques de pâte en les pinçant et dégagez une petite ouverture sur le dessus pour que la vapeur puisse s'échapper. Battez le jaune d'œuf avec 2 cuillerées à soupe d'eau pour dorer les pâtés.

4 Laissez cuire 40 minutes au four en couvrant les pâtés d'une feuille d'aluminium. Laissez-les reposer 5 minutes avant de les démouler sur une plaque de cuisson tapissée de papier sulfurisé. Passez-les encore 20 minutes au four pour que la pâte soit dorée et croustillante.

5 Versez le jus de pomme dans une casserole, saupoudrez de gélatine et laissez gonfler. Mouillez avec 185 ml d'eau et réchauffez doucement le mélange pour faire dissoudre la gélatine. Par l'orifice ménagé dans la pâte, versez la gélatine dans les pâtés. Couvrez et réfrigérez une nuit.

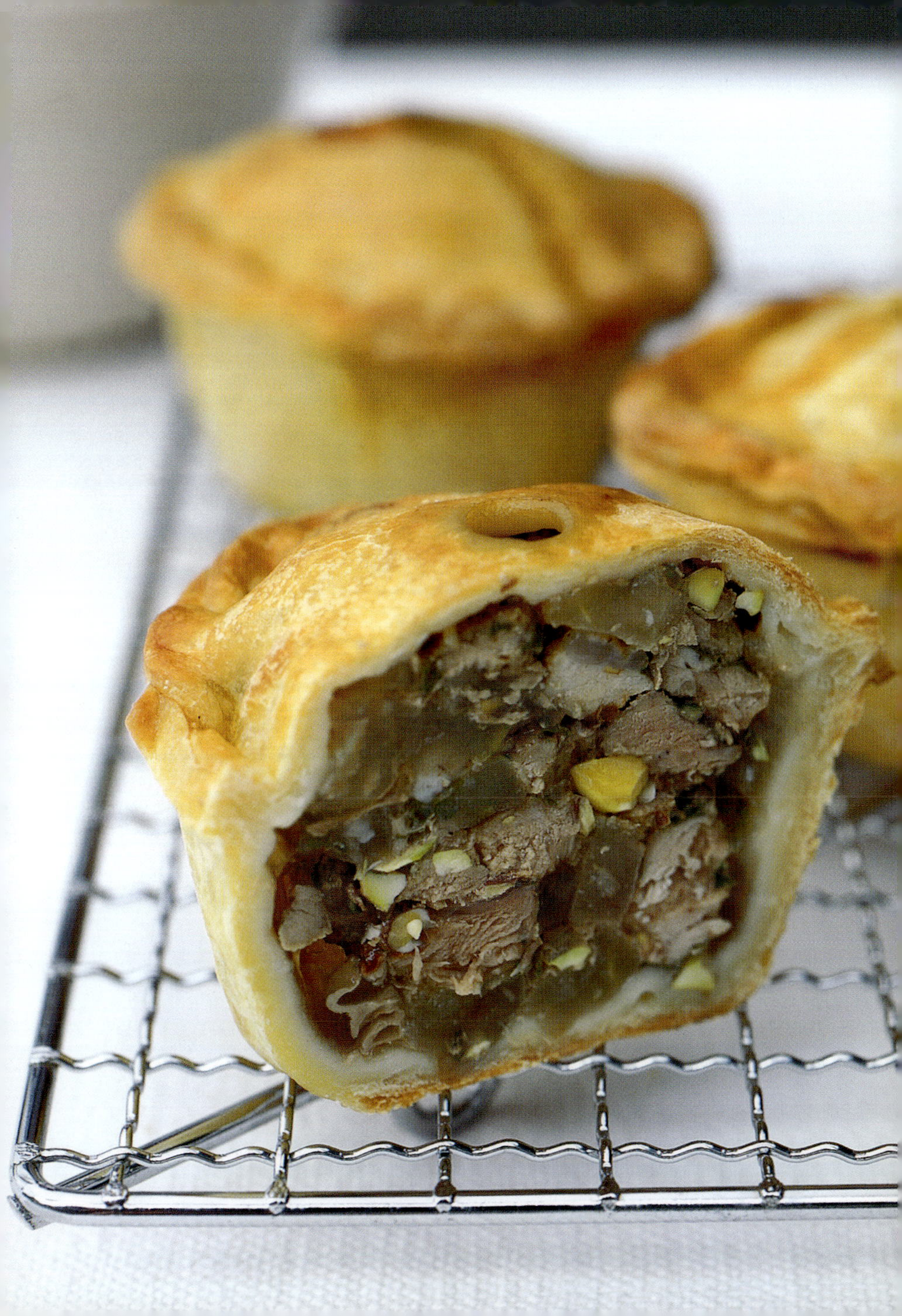

TOUT ÉPICES

Ce mélange s'utilise dans des conserves aussi bien sucrées que salées.
Il en existe de nombreuses variantes.

## Épices à conserves

*Pour 75 g*

12 petits piments oiseaux séchés
1 c. à c. de graines de moutarde jaune
1 c. à c. de graines de fenouil
1 c. à c. de graines d'aneth
1 c. à c. de poivre de la Jamaïque
1 c. à c. de clous de girofle
1 c. à c. de baies de genièvre
4 feuilles de laurier sèches écrasées
1 bâtonnet de cannelle
rompu en petits morceaux

**1** Mélangez soigneusement toutes les épices dans un récipient.

**2** Conservez 1 mois dans un récipient hermétique.

## Marmelade d'oignons

*Pour 630 g*

1 kg de gros oignons rouges coupés en tranches fines
1 c. à s. d'épices à conserves
375 ml de vinaigre de Malte
460 g de cassonade
2 brins de thym

1 Mélangez les oignons avec le vinaigre dans une casserole à fond épais. Ajoutez les épices nouées dans un petit morceau d'étamine. Portez à ébullition puis laissez frémir 45 minutes en remuant souvent, jusqu'à ce que les oignons soient extrêmement tendres.

2 Ajoutez le sucre et le thym, salez et poivrez. Portez à ébullition puis laissez mijoter encore 20 minutes, jusqu'à ce que le mélange soit épais et sirupeux. Retirez le sachet d'épices et le thym.

3 Répartissez les oignons encore chauds dans des bocaux stérilisés. Fermez hermétiquement et laissez reposer 2 semaines dans un endroit frais, à l'abri de la lumière. Dégustez dans les 6 mois. Conservez les bocaux au réfrigérateur après ouverture.

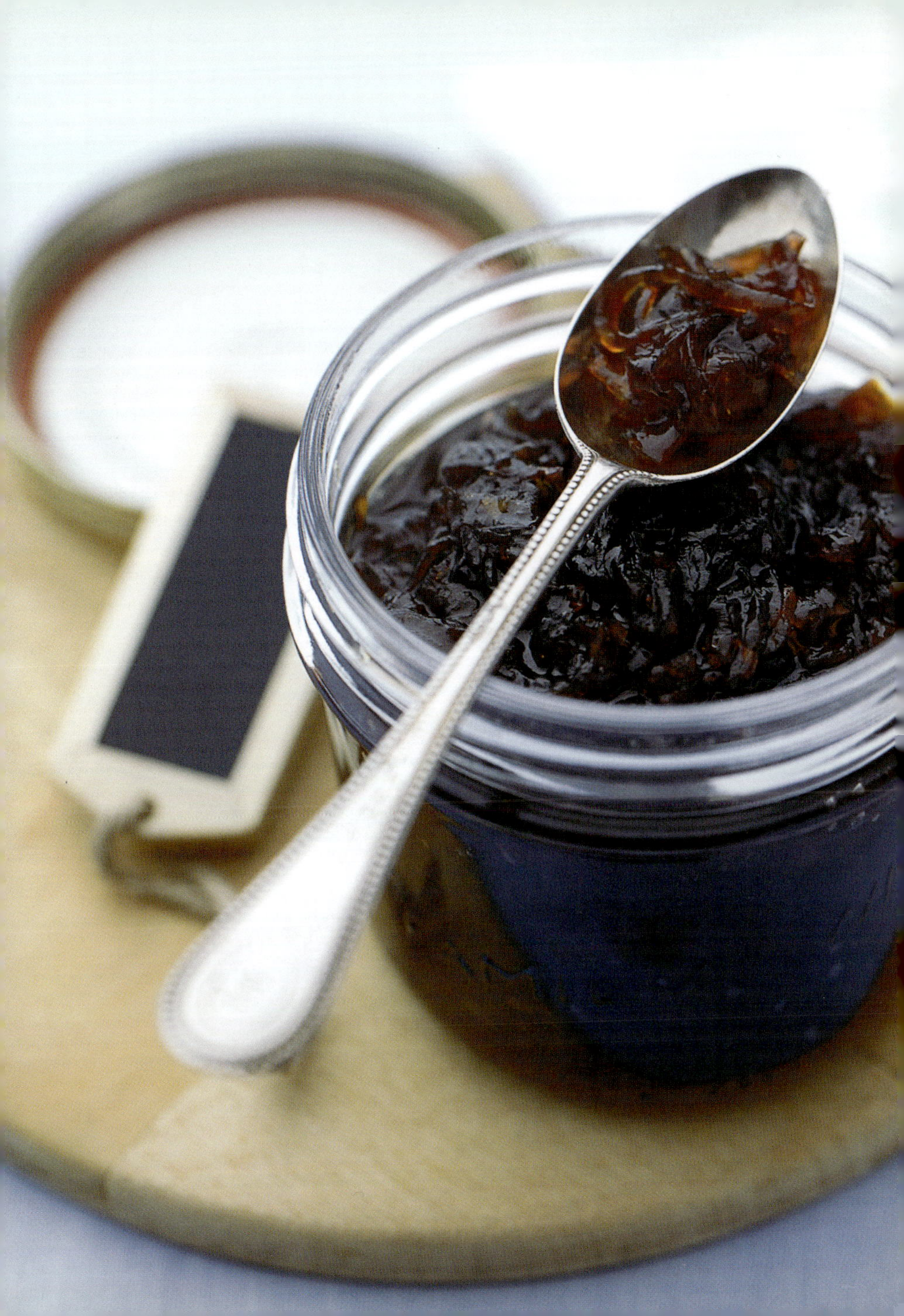

TOUT ÉPICES

Ce mélange d'épices douces s'utilise traditionnellement
dans les gâteaux, biscuits et autres desserts.

# Épices à gâteaux

*Pour 60 g*

1 c. à s. de cannelle moulue
1 c. à c. de coriandre moulue
1 c. à c. de noix de muscade râpée
1/2 c. à c. de gingembre en poudre
1/4 de c. à c. de piment de la Jamaïque moulu
1/4 de c. à c. de clous de girofle moulus

1 Mélangez soigneusement tous les ingrédients dans un récipient.

2 Conservez 1 mois dans un récipient hermétique.

TOUT ÉPICES

## Pudding au beurre

*Pour 4 à 6 personnes*

**30 g de beurre mou
8 tranches de pain de mie
5 c. à s. de sucre en poudre
2 c. à c. d'épices à gâteaux
90 g de dattes dénoyautées hachées
3 œufs
1 c. à c. de zeste de citron râpé
250 ml de crème liquide
250 ml de lait
80 g de confiture d'abricot**

1 Beurrez un plat à four peu profond. Tartinez légèrement de beurre le pain de mie avant de découper chaque tranche en quatre triangles. Mélangez 3 cuillerées à soupe de sucre et les épices dans un saladier.

2 Disposez la moitié du pain de mie dans le moule, répartissez dessus les dattes et la moitié du sucre aux épices. Couvrez avec le pain restant et saupoudrez du reste de sucre aux épices.

3 Préchauffez le four à 180 °C. Glissez sur la grille un grand plat où vous avez versé de l'eau chaude jusqu'à mi-hauteur.

4 Fouettez les œufs et le reste du sucre avec le zeste de citron. Portez à ébullition la crème et le lait dans une casserole. Battez immédiatement les œufs dans ce mélange avant de le verser dans le moule. Laissez reposer 20 minutes pour que le pain absorbe le liquide.

5 Couvrez d'une feuille d'aluminium et faites cuire 15 minutes au bain-marie dans le four préchauffé. Retirez l'aluminium et faites cuire encore 15 minutes, jusqu'à ce que le pudding soit d'un brun doré.

6 Faites tiédir la confiture avant d'en napper le pudding. Repassez ce dernier 5 minutes au four. Servez chaud avec de la crème fraîche.

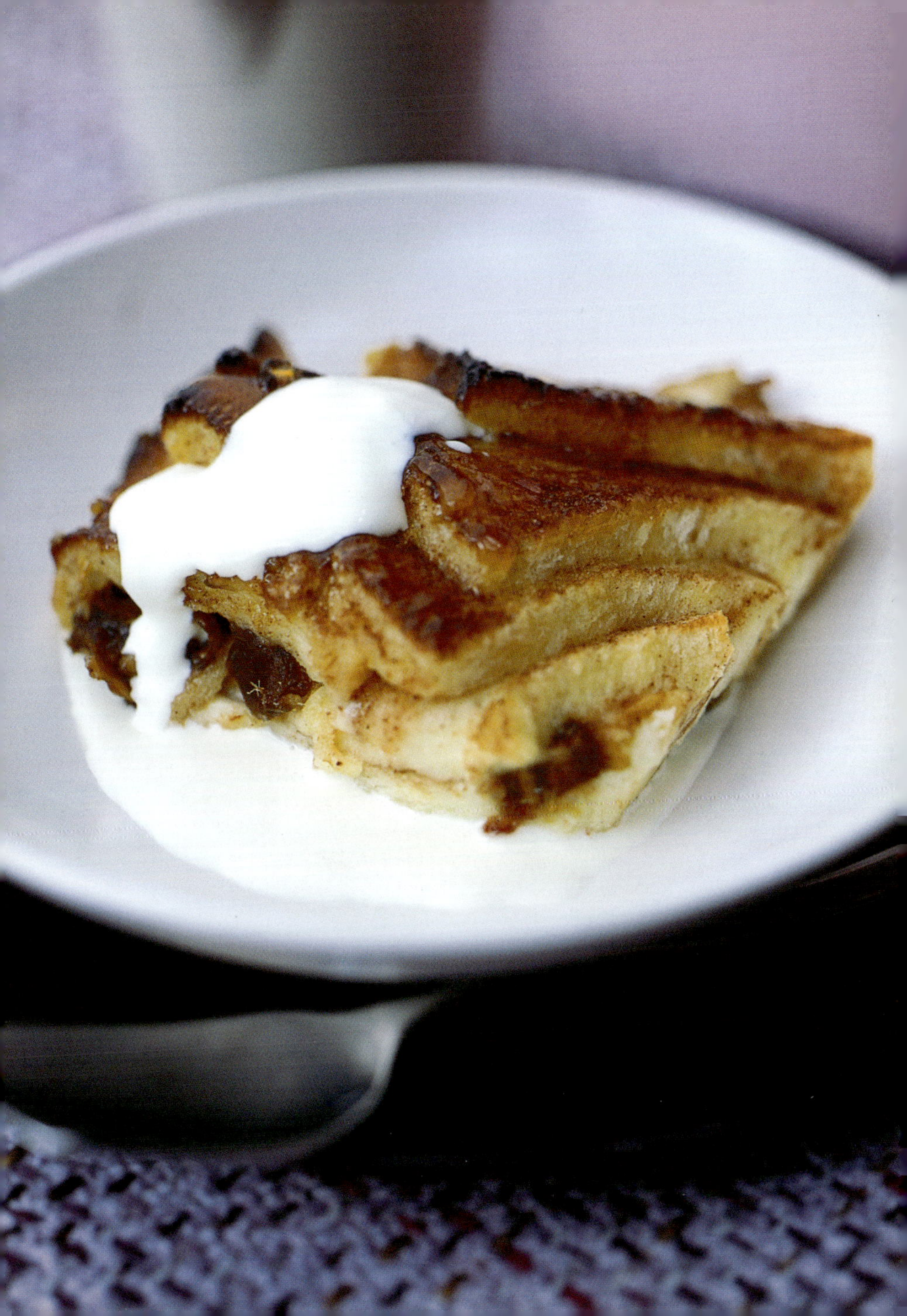

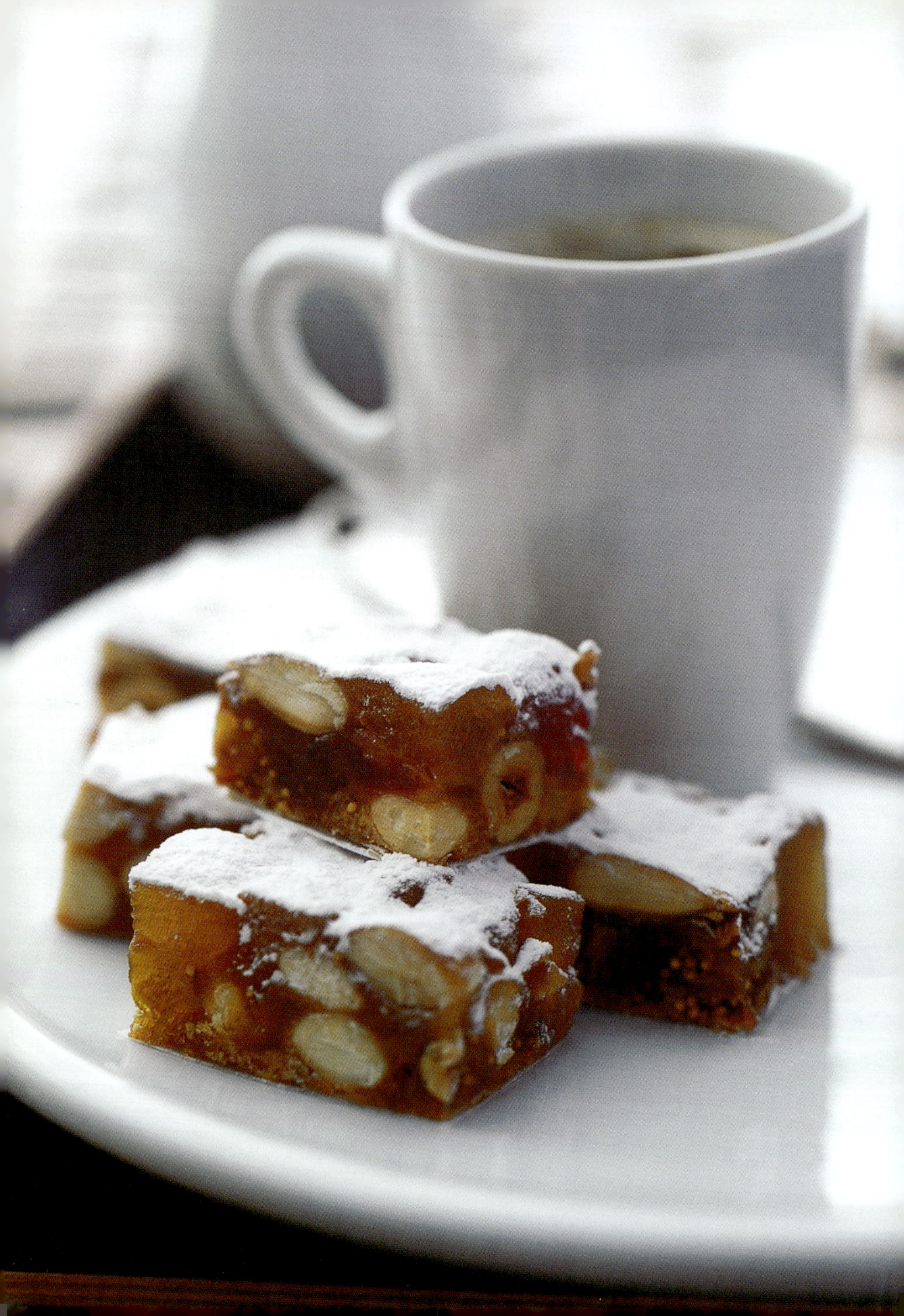

# Panforte

*Pour 40 nougats environ*

155 g d'amandes mondées
140 g de noisettes
du pain azyme pour chemiser un moule de 26 x 17 cm
90 g de farine de ménage
1 c. à s. d'épices à gâteaux
240 g de fruits confits mélangés en petits dés
60 g de zestes d'agrumes confits hachés menu
95 g de figues sèches hachées
175 g de miel
115 g de sucre en poudre

1 Préchauffez le four à 180 °C. Étalez les amandes sur une plaque de cuisson et passez-les 3 à 4 minutes au four pour qu'elles dorent légèrement. Faites rôtir également les noisettes pendant 5 minutes avant de les frotter dans un torchon propre pour enlever la peau.

2 Réglez le four à 150 °C. Chemisez le moule de pain azyme. Tamisez la farine et les épices dans un saladier puis ajoutez les amandes, les noisettes, les fruits confits, les zestes d'agrumes et les figues sèches. Mélangez délicatement.

3 Faites dissoudre le sucre et le miel à feu doux dans une casserole avant de porter le mélange à ébullition. Retirez aussitôt la casserole du feu.

4 Versez ce mélange tiède sur les fruits en l'étalant avec vos doigts (mouillez-les d'abord pour éviter que ça colle). Faites cuire 30 minutes au four, jusqu'à ce que le panforte soit ferme au toucher. Laissez-le refroidir. Vous pouvez alors le saupoudrer de sucre glace (facultatif). Couvrez d'une feuille d'aluminium et laissez reposer 2 à 3 jours au frais. Découpez en petits carrés.

**PRATIQUE** Utilisez deux ou trois types de fruits confits. Cette friandise se conserve 1 mois.

# Table des recettes

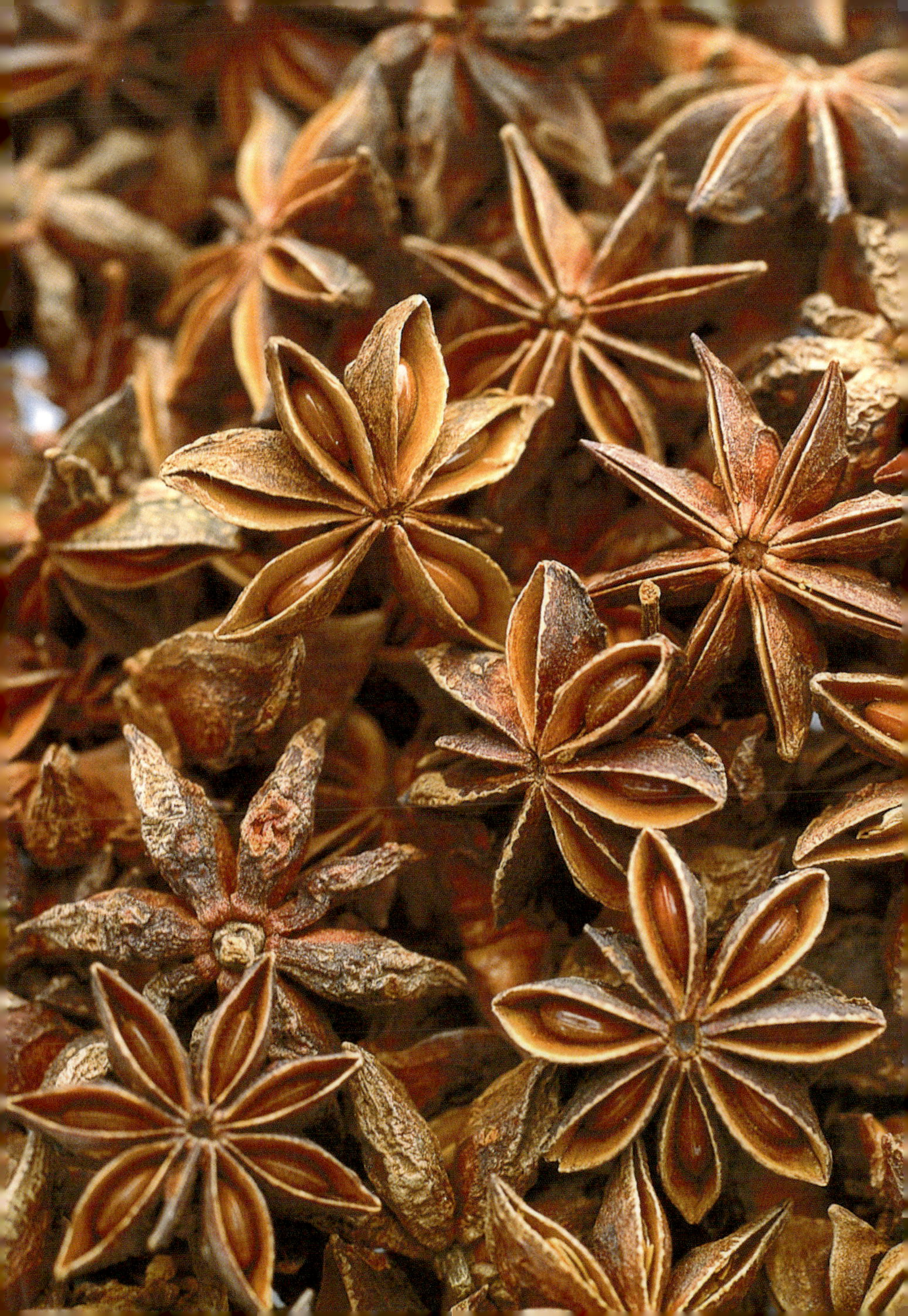

TABLE DES RECETTES

## *Pour parfumer*

### Carvi
Gressins au carvi et au parmesan 25
Soupe de carottes et beurre au carvi 26
Rouleaux au carvi 29
Légumes-racines rôtis à l'ail et au carvi 30
Pilaf de porc au carvi 33

### Coriandre
Dukkah et pains plats 34
Boulettes de viande à la sauce tomate 38
Gambas sautées
    aux asperges et pois gourmands 41
Falafels et yaourt au tahini 42
Entrecôtes en croûte d'épices
    et purée de panais 45

### Cumin
Bœuf au curry 46
Salade de thon et pommes de terre
    à la citronnelle et au cumin 50
Brochettes de légumes à la harissa 53
Rouleaux de bœuf, riz et légumes frais 54

### Genièvre
Terrine de porc au genièvre 57
Pavés de chevreuil au genièvre 58
Saumon mariné au genièvre 61
Côtelettes d'agneau au porto
    et au genièvre 62
Magrets de canard aux épices
    et galettes de pommes de terre 65

### Safran
Risotto aux petits pois,
    asperges et safran 69
Bourride au fenouil 70
Tagliatelles aux champignons
    et crème au safran 73
Noix de Saint-Jacques
    au beurre safrané 74
Riz au safran et aux noix 77

### Curcuma
Beignets de légumes 78
Brochettes de poulet au citron vert,
    gingembre et curcuma 82
Poisson mariné
    en feuilles de bananier 85
Curry de légumes et pois chiches 86
Quenelles de poisson
    en brochette de citronnelle 89

## *Pour réveiller*

### Poivre de la Jamaïque
Kibbeh d'agneau 97
Grillades de porc
    à la façon des îles 98
Chaussons au bœuf
    et aux légumes 101
Salade de nouilles chinoises
    au poulet 102
Tajine d'agneau et couscous
    aux amandes 106

# TABLE DES RECETTES

## Fenugrec
Porc vindaloo — 109
Lentilles à l'indienne — 110
Curry de la mer — 113
Pommes de terre rôties aux épices — 114
Poulet rôti au fenugrec
 et à la coriandre — 117

## Galanga
Salade de fruits de mer au galanga — 118
Curry vert de canard — 121
Moules au galanga et au combava — 125
Brochettes de bœuf sauce satay — 126
Soupe de poulet thaïe — 129

## Macis
Frittata au chou et à la ricotta — 130
Tourte au poulet et légumes d'hiver — 133
Poisson au lait de coco et au macis — 134
Agneau de quatre heures — 138
Pizza de la mer — 141

## Paprika
Salade de pois chiches à l'agneau — 142
Soupe au paprika et au poulet — 145
Goulasch de bœuf — 146
Pizza aux tomates confites
 et bocconcini — 149
Poisson au four à la provençale — 150

## Sumac
Salade de tomates rôties
 et pancetta — 154
Thon poêlé au sumac
 et riz safrané — 157
Salade fattoush — 158
Poulet rôti aux oignons et au sumac — 161
Gambas grillées
 et salade de pastèque — 162

# *Pour enflammer*

## Piment de Cayenne
Gombos aux fruits de mer — 171
Couscous de légumes — 172
Salade pimentée à l'agneau grillé — 175
Beignets de poulet au piment — 179

## Piment rouge
Chile con queso — 180
Fettucine à l'ail et aux piments frais — 183
Chili de bœuf — 184
Filets de dorade vapeur
 à l'huile parfumée — 187
Poitrine de porc braisée et riz
 au gingembre, piments et ananas — 188

## Moutarde
Grillades de poulet marinées
 à la moutarde — 191
Carré d'agneau à la moutarde — 192
Pavés de bœuf grillés
 et beurre à la moutarde — 196
Chou-fleur à l'indienne — 199
Bouchées de porc frites
 à la sauce piquante — 200

# TABLE DES RECETTES

## Poivre

| | |
|---|---|
| Calamars poivre et sel | 203 |
| Potage pékinois | 204 |
| Pavés de bœuf au poivre vert | 208 |
| Crabe à la mode de Singapour | 211 |

## Poivre du Sichuan

| | |
|---|---|
| Canard laqué au poivre du Sichuan | 212 |
| Poulet poché au poivre du Sichuan | 215 |
| Porc sauté au poivre du Sichuan | 216 |
| Coquelets farcis au riz sauvage | 219 |
| Salade de nouilles aux crevettes | 223 |

## Wasabi

| | |
|---|---|
| Sashimi au wasabi | 224 |
| Tempura de légumes | 227 |
| Poulet rôti au beurre de ciboulette et wasabi | 228 |

# *Becs sucrés*

## Cardamome

| | |
|---|---|
| Glace au café et à la cardamome | 237 |
| Biscuits au miel et à la cardamome | 238 |
| Moelleux aux framboises et à la cardamome | 241 |
| Moelleux au potiron, noix de coco et cardamome | 245 |
| Bavarois à la cardamome | 246 |

## Cannelle

| | |
|---|---|
| Sablés chocolatés à la cannelle | 249 |
| Semi-freddo à la cannelle | 250 |
| Mousse de chocolat blanc à la cannelle | 253 |
| Biscuits aux noix de pécan et à la cannelle | 254 |
| Bouchées au fromage blanc et aux épices | 257 |

## Gingembre

| | |
|---|---|
| Tatin d'ananas au gingembre | 258 |
| Palets aux pistacheset au gingembre | 262 |
| Fondant au gingembre | 265 |
| Croquants au gingembre | 266 |
| Cake aux fruits et au gingembre | 269 |

## Muscade

| | |
|---|---|
| Bananes caramélisées aux épices | 270 |
| Tarte à la pêche | 273 |
| Gâteau de poires aux amandes | 274 |
| Panna cotta au safran et à la muscade | 278 |

## Badiane

| | |
|---|---|
| Oranges confites aux épices | 281 |
| Sorbet de fraise à la badiane | 282 |
| Gâteau chocolaté à la badiane | 285 |
| Confiture de prunes aux épices | 286 |
| Crumble de poires et framboises | 289 |

TABLE DES RECETTES

## Vanille
Bouchées de noix de coco à la vanille 290
Glace à la vanille et au miel 293
Poires rôties
    aux épices et aux fraises 294
Tarte aux fruits rouges 297
Glace à la rhubarbe 301

## *Mariages heureux*

## Chermoula
Sardines farcies à la chermoula 310
Ailes de poulet marinés 313

## Curry de Madras
Soupe indienne aux patates douces 317
Curry de bœuf 318

## Cinq-épices
Poulet sauté au cinq-épices 322
Travers de porc caramélisés 325

## Panch phora
Curry d'aubergines 329
Pommes de terre rôties aux épices 330

## Ras-el-hanout
Légumes et haloumi grillés 334
Poulet à la marocaine 337

## Schichimi togarashi
Soupe aux nouilles udon
    et aux champignons 341
Salade de légumes à la japonaise 342

## Za'atar
Salade de fèves et feta au citron confit 346
Pains pitas à l'agneau 349

## Baharat
Poisson grillé aux épices 353

## Gremolata
Osso-buco à la gremolata 354

## Garam masala
Soupe de lentilles 358
Boulettes d'agneau en sauce 361

## Quatre-épices
Rillettes de lapin aux champignons 365
Petits pâtés en croûte à l'ancienne 366

## Épices à conserves
Marmelade d'oignons 370

## Épices à gâteaux
Pudding au beurre 374
Panforte 377

Traduction : Gilles Mourier
Adaptation : Élisabeth Boyer
Mise en page : Les PAOistes
Relecture : Jean-Pierre Leblan

Marabout
43, quai de Grenelle - 75905 Paris Cedex 15

Publié pour la première fois en Australie en 2006
sous le titre *Spice It*

© 2006 Murdoch Books
© Marabout 2007 pour la traduction et l'adaptation française.

Dépôt légal n° 81491 - Février 2007
ISBN : 978-2-501-05035-7
NUART : 40.9969.3 / 01

Imprimé en Espagne par Graficas Estella